KB020223

사회적 대화

사회적 대화

노동은 어떻게 프랑스
사회를 운영하는 주체가 됐나

손영우 지음

이매진

[이매진 컨텍스트 64]

사회적 대화
노동은 어떻게 프랑스 사회를 운영하는 주체가 됐나

1판 1쇄 2018년 4월 30일 **1판 2쇄** 2018년 12월 28일
지은이 손영우 **펴낸곳** 이매진 **펴낸이** 정철수
등록 2003년 5월 14일 제313-2003-0183호
주소 서울시 은평구 진관3로 15-45, 1019동 101호
전화 02-3141-1917 **팩스** 02-3141-0917
이메일 imaginepub@naver.com
블로그 blog.naver.com/imaginepub
ISBN 979-11-5531-097-7 (93300)

- 환경을 생각해서 재생 종이로 만들고,
  콩기름 잉크로 찍었습니다.
- 표지 종이는 앙코르 190그램이고,
  본문 종이는 그린라이트 70그램입니다.
- 값은 뒤표지에 있습니다.
- 이 도서의 국립중앙도서관 출판시도서목록(CIP)은
  서지정보유통지원시스템 홈페이지(http://seoji.nl.go.kr)와
  국가자료공동목록시스템(http://www.nl.go.kr/kolisnet)에서
  이용하실 수 있습니다(CIP 제어 번호: CIP2018012612).

이 저서는 2013년 정부(교육부)의 재원으로 한국연구재단의
지원을 받아 수행된 연구입니다(NRF-2013S1A6A4017615).

차례

머리말

이 책은 20여 년 동안 프랑스의 사회적 대화에 관해 보고, 듣고, 읽고, 느낀 것을 정리한 결과물이다. 프랑스 노사 관계에 관심을 가진 계기는 1997년 12월 한국에서 국제통화기금^{IMF} 위기가 도래해 정신없고 험난할 때 지구 저편에서 들려온 '35시간 노동제'라는 유토피아적 소식이었다. 그런데 그때 프랑스의 노조조직률은 경제협력개발기구^{OECD} 회원국 중 가장 낮았고, 한국은 프랑스보다 한 단계 위에 위치해 있었다. 노조조직률이 낮으면 세계화 시대에 정부의 정책적 자율성이 더욱 좁아질 수밖에 없어 개혁 정책을 수행하기 어렵다고 생각하던 나는 이해하기가 어려운 현실이었다. 노조가 조직돼 있지도 않은데 정부는 어떻게 35시간 노동제를 선진적으로 도입할 수 있을까? 또한 노조조직률이 낮은데도 어떻게 80퍼센트가 넘는 단체협약 적용률은 보이는 걸까? 이런 문제 제기에서 연구는 시작됐다.

그 속에서 배운 점은 이런 차이가 단지 한 번의 새로운 정부의 탄생이나 의회에서 내린 결정이 아니라, 100년이 넘는 시기에 걸쳐 전체 시민이 경험하고 느낀 역사에서 나오거나 적어도 수십 년에 걸쳐 형성되는 '체제^{regime}'라고 불릴 수 있는 것에서 기인한다는 사실, 그리고 정치뿐 아니라 경제와 사회를 포괄하는 거시적이고 종합적인 것에서 온다는 사실이다. 대부분의 근대 국가는 외부의 침입이나 내부의 갈등으로 전쟁을 겪으면서 형성됐다. 그 과정에 영토 거주자들은 나름의 공통된 의식을 형성하게 된다. 이런 의식이 국민의식, 시민의식, 정체성, 문화로 표출된다.

프랑스에서 노조와 노조 활동가란 많은 사람들에게 절대 왕정을 붕괴시킨 프랑스 대혁명 이후 혁명을 완수하고 왕당파들의 반혁명에 맞서 공화국을 방어하는 데 함께한 상퀼로트Sans-Culotte 전통까지 거슬러 올라가 만날 수 있으며, 가깝게 보면 2차 대전에서 독일의 침공과 친독 정부에 맞서 싸우는 형제애를 나누고 연대한 대상으로 연결된다. 동시에 이런 흐름을 견제하는 조류도 분명히 존재한다. 한국에 친일 청산 운동이 있듯 프랑스에는 스탈린주의에 저항한 비공산주의 운동이 있다. 이렇게 주류 경향과 비주류 경향이 혼합돼 그 나라의 정체성이나 특징을 형성한다.

반면 한국에서 노조와 노조 활동가는 독재 정부에 의해 한국전쟁에서 대한민국의 존립을 위태롭게 한 좌익 용공 세력으로 취급되기도 했고, 민주화 과정에서 시민들의 생존권 보장을 위해 힘쓴 민주화 세력으로 인정받기도 하는 조금은 이중적인 모습을 지니고 있다.

물론 한국에서도 1920~1930년대 노조 활동가들이 일제와 친일파에 맞서 싸운 경험이 있다. 그렇지만 이런 과거는 역사적 사실로 존재할 뿐 사회적으로 크게 인정받지는 못한다. 노동은 1987년 이후 민주화 과정에서도 포용되지 못한 탓에 '노동 없는 민주주의'라는 민주주의 공고화의 과제로 남아 있다(최장집 2002). 1997년 경제 위기 이후 노조는 노사정위원회에 초대받아 위기 극복의 한 주체로 인정받는 듯했지만, 결국 경제 위기의 피해를 고스란히 떠안게 되고 말았다. 노동이 피해를 감수한 덕에 경제 위기는 빠르게 극복됐지만, 노동이 치른 대가는 혹독했다. 정리해고로 고용은 불안정해지고, 비정규직이 확대돼 노동시장의 이중성은 심각해졌다. 무엇보다 노조가 사회적 대화를 불신하게 됐다. 그 뒤 두 번에 걸친 개혁 정부와 두 번에 걸친 일자리 중시 정부가 들어섰지만 여전히 한국의 사회적 대화는 질적인 발전에 목말라하고 있다.

사회적 대화는 왜 필요한가? 한국 사회의 핵심 과제 중 하나는 민주주의의 공고화 과정에서 노동을 사회적 운영의 주체로 포함시키는 것이다. 왜냐하면 노동이 사회 발전의 중요한 파트너이기 때문이다. 이것은 노동시장의 양극화 문제를 넘어, 사회적으로 빈부 격차, 불평등 문제를 교정하는 데 매우 중요한 방법의 하나이기 때문이다. 이 과정은 민주주의를 실질적으로 진전시키는 데 매우 중요하다. 사회적 대화는 이 중요한 과정의 중심에 있다.

2017년 촛불시위와 함께 등장한 새로운 정부는 '노동 존중 사회'를 주요 과제로 제시했다. 한국의 사회적 대화는 새로운 갈림길에 선 듯하다. 1998년 경제 위기의 한가운데에서 위기 극복 방안으로 제시된 사회적 대화가 20년이 지난 2018년에 노동 존중 사회를 실현하기 위한 방안으로 다시 등장했다. 지난 20년간의 경험을 바탕으로 새로운 질적 도약을 눈앞에 두고 있다. 많은 기대도 있지만 염려하는 시각도 만만치 않다.

사회적 대화는 민주주의처럼 서구에서 들여온 수입품이다. 한국이 이 수입품을 제대로 이용하려면 서구는 어떻게 사용하고 있는지를 먼저 잘 살펴야 한다. 이 과정에서 프랑스의 사례가 도움이 되기를 바라는 마음이 간절하다.

이 책은 외국 사례를 다루고 있는 만큼 해외 문헌을 자주 인용한다. 더욱 깊은 독서를 하고 싶은 독자들을 위해서 인용한 해외 문헌 중 한국어 번역본이 있을 때는, 원본 대조를 거쳐 내용을 수정했더라도 인용 페이지는 번역본을 기준으로 적었다.

이 책의 일부가 이미 논문으로 발표된 사실도 밝혀둔다. 그렇지만 대부분 단행본 출간을 염두에 두고 쓴 글들이다. 이 책을 기획한 때는 2013년이다. 완결성을 높이려고 주요 부분을 논문으로 작성해 동료 전문가들의 자문을 구했다.

이미 작성된 논문들을 모아서 책으로 낸 것이 아니라, 필자의 부족한 능력을 다른 이의 도움으로 메우려고 논문들을 작성했다. 구체적으로 보면 2부 1장(〈프랑스의 전임자와 근로시간 면제제도 운영: 프랑스철도공사와 르노 사례를 중심으로〉, 이성희 외, 《복수노조 및 전임자 실태와 정책과제》, 한국노동연구원, 2011, 278~317쪽)은 미리 출판된 논문이지만, 1부 3장(〈프랑스에서는 왜 단체협약적용률이 높은가?〉, 《국제지역연구》 17(4), 2013, 35~68쪽), 3부 1장(〈프랑스 사회적 대화 구조의 변화: 노조대표성 개혁과 사회대토론회〉, 《한국정치학회보》 49(1), 2015, 23~48쪽), 3부 2장(〈프랑스 노동개혁법과 사회적 대화〉, 《프랑스 노동법 개정 과정에 대한 분석과 시사점》, 한국노동연구원. 2017)은 모두 출판을 기획하면서 새로 작성한 글이다.

이 책을 쓰는 데 여러 사람들의 도움을 받았다. 특히 경제노동연구회와 한국프랑스정치학회 선생님들의 토론이 많은 도움이 됐다. 한국정치연구회 선생님들의 조언도 큰 힘이 됐다. 한국연구재단의 인문저술지원 프로그램이 준 재정 지원도 저술 작업을 진행하는 데 큰 도움을 줬다.

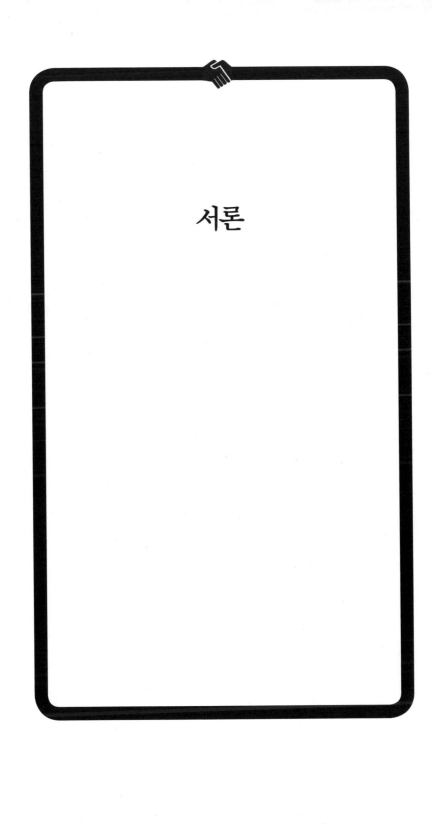

서론

사회적 대화와 프랑스

한국에서는 1997년 경제 위기 이후 노사정위원회의 설치와 더불어 사회적 대화와 협의에 대한 논의와 연구가 상대적으로 풍부하게 진행됐지만, 그 뒤 10년간 사회적 협의가 결실을 맺지 못하고, 2008년 이명박 정부의 출범과 더불어 실종됐다. 이후 2015년 9월 박근혜 정부에서 17년 만에 노사정이 일반 해고 기준 마련과 취업규칙 변경을 중심으로 하는 내용에 잠정 합의하는 듯했다. 그렇지만 그해 겨울 노동부에서 저성과자 해고와 취업규칙 변경에 관한 정부 지침을 일방적으로 발표하자 한국노총이 '9·15 노사정 합의 파탄' 선언과 함께 합의를 백지화하면서 사회적 대화는 대화의 주체들에게서 효용성 자체를 의심받는 상황에 이르게 됐다.

2017년 겨울 촛불집회를 거쳐 출범한 새로운 정부는 '노동 존중 사회의 실현'을 주요 과제로 제시했고, 이 과제를 실현하는 핵심적인 방법으로 사회적 대화가 주목받고 있다. 그렇지만 이 책에서는 사회적 대화와 협의를 또 다른 측면에서 살펴보려 한다. 이해관계자들의 합의를 통해 사회 정책을 도입하는 기술적 방법이라는 수준을 넘어 민주주의의 심화 과정이자 대안적 사회체의 구성이라는 측면에서 사회적 대화를 바라볼 생각이다.

이러한 관점에서 노사정위원회가 출범한 지 20년을 넘어서는 오늘날, 지난날 상황에 쫓겨 긴박하게 도입된 사회적 대화에 대해 한국의 자본주의 모델과 연관지어 사회 조절 모델로 연구될 필요성이 제기되고 있다. 이러한 논의의 배경에는 전환기를 맞이하고 현실이 자리하고 있다. '87년 민주화 체제 혹은 97년 이행기 체제의 종말과 새로운 체제로의 이행'(김종엽 2009), '역동적 복지국가로의 전환'(이상이 2010), '재벌체제와의 타협'(장하준 외 2012) 같은 거대 담론을 들지 않더라도, 현 상황에서 사회적 협의의 문제는 단지 노사 관계에만 국한되지 않으며, 고용, 복지, 사회 정책에 대한 결정 혹은 자문을 포함한 전반적인 사회적 대화 구조의 개편으로 이어질 가능성이 존재하기 때문이다. 이미 노사정위원회의 전망과 관련하여 헌법 자문 기관인 국민경제자문회의와 연계해 개혁하는 방안이나 시민단체와 농민, 소비자 단체가 참여하는 유럽식 '경제사회환경위원회'로 개편하는 방안이 논의되기도 했다.[1]

이런 논의는 하나의 정부 기구를 개혁하는 문제가 아니라 전환기의 사회 조절 방식이라는 차원에서 다시 검토할 필요가 있다. 이런 방식의 결핍은 전국 수준의 노사 협의 기구로 출발한 노사정위원회가 각종 이해관계자들이 참여하는 위원회로 흡수 혹은 전화돼 이해관계자 제도의 발전과는 별개로 전국 수준의 집단적 노사 관계가 소멸되는 예기치 않은 사태를 불러올 수도 있다.

이러한 상황에서 프랑스의 사회적 대화에 대한 연구는 중요한 의미를 갖는다. 사회적 대화Social Dialogue는 매우 광범위한 개념이다. 국제노동기구ILO가 규정하는 사회적 대화란 사회 정책과 경제 정책에 관해 공동 이해를 갖는 정부, 사용자, 노동자 대표가 진행하는 모든 형태의 교섭, 자문, 단순한 정보 교환 등을 의미한다.[2] 정부가 공식으로 참여하는 3자 형태일 수도, 정부가 필요에 따라 간접적으로만 개입하는 2차 형태일 수도 있다. 이 개념은 사회적 협의$^{Social Concertation}$ 보다 포괄적이다. 사회적 협의란 사회적 코포라티즘$^{Social Corporatism}$과 함께 서유럽 국가에서 형성된 노사정 간의 관계를 표현하는 개념(임상훈 외 2005)이다. 네오코 포라티즘이 이익 대표 체계와 정책 결정 제도의 두 성격으로 구성된다면, 사회 적 코포라티즘이 전자를, 사회적 협의가 후자를 의미한다고 할 수 있다. 즉 사 회적 협의는 공공 정책 결정 과정에 노사의 참여를 지칭하는 개념으로 볼 수 있 다. 사회적 대화는 더욱 광범위한 개념으로, 이 책에서는 사회적 협의를 포함하 여 기업, 산업, 지방정부, 국가 수준에 이르기까지 노사정 간의 다양한 공식 또 는 비공식 접촉으로 정의한다.

사회적 대화의 원칙적 목적은 민주적 참여를 활성화하고, 주요 행위자 간의 합의를 장려하는 데 있다. 다양하고 풍부한 사회적 대화의 구조와 과정을 통해 중요한 사회적, 경제적 문제를 해결하고, 좋은 거버넌스를 실행하며, 사회적 안 정성과 평화를 증진하고, 경제를 활성화할 수 있다.

ILO는 사회적 대화의 기본 조건을 다음처럼 규정하고 있다.

· 사회적 대화에 참여하는 데 유용한 정보에 접근 가능하고, 필수적인 전문 능력이 부여된 강력하고 독립적인 노동자와 사용자 단체가 존재해야 한다.
· 사회적 대화에 참여하고자 하는 모든 주체들의 정치적 의지가 확인되어야 한다.
· 결사의 자유와 집단 교섭을 포함한 기본권이 존중되어야 한다.
· 합의된 제도를 통한 지지가 있어야 한다.

사회적 대화가 작동하기 위해서, 국가는 사회적 대화 과정에 직접 개입한다 고 하더라도 과정 내내 주도적이어서는 곤란하다. 국가의 역할은 노사 단체가 앙갚음에 대한 걱정 없이 자유롭게 행동하고 자율적으로 결정할 수 있도록 안 정적인 정치적, 사회적 환경을 조성하는 데 한정되어야 한다. 관계가 근본적으로 2자적인 본성을 지닌 경우에도, 국가는 법률적, 제도적 틀 내에서 노사가 효과적으로 행동할 수 있도록 하는 여러 조치를 실행하면서 사회적 대화 절차에 대해 충분히 장려해야 한다.

사회적 대화와 관련된 연구들이 주로 단편적인 사안이나 기구에 대한 개편 방안에 한정되어 국제 수준의 비교가 실행될 뿐 사회적 대화 구조 전반에 관련해 다른 국가 사례에 대한 심층적 연구가 부족한 우리의 상황에서 프랑스의 사회적 대화 체계에 대한 전반적인 연구는 더욱 큰 의미를 지닌다.

보편적 특수성과 상대적 특수성

프랑스의 사회적 대화 모델을 설명하는 이 책은 다음 같은 연구의 원칙을 갖는다. 프랑스의 사회적 대화를 연구한다는 것은 그것이 갖는 특수성을 도출하는 것이다. 이런 특수성은 두 가지 측면에서 고려된다. 먼저 다른 여러 선진국들과 달리 프랑스가 갖는 보편적 특수성이 있고, 다음으로 한국의 상황을 염두에 둔 상대적 특수성이 있다.

먼저 보편적 특수성과 관련한 프랑스 모델에 대한 연구는 국제적 수준에서 상호 영향의 증대로 일컬어지는 세계화에도 불구하고 여전히 국경 내에서 지배적으로 작동하는 정치에 따라 다양한 자본주의 모델이 지속된다는 가정하에 진행된다. 이러한 가정은 거시적이고 총체적인 접근법을 취한 두 가지 조류의 기존 연구로부터 규정된다.

첫째, '자본주의 다양성Varieties of Capitalism' 이론은 각국의 축적체제와 조절양식 등을 총괄적으로 비교하여 각 국가의 정치경제 시스템을 거시적으로 자유주의 시장경제Liberal Market Economy, LME와 조정된 시장경제Coordinated Market Economy, CME로 구분한다(Hall & Soskice 2001; Hollingsworth ea al. 1997). 대표적으로는 LME는 영미권을 의미하며, CME는 이와 비교되는 유럽 대륙권을 지칭한다. 물론 '조정된'이라는 단어로 해당 범주 안에 포함된 모든 국가의 특수성을 포괄하기는 어려우며, 좀더 세분화된 구분이 요구된다.

둘째, 유럽 국가를 노르딕 유형(스웨덴, 덴마크, 핀란드 등 북유럽형 조합주의 체제), 라인란드 유형(오스트리아, 독일, 네덜란드 등 중부 유럽형 사회적 파트너십 체제), 라틴 유형(프랑스, 이탈리아, 스페인 등 남유럽형 대립주의 체제), 자유주의 유형(영국, 아일랜드 등 앵글로색슨형 다원주의 체제) 등 네 가지 유형으로 구분하여 그 다양성의 특징을 나타내는 조류이다(Esping-Andersen 1990; Visser 1996; Auer 2000).[3] 이런 구분은 노사 관계를 포함한 복지 체제의 유형을 구분할 때 사용된다.

이런 구분을 따른다면, 프랑스는 라틴형 조정된 자본주의 모델로 구분될 수 있으며, 이러한 거시적 틀 내에서 프랑스의 사회적 대화에 대한 연구를 진행할 것이다. 연구의 시기적 대상은 2차 대전 이후 사회적 대화의 성장, 발전, 변화 양상에 초점을 맞춘다. 특히 프랑스에서는 2002년 우파 대통령인 자크 시라크 Jacques Chirac의 등장 이후 사회적 대화 정책의 일대 전환이 목격되고 있다. 과거 적대적이고 대립적인 노사 관계(Vakaloulis 2005)의 전통에도 불구하고, 노동 정책 입법 때 사회적 협의를 의무화하는 법안을 제정하는 등 사회적 대화의 증진을 도모하는 정책이 진행되어왔다(손영우 2007; 2008).

이런 변화의 동인은 무엇이며, 의미는 무엇인가? 결국 '프랑스가 과거 라틴 유형을 탈피하여 새로운 노사관계 모델로 진입하는 것을 의미하는가'에 대한 분석이 주된 내용이다.

한편 상대적 특수성에 관련해, 프랑스의 사회적 대화 모델이 한국에 주는 함의는 두 사회가 지니는 유사성과 특이성에 기인한다. 거시적 수준에서 지난 시절 한국의 노사 체계가 '국가 주도의 노동 배제적 이익 대표 체계'(최장집 1997)라고 규정할 수 있다면, 프랑스의 것은 '국가 주도의 다원적 이익 대표 체계'(심창학

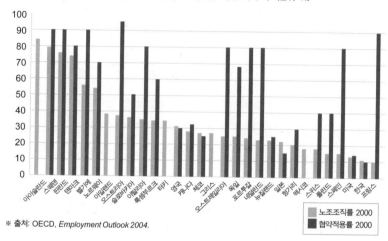

그림 1. 노동조합 조직률과 단체협약 적용률 국제 비교(단위: %)

노조조직률 2000
협약적용률 2000

※ 출처: OECD, *Employment Outlook 2004*.

1998; Mouriaux 1998) 혹은 '국가 주도의 노동 적응 체계'라 정의할 수 있다. 만일 한국 노사 관계에서 노동 배제적 성격을 극복하고 탈피하고자 한다면, 그 방법은 시장 주도이기보다는 국가 주도일 가능성이 높다. 설령 시장 혹은 교섭 중심의 이익 대표 체계를 표방한다고 하더라도 현재 상황의 변화는 법이나 정치의 힘으로부터 시작될 것이다. 이렇게 노동 포용적인 이익 대표 체계로 향하는 한국의 상황에 국가 주도적인 프랑스의 사례는 많은 시사점을 제공할 수 있다.

또 하나 놓칠 수 없는 상대적 특수성은 노조 조직률과 단체협약 적용률 간의 모순 관계이다. **그림 1**을 보면, 노조 조직률에서는 한국과 프랑스가 OECD 가입 국가들 중 가장 낮은 수준에 머물고 있지만, 협약적용률에서는 극단적인 차이를 보여주고 있다.

이런 비교는 한국에서도 국제 비교에서 종종 지적되고 있지만(김유선 2004), 종합적 설명이 부족하다. 또한 정규직과 비정규직 간의 양극화를 극복하기 위해 협약 확대 적용 제도를 고민한다면 프랑스의 구체적인 제도와 법령은 한국에 유용할 수 있다.

책의 구성

프랑스의 사회적 대화에 대한 분석은 역사·환경적 요인, 주체적 요인, 제도적 요인으로 구분해 진행한다(Dunlop 1958). 여기에 노사정 3주체의 전략적 선택을 강조한 연구(Kochan et al. 1986)에 따라 각 시기별 사회적 대화의 발전에 관련해서는 각 주체들의 전략적 선택에 대한 분석을 추가한다.

역사적 요인과 환경적 요인 — 반코포라티즘적 다원주의와 국가의 개입

프랑스의 노동운동은 역사적으로 이념적 다원성을 그 특징으로 한다. '생디칼리즘Syndicalisme'으로 일컬어지는 급진적 조합주의부터, 경영권 확보를 중시하는 자주관리주의autogestionism 같은 이념적 조류들은 각각 정당으로부터 독립된 자주적 조합운동, 노동조합의 기업 경영 참여로 오늘날까지 영향을 제공했다고 할 수 있다.

오늘날 하나의 자본주의 경제 운영 원리로 제기되는 '사회적 이해관계자주의societal stakeholdership'를 충실하게 이해하는 문제에서도, 이익집단 독점권 부여와 제도적 통제를 통한 관리적 측면이 강조되는 코포라티즘corporatism뿐만 아니라 생디칼리즘이나 자주관리주의처럼 노동조합의 행위적 측면에서 자발성이 강조될 때만이 치자治者-피치자被治者 양편의 이해관계를 고려하면서 향후 전망이 가능하다. 이처럼 서구 노동운동의 이념을 이해하는 데 빼놓을 수 없는 이념 조류가 바로 프랑스의 것이라 할 수 있다.

이런 흐름은 노동운동과 정당운동, 노사 관계에서도 독특한 특징을 형성한다. 19세기 말부터 20세기 초에 조직화된 노조가 중심이 되어 정당을 건설했던 영국의 사례, 혹은 반대로 정치적 결사에 의한 정당이 우위에 서서 노조의 성장을 보장했던 독일의 사례와 달리, 프랑스의 노동운동은 정당과 어느 정도 독

그림 2. 이 책의 구성

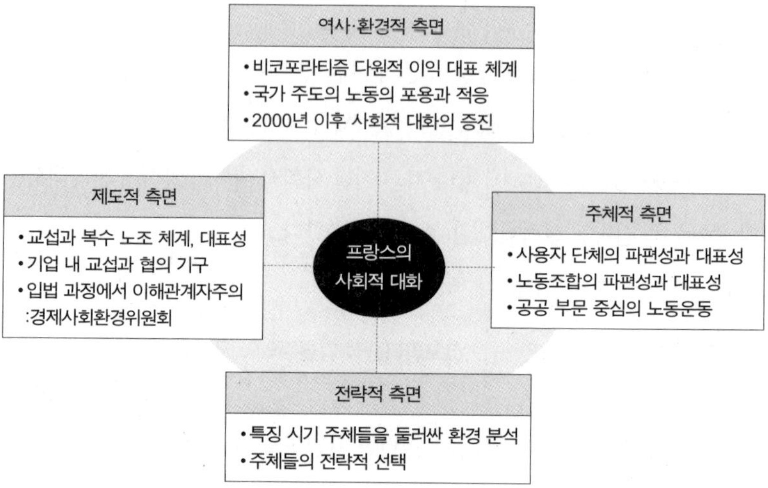

역사·환경적 측면
- 비코포라티즘 다원적 이익 대표 체계
- 국가 주도의 노동의 포용과 적응
- 2000년 이후 사회적 대화의 증진

제도적 측면
- 교섭과 복수 노조 체계, 대표성
- 기업 내 교섭과 협의 기구
- 입법 과정에서 이해관계자주의
  :경제사회환경위원회

프랑스의 사회적 대화

주체적 측면
- 사용자 단체의 파편성과 대표성
- 노동조합의 파편성과 대표성
- 공공 부문 중심의 노동운동

전략적 측면
- 특징 시기 주체들을 둘러싼 환경 분석
- 주체들의 전략적 선택

립하여 서로 경쟁하는 관계를 형성했다. 또한 정당과 별개로 정치적 성향이 강한 노동운동은 생산직과 사무직처럼 노동의 속성에 따른 노동자의 위치보다는 주로 조합원의 종교와 정치적 이념 성향에 따라 내부적으로 분열하고 경쟁했다(Mouriaux 1986, 17). 또한 2차 대전 당시 단일 노조 제도를 통해 노조를 인위적으로 통합하려고 했던 친독 비시 정부와의 투쟁은 정부에 대한 독립성을 강조하는 반코포라티즘 성향과 '노조의 자유는 복수 노조'라는 공식을 형성하는 데 기여했다. 그리하여 1948년 프랑스 헌법은 "모든 자는 노조 활동을 통해 자신의 권리와 이익을 보호할 수 있으며, 자신의 선택에 따라 노조에 가입할 수 있다"며 '노조 다원주의pluralisme syndical'[4] 원리를 명시하고 있다(Mouriaux 1998, 110; Smith 1984).

이런 다원주의의 원리를 이유로 프랑스 노동법은 직업을 갖기 위해 노조 가입을 선행하는 '선가입 의무제closed shop', 고용 이후 노조 가입이 의무인 '후가입 의무제union shop'뿐 아니라, 조합비 일괄 징수 제도인 '체크오프check-off제' 역시 금지(노동법전 L2141-6, 이하 숫자만 표기) 하는 등 노조 가입을 종용하는 제도를 배제하고 있다. 이러한 조건은 결국 프랑스 노동운동이 낮은 조직률(1946년 이래로 30퍼센트를 넘은 적이 없음)과[5] 파편성(5개의 대표적 노조)이라는 대표적인 특징을 지니는 데 영향을 미친다.

이러한 상황 속에서 또 하나의 중요한 특성은 국가의 빈번한 개입과 노조 활동에 대한 제도적 보장이다. 19세기 말 산업화의 지체, 지리적 조건에 따른 높은 불균형성, 중간 매개 단체 혹은 이익집단에 대한 팽배한 불신은 프랑스에서 자발적인 사회적 대화를 가로막는 요인이었고, 그 결과 국가가 노동 관계에 직접 개입하는 사례가 빈번해졌다(Rosanvallon 1999).

이러한 상황은 협약보다는 법이 노사 관계를 중재하고, 노사 당사자들은 서로 '사회적 동반자'의 관계를 형성하기보다는 사회관계의 중재자인 국가에 압력을 행사하여 법이 자신에게 더욱 유리하게 제정되도록 하는 경향으로 나타났다. 하지만 국가의 빈번한 개입은 하나의 이익집단에 독점적 지위를 보장하고 이 집단을 국가가 통제하는 국가 코포라티즘으로 나타나는 것이 아니라, 앞서 설명한 노조 다원주의의 특징과 더불어 다수 노조들의 활동에 대표성을 부여하고 제도적으로 보장하는 '다원적 이익 대표 체계'(심창학 1998, 166)로 나타났다. 특히 2차 대전 중 프랑스 레지스탕스 운동에서 높은 공헌을 한 덕에 노조는 높은 사회적 정통성을 획득할 수 있었고, 전후 정부는 이들 노조에 대해 낮은 조직률에도 불구하고 전체 노동자를 대표하여 교섭에 참여할 수 있도록 '대표성'을 법으로 보장한다.

이런 정책은 동시에 전후 재건 과정에서 사회관계의 안정화를 필요로 했던 정부의 이해에도 부합했다. '국가 주도의 다원적 이익 대표 체계' 모델은 일반적으로 '코포라티즘-조정시장경제', '다원주의-자유시장경제'라는 공식이 성립하는 정치 대표 체계와 생산 체계의 제도적 관계(Hall & Gingerich 2009; 안재흥 2012)로 미루어 볼 때, 상당히 예외적이고 특이한 현상이다. 이런 정부와 노조 운동의 관계는 코포라티즘과 다원주의에 대한 더욱 폭넓은 이해로 이어질 수 있다.

제도적 요인 — 제도적 보장과 대립적인 노사 관계

프랑스의 노사 관계는 노사 단체의 파편성과 낮은 조직률에도 불구하고 그 안정성을 제도적으로 보장받아왔다. 프랑스 교섭 제도의 특징 중 하나인 법적인 노조 대표성 보장 형식은 노조가 낮은 노조 조직률로부터 독립하여 안정적인 자기 활동이 가능하게 만들어줬다.

1966년 법을 통해 대표성을 인정받은 노동총연맹CGT, 프랑스민주노동연맹CFDT, 노동자의 힘FO, 프랑스기독노동자연맹CFTC, 프랑스관리간부직총연맹CFE-CGC 등 5개의 전국 노조 연맹과 소속 노조들은 전국적 수준뿐만 아니라 산업과 기업 수준에서 교섭 참가 권한을 자동으로 인정받았다. 그런데 당시 이 대표성은 일단 국가에 의해 부여되고 나면 시기나 상황에 따라 변하지 않으며 누구도 '이의를 제기할 수 없는' 다소 권위적인 성격을 지니고 있었다. 이런 특성은 다른 유럽 나라들과 다르게 유난히 노조 가입률이 낮고 노조가 분열돼 있는 상황에서 교섭 구조의 안정성을 제공해왔다.[6]

프랑스에서는 노조가 교섭에 참가할 때 한국이나 일본처럼 조합원만을 대표하는 것이 아니라, 원칙적으로 미국의 경우처럼 조직 대상으로 삼고 있는 노동자 전체를 대표한다. 프랑스에서는 교섭의 산물인 협약이 적용될 때 협약에 서명한 노조를 기준으로 하는 것이 아니라, 협약에 서명한 사용자를 중심으로 노동 계약을 맺은 자 모든 노동자에게 적용되기 때문이다(L.2254-1). 이런 원칙은 1884년 노조가 공식 허용되기 이전에 이미 1864년부터 단결권이 보장되어 노동자의 단체행동을 통해 노사 간의 합의에 이르면 이 내용이 단체행동의 참여 여부와 무관하게 사용자와 계약을 맺은 모든 노동자에게 적용된 역사적 전통이 제도화되었기 때문이다(Despax 1989, 360). 이런 제도화는 단체협약의 역할에 영향을 미쳤는데, 단체협약은 산업 내 노동자들의 노동 조건의 균일화를 가져온 것뿐만 아니라 사용자 간의 공정한 경쟁을 보장하는 직업 규범으로 작동하기도 했다(조용만 1999, 127). 동시에 사용자 중심의 협약 적용 원리는 산별 수준 주도의 교섭, 단체협약 확대 적용 제도[7]와 더불어 대단히 높은 협약 적용률이라는 프랑스 산업 관계의 중요한 특징을 형성했다. 결국 이런 특징들이 프랑스가 노조 조직률 측면에서는 한국과 유사하게 낮은데도 협약 적용률에서는 완전히 다른 양상을 띠게 만든다.

한편 1966년의 초기 대표성 제도는 정부가 특정 기준을 통해 노사 단체에 대표성을 일단 부여하면 더는 이의를 제기할 수 없는 권위적 성격을 갖고 있었다. 또한 대표성을 부여받은 노사 단체는 모두 동등하게 교섭권을 행사할 수 있어 하나씩의 노사 단체 서명으로도 협약이 유효한 것으로 간주했다. 이런 전 직업 또는 산별 협약 인정 방식은 1968년 그르넬 교섭négociations de Grenelle의 결과로 기업 수준에서도 노조 지부의 설립이 허용되고, 1982년에 기업 교섭이 의무화되면서 변화를 요구받게 된다. 특히 1998년 35시간 노동제를 도입하면서 협약의 정통성을 높일 것을 요구받는다. 그 결과 '다수제 원리principe majoritaire'가 노동법에 다시 도입된다(Supiot 2004, 90).

1999년 2차 노동시간 단축법(오브리 법 II)에 대표 노사 단체가 협약에 서명했더라도 교섭에 참여한 다수의 대표 노사 단체들이 거부할 수 있게 하는 다수의 거부권 행사 조항이 도입되고, 2004년 5월 법에서 체계화된다. 결국 2008년에는 대표성 부여 방식에서도 과거 정부가 한번 대표성을 부여하면 이의를 제기할 수 없던 권위적 방식에서 노사 단체가 정기적으로 자기들의 대표성을 증명해야 하는 새로운 방식으로 개편된다(손영우 2008b).

동시에 프랑스는 사회적 대화를 정책 결정 수단을 넘어 영토 대표적 민주주의 제도의 한계를 보완하는 제도로 도입한다. 2002년 퇴직연금 제도 개정, 2005년 청년고용 제도 개정 등 정부의 노동 개혁 시도가 노조와 시민사회의 반대로 좌절되자, 사회적 대화 없이 개혁은 불가능하다는 인식이 사회적으로 확산된다. 2006년 10월 자크 시라크 대통령은 경제사회위원회 연설을 통해, "이후 노동법 관련 모든 입법 계획안은 사회적 파트너의 자문 후에 의회에 제출될 것"이라고 선언한다. 뒤이어 2007년 1월 프랑스 노동법 제1조는 "정부가 진행 중인 집단적·개인적 노동 관계, 고용, 직업훈련에 관한 모든 개정안은 노사 단체와 사전 협의의 대상"이라고 명시했다. 그리하여 노동에 관한 모든 법률 개정 사안은 의회에서 논의하기 전에 반드시 노사 단체와 협의를 거칠 것을 의무화했다. 사회적 대화가 민주주의 입법 과정에서 하나의 상시적인 정치 단계로 제도화됐다고 할 수 있다.

제도적 측면과 관련해서는 산별 노조와 협약의 적용 확대를 중심으로 한 노사 관계 제도뿐만 아니라, 기업 내 교섭과 기업 내 협의 제도(노사협의회comité d'entreprise, CE와 고충처리위원délégués du personnel, DP)와의 관계, 그리고 전국 교섭과 입법 자문 기구인 경제사회환경위원회Conseil économique, social et environnemental, CESE와의 관계를 중심으로 기능 대표 체계로서 이해관계자주의를 다룬다.

주체적 요인 — 파편성, 낮은 노조 조직률, 공공 부문이 주도하는 노사 관계

프랑스의 높은 협약 적용률은 노동자들의 노조 가입 동기를 약화시키는 계기로 작용하기도 했다. 협약이 노조 가입에 상관없이 모든 노동자에게 적용되는 상황에서 사용자의 보복, 다른 노조 조합원들의 질시, 조합비를 감수해야 하는 조합원의 길을 선택하는 배경에는 경제적 이유 말고도 강한 정치적 혹은 이데올로기적 경향이 작용하고 있다는 것을 의미한다. 그래서 높은 협약 적용률은 시대적 상황에 따른 이념 대립의 완화와 더불어 노조 가입 동기를 약화시키는 요인으로 나타났다.

하지만 낮은 노조 가입률이 노동운동이 비대중적이고 무능하다는 것을 의미하지는 않는다. 먼저 높은 대중적 지지를 들 수 있다. 1995년 이래 추진된 정부의 사회적 서비스와 공공복지 감소 계획에 맞선 공공노조 파업에 대해 여론은 매번 과반수가 넘는 높은 지지를 보였다. 또한 통계상 조합원 수보다 파업 참가자 수가 많은데, 이것은 조합원의 의식 수준을 가늠할 수 있는 하나의 기준이라 할 수 있다(Giraud 2006). 이러한 상황에서 프랑스 노동운동은 수혜자주의 clientélisme의 모습보다는 조합원의 전투성에 의존하는 사회운동적 성격을 지니고 여론에 민감하다는 특징을 갖게 된다(Vakaloulis 1998).

한편 공공 부문 노조는 프랑스 노동운동에서 주도적인 역할을 한다. 이러한 특징으로 공공복지나 사회적 서비스를 축소하려는 우파 정부의 계획에 맞서 공공 부문 노조가 전체 노동운동의 이해를 대변하여 동원되는, 일종의 노동운동 전위의 역할을 줄곧 수행한다고 평가받기도 한다(Vakaloulis 1998).

이런 모습은 세계화 시대에 더욱 중요한 요인으로 주목받는다. 세계화 시대의 외부 압력에 대해 민간 부문보다 상대적으로 자유로운 공공 부문 노동자의 수가 많고, 이 노동자들의 단체행동권이 폭넓게 보장받는 상황은 외부 압력에 대해 노조 활동이 상대적으로 영향을 덜 받는다는 것을 의미하기 때문이다. 또한 유럽연합의 공공 서비스 분야 시장 개방에 따른 프랑스의 길을 모색하는 과정에서 노동조합이 수행한 역할에 대해서도 살펴보고자 한다.

이 책은 3부로 구성된다. 1부에서는 역사적 관점을 중심으로 국가 주도하의 다원적 이익 대표 체계의 형성 과정을 다룬다. 프랑스 혁명 이후 오늘날까지 사회적 대화와 노사 관계의 형성, 교섭 제도, 복수 노조 제도의 형성 과정에 대해 서술한다. 2부에서는 제도적 관점에서 프랑스의 사회적 대화에 관련한 주요 제도를 협의, 자문, 사법, 복지, 교육의 범주에서 조사한다. 3부에서는 주체와 전략적 관점에서 올랑드 정부 시기 사회적 대화의 제도화를 둘러싸고 주체들의 전략들이 어떻게 대립, 갈등, 작용했는지 살펴본다. 물론 각각 제기된 관점들은 주된 측면을 언급했을 뿐 전체적으로 역사적, 제도적, 주체적, 전략적 관점을 결합시키고자 했다.

1부

비코포라티즘적 다원적
이익 대표 체계의 형성

1장

혁명 의회는 왜 결사의 자유를 박탈했나
프랑스 혁명이 프랑스의 산업 관계에 미친 영향

1789년 7월 14일, 프랑스 혁명이 일어났다. 혁명을 통해 구성된 의회^Assemblée constitutante는 혁명 2년째 되는 해인 1791년 6월 르 샤플리에[1] 법^loi Le Chapelier을 제정한다. 변호사이자 의원이던 제안자의 이름을 딴 이 법은 동업조합^corporation, 장인 조합 등을 비롯한 경제적 이익을 추구하는 모든 단체의 결사를 금지하는 내용을 담고 있다. 이 법은 이후 100년 간 프랑스 노사 관계를 지배하며, 노동자로부터 1864년까지 단결의 권리를, 1884년까지는 조합 설립의 자유를 박탈했다. 혁명의회는 왜 르 샤플리에 법을 제정했을까? 그리고 이 법은 프랑스 산업 관계에 어떤 영향을 미쳤는가?

19~20세기 서유럽의 역사를 보면, 시민권의 성장과 민주주의의 확산은 노동권과 노동조합 운동의 확대와 함께했고, 한국에서도 1987년 6월 민주화 운동이 같은 해 7~8월 노동자 대투쟁의 물꼬를 튼 것을 우리는 목격했다. 이런 상식에서 보면, 대표적인 근대 시민혁명인 프랑스 혁명이 있고 나서 2년 만에 노동자의 결사를 금지하는 르 샤플리에 법을 왜 제정했는지 이해하기 힘들다.

더욱이 프랑스 혁명 직후인 8월 26일 의회에서는 '인간과 시민의 권리선언

Déclaration des droits de l'Homme et du citoyen'(시민인권선언)을 통해 "모든 정치적 결사의 목적은 자연적이고 소멸될 수 없는 인간의 권리를 보장하는 데 있다. 그 권리란 자유, 재산, 안전, 압제에 대한 저항의 권리다"(제2조)라고 밝혀 결사권을 인정했다. 그런데도 르 샤플리에 법을 제정했다.

한편 유사한 시기인 1799년에 영국에서 제정된 노동자 단결 금지법An Act to prevent Unlawful Combinations of Workmen은 르 샤플리에 법과 함께 '노동조합 금지법'으로 논의되지만, 이 두 법은 다른 성격을 지닌다. 이른바 단결 금지법Combination Laws은 프랑스 혁명이 발발하자 공포를 느낀 영국 지배 계급이 공공질서 유지, 즉 노동자들이 단결하여 불온을 확산시키고 폭동을 일으킬 수 있다는 점을 우려하여 제정한 법이다. 그리하여 에드워드 파머 톰슨은 《영국 노동 계급의 형성》에서 반자코뱅주의적 영주들로 구성된 영국 의회가 정치 개혁자들에 반대하여 법을 더욱 엄격하게 만들었다고 평가하고 있다. 프랑스 혁명에 고무된 정치 개혁자들의 요구에 공포를 느낀 윌리엄 피트 총리가 제정한 법이라 할 수 있다. 귀족들이 전념한 것은 민중의 자코뱅적 '음모'에 대한 탄압이었고, 제조업자들이 바란 것은 임금 상승을 위한 '음모'의 무산이었다. 프랑스 혁명을 보고 놀란 귀족과 제조업자들이 제휴하여 자기들의 목표를 동시에 성취할 수 있는 법을 제정했는데, 그것이 바로 단결 금지법이었다(Thompson 1963, 276~277).

반면 프랑스의 르 샤플리에 법은 농민, 노동자, 상공인들로 구성된 제3신분의 대표들이 절대 왕권과 귀족에 대항한 혁명의 정신에 입각하여 제정한 법안이다. 어떻게 보면, 반대편에서 대립하던 세력이 유사한 내용의 법을 만든 것이다. 왜 혁명의회는 노동자들의 단결과 결사를 금지한 것일까? 이 문제는 한국에는 잘 알려져 있지 않지만 프랑스 초기의 산업 관계를 이해하는 데 중요한 '로제타석Rosetta stone'이라 할 수 있다. 르 샤플리에 법을 이해하려면 먼저 결사에 관련된 프랑스 혁명의 이념을 이해해야 한다.

1. 프랑스 혁명의 이념과 결사

프랑스 혁명에 중대한 사상적 영향을 미친 루소는 《사회계약론》(1762)에서 인간이 갖는 정치적 권리에 대해 서술했는데, 여기에서 단체에 대한 부정적인 입장을 개진한다. 국가의 모든 권력은 일반의지volonté générale에 의해 비롯된 것인데, 일반의지란 '모든 공동의 힘으로 개인과 각 연합자의 이익을 방어하고 보호하며, 그것에 따라 각자가 전체에 결합함에도 오직 자신에게만 복종하여 전처럼 자유롭게 남게 되는 연합 형태를 추구하는 의지'다. 이것을 통해 개인과 국가는 대립하지 않고, 개인이 국가에 종속되는 것이 아니라, 국가를 통해 권리를 실현할 수 있게 된다. 가령 시민인권선언에서 "모든 주권은 본질적으로 국민에게 있고, 어떠한 집단이나 개인도 국민으로부터 명시적으로 유래하지 않은 권리를 행사할 수 없다"고 할 때, 국민이란 바로 '일반의지'를 의미한다.

"일반의지는 항상 올바르며 공익을 지향한다"(Rousseau 1762, 56). 일반의지는 많은 개인들이 갖는 의견 차이의 결과(Rousseau 1762, 57)로 만들어진다. 즉 개인의 이익만을 고려하는 개인 의지들에서 지나친 것과 부족한 것을 제거하면 일반의지라는 결과가 도출된다. 일반의지가 형성되려면 많은 개인들의 합인 전체 의지에서 개별적인 개인들의 이익이 다듬어져 모든 개인의 이익으로 만들어져야 한다. 그것이 바로 국가이며, 또한 국가가 해야 하는 일이다. 하지만 집단은 개인 의지의 수를 감소시킨다. 그리하여 루소는 당파가 번성하면 "투표자가 더는 전체 인원수와 같지 않고 당파의 수대로 존재하게 된다"고 지적한다. 그리하여 일반의지가 형성되기 어렵게 만든다.

루소에 따르면 일반의지와 개인 사이에서 공익을 실현하는 주체가 바로 국가다. 국가는 인민 주권을 실현하는 대리 기구다. 이 사이에 존재하는 단체들은 사적 이익을 개인보다 강력한 물리적인 힘으로 추구하기 때문에 일반의지를 형성하는 데 방해가 되며, 개인과 국가 간의 관계를 왜곡한다. 그리하여 "일반의지가 충분히 표출되기 위해서는 국가 안에 '분파société partielle'가 존재하지 않으며 각 시민은 자신의 고유한 의견만을 주장하는 것이 중요하다"(Rousseau 1762, 58). 왜냐하면 분파가 그 개별적 이익을 주장함으로써 국가의 일반의지를 형성하는 데 장애가 될 위험성이 크기 때문이다. "각 분파와 결사의 의사는 그 구성원에 게는 일반적이고, 국가에게는 개별적인 것이 될 것"(Rousseau 1762, 57)이다.

이러한 생각은 프랑스 혁명 당시 파리 민중들, 즉 상퀼로트의 이념이기도 했는데, 양도 불가능한 인민주권론의 원리로 제기됐다. 이러한 원리는 '대의제régime représentatif'를 거부했다. 그리하여 프랑스 혁명 당시 민주주의란 '직접민주주의'를 의미했다(Soboul 1989, 340~341). 루소가 언급한 대로 의회에 참석하는 의원들은 인민의 '대표자représentant'가 아니라 인민이 형성한 일반의지의 '집행자commissaire'에 불과하며, 어떤 일이든 의원들이 최종적으로 결정할 수는 없다고 생각했다(Rousseau 1762, 3편 15장; Soboul 1989, 340).

이러한 생각은 실제에서도 집단이 개인의 자유를 억압하는 것이라는 사고가 만연하게 했다. 당시 부르주아가 추구하고 봉건 귀족들이 막아온 '자유로운 경쟁' 역시 집단에 대해 부정적이었다. 경쟁은 동등한 개인들 간의 것이며, 집단은 이러한 경쟁의 균형을 왜곡하는 존재가 된다. 민주주의를 구현하기 위해서는 개별 이익을 추구하기 위한 집단 노력이 제한돼야 한다고 생각했다.

2. 산업 관계에서 나타난 자코뱅주의

대표적으로 '자코뱅주의jacobinisme'2가 이러한 경향을 대표했다. 자코뱅주의란 프랑스 혁명 당시 한 세력이던 자코뱅 클럽이 추구한 정치 이념으로, 인민 주권과 인민 주권의 분할 불가성을 추구했다. 국가가 사회관계에 깊게 개입하고, 중앙 정부가 지방 권력에 우선하는 중앙집권적 특성을 보였다. 또한 중앙집권적 행정 권력과 소수 엘리트 기술 관료의 통치로 나타났다.

하지만 산업 관계에서 자코뱅주의는 단체에 의한 집단적인 산업 관계를 배제한 개인적인 산업 관계에 대한 선호로 나타난다. 대표적인 결과가 르 샤플리에 법(1791년 6월 14일법)의 탄생이다. 르 샤플리에 법은 양면적 속성을 지니고 있다. 이 법은 정치적 측면과 사회적 측면에서는 모든 매개 단체를 금지한다는 측면에서 사회관계까지 국가의 규제가 깊게 개입한다고 할 수 있지만, 동시에 이 법이 산업 관계에서는 사용자 단체나 노동자 결사를 금지해 사용자-노동자 간의 개별적 계약을 중시하는 자유주의적 혹은 개인주의적 전통을 낳았다고 볼 수 있다. 이 법률을 제안한 르 샤플리에는 자코뱅 클럽의 전신인 브르통 클럽의 창시자 중 한 명으로, 당시 대표적인 자코뱅주의자였다.

여기서 우리는 정치적 영역과 사회적 영역에서 과도한 국가의 개입을 가져온 자코뱅주의가 산업 관계에서는 개인주의를 낳은, 자코뱅주의의 양면성을 볼 수 있다. 정치학자 르네 무리오는 논리상 인민들의 의지를 보편적으로 수렴하는 '수혜적인 국가'와 여기에 매개체 없이 직접 대면하는 '개인'이라는 측면에서 '국가적 개인주의individualisme étatique'라 칭한다(Mouriaux 1992, 10).

1789년 프랑스 대혁명 이후 다양한 이념들이 생성하고 발전해 각종 권리를 형성하는 데 영향을 미치게 된다. 특히 개인과 국가, 그리고 매개체 간의 관계에 대한 이념들 중 다수의 생각이 당시 경제 영역에서 대표적으로 집단을 형성하고 있던 동업조합에 적대적인 목소리를 높였다(Soubiran-Paillet 1993, 1). 앞서 보았듯이 일반의지와 개인권droit de l'individu의 주창자인 루소와 디드로Denis Diderot는 단체 결성은 보편 이익에 대한 걸림돌이 될 위험이 있다며 반대했다.

또한 중농주의자들도 동업조합에 적대적이었는데, 개인은 국가 이전에 존재하는 소유나 자유 같은 자연권을 지니고 있는 반면 동업조합은 이런 개인권을 행사하는 데 질곡으로 작용한다고 봤다. 당시 모든 정치경제 사상에 명구로 새겨진 '노동과 사업의 자유liberté du travail et du commerce'는 같은 직업에 종사하는 개인들의 결집 가능성에 대한 고려 없이 개별적으로 상정된 모든 인간, 그런 인간들이 갖는 노동의 자유를 함축했다.[3]

이렇게 고립된 경제적 주체 간의 자유 경쟁이 가장 바람직한 결과를 낳는다는 사고방식은 자유주의 경제사상의 중심을 형성하고 있었다.[4] 중농주의자의 한 사람인 메르시에 드 라 리비에르Mercier de La Rivière는 '인간 각 개인의 가능한 최상의 상태는, 소유권과 소유권의 기본적 속성인 완전한 자유에 의한 것이며 …… 모든 국민의 공적 이익, 일반 이익은 그 구성원이 갖는 다양한 개별 이익의 산물 외의 아무것도 아니다'고 쓰고 있다(De La Rivière, 532~533). 각 개인이 자기의 소유와 자유를 가지고, 그 개별 이익을 추구함으로써 국민 전체의 최대 이익이 실현된다는 것이다. 이런 사고는 동시에 '각자는 자기 이익에 대한 최상의 옹호자'라는 관념으로 이어지고 있다. 따라서 '계약의 자유'와 '소유권의 절대성' 원칙이 정당화되고, 경제에 대한 집단의 개입, 더 나아가면 유사한 논리로서 국가 개입의 배제도 요구할 수 있게 된다.

1789년 8월에 제정된 시민인권선언도 '국가'나 '국민'을 의미하는 '나시옹Nation'라는 이념에 조응하여 확산된 개인주의의 영향으로 만들어졌으며, 이것은 혁명 이후 법적 기초의 핵심을 차지하는 새로운 정치적 합리성을 형성한다. 대표적으로 제3조는 '모든 주권의 원리는 본질적으로 국민에게 있다. 어떤 단체나 개인도 국민으로부터 직접 나오지 않는 어떤 권력도 행사할 수 없다'고 해서 매개체에 대한 개인 권한의 위임을 부정하고 있으며, 나아가 제4조는 '자유는 타인을 해치지 않는 한 모든 행위를 할 수 있는 자유를 의미한다. 따라서 각자의 자연권 행사는 다른 사회 구성원에게도 동등한 권리를 보장해주어야 할 경우 말고는 어떤 제약도 받지 않는다. 이러한 제약은 오로지 법에 의해서만 규정될 수 있다'고 해서 법이 아닌 결사에 의한 개인 행위의 제약을 부정하고 있다.

1789년 선언은 결사권을 개인적 자유를 위해 필수적 조건으로 취급하지 않을 뿐만 아니라, 나아가 결사가 개인적 자유의 원리를 침해할 수도 있다고 봤다. 1789년에 에마뉘엘 시에예스는 이렇게 주장한다. "개인의 이익은 걱정할 일이 아니다. 개별적으로 각자가 자기 자신의 것을 가지고 있다. 가장 큰 문제는 한 시민이 다른 사람들과 의견을 같이하는 이익이다. 이 이익을 통해 공동체를 위협하는 계획이 구상되고, 모든 사람을 불신하게 만드는 공공의 적이 만들어진다. 그렇기 때문에 사회 질서가 일반 시민들에게 동업조합을 형성하지 못하도록 엄격하게 금지하는 것은 놀라운 일이 아니다"(Sieyès 1789). 그 결과 헌법학자 레옹 뒤기가 '결사의 자유'에 대한 조항은 프랑스 혁명 시기 헌법이나 선언에서 나타나지 않는다고 주장한 것처럼(Duguit 1911, 138),[5] 인민 주권의 이름으로 결사권이 무시된다.

이렇게 새로이 공언된 원칙을 통해 입법이 진행된다.[6] 개인의 권리를 보장하기 위해 시민들을 연결하는 관계, 특히 결사 관계가 부정된다. 왜냐하면 바로 국가가 유일하게 개인과 일반의지를 연결하는 매개 단체이기 때문이다. 국가는 유일한 결사로 남으며, 중앙 권력은 모든 다른 결합을 인정하지 않는다. 특히 이익집단의 실체를 인정하지 않는다.

1789년 10월 23일 성직자 재산의 국유화에 관련된 논쟁에서 다수의 지지를 획득한 자크 기욤 투레는 "개인과 단체를 구분한다면, 단체란 스스로 존재하는 것이 아니라 법에 의해 존재하는 것이다. 모든 단체는 최대의 이익을 위해 법이 만든 도구일 뿐이다"[7]라고 주장했다.

여기에서 하나의 모순을 발견할 수 있다. '개인적 노동 관계의 우위'와 '국가의 전능함'이라는 원리 사이의 관계이다. 가령 일반의지를 대리하는 국가가 안보나 안전을 이유로 사회적 우위에 서 있는 개인적 노동 관계에 개입할 수는 없는가 하는 점이다. 당연히 인권선언 제6조에 언급된 대로 일반의지의 표현이라 할 수 있는 법을 집행하는 국가가 개별 이익 관계에 개입할 수 있다. 하지만 원칙적으로 국가는 개인적 노동 관계가 존중받도록 보장하고 보호하는 역할을 주요 임무로 지닌다. 또한 당시에는 일반의지를 대표하는 국가의 전능함이라는 루소의 이념이 끼친 영향도 있었지만, 결사를 반대하는 세력은 노동자나 사용자 단체에 적대적이면서 동시에 국가에 의한 규제 자체에도 부정적이던 영국의 애덤 스미스^{Adam Smith}에게서 영향을 받기도 했다(Jaffé 1924).

결국 직업 관계에 관련하여 노동의 자유는 직업과 경제 활동 영역에 인권선언에서 주창된 보편적 자유를 적용한 것으로 여겨진다. 이러한 사고는 새로운 지배 기술을 낳고, 경제 관계 규정의 토대가 된다. 새로운 규칙들은 상공업의 자유, 국내 관세의 폐지,[8] 생산자와 노동자 간의 계약에서 중계상의 소멸, 매점과 결탁의 금지로 구체화된다. 그 결과 직업 단체의 실질적 폐지를 목적으로 하는 형법 제정과 형사법으로 노동 관계를 규제한다는 새로운 사고방식을 낳게 된다(Soubiran-Paillet 1993, 2).

3. 이익집단, 동업조합, 장인, 조합간부단 ― 장인들은 왜 길드를 만들었나

구체제의 경제 단체나 직업 모임의 대표적 형태로 장인들의 동업조합을 들 수 있다. 동업조합은 작업장 내 특성을 반영한다. 당시 물품 생산 작업은 장인이 소유하고 있는 작업장을 중심으로 진행됐다. 작업장에는 크게 작업장 소유주인 장인^{maitre}, 비숙련공 혹은 직공^{valet, compagnon}, 견습공^{apprenti} 3개 계층이 있었는데, 장인들은 조합의 기원이 로마 시대에 이를 정도로 매우 일찍부터 결사한 반면 직공이나 견습생들은 18세기에 이르러서야 직공조합^{compagnonnage}을 구성했다.

장인들은 매년 동업조합(길드) 내에서 규칙 준수 서약, 직업 도덕 준수와 연대 서약을 행했는데, 조합간부단(쥐랑드^{jurande})은 상호 서약을 통해 만들어진 하나의 직업군이었다.[9] 조합간부(쥐레^{juré})는 조합원 선거를 통해 조합원 중에서 선출됐는데, 밖으로는 조합원들의 이익을 대표하고 수호하고 안으로는 장인들 간의 공정한 경쟁을 위해 내규 준수를 감독하는 역할을 수행했다. 때에 따라서는 직업보호단, 근로감독관, 노동자 보호관의 역할을 담당하기도 했다. 그리하여 장인 작업장을 방문해서 제작품의 품질 검사를 진행하기도 하고 동업조합 입회식을 주재하기도 했다. 경우에 따라 금세공업자들의 제작품에 대해 조합간부의 직공을 통해 품질을 증명하기도 했다. 이런 공적인 임무 때문에 장인들의 총회에서 선출돼 행정부에 의해 임명되기도 했다. 임기는 흔히 1~2년 정도로 짧았지만, 목수나 석공의 경우 평생직도 있었다. 이렇게 이들은 직업 내에서 정치 권력(정부)의 위임을 받아 직업 질서를 유지하고 관리하는 집단이었다.

동업조합은 구체제와 함께 탄생된 것이 아니라 훨씬 이전에 발생했다. 동업조합은 퇴행적인 구체제와 함께 사라져야 한다는 논법에 대해, 에밀 뒤르켐은 구체제와 함께 부패한 것은 맞지만 동업조합이 구체제보다 훨씬 오래된 역사를 지녔다고 반박했다.[10] 농업 이외에 수공업이 발생하면서 가족 혹은 씨족 단위로 진행된 농업과 달리, 숙련공을 중심으로 전개된 수공업에서는 동업조합이 만들어졌다. 로마 시대의 콜레기움collegium(동업자조합)은 가족보다 확대된 사람들을 대상으로 가족과 유사하게 상호 부조와 상호 결속의 도덕을 형성하고, 출생, 복지, 종교, 장례 공동체의 성격을 지니면서 발달한다(Durkheim 1950, 70). 여기에 장인이 직공에 대한 부당한 처우를 관리하고(공정 거래 유지), 상인이나 장인이 고객을 기만하거나 속이지 못하도록(상품의 품질 관리) 하는 등 직업적 정직함을 보장하기 위한 활동도 추가된다. 그러면서 처음에는 사적인 집단이었지만 점차 공적 활동에 참여하게 된다.[11] 그래서 동업조합의 활동은 정부를 통해서 관리되고 보장되어야 했다. 가령 식료품 길드(푸주한, 제빵업자 등)는 식료품 가격의 안정을 위해 생산량을 서로 조정했는데, 이러한 활동은 정부의 식량 공급 기능에 연결됐다. 정부의 관리 속에서 빵값 책정과 생산량의 조정처럼 식량 공급 활동에도 참여하게 된다. 그리하여 이 직업 길드의 구성원들은 공무와 공직을 수행하면서 자기들이 수행하는 업무의 대가로 일정한 특권을 누렸으며, 황제에게서도 허가를 받았다. 주로 하급 관리에 해당하는 역할을 하던 조합간부들이 점차 경제에서 차지하는 비중이 커지면서 우월한 지위를 얻게 됐고, 결국 길드는 행정의 공식적 톱니바퀴가 됐다. 그사이 정부와 길드 간에는 긴장과 갈등이 존재했다. 길드는 한편으로는 더 큰 특권을 누리려 하면서 동시에 다른 한편으로는 정부에 대해 독립성을 지니려 했다. 반면 정치 권력은 길드의 독립성을 인정하지 않으려 하면서 특권을 관리하고 통제하려 했다.

동업조합이 다시 출현한 때는 11~12세기경이고, 13세기에 번성했다. 뒤르켐은 동업조합의 발달이 특정한 정치 체제에서 일어난 우연적 현상인가, 아니면 광범위하고 근본적인 다른 원인이 있는가 하고 질문을 던진다. 동업조합은 도시의 설립에서 제국의 절정기에 이르기까지, 기독교 사회의 여명기에서 프랑스 혁명기까지 상황적인 필수 요인이라는 점을 밝혀낸다. 동업조합과 정치 체제는 보편적 연관 관계, 즉 동업조합이 정치 체제를 부패시키는 일반적인 속성을 지닌 것이 아니라 동업조합이 역사적 순간에서 구체제를 만나 부패했다는, 상황에 따른 우연적이고 특수한 관계를 지녔다는 것이다(Durkheim 1950, 71). 뒤르켐은 직업 집단이 18세기처럼 우두머리의 특권을 보호하기 위해 악용되기도 했지만 원래 의도는 특정 직업의 훌륭한 명성과 구성원들의 공정한 거래를 보장하는 것이라면서 시민사회의 직업 윤리를 만들어내는 핵심 집단이라며 옹호한다.

프랑스 앙시앵 레짐은 동업조합의 시대인가? 그렇지 않다. 이미 17세기에 폐해가 나타나서 앙시앵 레짐에서는 동업조합을 규제했다. 하지만 이러한 폐해는 조합에 의존해 생활한 사람들과 그 사람들이 결탁한 귀족들 때문에 프랑스 혁명 시기까지 잔존한다. 혁명은 이러한 관계를 소멸시키려 했고, 바로 르 샤플리에 법을 제정했다. 이 법이 본격적으로 노동자를 탄압하는 형태로 활용되는 것은 노동자 운동이 만개하기 시작한 19세기 중반 이후다.

동업조합은 구체적으로 어떠한 문제점을 지니고 있었을까? 알렉시스 드 토크빌은 《앙시앵 레짐과 프랑스 혁명》에서 "동업조합은 바로 국왕이 지닌 재정적 탐욕의 산물"(Tocqueville 1856, 318)이라고 일갈했다. 애초에 동업조합은 동업자들을 결속시키고 나아가서 노동자들을 구제하는 동시에 통제하는 사명을 지닌 산업별 관리 기관이었다(Tocqueville 1856, 187). 하지만 16세기 초부터 국왕은 노동권을 자기가 매각할 수 있는 하나의 특권으로 만들었다. 그때부터 각각의 신분 단체들은 폐쇄적인 작은 귀족 집단이 됐으며, 기술의 진보를 저해한 독점체로 등장한다(Tocqueville 1856, 188). 더욱이 "18세기에 오면 이 동업조합은 거의 전적으로 자기들에 국한된 문제에만 관심을 가졌다. 왜냐하면 담당한 시 행정 업무의 규모가 점점 줄어들고 그 업무를 공무원을 비롯한 전문 수임자들이 담당했기 때문이다. 이제 이 작은 단체는 자기들 일에만 전념하게 됐으며, 자기들과 관계된 업무만을 관장하게 됐다"(Tocqueville 1856, 175).

1775년에 중농주의 경제학자인 르트론G. F. Letronne은 이렇게 말했다. "국가가 산업 단체의 설립을 허용한 것은 단지 허가장brevets을 팔아먹거나 단체에 필수적인 새로운 관직을 매도하여 재원을 마련하려는 의도에서였다. 앙리3세의 원칙을 계승한 1673년 칙령은 장인들에게 단체 납부금을 냈다는 확인서lettre de confirmation의 보유를 의무화했다. 또한 단체 미가입 장인들에게 단체 가입이 강요됐다"(Tocqueville 1856, 189).

한편 메르시에L.-S. Mercier는 프랑스 혁명 직전 파리의 상황을 그린 《파리의 풍경》 제8권에서 석공, 목수, 건축물 심의관 등 장인들의 모습을 묘사하고 있다 (Mercier 1789, 354~364).

당시 재력가들은 넓은 아파트를 갖고 싶어하고, 상인들은 군주처럼 살기를 바랐기 때문에 건축의 열기가 높았다. 하지만 건축을 원하는 사람은 그 기쁨을 위해 매우 비싼 값을 치러야 했다. 그 사람은 건축가, 석공, 대목, 열쇠공, 소목, 기와장이, 포석 인부들에게 둘러싸이고, 행실이 바르지 못한 건축물 심의관의 방문을 맞이해야 했다. 당시 파리에는 일괄 계약이 금지되어 있어 각각의 공사에 대해 한 가지씩 거래를 해야 했다. 따라서 석공과 목수를 따로 불러 협상을 해야 했는데, 이때 석공과 목수는 먼저 자기들끼리 몰래 합의를 보고, 이어서 다른 인부들과도 합의하여 제 잇속을 챙기고 비리를 감추었다. 건축물 심의관의 판결문은 미리 준비된다. 심의관과 건축 인부들은 한통속이다. 자기들끼리는 자기들이 이익이라고 부르는 모든 것을 서로 공유했다. (Mercier 1789, 354~355)

대혁명이 발발하기 30년 전에 동업조합 제도가 노동자들에게 저지른 폐단을 없애려는 시도가 있었을 당시, 국왕(루이 16세)은 다음 같은 선언문을 공포했다. "노동권이야말로 모든 소유권 중 가장 신성하다. 노동권에 저촉되는 법률은 어떤 것이든 자연권에 대한 침해로서, 그것 자체로 무용한 것으로 간주되어야 한다. 현존하는 동업조합은 이기주의와 탐욕과 폭력의 산물로서 괴이할 뿐만 아니라 전제적인 제도다"(Tocqueville 1856, 315). 이 구절은 혁명의 발발이 개혁이 없었기 때문이 아니라 혁명 이전에 제대로 진행되지 못한 개혁이 혁명을 초래했다는 의미로 토크빌이 제시한 근거다.

토크빌은 혁명 직전의 상황을 이렇게 묘사한다.

동업조합이 해체되고 나서 부분적으로 불완전하게 재건됨에 따라 노동자와 사용자 사이의 낡은 관계는 근본적으로 변했다. 새롭게 만들어진 관계는 매우 다양했고 불분명할 뿐만 아니라 당사자들에게는 방해가 됐다. 사용자 측의 횡포는 어느 정도 제한됐지만, 국가의 보호는 여전히 제대로 자리잡지 못했다. 따라서 정부와 사용자 사이에서 난처한 처지에 놓인 수공업자들은 양자 중 누구에게 의탁해야 할지 알 수 없었다. 도시 하층 계급에 닥쳐온 이런 불안과 혼란 상태는 인민이 정치 무대에 다시 등장하게 되면서 중대한 결과를 초래했다. (Tocqueville 1856, 335).

토크빌의 견해에 따르면 매개 단체의 금지는 혁명의 산물이 아니다. 앙시앵 레짐 때부터 재원을 마련하기 위해 특권층을 배려한 흐름과 특권층의 혜택을 금지하려 한 견해가 대립했는데, 결국 혁명을 통해 특권층의 혜택을 금지하는 정책이 구현됐다. 더욱이 동업조합은 산업 자본가들이 값싸고 순종적인 인력을 사용하려 하는 데 방해가 됐다. 동업조합 간부단은 1776년 2월 튀르고 칙령^{édit} ^{de Turgot}에 따라 폐지된 뒤 그해 8월 법에 따라 일시 부활했다가, 1791년 달라르드 법^{Décret d'Allarde}[12]에 따라 최종 폐지됐다(Husson 1903, 189~193).

프랑스 혁명의 핵심 목적은 구체제의 폐지였고, 동업조합은 자본주의적인 자유로운 경제 활동을 가로막는 '경제 영역의 앙시앵 레짐'으로 여겨졌다. 혁명 세력은 샤플리에 법을 통해 동업조합을 폐지하는 데 뜻을 모으게 된다. 아직 부르주아와 임금 노동자들의 대립이 격화되기 전이라 처음에는 노동자 탄압은 목적이 아니었지만, 그 뒤 임금 노동자들의 단결에도 적용되면서 이 법은 악용되기에 이른다.

4. 르 샤플리에 법 — 결사의 자유인가 노동과 사업의 자유인가

르 샤플리에 법은 2단계 과정을 거쳐 제정됐다. 1791년 3월의 달라르드 법과 같은 해 6월의 르 샤플리에 법이다. 달라르드 법은 1791년 2월 15일에 의원 달라르드^{Pierre d'Allarde}의 '영업세에 대한 공공조세협의회 보고서^{rapport du comité des contribution} ^{publiques sur les patentes}'[13]에서 시작된다. 보고서에 따라 3월 2일 의회는 '영업세에 대한 법령^{décret sur les patentes}'을 제정한다. 이 법령 제7조는 "오는 4월 1일부터 모든 사람은 자기의 의사에 따라 자유롭게 거래하고, 직업, 기술, 직종에 종사할 수 있다. 하지만 먼저 영업세^{patente} 납부의 의무를 지니며, 이 세금을 정해진 비율에 따라 납부하며, 제정됐거나 혹은 제정될 형사 규정을 준수하여야 한다"[14]고 적고 있다. 또한 법령에 명시적으로 '동업조합의 폐지^{abolition des corporations}'를 규정하고 있지는 않지만, 제2조에는 모든 직업 특권은 폐지된다고 적시됐다. 그리하여 법령 조항에 따라 영업허가권이 도입되고, 이 권리를 얻지 못한 동업조합의 장인과 간부단은 활동이 금지된다.

이 법은 두 가지 합리성을 지니고 있었다(Soubiran-Paillet 1999, 20). 첫째, 경제적인 것으로, 과거 직업 세계에서 영업에 대한 특권을 소유하던 동업조합을 따돌리고 이제부터 국가가 이 권리를 인가하면서 새로운 재원을 획득하게 됐다. 둘째, 정치적인 것으로, 그동안 헌법 정신을 위반하면서 개별 이익을 통해 시민들을 편 가르고 대립시킨 동업조합의 폐지가 필요했다. 결과적으로 이 법은 두 가지의 자유를 제공한다. 첫째, 영업세를 납부한 자는 자유롭게 직업에 종사하거나 경제 활동을 할 수 있다는 영업의 자유liberté d'entreprendre 원칙이고, 둘째, 경제적 주체들은 자기들 사이의 경쟁을 변질시키지 않는다는 윤리를 존중해야 한다는 자유 경쟁libre concurrence의 원칙이다. 그 결과 '국가의 경제적 중립성 원칙', 즉 국가는 경쟁자들의 평등을 훼손하는 방식으로 상공업 활동에서 일어나는 경쟁을 변질시키지 않는다는 원칙이 형성된다.

3월의 달라르드 법은 어떻게 명시적으로 직업 단체를 금지하는 6월의 르 샤플리에 법으로 진전됐나? 그 숨가쁘던 순간은 1791년 4월부터 진행된 파리의 목수와 편자[15] 제조공 쟁의를 둘러싼 논쟁에서 시작한다. 파리의 목수들은 노동력 수요의 증가와 전반적인 경기 호황에 따라 임금 인상을 요구하며 집회를 열었다. 고용주 측이 요구를 거부하자 목수들은 파리 시 당국에 조정을 요청했지만 시 당국도 조정을 거절했다. 고용주 측은 노동자 집회의 해산과 그 집회에서 내린 결정을 무효로 할 것을 시 당국에 요구했다. 이 요구의 근거로 고용주 측은 '이미 단결이 존재하지 않으므로 경쟁을 통해 각자의 이익이 자연스럽게 정해질 것'이라는 중농주의 원칙에 호소했다(Dolléans et Dehove 1953, 130). 5월 들어 고용주 측은 노동자가 결집해 앙시앵 레짐 당시 존재한 동업조합을 부활시키고 있다고 주장하며, 의회에 노동자의 결사를 금지하는 법률을 제정할 것을 요구하는 청원을 제출했다. 그러자 노동자 측은 자기들의 결사가 상호 부조를

그림 1. 르 샤플리에

목적으로 하며 동업조합을 부활시키는 것은 아니라는 반론을 폈다. 6월부터 편자공들도 임금 인상을 요구하며 파리 시장이 조정자가 돼야 한다고 주장했다. 편자공들의 고용주도 목수들의 고용주와 같은 청원을 의회로 제출했다.

이런 맥락에서 르 샤플리에 법이 제정된다. 1791년 6월 14일 르 샤플리에 의원은 의회에서 '동일 신분이나 직업의 시민 회합에 관한 헌법협의회 보고서rapport du comité de Constitution sur les assemblées de citoyens de même état ou profession'를 발표하고 르 샤플리에 법을 제안한다. 르 샤플리에 법은 다음 같은 내용을 금지하고 범죄로 규정한다(부록에 실린 전문을 참조).

① 동업조합의 설립(제1조)
② 동일 직종에 종사하는 자들이 모여 대표, 관리자, 사무장을 임명하거나, 기록을

두고 결정이나 규칙을 제정하는 등 공동 이익의 규정 아래 활동 사실(제2조)

③ 산업이나 작업에서 특정 가격으로 협의하는 것을 거부하거나 협의하도록 모의
하거나 협정을 맺은 사실, 즉 단결 행위(제4조)

④ 산업과 노동의 자유로운 행사를 저해하는 특정 범주에 있는 개인들의 회합(제8조)

⑤ 범죄는 노동의 자유를 행사하는 노동자에 대해 위협이나 폭력으로 방해하는 자
에게도 성립되며, 위반 때는 처벌

결국 현재적 의미로 보면 조합 설립 혹은 유사 단체 결성, 단결권, 노동자의
집회권과 시위권을 모두 금지한 것이라 볼 수 있다. 르 샤플리에 법은 동업조합
을 폐지하고 '상공업의 자유'를 확립한 달라르드 법과 결합된 것이며, 노동자의
단결과 고용주의 단결을 동일한 이유로 금지한다. 르 샤플리에 법의 목적은 '노
동자가 임금을 끌어올리기 위하여 이루는 단결, 그리고 고용주가 그것을 끌어
내리기 위하여 형성하는 단결을 방지'(르 샤플리에의 보고)하는 데 있으며, 위반
에 대한 형벌은 고용주와 노동자에 같은 내용을 적용했다. 이런 사실은 고용주
의 '영업의 자유'와 노동자의 '노동의 자유'가 동일한 논리로 승인되고 있다는
것을 말해준다. 특히 동업조합의 폐지는 특권 신분의 폐지, 조세의 균등화, 정치
적 불평등 해소, 자유 경쟁에 입각한 생산 증대와 새로운 부가가치 창출에 따른
경제 활성화를 의미했다. 중세적 동업 질서의 잔재를 청산하고 평등한 개인들
사이의 계약으로 형성된 새로운 자본주의를 도입하기 위한 목적을 지니고 있었
다고 볼 수 있다.

달라르드 법과 르 샤플리에 법이 '개인들이 지니는 계약의 자유'를 보장하기
위한 연속적인 법이지만, 달라르드 법이 신분에 따른 특권을 폐지하는 일종의
'구체제 청산 법'이라면 르 샤플리에 법은 자유로운 계약을 보증하는 '자본주의
관계의 도입 법'이라 할 수 있다(손영우 2004, 272).

의회에서 르 샤플리에 법은 큰 반론 없이 일사천리로 통과된다. 다만 약간의

논의가 있었다. 다음은 의회 기록에 남아 있는 논의 내용이다.[16]

르 샤플리에의 보고 직후, 오른쪽에서[17] 질문이 나왔다. "클럽은?" 곧이어 자코뱅 클럽 회원인 고티에-비오자[18]는 샤플리에 제안에는 동감하지만 매우 중요한 사안인 만큼 생각할 시간을 갖자며 내일 아침 회기로 연기하자고 제안한다. 그러면서 이렇게 말한다. "가령 같은 직업을 가진 사람들의 모임을 금지하는 조항은 모임을 가질 자유에 대한 헌법 조항과 대립을 보인다. 같은 직업을 가진 개인들이 단결하는 것은 의심할 나위 없이 안 되지만, 그 개인들이 하나의 사업에서 서로 만난다면……."

그러자 다수의 의원이 "결정에 관한 것"이라며 법안이 단순한 만남을 포함하는 것은 아니라고 지적한다. 고티에-비오자 의원은 "우리가 자칫 결집의 자유를 훼손하지 않기를 원한다"고 주장한다.

르 샤플리에 의원은 "우리가 제안한 법안을 연기하는 것은 바람직하지 못하다. 왜냐하면 파리뿐만 아니라 지방 도시에서도 이 법이 시일을 다투어 제정되기를 바라기 때문이다. 따라서 이 법이 긴급히 제정되는 것이 매우 중요하다"고 주장하여 결국 연기 요청이 거부되고 조항별로 의결한다.

또한 제2조가 논의될 때 확인되지 않은 한 의원이 "본 조항이 모든 협회에 대해 무차별로 확대되는 것이 아닌가, 수정안을 발의한다"고 했지만, 의사진행에 맞지 않아 무시됐다. 조항은 일사천리로 가결됐는데, 다만 제8조가 통과된 뒤 르 샤플리에 의원이 '본 법이 상업회의소chambre de commerce에 관련된 것은 아니다'는 사항을 의사록에 남기자고 제안하여 가결됐다.

그 뒤 한 성직자(의사록에서 이름이 명시되지 않은)가 추가 조항으로 클럽 역시 노동자 결집과 마찬가지로 금지할 것을 제안한다고 외쳤지만, 말루에 의원[19]이 "나눠, 그냥 나눠. 그자들은 임종의 순간이야"라고 말했다(오른쪽에서 박수, 왼쪽에서 야유).

르 샤플리에 법이 제정됐을 때 의회에서 로베스피에르M. Robespierre를 비롯한 다른 의원들도 침묵했고, 의회 밖에서 노동자의 항의도 없었으며, 가장 민주적인 매체에서도 언급하지 않았던 것에 대해 앙리 세$^{Henri\ Sée}$는 이 법이 '18세기의 여러 경향에 합치되고, 동업조합 폐지법과 직접 결합되어 있었다는 것,' 나아가서는 '당시 노동자 계급의 주된 관심은 임금과 식료품 문제'에 있었기 때문이라고 지적하고 있다(Sée 1951, 59).

이렇게 프랑스 혁명 당시 르 샤플리에 법은 공화주의의 핵심 원리인 인민 주권의 불가분성을 유지하기 위한 명목으로 직업 단체를 억압하고 있다는 측면에서 '공화주의적 통제'라 할 수 있다. 르 샤플리에 법에서 '결사^{association}'라는 말이 등장하는 것은 아니다. 하지만 당시 이 법이 직업 단체를 겨냥한 법이라는 점은 이어 제정된 '지방경찰에 관한 1791년 7월 19~22일법'의 2장의 26조에서 르 샤플리에 법을 '결사와 집회에 관한 법$^{loi\ sur\ les\ associations\ et\ attroupement}$'이라고 지칭한 데에서 분명해진다(Soubiran-Paillet 1993, 3).

결사에 대한 제한은 경제 영역에 한정돼 있던 것은 아니다. 르 샤플리에 법의 정신은 곧이어 정치 영역까지 확장된다. 3개월 후인 1791년 9월 29일에 르 샤플리에의 발의로 '인민협회에 대한 법령$^{décret\ sur\ les\ sociétés\ populaires}$'을 제정하는데, 그 서문에는 "모든 형태의 협회, 클럽, 시민단체는 정치적 활동을 진행할 수 없고, 헌법의 권한과 법적 권력에 의한 행위에 대해 어떠한 조사나 행동을 취할 수 없으며, 어떠한 경우에도 청원, 대표단 구성, 공적 행사 참여, 모든 다른 목적을 위해 공동 명의를 사용할 수 없다"[20]고 명시해 단체들의 정치 활동까지 제한된다.

수비랑-파이에는 르 샤플리에 법과 관련하여 흥미로운 문제를 제기한다. 단체 없는 '이익의 결집$^{agrégation\ des\ intérêts}$' 문제와 '협회나 결사 내에서 이익을 지양할 수 있는 가능성'에 대한 것이다(Soubiran-Paillet 1993, 4). 즉 '단체 없이 이익을 결집하면 이것은 위법인가', 또는 자선 단체처럼 '단체를 결성하더라도 구성원들의 이익을 추구하지 않는다면 괜찮은가'하는 문제다. 따라서 르 샤플리에 법이 겨냥하는 것은 개별적 이익의 결집이 아니라 총회를 통해 대표권을 제공하여 구성원의 존재와 독립하여 존재하는 집단의 형성이라고 규정한다. 개인들의 이익이 아니라 그것과 별도인 단체의 이익을 형성할 수 없다는 것이다.

이 문제에 관련하여 1791년 5월 10~18일법의 제정 과정에서 '청원권droit de pétition'이 '개인의 권리인가' 혹은 '단체의 권리인가'에 대한 논쟁이 진행된다.[21] 르 샤플리에는 청원권이 개인의 권리라고 주장한 반면, 로베스피에르는 개인뿐만 아니라 협회나 단체도 청원권을 주장할 수 있기를 원했다. 르 샤플리에는 만약 협회도 집단으로서 청원할 수 있게 된다면 "협회는 머지않아 하나의 동업조합이 될 것이다. 능동적 시민은 탄원서나 청원을 내기 위해 특정 회합으로 무기를 소지하지 않고 평화적으로 결속할 권리를 지닌다. 하지만 청원은 하나의 모임assemblée이나 분파section의 명의뿐만 아니라 어떠한 집단의 명의로도 제출될 수 없다. 단지 그것에 서명한 청원자로서만 인정될 뿐이다"(Soubiran-Paillet 1993, 4)고 밝혔다. 개인들의 나열이라는 의미에서 개인적 이익의 결집은 허용됐으며, 르 샤플리에 법이 겨냥한 것은 '결합regroupement', 더 분명하게는 '단체corps'라는 점을 알수 있다. 여기에서 르 샤플리에는 모든 협회를 완전히 금지하려 하는 것은 아닌데, "결정, 규칙, 탄원, 청원을 통해 조합임을 자처하지 않는 경우, 논의체의 형태를 지닐 경우, 시민의 개별적 권리를 취하고 협회를 통해 동반할 수 있는 모든 권리를 포기할 경우"에 허용될 수 있다고 밝혔다. 여기에서 르 샤플리에는 제헌의원들이 협회société라는 개념을 하나의 집단적 개체, 법인으로 간주하던 것과는 달리, 협회를 단순한 모임까지 확대하여 사용하고 있다.[22] 결국 당시 의회에서는 르 샤플리에의 견해가 다수를 차지한다. 그 뒤 1901년 이전에 프랑스에서 선언된 많은 헌장이나 청원이 단체의 명의가 아니라 개인들의 서명으로 제기되는 것을 볼 수 있다.

결국 르 샤플리에 법은 논리적으로 인권선언의 결사권 보장과 대립되는 것이 아니라, 선언이 인정한 자유권을 보장하기 위해 이 권리를 침해한 동업조합 등 경제적 이익 집단을 제한한다는 '선언에 입각한 법률'이라는 입장을 지니고 있었다. 르 샤플리에 법은 정치적 측면에서는 동업조합의 영향으로 공적인 것(일반의지)과 시민(개인 의지)이 분열되지 않도록 하는 것이라면, 경제적 측면에서는 상공업의 자유 선언에 기인한 것이다. 산업 관계에서는 고용주와 노동자가 서명한 계약에 개입하고 이것을 위반할 수 있는 결사를 설립할 수 없으며, 단체는 국가와 시민들 사이에 간섭하지 말아야 한다. 르네 무리오는 르 샤플리에 법에 대해 "결사의 자유와 노동의 자유 사이에서 위정자들은 노동의 자유를 택했고 이것을 통해 장인과 직공 사이의 관계를 개인과 개인 사이의 자유로운 계약으로 만들었다"(Mouriaux 1992, 10)고 평가했다.

이렇게 동업조합이 개인의 자유를 침해한다는 견해는 1795년 8월 22일 헌법에서도 '공공질서를 위해하는 단체나 동업조합 금지'(제360조), '청원은 개인적이어야 한다'(제364조) 등으로 나타나고 1849년 3월 8일법에서도 '단체나 파당의 신념은 공화국 정신에 가장 위험한 적'이라고 선언하는 등 프랑스 법에서 19세기 중반까지 지속적으로 유지된다.

하지만 르 샤플리에 법의 본래 정신과 실현 양상은 다를 수 있다. 사실상 불평등한 관계에 있는 고용주와 노동자 사이의 '일대일'이라는 노동 계약은 고용주의 자의에 내맡겨지게 되기 쉽다. 르 샤플리에 법을 딛고 대량이고 염가인 노동력을 필요로 하는 개인주의적 자유주의적 자본주의가 그 극단적인 결과까지 발전할 수 있게 되는 것이다(Dolléans et Dehove 1953, 135).[23] 또한 노동자뿐만 아니라 고용주에게도 적용되어 고용주와 노동자의 단결을 똑같이 금지한다는 르 샤플리에 법의 방침에도 불구하고,[24] 이 법은 실제로는 노동자의 단결을 금지하기 위한 법으로 기능하게 된다.

당시 다른 유럽 국가에도 노조 활동을 금지하는 법이 있었다. 특히 1799년 영국에서 단결금지법이 제정됐다.[25] 영국의 한 헌법학자는 프랑스의 르 샤플리에 법과 영국의 단결금지법을 비교하면서 두 법이 노조와 파업 금지라는 동일한 목적을 지녔지만 본질적으로 상이한 원칙에 입각하고 있다고 주장한다(Dicey

1963, 473~475). 프랑스의 르 샤플리에 법이 특히 노조와 노동자의 단결을 엄격히 금지한 것은 의심할 여지가 없지만 개인주의적이고 자유주의적인 전통에서 노동자뿐만 아니라 고용주의 단체와 단결도 동등하게 제한함으로써 개인의 자유를 위해 직업 단체의 결사권 자체를 금지한 반면, 영국의 단결금지법은 개인주의적 입장보다는 보통법Common Law의 입장에서 일반적인 결사의 자유를 승인하지만 노동자의 단결은 '거래 제한'을 가져와 '공익'에 반할 수 있다는 이유로 노동자에 대해서만 결사를 금지했다는 것이다. 결국 프랑스의 르 샤플리에 법은 '공화주의적'이라면 영국의 단결금지법은 '자본주의적'이라 할 수 있다.

영국과 프랑스에서는 부르주아의 국가에 대한 견해가 확연히 다르다. 영국에서는 부르주아가 자유주의를 추구하기 위해서 봉건적 왕권 국가의 개입을 반대해 노사 관계 또는 경제에 대한 국가의 개입에 부정적이었다면, 프랑스에서는 프랑스 혁명을 통해 봉건적 왕권을 제거한 부르주아가 앙시앵 레짐을 청산하고 자유주의를 확장하기 위해 국가가 적극적으로 사회에 개입하는 데 찬성했다. 이런 역사적 차이가 오늘날 노사 관계 모델에서 '노사 주도'와 '국가 주도'의 차이로 이어진다.

프랑스 혁명을 다룬 대학자 중 한 명이라 할 수 있는 카를 마르크스K. Marx 역시 샤플리에 법에 대해 언급한다. 마르크스의 언급은 명쾌하다. 《자본》 1권 28장 〈15세기 말 이후 피수탈자에 대한 피의 입법, 임금에 관한 법률〉의 마지막 부분에서, 마르크스는 샤플리에 법은 "혁명을 통해 노동자들이 겨우 방금 쟁취한 결사의 권리를 탈취하려 한 부르주아의 결심"(Marx 1867, 931)에 따라 제정된, '부르주아의 쿠데타'(Marx 1867, 932)라 규정한다.

마르크스는 르 샤플리에를 '파렴치한 괴변자ergoteur misérable'라 비판한 산악파 카미유 데물랭Camille Desmoulins의 언급을 인용하면서 르 샤플리에를 조롱한다. "르 샤플리에는 현재 노동자들이 '절대적 예속' 상태에 놓여 있다고 하면서도, 노동자들이 임금 인상을 위해 혹은 노예 상태에 가까운 '절대적 예속'을 완화시키기 위해 행하는 단결을 결코 허용해서는 안 된다고 주장한다. 왜냐하면 예전에는 장인이었고, 현재에는 기업가인 이들의 자유를 침해하기 때문이며, 또한 우리가 전혀 예상할 수 없을 이유를 제기하는데, 바로 예전의 동업조합 장인들(즉 부르주아 — 인용자)의 독재에 대해 반대하는 단결이 바로 프랑스 헌법에 의해 폐지된 동업조합을 재건하는 것이라고 반대하고 있다!"(Marx 1867, 932)고 비판한다. 부르주아가 입장을 바꿔 자기들이 구체제에서 악용한 동업조합을 재건하려 한다며 노동자의 단결을 억압한다는 것이다.

이어 이탈리아의 혁명가 안토니오 그람시는 르 샤플리에 법과 최고가격 제한법loi du Maximum général(식료품의 가격과 임금에 상한선을 설정한 법)[26]을 이유로 자코뱅 세력이 언제나 부르주아지의 지반 위에 서 있었다고 평가한다. 또한 르 샤플리에 법이 내용으로는 '진보적인' 부르주아적 조치였지만 19세기 전반기 내내 노동자들의 결사를 금지하는 방편으로 이용됐다고 첨언한다(Gramsci 1971, 79).

5. 르 샤플리에 법과 프랑스 혁명 — 개인적 원칙과 자유주의적 원칙의 부르주아적 변천

자본주의의 진화와 르 샤플리에 법 적용의 변형

르 샤플리에 법은 사용자와 노동자의 단결을 같은 규정하에 금지하고 있었지만, 각각의 대상에 대한 금지 원칙은 시간이 지나면서 조금씩 차별을 보이기 시작했다. 원래는 정치적으로 '국가와 개인 간의 매개를 통해 인민주권 원칙을 훼손'하고 경제적으로는 '개인들 간의 계약의 자유를 침해하고 공정 경쟁을 위협'하는 것을 대상으로 했지만, 시간이 지나면서 사용자의 단결에 대해서는 노골적으로 공정 경쟁을 훼손하지 않는다면 묵인한 반면 노동자의 단결에 대해서는 '국가 치안'이라는 명목이 더해지면서 더욱 심한 탄압을 가한다.

1794년 1월 12일 테뢰르Terreur 법은 단체 행동을 이유로 노동자들을 체포할 수 있게 한다.[27] 그러면서 사용자의 단결과 분리하여 노동자의 단결을 더욱 엄격히 규제하고 처벌하는 법들이 제정된다. 1803년 4월 12일 '제조, 기술 및 수공업에 관한 법'은 사용자의 단결은 '부당하게 남용하여injustement et abusivement' 임금 삭감을 강요한 경우에 한해 100~3000프랑의 벌금 또는 1개월 이하의 금고에 처하면서도(제6조), 노동자의 단결에 대해서는 노동자의 '모든 단결 행위'에 대해 3개월 이하의 금고에 처하는 것(제7조)으로 규정하고 있다. 더욱이 노동자의 단결 행위가 폭행, 폭력 행위 또는 소란을 수반할 경우에는 가중 처벌했다(제8조).

이런 불평등은 1810년 형법 제414~416조에서 한층 강화됐다. 1810년 형법은 노동자와 사용자의 단결을 모두 금지한다는 점을 다시 확인했지만, 제414조에서 사용자의 단결에 대해서는 이전의 제6조보다 처벌을 약간 무겁게 하여 6일~1개월의 금고, 200~3000프랑의 벌금으로 규정한 반면, 제415조 노동자의 단결에 대해서는 형을 1~3개월로 규정하고 추가로 새롭게 지도자 또는 주동자에 대해 2~5년의 금고를 정했다. 제416조 '공장장 또는 제작물 청부인에 대하여, 혹은 노동자 상호 간에 벌금, 권리 정지 또는 벌칙의 명목으로, 또는 그 어떤 명칭으로든지 이것을 행한 노동자'는 제415조에 따라 처벌하고, 제415조와 제416조의 주동자는 형의 종료 뒤 2~5년간 경찰의 감시하에 놓았다.

이러한 법률상 불평등에 더하여 사실상의 불평등은 더 엄혹했다. 공권력이 사용자에 대해서는 국가의 부와 번영을 저해하는 일을 자기들의 이익으로 인식하고 있는 것은 아니라고 생각한 반면 노동자에 대해서는 사회 질서를 혼란스럽게 할 수 있는 존재로 생각하는 경향이 강했기 때문이다(Dolléans et Dehove 1953, 163). 그리하여 다른 결사 운동에 견줘 노동자들의 단결을 더욱 엄격하게 억압했다(Soubiran-Paillet 1999, 26). 더욱이 사용자들은 단결을 위해 공공 집회를 필요로 하지 않아 단결이 눈에 띄지 않고 위반을 적발하는 일도 어려웠다. 이런 법률상 불평등이 폐지된 때는 1848년 2월 혁명 이후인 1849년 11월 27일이었다.

직업 결사에 대한 금지는 르 샤플리에 법 이후 약간의 부침은 있었지만 제국 시대(1804~1814년, 1815년)나 왕정복고 시대(1814년, 1815~1830년)를 포함하여 지속해서 유지됐다(Soubiran-Paillet 1999, 27).[28] 특히 1810년에 제정된 형법 제291조는 구성원이 21명 이상인 모든 결사를 정부의 승인하에 두었다. 제292~294조에서는 이 조항을 위반한 결사의 해산, 그리고 설립자와 책임자에 대한 벌금을 규정했다. 이후 형법 제291조의 금지를 면하기 위하여 20명 이하의 여러 지부로 쪼개는 결사가 출현하는 현상을 규제하기 위하여 1834년 4월 10일 결사에 관한 법률loi sur les associations이 제정되면서 형법 제291조는 20명 이하의 지부로 나누어진 결사에도 적용되기에 이르렀다. 또한 1834년 법은 위반 때 책임자뿐 아니라 구성원 전원을 처벌할 수 있게 하고 벌금형 이외에 2개월~1년의 금고형이 추가됐다.

하지만 모든 결사가 금지됐던 것은 아니다. 집단의 이익 추구를 위한 결사는 금지됐지만 집단 내 어려움을 돕기 위한 상호 부조까지 금지되지는 않았다. 상황에 따라 혹은 지역에 따라 허용 폭은 달랐지만 상호 부조 성격의 단체나 기금의 경우는 어느 정도 지속적으로 허용됐다. 정부도 이 단체들의 공적인 유용성을 인정했다(Soubiran-Paillet 1999, 32). 1812년 10월 31일 내무부 장관 회람에는 구호 기금이나 재해 기금처럼 질병이나 장애, 노년의 구호를 목적으로 하는 단체를 허용한다는 내용이 들어 있다(Soubiran-Paillet 1993, 8).

1806년 경시청 명령에 따르면 상호 구제 단체secours mutuels는 같은 직업에 종사하는 회원이 10명을 넘지 않아야 하고 다른 직업을 가진 회원으로 구성할 것을 권장했다(Soubiran-Paillet 1993, 8). 하지만 1826년에 정부는 상호 구제 단체는 같은 직업에 종사하는 회원들로 구성돼야 하며, 그렇지 않으면 승인되지 않는다고 발표한다. 그때부터는 같은 직업을 가진 노동자들뿐 아니라 서로 다른 직업을 가진 노동자들이 단결하기 시작했기 때문이다(Soubiran-Paillet 1993, 8).

특히 1791~1815년 사이에 많은 상호 구제 단체와 부조 단체가 결성된 것은 동업조합 금지나 르 샤플리에 법의 시행과 무관하지 않을 것이다. 부조 단체가 동업조합과 달랐다. 부조 단체는 상당히 개방적이어서 지위에 상관없이 해당 노동자가 가입할 수 있었고, 노동자도 관련된 어떤 부조 단체에든 자유로이 가입할 수 있었다는 점이다. 따라서 1830년대까지 노동자 단체는 두 가지 형태로 존재했다. 한편으로는 정부가 허가 혹은 묵인한 자선 단체나 부조 단체의 형태였고, 다른 한편으로 일부 직공모임associations compagnonnique이나 저항협회sociétés de résistance처럼 비밀 결사 형태였는데, 때로는 이 두 형태를 연결하는 모습의 단체들도 있었다(Soubiran-Paillet 1999, 31).

한편 사용자에 견줘 노동자를 불평등하게 규정하거나 노동자를 억압하는 법과 제도는 '결사'와 '쟁의 행위'에 대한 금지만 존재한 것이 아니었다. 그 밖에 다양한 방법이 존재했는데, 대표적으로 '노동자수첩livret d'ouvrier' 제도와 '노동 계약에 대한 분쟁 때 사용자의 진술을 우선한다'는 민법 조항이 있었다.

먼저 '노동자수첩'은 각 노동자의 정확한 상황을 경찰과 고용자에게 알려주는 일종의 신분증으로, 이 수첩을 소지하지 않고 여행하는 모든 노동자는 부랑자로 취급받아 처벌받을 뿐 아니라 고용될 수도 없었다. 앙시앵 레짐에서 시행된 제도로, 대혁명 이후 다른 동업조합에 관한 금지와 함께 암묵적으로 폐지된 상태였다. 그러나 사용자들이 노동자의 일탈이나 노동 계약 의무 위반 사례가 빈번하다는 이유를 내세워 노동자수첩을 부활할 것을 요구했다. 정부 역시 노동자수첩이 노동자의 이동을 감시하는 데 유효한 수단이라고 생각하여 그 주장에 찬성했다. 그래서 앞에서 본 1803년 4월 12일법[29]에서 노동자수첩을 부활시켰고, 이 양식은 1803년 12월 1일 시행령[30]으로 정해졌다.

이 법의 보고서를 작성한 레뇨M. Regnauld는 의회에서 '노동자수첩 등에 관한 규정'의 목적은 '공장을 도망으로부터, 계약을 파기로부터 지키는' 것임을 밝히고 있다.[31] 노동자는 종전 고용주가 자기의 의무 이행 증명을 노동자수첩에 기입

그림 2. 노동자수첩(1883년)

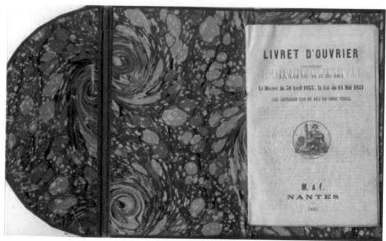

해주지 않으면 새 고용주 밑에서 일할 수 없으므로, 노동자수첩 제도는 고용주 아래 노동자의 신체를 구속함으로써 노동 계약의 이행을 확보하기 위한 것이다. 개인의 자유를 보장하기 위해 르 샤플리에 법을 제정한 혁명 이후 프랑스에서 어떻게 이토록 개인의 자유를 억압하는 제도가 시행될 수 있었을까? 먼저 당시 노동 계약 관계가 성립되는 상황을 살펴볼 필요가 있다.[32] 돌레앙과 드오브의 연구에 따르면, 당시 노동자는 일반적으로 고용될 때 빈털터리여서 장래의 임금을 저당잡혀 고용주에게서 가불을 받는 일이 빈번했고 관행으로 자리잡을 정도였다. 고용주와 노동자는 노동 계약 관계인 동시에 일종의 채무 관계를 맺고 있었다.[33] 따라서 개인들 사이의 이런 채무 관계를 보증하는 제도가 필요했다. 결국 노동자수첩 제도는 노동자의 자유를 담보로 개인들 간의 채무 관계를 보증하는 제도라고 볼 수 있다.

　노동자는 가불 때문에 현재의 공장을 떠날 수가 없었으며, 또한 노동 조건의 개선을 요구하는 데 필요한 고용주에 대한 독립성을 잃었다. 이렇게 노동자수첩 제도는 가불 관행과 어우러져 고용주가 노동자를 통제하기 위한 한 수단이 됐다. 노동자수첩은 고용주 측의 특권을 보장하는 제도인 동시에 공권력에는 노동자의 이동을 감시하기 위한 중요한 경비 수단이었다. 거주하는 주소지를 변경하려 하는 자는 해당 지역 자치단체장에게 재직증명서와 함께 새로운 주소를 신고해야 했기 때문이다. 노동자수첩은 1851년 5월 14일법과 1854년 6월22일법에서 완화되고, 1890년 7월 2일법에서 최종적으로 폐지됐다.

다음으로 '노동계약에 대한 분쟁 때 사용자의 진술을 우선한다'는 민법 조항이다. 1804년 3월 21일에 제정된 민법에는 '가사 사용인과 노무자의 임대차^{du} louage des domestiques et ouvriers'라는 표제 아래 노동계약 분쟁에 관한 규정이 있다. 민법 제1781조에 따르면, '급여 금액, 지난해 임금의 지불, 당해 제공된 가불에 대해서는 고용주의 진술이 노동자의 진술에 우선한다'는 것이다. 당시 노동 계약은 대부분 구두로 성립됐기 때문에 그 내용에 대해 다툼이 있는 경우 법원은 고용주의 주장을 채택할 의무를 지고 있었다. 이러한 불평등 조항은 1866년이 되어서야 폐지된다. 결국 르 샤플리에 법은 1864년 5월 25일 공모죄^{délit de coalition}를 폐지한 올리비에 법^{loi Ollivier}, 1884년 3월 21일 노조를 허용한 발덱-루소 법^{loi Waldeck-Rousseau}에 의해 폐지된다.

결사의 금지와 새로운 권리의 인정 — '공적 구제'에 대한 국가의 의무

그렇다면 사회 혹은 경제에서 배제된 개인들은 어떻게 해야 하는가? 배제된 개인을 위한 국가의 개입이 요구됐다. 이런 요구는 프랑스의 초기 복지국가의 맹아인 보호자 국가(혹은 섭리 국가^{Etat-providence})의 기원이 된다. 르 샤플리에는 '사회에서 혹은 경제에서 배제된 개인들'이 단결할 수 없다면 그 개인들은 어떻게 자기의 상황을 극복할 수 있다고 생각했을까? 1791년 봄 쟁의의 와중에서 고용주가 노동자의 단결은 동업조합의 부활이라고 비난한 데 대하여 노동자 측은 노동자의 단결이 동업조합의 부활이 아니라 노동자의 상호 구제를 도모하기 위한 것이라고 반박했다. 이 점에 대해서 르 샤플리에는 의회에서 이렇게 답하고 있다.

문제의 집회는 시 당국의 허가를 얻기 위하여 특별한 이유를 개진했다. 그 집회는 동일 직업에 있는 노동자의 질병 또는 실업 구제를 위한 것이라고 한다. 이 구제 기금caisses de secours은 유익하다고 생각된다. 하지만 이런 주장에 관해 잘못 생각해서는 안 된다. 자기의 생존을 위하여 일자리를 필요로 하는 자에게 일을 주고, 그리고 불구자를 구제하는 것은 국가이며, 국가를 대행하는 관리다.[34]

이렇게 공적 구제에 대한 국가의 의무를 인정하는 르 샤플리에의 생각은 18세기 개인주의 사상의 국가관과 일치한다. 앙리 미셸이 지적하는 대로, 18세기 개인주의자는 국가와 개인의 관계에 대해서 이 둘 사이의 근본적 대립이 존재한다는 감정을 갖지 않았다(Michel 1896, 417). 프랑스 혁명은 개인과 국가 사이에 어떤 모순이 존재할 것이라는 의심없이 자연스럽게 매우 개인주의적이면서 동시에 매우 국가적이다. 19세기에 들어 개인주의가 새로운 성격을 갖게 되면서 현실은 개인과 국가 사이의 절대적 대립으로 변화했다. 18세기의 사상가가 국가와 개인을 대립되는 존재로 보지 않은 사실은 몽테스키외[35]나 콩도르세[36]에서도 알 수 있다.

국가가 노동을 필요로 하는 자에게 노동을 주고 노동할 수 없는 자는 구제할 의무를 진다는 르 샤플리에가 제시한 원칙은, 우선 1791년 9월 3일 헌법에서 '버려진 아이를 양육하고, 가난한 병자를 돕고, 건장하지만 일거리를 갖지 않는 빈자에게 노동을 주기 위하여 공적 구제 기관établissement général de secours publics을 설립한다'로 나타났다. 이어 1793년 6월 24일 헌법에서는 국가의 의무를 더욱 명확히 규정했는데, 제21조에는 '공적 구제는 신성한 부채이며, 사회는 불행한 시민에게 노동을 제공하고, 노동할 수 없는 자에게는 생활 수단을 보장함으로써 생활을 돌볼 의무를 지니'는 것으로 되어 있다.

혁명기에 나타난 빈민 대책의 실태는 어떠했을까? 앙리 세가 혁명기의 빈곤에 대해 "혁명기에는 앙시앵 레짐 말기 이상으로 빈곤이 만연했다"(Sée 1951, 61)고 진단한 대로, 노동자의 생활은 특히 화폐 가치가 하락한 탓에 열악했다. 이런 상태에서 의회는 1790년 1월에 '빈민대책위원회comité de mendicité'라고 불리는 공적 구제를 검토하고 입법을 준비하는 전문협의회를 설치했다.

이 위원회는 상세한 보고서를 제출했는데,[37] 여기에서 공적 부조에 관한 새로운 관념이 발견된다. 부조assistance는 자선charité과 달리 사회적 의무라는 것이다. 또한 빈곤을 세 종류로 분류한다. 첫째, 사회 구조의 폐해 때문에 생기는 빈곤으로, 이것은 경제 발전과 국유 재산의 매각 등에 따른 소유주 수의 증대를 통해 시정돼야 한다. 둘째, 일하지 않는 데서 오는 빈곤으로, 이것은 처벌돼야 한다. 셋째, 질병, 불구, 노령 같은 사정에 따른 빈곤으로, 이것은 부조라는 새로운 제도를 통해 구제돼야 한다. 그리하여 제한적이지만 국가가 부조를 제공해야 하는 영역과 인식이 분명히 제시된다고 할 수 있다.

우선 1793년 3월 19일 법이 공적 구제의 일반 조직에 대한 기초를 닦았다. 이 법에는 각 시도의 구제 예산의 책정과 분배의 원칙(제1~4조), 구제의 방식(8조), 시민의 장래를 대비하는 공적 시설인 '전국신용금고Caisse national de prévoyance' 설치(제13조), 걸식 금지(제14~15조) 등이 규정돼 있다. 이어서 1793년 6월 28일법은 각 시도에 버려진 아이와 노령자에 대한 구제를 조직하고, 1793년 7월 11일법은 구제원을 국가 예산으로 운영하기로 했다.

이렇게 혁명기에 자선과 구분되는 새로운 공적 구제의 관념이 형성되고 이 관념을 구체화하려는 노력이 있었다. 비록 앙리 세의 평가대로 '재정적으로 어려운 빈곤의 시기인 혁명기에 의회가 진행하기에는 어려운 사업'이어서 실제 운용의 결과는 만족하기 어려웠지만(Sée 1951, 64~65), 혁명기의 개인주의적 자유주의 사상은 공적 구제에 대한 국가의 의무를 분명히 하고 있었다. 이 사상은 국가와 개인을 대립시켜 국가의 활동은 개인의 자유로운 활동과 안전을 보장하는 데 국한되어야 한다고 주장하는 19세기의 개인주의 사상과 비교된다.

그렇지만 여기서 말하는 국가의 의무는 현대 국가에서 말하는 국민 생존권의 보장 의무와는 성격을 달리한다. 혁명기에는 어디까지나 개인의 자유 경쟁이 만인의 이익을 가져온다는 신념을 기초로 해 그것을 보충하는 요소로서 국가의 의무가 고려된 반면, 현대에서는 소유의 자유와 계약의 자유 등 경제적 자유권에 대한 제한을 전제로 해 국가가 통일적인 사회보장 정책을 수립할 의무를 지고 있는 까닭이다(中村睦男 1973, 56). 이것은 앙시앵 레짐하의 '자선charité'과 제3공화정하에 기초가 마련된 근대적 '공적 부조assistance publique'의 중간에 속하는 '공적 구제secours publics' 체제라고 할 수 있다(Laubadère 1966, 336).

2장

프랑스 노사 단체의 탄생과 노사 체계의 형성

이 장에서는 첫째, 프랑스 노동조합의 탄생적 특징, 둘째, 노조의 분리와 통합을 거쳐 오늘날의 복수 노조 체계가 형성된 과정을 서술한다.

특히 프랑스 노동조합의 탄생적 특징에 관련해서는 프랑스 노동자들이 왜 18세기에 상호공제조합이나 상호부조 단체를 통한 노동운동을 넘어서서 노동조합을 건설했는지, 프랑스에서 동업조합과 노조의 차이는 무엇인지를 살펴봄으로써 흔히 '생디칼리슴'이라고 불리는 프랑스 노동조합 운동의 시원적 특징을 살펴보겠다.

프랑스의 복수 노조 체계에서 제도적 변화와 성장은 무엇보다 노조 주체들의 변화에 긴밀하게 연결돼 있다. 오늘날 프랑스의 복수 노조는 혁명적 노조 세력의 분리(CGT/FO), 가톨릭 노조 세력의 분리(CFTC/CFDT)가 가져온 결과가 그 중심을 형성하고 있다. 그런 이유로 먼저 이런 분리와 통합의 배경과 관련 쟁점에 대해 살펴본다. 그리고 다른 한편으로 프랑스 사용자 단체의 형성에서 드러나는 특징을 덧붙인다.

1. 단결권의 보장과 노조의 발명

프랑스의 노동운동은 사회적 관계 수준에서 19세기 중반까지 유지되던 '국가 통제하의 개인적 노사관계'를 19세기 말이 되면서 '국가 용인하의 집단적 노사관계'로 만드는 데 기여했다. 하지만 노동운동은 초기부터 내부적으로 독점적 단일 노조가 아니라 다원적 복수 노조 체계를 형성하며 발전했다. 이런 노조 다원주의는 이후 20세기 초중반 '국가 보장 집단적 노사관계'로 나아가는 데 밑거름이 된다.

19세기 프랑스 노동운동의 확산은 두 가지 환경과 밀접히 연관된다. 정치적 환경과 경제적 환경이다. 먼저 정치적 측면에서, 19세기 프랑스는 프랑스 혁명 이후 1803~1814년 프랑스 제정(나폴레옹 1세), 1814~1830년 부르봉 왕정 복고(루이 18세, 샤를 10세), 1830년 7월 혁명에 따른 오를레앙 왕정(루이 필립 1세), 1848년 2월 혁명에 따른 임시 공화정, 1852~1870년 쿠데타에 따른 제2제정(나폴레옹 3세), 1871년 파리 코뮌으로 이어지는 매우 급변하는 정국이었다. 19세기 프랑스 노동운동 역시 이러한 정치적 정세의 움직임과 서로 영향을 받으며 발전한다. 또한 경제적 측면에서 19세기 동안 자본주의가 정착되면서 지역 혹은 산업 차원에서 주기적으로 경제 위기가 찾아왔다. 1820년대 말, 1860년대 말의 경제 위기는 정치적 변화와 노동운동의 번성에 상당히 맞물려 있다.

법을 통해 공식으로 노동자에게 단결이 허용된 때는 1864년이었고, 노조가 보장된 때는 1884년이었다. 단결 허용과 결사권이 20년이라는 시간을 두고 허용됐다. 이 간극은 프랑스 노사 관계에 어떤 영향을 주었을까? 한편 도입 과정을 설명하는 데 있어 이런 시기적 계기는 19세기 역사에서 분리하여 그 순간만의 논쟁으로 설명하기는 어렵다. 실제 19세기 초부터 노동자들은 공식적으로 단결권을 보장받지는 못했더라도 다양한 방식의 단체 행동을 전개했고, 노조가 허용되지는 않았지만 이런 움직임은 직공조합과 공제조합 등 다양한 형태로 진행되었기 때문이다. 그리하여 단결 허용과 노조 설립을 19세기 노동운동 엘 대한 개략적인 설명 속에서 살펴보도록 하겠다.

1831년 리옹 견직공 소요 — 노동운동의 시작

많은 학자들에 따르면, 프랑스의 노동운동은 1831년 11월 21일 프랑스 중동부에 위치한 리옹Lyon에서 일어난, '카뉘canuts'[1]라고 불린 견직공 소요에서 시작됐다(Rude 1980, 225; Soubiran-Pailet 1999, 37). 프랑스 노동운동의 효시로 일컬어지는 리옹의 견직공 소요는 1831년 겨울과 1834년 봄 등 두 차례에 걸쳐 진행됐는데, 이런 소요는 정치적으로는 1830년 7월 혁명과 연관이 있으며, 경제적으로는 1833년부터 1843년 동안 불어닥친 직물 제조업의 위기를 배경으로 한다.

당시 상황을 설명하면, 우선 1830년의 반란에도 불구하고 노동자들의 불만이 만연했다. 1830년 7월에 부르주아와 민중들은 반기를 들었다. 프랑스 대혁명 이후 두 번째로 복고(1815년)된 귀족들의 부르봉 왕정을 다시 타파하고 프랑스 혁명을 인정한 '시민의 왕Roi Citoyen' 루이 필립을 내세워 다시 왕정을 세웠다. 그렇지만 왕정은 여전히 불안했는데, 혁명 세력 중 일부이며 왕정 체제 자체의 변혁을 요구한 공화주의자들의 힘을 받지 못했기 때문이다. 또한 이 부르주아 왕정은 당시 산업이 활성화되고 도시가 팽창함에 따라 문제가 심화되는 노동자들의 생활 환경이나 노동 조건에 주의를 기울이기에는 태생적 한계를 지니고 있었다. 7월 혁명 이후 민중들은 큰 기대로 부풀었지만, 정치적 불안정과 물가고로 이전보다 나아진 것이 별로 없었다(노명식 1980, 217).

둘째, 그 결과 노동자들의 불만이 리옹뿐 아니라 파리, 마르세유를 비롯해 전국 대도시를 중심으로 확산되고 있었다. 특히 7월 혁명 이후 정치적 공간이 확대됐고 신문들은 자유를 지닐 수 있었다. 파리에서도 1834년 4월 트랑스노냉 거리[2]에서 대규모 폭동이 있었다.

그림 1. 카뉘들이 일하는 직물 작업장 모습

※ 출처: www.musees.lyon.fr.

그림 2. 1831년 10월 리옹 생-니지에 교회 앞에서 벌어진 전투

※ 출처: 위키미디어 커먼즈

당시 여러 시위가 있었는데도 리옹의 견직공 소요를 중시하는 이유는 큰 규모와 갈등의 격렬함 때문만은 아니다. 우발적이고 충동적인 소요가 아니라 조직된 노동자들이 일으킨 최초의 소요라는 측면에서도 중요한 의미를 지닌다.

리옹은 견직물 산업이 발전했는데, 견직업은 이른바 선대제先貸制, putting-out system로 운영됐다. 주문과 판매를 담당한 상인들이 견사를 제공하면, 견직공은 가내수공업 혹은 직공장chef d'atelier이 운영하는 작업장에 모여 일했다. 나중에 대상인이 설립하는 대공장 제도가 산업을 지배하기 이전 단계다. 당시 직공들은 프랑스 혁명 이후 결사가 금지된 이래 어느 정도 관용되던 상호 부조 단체 형태로, 단결권과 함께 20인 이상의 결사를 금지하고 있던 형법을 피해 비밀 결사 또는 20인 이하 단위로 분화된 작업장 결사를 통해 조직돼 있었다.

핵심 불만 사항은 낮은 임금이었다. 당시 임금은 노동력 제공에 따른 '노무요금tarif'이라 불렸으며 시기에 따라 변했다. 이 요금의 결정은 3주 전에 그 지역 시장과 지사의 감독 아래 견직 상인들tisseurs[3]이 요구하는 수준으로 결정해 공표됐다. 요금 결정을 공권력이 감독하고 있었기 때문에 요금에 대한 반발은 정치적 성격을 띠지 않을 수 없었다. 직공장과 직공들은 요금에 불만을 표시했고, 급기야 직공들이 가입한 상호 부조 단체는 르 샤플리에 법에 따른 제한에도 불구하고 단체 행동을 결의했다. 직공들은 최저요금제의 도입을 주장했다.

그러던 중 1831년 11월 19일 리옹 북쪽에 위치한 크루아루스Croix-Rousse 가의 언덕에서 발생한 소요를 진압하기 위해 군인들이 총을 쐈다. 11월 21일, 장인과 견직공은 자기들 동네를 벗어나 리옹 시내로 나와 검은 깃발을 휘날리며 "일하면서 자유롭게 살 것인가, 싸우다가 죽을 것인가Vivre libre en travaillant, ou mourir en combattant"라고 외치면서 시위를 벌였다. 시위대에 일부 군인이 동참하면서 시위대는 도시를 점령한다. 루이-필립 1세 왕은 군사 2만 명을 파견해 12월 5일에 반란군을 진압했다. 이 소요로 200여 명의 군인과 시민이 사망하고 400여 명이 다쳤다. 사건 뒤 정부는 국민군[4]을 해체하고, 결사는 해산됐으며, 요금제는 폐

지됐다.[5]

1834년 4월 9일에 상인들이 다시 결사하여 단체 행동을 벌이다는 이유로 '장인들'[6]을 고발해서 소송이 벌어졌다. 이 과정에서 직공장과 직공들이 법원 앞에서 경찰과 충돌해 큰 소요가 발생한다. 300여 명이 사망하고 600여 명이 다친다.[7] 곧바로 4월 10일에 의회는 20인 초과 결사 금지 조치를 더욱 강화하는 법안을 통과시켰다.

당시 카뉘들이 다른 지역 노동자들과 다르게 대규모 소요를 발생시킬 수 있던 이유에 대해서는 조직돼 있을 뿐만 아니라 서로 소통할 수 있는 매체인 소식지를 가지고 있었다는 데 주목하기도 한다(Monfalcon 1834). 카뉘들은 첫째 소요를 일으키기 한 달 전인 1931년 10월 23일에 최초의 노동자 신문인 《공장의 메아리L'Écho de la Fabrique》를 창간했다. 8쪽짜리 주간지인 이 신문은 1834년 5월까지 제작되어 직공들 사이에 소식을 전달했다. 더욱이 리옹의 견직 산업에는 1806년부터 노동 재판을 진행하는 프뤼돔므prud'hommes 위원회[8]가 설립돼 있었는데, 신문은 매주 이 위원회의 소식을 소개했다(Monfalcon 1834).

이 소요는 이후 생시몽, 푸리에, 프루동에서 마르크스까지 19세기 사상가들의 저서에서 인용되며 폭넓은 영향을 미친다. 앞서 말한 대로 1830년대에는 리옹 카뉘들의 소요뿐 아니라 파리와 마르세유 등 대도시를 중심으로 임금과 노동 조건에 대한 노동자들의 불만이 다양하게 분출되고 있었다. 그러면서 불만들을 어떻게 성공적으로 이끌 것인가를 둘러싼 노동자들의 고민들도 역시 함께 깊어진다.

프랑스 노동운동의 시작은 가장 빈곤한 비숙련 날품팔이가 아니라 당시 업계에서 상인들과 세력 다툼을 하던 직공장과 직공 등 숙련공을 중심으로 전개됐다. 이런 점은 프랑스만의 특징이 아니며, 유럽 초기 노동운동의 공통점이라 할 수 있다(안병직 외 1997). 20세기 초까지 경쟁한 대공장과 소생산 작업장 노동자들의 상황은 지금과 다르다. 오늘날에는 일반적으로 대공장 노동자가 숙련이나 임금, 노동 조건에서 소생산 작업장보다 우월하지만, 당시 대상인들이 세운 공장에서 일하는 노동자들은 대부분 비숙련 노동자나 기계 조작공이었다. 반면 소생산 작업장에서 일하는 노동자들은 숙련 노동자이거나 숙련을 형성해 가는 노동자였다. 가령 제화업의 경우 작업장에서 숙련된 솜씨로 구두를 제작한 숙련 제화공과 달리 제화 공장에서 일하는 노동자는 제화 공정 중 재단이나 조립 부문에 단순 작업이나 기계 조작을 위해 고용된 자들로, 주어진 가죽 재단 같은 단순 작업을 하루 종일 반복할 뿐 실제 구두를 만들 줄은 몰랐다(김현일 1997, 161). 초기 대공장의 일반 노동자들은 여성이나 아동들이었고 작업장 내 권력도 거의 부재했다. 고용 역시 매우 불안했으며 조직화에도 어려움을 겪었다. 그리하여 초기 노동운동은 대공장이 아니라 해당 산업의 내부 사정에 밝으면서도 산업 구조 변화에 따라 노동 조건이 악화되고 있던 소규모 작업장의 숙련공에서 시작됐다.

특히 1830년대 중반, 노동자들의 요구가 산발적인 불만을 넘어 직업 단체 설립에 관한 문제의식까지 확대돼야 한다는 주장을 담은 노동자들의 저작들이 선을 보인다. 구두 제조공 에프라엠Efrahem의 〈모든 직업군 노동자의 결사에 대하여De l'association des ouvriers de tous les corps d'état〉라는 글이 대표적이다. 여기에서 불충분한 임금에 대한 인상 요구는 노동자 스스로 나서야 하는데, 가장 빠른 해결책은 고용주에 맞설 수 있는 결사를 조직하는 것이며, 우선 직업군에서 자기들을 대표하여 고용주와 논의할 수 있는 기구를 구성해야 한다고 주장한다(Efrahem 1833, 1). 이런 해결책은 미진하지만 이미 회자되고 진행되던 것들이다. 이 글에서는 더 나아가 '모든 직업군들의 결사'를 결성할 것을 주장한다. 구체적으로 에프라엠은 모든 직업군들은 파리에 거대한 결사를 결성하고, 구제 기금을 소유한 중앙본부가 그 결사를 대표할 것을 제안한다(Efrahem 1833, 3). 그리하여 가령 한 직업군이 고용주에 불만을 가지고 임금 인상을 요구하면 이 요구는 중앙본부에 의해 옹호된다. 만일 분쟁 중에 있는 그 직업군 사람들이 작업을 중단하면 중앙본부는 대체 노동자 채용을 어렵게 하고 고용주가 굴복할 때까지 구제 기금을 지원한다. 이러한 에프라엠의 주장은 일시적인 저항 모임을 넘어 항구적인 직업 단체를 주창하는 동시에 대표성의 문제와 집단 이익의 문제를 제기했다는 의미를 지닌다(Soubiran-Paillet 1999, 39).

또한 인쇄 식자공 르루J. Leroux가 1833년에 발표한 〈식자공들에게. 노동 수단의 노동자 환수를 위한 결사 조직의 필요성에 대하여Aux ouvriers typographes. De la Nécessité de fonder une association ayant pour but de rendre les ouvriers propriétaires des instruments de travail〉도 주목받았다. 식자공은 인쇄 활자를 가지고 조판과 인쇄를 담당한 노동자로, 문맹률이 대단히 낮다는 직업적 특성 때문에 노동운동에서 중요한 위치를 차지했다(Soubiran-Paillet 1999, 39). 르루는 임금 인상을 요구하는 목적은 단지 임금 인상 자체에만 있지 않고, 이런 요구를 통해 산별 조직의 필요성, 노동자 해방의 당위성을 일깨우고 협동조합과 단체를 결성하게 하려 한다고 주장한다(Leroux 1833, 8). 더불어 인쇄 식자공 결사를 만들어 고용주와 논의하여 임금 수준을 결정하고 단체 성원들에게 작업을 제공하며, (작업 중단을 포함하여) 일이 없는 노동자나 재해를 당한 노동자에게 구호를 보장하자고 주장한다. 이때 결사는 저항 단체이자 생산 조직, 상호 부조 단체의 특성을 합친 종합적 성격을 지닌다. 이 단체는 재산을 증식해야 하는데, 노동자 5000명이 매주 1프랑씩 내면 10년 뒤에는 300만 프랑을 갖게 돼 파리의 모든 인쇄소를 뒤집어놓을 수 있다고 내다봤다(Leroux 1833, 15).

더 나아가 르루는 노동자들의 단결을 주장하기도 했다. "우리들의 문제 제기는 모든 노동 계급의 문제 제기다. 우리의 일과 완전히 동떨어진 일을 하는 사람들도 마찬가지다. 노동자라면 직업을 막론하고 우리와 동일한 처지에 놓여 있다. 모두 부의 수단을 지닌 주인들의 손아귀에 놓여 있고, 끝없는 경쟁에 노출돼 있으며, 부족하고 불안한 임금으로 비참한 상황에 내몰리고 있다"(Leroux 1833, 9)고 노동자들의 계급 의식을 제기한다. 이러한 주장은 이후 재단사이자

인권협회[Société des Droits de l'Homme][9] 성원인 그리뇽[Grignon]에 의해 직업 활동을 넘어 정치 활동을 향한 요구로 이어진다. "하지만 시민들이여, 우리들의 목적에 다다르기에는 아직도 멀었습니다. …… 더욱 높게 올려다봐야 합니다. 악의 근원까지 올라가 쳐부술 준비를 해야 합니다. …… 즉 가진 자만이 법을 만들고, 우리는 절대로 가난의 굴레에서 벗어날 수 없으며, 가진 자들처럼 우리도 우리들의 시민권을 행사해야 한다는 사실을 잊지 맙시다"(Grignon 183x, 5~6)라며 정치적 계급 의식을 요구했다.

이렇게 당시 노동자들의 결사에 대한 의식은 자기 직업의 틀 안에서 서로 어려움을 돕기 위한 상호 공제나 상호 부조 단체를 넘어, 계급 의식을 형성하면서 직업을 망라하는 단체, 전국적인 단체, 사용자 저항 단체라는 데까지 이르고 있다. 그 결과는 '노동조합[syndicat]'의 설립으로 모아지게 된다. 노동조합은 19세기 중반 노동자들의 단결과 결사가 금지돼 있던 정치적 상황에 따라 정치적 성격을 띠지 않을 수 없었다.

하지만 노동자들이 정치적 계급 의식을 주장했다고 해서 노동자와 공화주의 정치인들 사이의 어떤 연결이나 연합이 있었다고 보기는 어렵다. 수비랑-파이에는 노동자들이 '인민의 벗[Société des Amis du Peuple]'이나 '인권협회' 같은 주요 공화주의 성향의 (비밀) 결사에 참여하거나 결합하는 경우가 있었지만 일시적이거나 부분적이었다고 주장한다(Soubiran-Paillet 1999, 40). 오히려 공화주의자들을 포함하여 대부분의 의회 내 정치인들이 찬성하고 지지한 르 샤플리에 법이 존재한 당시 프랑스의 정치 상황은 이런 현실을 극복하려 한 프랑스 노동운동 세력이 정치 세력과 어느 정도 거리를 두는 이른바 '무정부적 생디칼리슴'이라는 노선을 취하는 데 상당한 유인이 됐으리라고 유추할 수 있다.

한편 공화주의자들의 의지는 1848년 2월 혁명으로 잠시나마 결실을 맺는다. 프랑스 대혁명 이후 새로운 정치 체제를 향한 열망은 1815년의 보수적인 입헌군주정과 1830년의 자유주의적인 입헌군주정을 통해 시도됐지만, 한 번은 프랑스 혁명 자체를 부정하다가 실패하고 다른 한 번은 프랑스 혁명은 인정하지만 부르주아의 이익에 집착하다가 실패했다(노명식 1980, 229).

반면 1848년 2월 혁명은 노동자 계급과 중소 부르주아의 연합이었다(노명식 1980, 232). 2월 혁명의 임시정부는 노동권에 관심을 보이고 단결권도 어느 정도 관용했다. 동시에 고용 대책 기구인 룩셈부르크 위원회Commission du Luxembourg[10]를 설치해 국립 작업장Ateliers nationaux을 운영하는 등 다양한 노동자 정책을 펼치기도 했다. 하지만 4월 23~24일에 치른 총선에서 공화주의 혁명 세력이 다수를 형성하는 데 실패하고 급진 좌파 진영과 국립 작업장 노동자들이 대거 참여한 5, 6월 봉기마저 실패하자, 여기에 반발해 새로 등장한 정부는 국립 작업장을 폐지하고 노동자들을 다시 통제하기 시작한다. 그 결과 1848년 8월에 마련한 헌법에서 노동권이나 단결권이 사라지면서 상황을 2월 혁명 이전으로 되돌렸다.

다소 모호하기 했지만 생산 단체에 관심을 표명한 1848년 7월 5일 시행령에서 단결을 다시 금지하는 1849년 11월 27일법에 이르기까지, 노동자 직업 단체에 대한 정부의 입장은 점점 엄격해지고, 노동자들의 요구는 뒷전으로 점차 밀려나고 만다(Soubiran-Paillet 1999, 62).

그런데 이 과정에서 조금 전에 언급한 단결이나 결사의 자유 같은 '노동에서의 권리droit au travail'와 국립 작업장 같은 일자리를 제공하기 위한 '노동의 자유liberté du travail'는 서로 같은 선상에서 외연으로 점점 확대된 것이 아니라 서로 대립하는 모습을 보이기도 했다.[11] 이것은 앞서 르 샤플리에 법을 제정하는 과정에서 보여준 노동에서의 권리 보장은 많은 이들의 노동의 자유를 빼앗는다는 논리로, 어떻게 보면 마치 요즘 '이미 고용된 자들에 대한 높은 고용 보장은 새로운 일자리의 창출을 가로막는다'는 논리의 초기 판본이라 할 수 있겠다. 이 둘 사이의 대립에서 노동의 자유가 승리한 사실을 보여주는 것은 1848년 7월의 신정부가 가진 다양한 단체 형태 중 생산협동조합Coopérative de production에 대한 선호였다. 더욱이 생산협동조합은 정부에 새로운 일자리를 만들어달라고 하지도 않았고, 다른 요구 사항도 없었다(Soubiran-Paillet 1999, 65). 1848년 봄에 거둔 성과들은 점점 사라져갔다.

1848년까지 엄격하게 말하면 1834년 4월 10일법과 형법 291조를 적용한다면 공식적으로 상호공제협회는 정부의 허가 없이 설립될 수 없었다. 물론 은밀하게 조직되거나 때로는 묵인되기도 했다. 하지만 1848년 8월 31일 내무부 회람은 상호공제조합의 초기 형태를 허용했다. 그러다가 1850년 7월 20일법에서는 허가제가 다시 도입됐다. 행정 감독이 주요 내용이었으며, 등록 단체는 매년 말 단체 상황에 대해 도지사에 보고해야 했다. 정부는 노동자의 조직에 대해 여전히 의심의 눈초리를 거두지 않았고, 실제로 《신동업조합 연감Almanach des Corporations Nouvelles》 같은 노동자 단체의 문헌에서는 상호공제조합이 향후 노동자 조직의 중요한 싹이 될 것이라는 언급도 볼 수 있었다(Soubiran-Paillet 1999, 70~71).

상호공제조합에 가입한 노동자는 가입자 증서를 통행증이나 신분증으로 사용할 수 있었고, 이 증서를 통해 정부는 노동자들을 통제했다. 이런 점 때문에 수비랑-파이에는 당시 상호공제조합을 일종의 경찰 도구라 칭하고 있다(Soubiran-Paillet 1999, 76).

1851년 쿠데타로 등장한 제2제정의 전반기에는 많은 운동가들이 추방되거나 탈출했고, 비밀 결사는 하나의 규칙이 돼버렸다. 하지만 한번 획득한 경험이 있는 노동자들의 단결권과 결사권을 위한 노력은 지속적으로 진행됐고, 이런 노력이 다시 제도적인 결실을 맺는 때는 그 뒤 10년이 훌쩍 지난 1860년대 초반이었다. 이 시기에는 중요한 계기가 되는 두 사건을 주목할 수 있다.

먼저 1862년 노동자 대표단이 런던에서 열린 만국박람회를 견학하면서 국제적 노동운동과 연계를 맺게 된다(김현일 1997, 157). 이후 만국박람회에 참여한 노동자들은 자기들의 요구를 담아 보궐 선거에 노동자 후부를 내면서 최초의 노동자 강령 수준의 '60인 선언manifeste de Soixante'을 진행했다.[12] 이 선언은 프랑스 노동자들이 주변국 노동자들과 직접적인 연계를 맺기 시작한 것을 의미했으며,

이런 흐름은 1864년 9월 국제노동자연합Association internationale des travailleurs(제1인터내셔널)의 결성으로 이어진다.

한편 1862년에 임금 교섭을 위해 노동자위원회에 참석해 있던 인쇄공 대표들을 10명의 사업주들이 단결 금지 위반으로 고발하는 사건이 있었다. 여기에서 인쇄공의 변호사는 정부가 사업주들이 결속하고 공동의 목소리를 내는 것에 대해서는 관용적인 반면 노동자들의 단결에 대해서는 엄격하게 법을 적용한다고 비판했다. 결국 함께 기소된 노동자들은 유죄 판결을 받지만, 비판이 쏟아지자 곧 사면됐다(Soubiran-Paillet 1999, 77).

결국 제2제정의 힘이 이완되고 영국 같은 외국의 영향으로 어느 정도 근대화된 상황에서 공화주의 세력이 선거에서 꾸준히 세력을 확대하자 나폴레옹 3세(루이 나폴레옹)는 노동자 세력의 지지를 확보하기 위한 조치가 필요했다. 그리하여 1864년 제2제정은 노동자의 단결권을 승인하게 된다. 지금까지 엄격하게 금지되던 노동자들의 단결권 행사, 즉 단체 요구나 파업 같은 단체 행동에 대해 폭력 행사로 확대되지 않거나 '노동의 자유'를 침해하는 것이 아니라면 용인하는 법을 제정한다.

1864년 — 올리비에 법을 통한 단결권의 인정

'단결에 관한 1864년 5월 25일법', 이른바 올리비에 법[13]은 노동자의 단결을 보장하고 있다. 프랑스 법률가들은 이 법이 두 가지의 핵심적 조치를 동반한 것으로 해석한다. 첫째, 형법에서 단결 금지délit de coalition 조항을 폐지해 노동자들의 공동 행동에 대해 더는 형법으로 처벌하지 않는다(Pélissier et al. 2002, 1219). 개인이 홀로 자기 의사에 따라 노동을 중단할 수 있듯이, 개인들이 동시에 단체로 행동해도 죄가 될 수 없다는 논리다. 임금에 대한 자유로운 논의는 노동자들이 단결할 수 있다는 것을 전제로 한다는 점을 인정했다. 그러므로 개별 노동자들의

'일시적 단결'은 허용된다. 하지만 그렇다고 해서 아직 결사가 허용된 것은 아니다. 개인들의 집단행동과 집단의 행동은 구분되며, 전자만이 허용되고 후자는 여전히 금지된다. 파업을 단체의 행동이 아니라 개인의 단체 행동으로 규정하는 원칙은 그 뒤 프랑스에서 파업권 원리가 형성되는 데 핵심적인 영향을 미친다.[14] 아직까지 파업이 용인될 뿐 권리가 된 것은 아니다.[15] 파업이 형법상 죄가되지 않을 뿐 개인이 홀로 노동을 중단하면서 일을 그만두는 것처럼 개인들의 집단적인 작업 중단에 대해 사용자가 임금을 지불하거나 계약을 유지해야 하는 의무를 지니지는 않았다. 사용자는 대체 고용도 할 수 있다. 결국 개인들의 단체 행동과 사용자 사이의 역관계에 따라 합의 성사 여부가 결정된다. 그리하여 1864년법은 여전히 개인주의와 자유주의의 원리를 유지하고 있다고 볼 수 있다(조임영 2014, 33). 그렇다면 노동자의 단결은 어떻게 규율됐나?

둘째, 단결 금지 조항은 노동의 자유 훼손죄délit d'atteinte à la liberté du travail로 대체된다(Pélissier et al. 2002, 1219). 노동자 개인들의 일시적인 단체 행동은 허용하되 개인들의 노동의 자유를 훼손할 수 있는 결사의 권한은 여전히 인정되지 않는다. 또한 법률에 단서 조항(형법 제414~416조)을 달아 노동의 자유를 보호했다. 구체적으로 임금 인상 또는 인하를 획득할 목적으로 또는 노동의 자유를 침해할 목적으로 작업 중단을 유발하기 위한 폭력, 폭행, 위협, 사기는 금지됐다. 또한 공모한 계획에 따라 벌금, 방해, 추방, 금지 등을 규정하여 산업이나 노동의 자유로운 행사를 가로막거나 왜곡하는 행위도 금지됐다. 하지만 단순히 공모한 작업 중단만으로는 처벌받지 않는다. 1864년법에 따라 고용주들과 노동자들은 작업장에서 시행되는 규칙을 변경하기 위해 집단적으로 협의할 수 있게 됐다.

법률 제정 과정에서 하원의원 루이 볼로우스키Louis Wolowski는 의회에서 노동자와 고용주 간의 개인적 관계에서 나타나는 불균형을 폭로하며, "노동자가 집단적으로 자신의 요구를 밝히기 위해 단결하고 평화적 결속을 유지하는 상황에서 공동의 해결책으로 노동 중단을 합의할 수 있음을 법으로 인정할 때만이 균형이라는 것이 형성될 수 있다"고 주장했다(Soubiran-Paillet 1999, 77). 1849년 무렵과 유사한 논리들이 힘의 관계가 역전돼 논의된 것이었다.

하지만 수비랑-파이에는 이 법에는 단결에 대해 금지 규정을 중심으로 하는 소극적 방식의 규정만이 있을 뿐 단결이란 무엇인가라는 적극적 방식에 따른 규정이 없었다는 점을 한계로 지적한다. 협의를 허용하는 법안은 집단이나 집단의 행동이라는 의미에서 이익의 결집을 고려할 수 있게 하는 것이었지만, 단체에 근거한 '지속적 단결'이 아니라 협의를 위한 '일시적 단결'에 국한된다는 측면에서 이 법은 한계를 갖는다(Soubiran-Paillet 1999, 79).

이 법은 노동자협동조합coopérative 발전 증진법(1867년 7월 24일법)과 함께 발전하게 된다. 또한 이후 노동회의소Chambres syndicales가 설립되기도 한다(Mouriaux 1998, 43). 당시 황제는 노동자가 (노동력 제공의 대가를 잘 흥정할 수 있는) 좋은 상인이 되도록 하는 것이 파업이나 분쟁을 줄이는 최고의 방법이라고 생각했다(Soubiran-Paillet 1999, 79). 또한 이러한 흐름에 따라 대중 집회에 대해서도 허가제에서 신고제로 전환하는 내용의 1868년 6월 6일법이 제정됐다.

1884년 — 발덱-루소 법에 따른 노조의 허용

파업은 점차 증가하고 있었다. 1869년에는 72건, 1870년에는 116건으로 집계된 통계도 있다(김현일 1997, 157). 당시 노동자들의 요구는 임금 인상과 노동 시간 단축에 그치지 않고 사업장 내부 규칙의 개정이나 기업 관리 기금의 관리를 노동자에게 이전하라는 내용도 포함돼 있었다(김현일 1997, 157). 1871년 파리 코뮌에서 주요한 동력이던 노동운동의 지도자들이 코뮌이 진압된 뒤 처형이나 투옥, 추방되면서 노동운동은 한동안 또 다시 침체기를 걷는다. 게다가 파리 코뮌 이후 티에르 정부는 노동자에 대한 통제와 감시에 집중했고, 파리와 리옹 등 주요 도시에 내려진 계엄령은 1876년 4월이 돼서야 해제됐다.

이러한 상황 속에서도 1872년부터 몇몇 노동자 단체가 재건됐으며, 파리와 리옹, 생테티엔 등에서 조직의 전통이 강한 직종을 중심으로 조합이 설립됐다. 이렇듯 1884년 이전에 전국적으로 노동조합이 결성되고 있었다. 1864년 단결권이 보장되고 나서 노동조합 역시 전국적으로 확산돼 여러 수공업자들이 직능별로 노조를 결성하고 있었으며, 1879년에는 모자 제조공들이 최초의 전국연맹을 결성하기에 이르렀다. 미셸 페로에 따르면 노조가 공식적으로 허용되기 이전인 1876년에 이미 182개의 노조(조합원 수 3만 2000여 명)가, 1880년에는 478개의 노조와 6만 4000여 명의 조합원이 있었다(Perrot 1974; 김원일 1997, 184). 그러자 1880년대 중반 이후 의회에서도 노조를 허용하는 문제를 둘러싼 논의가 시작된다.

이러한 흐름은 정치적 변화를 배경으로 한다. 1971년 파리 코뮌 직후에는 코뮌에 대한 반발과 정치적 탄압이 존재했지만, 이러한 경향은 오래가지 못했다. 1870년대 후반부터 공화파가 대거 선거에서 승리하면서 정치적 상황은 달라진다. 무엇보다 공화파는 세력 확장을 위해 주요 지지 세력인 노동자들에게 주의를 기울였으며, 특히 노동자 조직을 부활시키려는 노동자 운동을 지지했다(김현일 1997, 184). 이후 1880년 초 온건한 공화파가 정권을 획득하고 나서 코뮌 가담자에 대한 사면령과 함께 유화 국면이 다시 펼쳐진다.

이러한 상황이 노조 결성에 대한 법제화로 결실을 맺는다. 프랑스에서는 시민단체(1901년)보다 노동조합(1884년)이 먼저 법제화된다. 온건한 공화파 정부는 조직되지 못한 노동운동이 폭력 사태를 불러오고 비밀 조직이 급진화를 가져왔다며 노동운동을 공개화와 제도화의 길로 유도하는 정책을 구사한다. 결국 8년에 걸쳐 의회에서 진행된 논의 끝에 '노동조합 설립에 관한 1884년 3월 21일 법', 이른바 발덱-루소 법[16]이 제정됐다.

발덱-루소 법의 핵심 내용은 직업조합과 결사를 금지한 르 샤플리에 법과 이런 행위를 처벌한 나폴레옹 형법 조항의 폐지다. 법률에서는 '직업조합syndicats professionnels'이라는 명칭을 사용했는데, 노동자뿐만 아니라 사용자조합과 농민조합까지 포괄하는 광의의 개념으로 쓰였기 때문이다. 또한 제3조에서 조합의 목적을 경제 영역으로 국한하여 정치적 영역에 개입하는 것을 배제했다.

또한 조합에 대해 3가지 의무 사항을 두었는데, 바로 규약 신고, 노조 간부 명단 제출, 책임자들의 프랑스 국적이었다. 특히 프랑스 국적에 대한 요구는 1864년 9월 런던에서 다국적 노동자들이 모여 결성한 제1인터내셔널에 대한 거부이자 파리 코뮌 당시 외국인 활동가들이 한 역할에 대한 기억에 따른 것이었다(Mouriaux 1998, 46).

그런데 이 법률은 단체 간부 명단과 단체 규약을 신고할 의무를 규정했기 때문에, 초기에 오히려 일부 노조는 경찰의 올가미라고 비판하고 의심의 눈초리를 거두지 않았다. 그럼에도 불구하고 발덱-루소 법은 거의 수정 없이 틀이 유지됐으며, 그 뒤 고충처리위원제(1936년), 노사협의회(1945년), 단체협약(1919년, 1936년), 노조 지부(1968년)에 관한 다양한 조치들로 보완된다. 무리오에 따르면, 이러한 보완 조치들이 있었지만 노동자 대표의 제도적 구성에서 갖는 1884년법의 중심적 지위는 조금도 변하지 않았다(Mouriaux 1998, 47).

이렇게 보면 프랑스에서는 노동운동이 '결사의 자유'보다 '파업의 자유'를 먼저 인정받은 셈이다. 이 사실은 프랑스 노동법의 형성에 핵심적인 영향을 미친다. 첫째, 파업이 한국처럼 노조의 권리가 아니라 노동자 개인의 권리로 자리잡는다. 노조 설립 이전에 이미 노동자들이 자기들의 요구를 내걸고 파업을 감행한 역사가 있기 때문이다. 둘째, 교섭의 결과인 협약 내용이 노동자에게 적용되는 과정에서 한국처럼 노조에 가입한 노동자가 아니라 협약에 서명한 사용자를 상대로 계약한 노동자에게 적용된다. 이런 방식은 노조 설립 이전에 이미 노동자 개인들의 투쟁을 통해 성사된 협약이 파업에 참여한 노동자에게 적용되던 전통이 제도화된 때문이었다. 이 내용은 1부 3장 단체협약 효력의 확대 적용에서 더 자세히 살펴보기로 한다.

2. 생디칼리슴과 전국노조연맹의 설립

생디칼리슴 ―'노조 운동'인가 '급진적 조합주의'인가

프랑스어에서 '노동조합'을 의미하는 'syndicat'는 'syndicats ouvriers'(노동조합)의 줄임말이다. 'syndicat'는 사전적 의미로는 '어느 정도 명확한 종교적, 이념적 성향과 존재하는 경제 체계에 대한 표현 수단으로서 …… 특정 사회, 직업 범주의 보호 단체'(Trésor de la langue française, TLF tome 15 'III, B, 1, a' 1992)다. 그리하여 'syndicats patronaux'(사용자 단체), 'syndicats des professions libérales'(자유전문직조합)로 사용되기도 하며, 나아가 'syndicat étudiant'(학생회)로 사용된다.

'syndicat'라는 말은 'syndic'(공동의 권익을 도모하는 대표 혹은 관리자, 관리 기구)이라는 말에서 도출된 것으로, 이 말은 라틴어 'syndicus'(변호사, 마을의 대표자), 그리스어 'sûndicos'(명사로는 법정에서 누구를 도와주는 자 또는 수호자, 형용사로는 '공동에 속한')에 근원하며, 접미사 'at'은 관직이나 기능을 의미한다(Hetzel 1993, 103).[17]

'syndicat'라는 말이 처음 역사에서 등장한 때는 1352년 'sindical'이라는 철자로, '의사록procès-verbal'이라는 말로 사용됐다(Hetzel 1993, 103). 그러다가 1514년에는 현재와 유사한 의미인 '공동의 이익을 수호하기 위한 단체'라는 의미로 기록됐다. 1730년부터 현재와 같이 적용 범위가 명시되어 '직업 이익을 수호하기 위한 단체'로 규정된다(Hetzel 1993, 104).

이런 'syndicat'에 'isme'을 붙여 만들어진 '생디칼리슴syndicalisme'은 오늘날 사전적인 의미로 '동일한 직업을 가진 사람들이 자기의 이익을 수호하기 위해 결집해서 펼치는 운동mouvement'[18]을 뜻한다. 좁게는 노동자들의 '노동조합 운동'이라는 의미로 사용되지만, 넓게는 노조뿐만 아니라 당연히 학생, 사용자, 농민을 비롯한 모든 직업 종사자들의 '조합 운동'으로 사용되기도 한다.

흔히 오늘날 프랑스에서 'syndicalisme'이라는 용어는 보통 명사로서 '노동조합 운동'을 의미한다. 노동자들이 주도하는 정치 운동이나 저항 운동을 포함하는 포괄적 의미의 '노동운동mouvement ouvrier'과 구분하여 '노동조합syndicat'이 중심이 되는 '노동조합 운동mouvement syndical'을 지칭한다. 여기에는 공산주의 성향을 지닌 CGT가 펼치는 활동도 물론 포함되지만, 기독교 전통에서 노동운동을 펼치는 CFTC의 활동 역시 'syndicalisme'에 포함된다. 사전적인 의미에서도 '노동조합 활동을 하다faire du syndicalisme', 혹은 '한국의 노동조합 운동syndicalisme en Corée' 등 보통 명사로 사용된다.

하지만 일부 영미권 연구자들은 'Syndicalisme'을 프랑스에서 나타난 특정한 노동운동의 이념적, 실천적 흐름을 가리키는 고유 명사로 규정하기도 한다(Reynaud 1975, 63).[19] 가령 '생디칼리슴'은 "1870년대 이후 프랑스 노동운동이 생산자조합운동으로부터 혁명을 통한 노동자들의 해방운동으로 전환하면서 정당이나 의회활동을 불신하고 직업행동action directe을 핵심적으로 강조하게 되어 나타난 노동자들의 행동체계"(오광호 1989, 314)로 규정된다. 프랑스에서는 이러한 흐름을 '무정부적 노동조합 운동anarcho-syndicalisme', 1906년 이후에는 '혁명적 노동조합 운동syndicalisme révolutionnaire'으로 구체적으로 규정한다(Reynaud 1975, 63).

이러한 이중적 의미는 어디에서 기인하는 것일까? 그것은 무엇보다도 프랑스 노동조합 운동의 특성 때문이다. 구체제에서도 존재한 동업조합과 달리 새롭게 '노동조합'을 건설한 이유는 바로 정치적이었다. 앞서 살펴본 노동조합의 맹아라고 할 수 있는 구체제의 동업조합과 노동조합의 차이는 무엇인가? 그것은 노동자들이 '동업을 뛰어넘어 결사'한다는 데 있다. 동업조합은 같은 직종에 있는 사람들끼리 경제적 이익을 배타적으로 수호하기 위해 결성한 것으로, 프랑스 혁명 이후 한때는 이것이 오늘날 경제 집단의 카르텔처럼 공정한 경쟁이나 경제 활동을 왜곡한다는 이유로 구체제와 함께 없어져야 할 적폐로 간주되기도 했다. 반면 적어도 프랑스에서 노동조합이란 직종의 범주를 넘어 산업별로, 혹은 산업을 넘어 피고용인이라는 동질적인 계급 의식 아래 구성되는 일종의 정치적 결합이었다.

또한 노동조합이 허용되기 이전에 부분적으로 이익단체 활동이 묶인된 상호공제조합mutuelle이나 부조 단체secours와는 어떻게 다른가? 이것 역시 정치적 이유에서 차이가 난다. 공제조합이나 부조 단체는 부분적으로 혹은 일시적으로 외부 주체에 대해 내부 조합원의 이익을 주장하기도 했지만, 기본적으로 외부 주체와의 관계보다는 내부 조합원들 간의 부조를 위한 단체다. 그리하여 정치적 이유보다는 경제적 이유로 결성된다.

반면 노동조합은 사용자나 정부 같은 외부 주체에 대항하여 구성원 혹은 세력의 단결을 위해 결성된다. 이러한 이유로 프랑스에서 노동조합의 탄생은 기본적으로 정치적이면서 저항적이었다. 그렇기 때문에 앞에서 살펴본 대로 프랑스에서 노동조합이란 역사적으로 노동자들이 동업조합, 공제조합, 부조 단체를 거치면서 이런 조직들의 한계를 극복하기 위해 정치적이고도 저항적인 목적으로 '발명한inventer' 조직적 형태인 것이다(Soubiran-Paillet 1999).

이렇게 'syndicalisme', 즉 프랑스 노동조합 운동을 급진적 조합주의로 규정하는 것은 바로 프랑스 노동조합 운동의 특징에서 기원한 것이다. 이른바 '프랑스 생디칼리슴'을 전국적 수준에서 최초로 상징적으로 규정한 것이 바로 1895년 프랑스 최초의 전산업 노조 연맹인 CGT의 설립과 1906년 CGT에서 발표한 아미앵 헌장Charte d'Amiens이다.

CGT의 탄생과 아미앵 헌장

그러면 노동조합이 합법화된 1884년부터 CGT가 아미앵 헌장을 발표한 1906년까지 시기를 살펴보자.[20] 당시 프랑스 노조는 좁은 범위의 직종별 조합이었다. 1895년에는 노조 수가 2314개, 조합원 수는 43만 6000여 명으로 증대한다

(김현일 1997, 187). 이렇게 노조 수가 증대되면서 노조들이 지역 혹은 전국적으로 연합하려는 움직임이 확산된다. 그런데 그때까지 노조는 동업조합 방식의 폐쇄성을 극복하지 못하고 있었다. 제화공 연맹은 수공업 제화공들끼리 모인 조합이었으므로 신발 공장에서 일하는 노동자들은 이 조합에 가입할 수 없었다. 이러한 고립성을 탈피하기 위한 움직임이 당시에 발생하기 시작했다. 전국적 연합의 움직임은 두 가지 방식으로 나타났다.

첫째, 1886년 리옹 노동자대회에서 '전국노동조합연맹Fédération naionale des syndicats'이 창설됐다. 주요 직종을 중심으로 조직화되던 움직임들이 결합한 조직이었다. 초기에 이 단체에는 게드파[21]가 참여하고 있었는데, 게드파는 마르크스주의에 근거하여 독일 모델, 곧 '강력한 정당의 지도와 함께하는 노동운동' 노선에 따라 프랑스 노동당POF을 창설하고 노동운동까지 영향력을 확대하려는 세력이었다(김현일 1997, 196).

둘째, '노동회관Bourse du Travail'[22]을 중심으로 펼쳐진 운동이다. 이 운동은 주요 대도시를 중심으로 한 조직화 경향이었다. 1887년에 파리에서 처음 설립된 노동회관은 원래 파리에서 노동자와 노조에 모임 장소로 건물을 제공한 것에서 시작됐다. 그런데 이 건물을 운영하기 위해 노동자와 노조들이 참여함으로써 하나의 단체와 운동이 됐다. 이곳에는 노조들의 사무실이 들어서고 구직자들이 일자리 정보를 찾기 위해 들락거렸으며, 구직자 게시판, 노동자를 위한 소규모 도서관과 문화 공간, 노조 단체들의 교육 강좌 등이 개설됐다. 이후 노동자들의 요구와 지자체들의 도움을 받아 신속하게 다른 도시와 지역으로 확대되면서 노동회관들 사이의 연맹을 건설하는 운동도 진행된다.

1892년 생테티엔에 전국노동회관연합Fédération nationale des Bourse du Travail이 설립되면서, 1893년을 기준으로 파리 노동회관에 270개, 리옹에 92개, 마르세유에 72개 노조가 가입해 전체 노조의 30퍼센트가량과 조직 노동자의 47퍼센트 정도를 포괄한 결과 아무도 그 영향력을 무시할 수 없었다(김현일 1997, 188).

그림 3. 파리 근교 몽트뢰이에 있는 노동회관 전경

저항적 노동운동에는 이렇게 전국노조연맹과 전국노동회관연합이 공존했다. 이러한 흐름은 마르크스주의의 영향을 받은 게드파와 노동조합의 독립성을 중시하는 펠루티에[Pellutier] 진영 사이의 긴장과 더불어 복잡한 양상을 띠면서 발전했다. 그러다가 1894년 낭트에서 열린 전국노조연맹 총회에서 전국노동회관연합과의 통합이 촉구된다.

결국 1895년 9월 23일, 게드[J. Guesde] 진영을 제외한 모든 진영[23]이 리모주에서 열린 두 단체의 합동 총회를 통해 거대한 전국노조연맹을 창설하였으니, 이것이 바로 노동총연맹, 곧 CGT였다. 5일 동안 열린 총회에는 75명의 대표자들이 참석했는데, 그중 여성도 3명(코르셋 제조)이 있었다는 사실은 당시 여성들이 노조에 참여했다는 것을 의미한다.[24] 그리고 규모 면에서 28개 연맹, 18개 노동회관, 126개 비가맹 노조가 참석했다(Mouriaux 1982, 34~35).

CGT를 구성한 '전국노조연맹'과 '전국노동회관연합'의 흐름은 다른 측면에서 보면, 전국노조연맹을 중심으로 한 직종과 업종 조직의 흐름과 전국노동회관연합을 중심으로 한 지역 조직의 흐름이 결합됐다고 할 수 있다. 그리하여 일선으로부터 형성된 이중적 운동 흐름과 결합되어 있다(Mouriaux 1982, 22). CGT 설립 직후에는 산별과 지역의 조직 구성을 놓고 산별 중심을 주장한 전국노조 연맹 세력에 맞서 노동회관연합 세력은 탈퇴와 가입을 반복했다. 결국 두 흐름이 통합되면서 당시 CGT 규약 제3조에는 조직 구성과 관련하여 'CGT는 산별연맹과 지역연합으로 구성됐다'고 규정하고 제4조에 가입과 관련하여 '산별연맹에 가맹하지 않거나 지역연합에 결합하지 않았다면 CGT 소속이라고 할 수 없다'고 정했다.

이후 게드파와 다른 일부 정치 세력은 1905년 국제노동자동맹 프랑스 지부 Section française de l'Internationale ouvrière, SFIO를 설립했다. 그러자 CGT 지도부는 정당 우위의 노동조합 운동을 주장하는 게드파나 의회를 통한 입법 활동을 우선시한 장 조레스의 개혁주의 노선에 대해 독립성을 강조할 필요가 있었다. 이런 필요에 따라 노조 진영이 내적으로는 전국적으로 논의를 통해 정체성을 분명히 하고, 밖으로는 자기들의 노선을 천명하며 노동운동의 독립성을 선명히 한 것이 바로 '아미앵 헌장'이다.

아미앵 헌장은 프랑스 북부 아미앵에서 1906년에 열린 CGT 제9차 노조대표자대회congrès[25]의 헌장으로, 1912년부터 '아미앵 헌장'이라는 이름으로 불렸다. 당시 혁명적 노동조합 운동 진영을 이끈 빅토르 그리퓌엘Victor Griffuelhes과 에밀 푸제Emile Pouget가 주도한 혁명주의적 노조주의 안이 비게드주의 개혁주의자들의 동의 속에서 통과된다. 당시 프랑스의 상황에서 노동조합의 목적과 위상을 선언했다는 점에서 의미를 지닌다.

아미앵 헌장은 조합의 목적이 담겨 있는 CGT 규약 제2조를 확인하는 것으로 시작한다(전문은 부록을 참조). 즉 "CGT는 모든 정치적 당파를 떠나서, 임금 노동자와 자본가 계급을 소멸시키기 위해 수행해야 할 투쟁을 자각한 모든 노동자를 조직한다"고 명시한다. 그리하여 노동조합 운동의 목적을 노동자의 일상

그림 4. 1909년 신문 《오늘의 인물》에 실린 그리퓌엘

※ 출처: 위키미디어 커먼즈

적이고 당면한 요구에 부응하기 위해 노력하는 동시에 계급 철폐를 위해 투쟁한다는 이중적 과제를 제시한다. 그리하여 프랑스의 초기 노동조합 운동은 경제적 개선뿐만 아니라 사회 변혁을 목적으로 한다는 것을 분명히 했다.

이어서 노동조합 운동의 행동 수단으로 총파업을 제시하며, '오늘날 저항 집단인 노조가 장래에 있어서는 사회를 재조직하기 위한 기초인 생산과 분배의 집단이 될 것'이라 전망한다. 노조가 새롭게 조직되는 사회에 중요한 단위가 될 것으로 규정한 것이다.

또한 '조합원이 조합 집단 외부에서 자신의 철학적, 정치적 관념에 따라 어떠한 형태의 투쟁에도 참가할 완전한 자유를 지니지만, 외부에서 표명하는 의견을 조합 내부에 가지고 들어오지 않아야 한다'고 주장한다. '경제 투쟁은 사용

자에 대하여 직접 행사되어야 하며, 연맹 조직은 정당과 정파에 간여하지 않을 것'을 결정한다고 하여 직접적 투쟁과 정당의 분리 원칙을 천명했다.

이러한 아미앵 헌장의 내용은 지금도 프랑스의 7개 주요 노조인 CGT, FO, 자율노조연합Union nationale des syndicats autonomes, UNSA, 연대노조연합Union syndicale Solidaires, 전국노동연맹Confédération nationale du travail, CNT, 자율기관사총연맹FGAAC, [26] 통합노조연맹Fédération syndicale unitaire, FSU의 경우 아미앵 헌장의 노선을 유지하고 있다(Soula 2009) 고 밝히고 있을 정도로 프랑스 노동조합 운동에 중요한 영향을 미치고 있다.

3. 급진적 노동운동의 발전과 분열

개혁주의 대 혁명주의 ― 반전부터 ILO 가입까지

앞에서 설명한 대로 애초 프랑스 노동운동에는 정당과의 강력한 연계를 주장한 게드주의와 정치에서의 독립을 주장한 세력 간의 대립이 존재했다. 또한 아미앵 헌장에 참여한 혁명적 노조주의 진영과 비게드주의 개혁 진영 간의 대립을 포함한 다양한 세력들이 두 차례에 걸친 대전이라는 격랑 속에서 CGT를 중심으로 분열과 통합을 거듭한다. 그중 다수파와 소수파가 역전되고 세력 변동이 발생한다. CGT 진영의 1921년 분리와 1936년 재통합은 노조 내부의 문제이기도 했지만, 동시에 정치권에 연관된 문제이자 나아가 당시 동서 간의 국제 관계에도 관련된 문제였다. 공산주의자와 사회주의자 간의 정치적 경쟁, 국제적으로는 우드로 윌슨의 평화주의와 러시아 혁명 간의 국제적 긴장 등 당시 국내 상황과 국제 정세의 변화에 대해 프랑스 노동운동이 자기 방식으로 반응했다고 할 수 있다(Mouriaux 1982, 61).[27]

먼저 1차 대전 당시 급진적 노동운동은 크게 소련의 볼셰비키 혁명을 통해 고

그림 5. CGT를 중심으로 한 노조의 분리와 통합

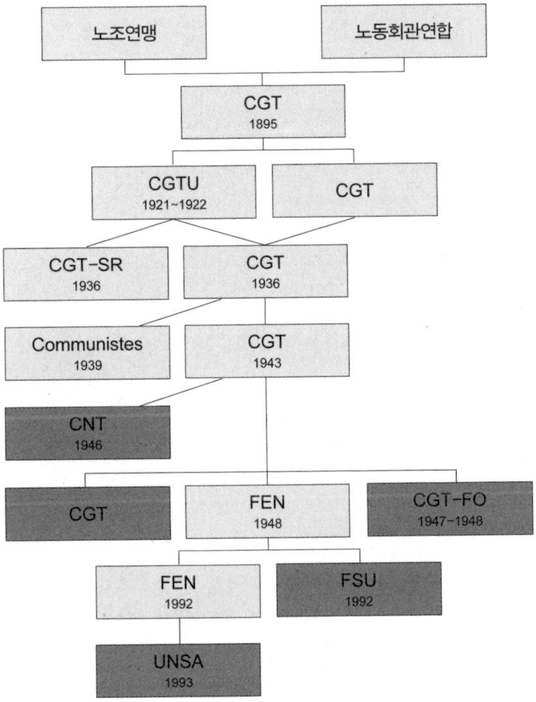

※ 출처: Mouriaux 1998, 90의 그림을 수정.

무된 '혁명 진영'과 윌슨 미국 대통령의 평화주의를 지지하는 '개혁 진영'으로 구분될 수 있다. 당시 소수파이던 혁명 진영은 결국 1차 대전이 끝난 뒤인 1921년에 CGT를 탈퇴해서 '통합노동총연맹Confédération générale du travail unitaire, CGTU'을 독자적으로 설립한다.

이런 흐름은 국제 공산주의운동, 소련의 국제 노조 관리 정책, 특히 1920년 프랑스공산당의 창당에 연관이 있다. 1920년 12월 SFIO의 투르 전당대회에서는 레닌이 설립을 주도한 제3인터내셔널(코민테른) 가입을 두고 논쟁이 벌어진다. 샤를 라포포르Charles Rappoport, 보리스 수바린Boris Souvarine 같은 공산주의자들은 가입을 지지하고 게드주의자나 레옹 블룸은 반대한다. 결국 제3인터내셔널 가입은 찬성 3028표, 반대 1022표, 기권 327표로 가결돼, 다음해인 1921년에 국제공산주의 프랑스지부Section française de l'Internationale Communiste, SFIC로 전환한다. 이때 사회주의자 장 조레스가 창간한 SFIO의 기관지《뤼마니테L'Humanité》도 함께 공산당 기관지로 자리잡는다. 한편 소수파는 분리하여 SFIO를 유지한다.[28] 이듬해 공산당으로 개명한 뒤 이른바 볼세비키화 과정에서 일부 이견 그룹들이 축출된다. 이렇게 축출된 명망가들은 이후 극좌파 그룹을 형성하게 된다.

노조의 분리도 뒤따른다. 하지만 노조에서는 공산주의 그룹이 소수였다. 이 소수 그룹은 이미 1차 대전 이전에 형성됐다. 1914년에 초기에는 '전쟁 반대'를 주장한 노동계는 전쟁이 발발하자 레옹 주오Léon Jouhaux를 포함한 다수가 '공화국 수호'를 내걸고 노선을 바꾸어 '성스러운 연합Union sacrée'에 참여한다. 이때 피에르 모나트Pierre Monatte와 금속연맹 중심인 일부 소수 세력은 이런 흐름을 맹목적 애국주의라 비판하며 전쟁 반대를 고수했다. 이런 대립은 1차 대전 내내 이어져 주오가 주도하는 다수파는 단체협약법, 8시간 노동제, ILO 설립 등의 개혁을 추진한 반면, 소수파는 변혁을 위한 총파업을 요구했다. 결국 1920년 10월 혁명주의 성향의 소수파는 CGT 내부에 모나트[29]를 대표로 하는 혁명적노조위원회Comité syndicalistes révolutionnaires, CSR를 설립한다. 다수파는 출판, 의료, 공공 서비스에 기반을 두고 소수파는 금속, 미용, 건설에 기반을 두었는데, 이 대립은 이념적 대립인 동시에 사회학적 차이에도 기인한다는 지적도 있다(Mouriaux 1982, 61). 소수파는 1920년 파업 과정에서 철도와 금속연맹을 중심으로 세를 확장한다.

특히 1921년 7월 릴Lille에서 열린 CGT 16차 전국대회에서는 분파 간의 대립이 당시 흔하지 않던 폭력 사태에까지 이른다. 다수파와 소수파가 물리적으로 충돌했으며, 한편에서는 연단을 향해 총이 발사되기도 하면서 갈등이 고조됐다. 결국 소수파 일부가 제명되고, CSR를 비판한 주오의 다수파 노선이 53퍼센트 득표로 통과된다(Mouriaux 1982, 59).[30]

9월 주오는 폭력까지 발생시킨 분파 갈등을 억제하기 위한 최후의 방안으로

CSR 해산과 동시에 다수파 지도부의 사퇴를 제안했다. 소수파가 여기에 반대하자, 다수파는 결국 CGT와 CSR 이중 가입을 금지하는 규정을 정하는 등 소수파를 탈퇴로 몰아갔다. 결국 다수의 공산주의자와 무정부적 혁명주의자들은 1921년 12월 모스크바에서 전해진 '대중 노조에 머물라'는 '조언'에도 불구하고 탈퇴하여 CGTU를 설립한다(Mouriaux 1982, 59).

1921년 12월 임시중앙회가 구성됐고, 1922년 제1차 전국대회를 통해 CGTU[31]가 결성된다. CGTU는 프랑스공산당과 긴밀하게 연합하며, 국제적으로는 국제적색노조Internationale syndicale rouge, ISR에 가입한다. CGTU는 CGT와 재통합하는 1936년까지 14년 간 존재한다. 하지만 그 기간 동안 내부적으로 다수파인 공산주의 진영과 소수인 무정부 노조주의자들은 갈등을 겪는다. 소수파는 '국제적색노조와 공산당에 대한 종속'은 아미앵 헌장 위반이라며 비판했고, 다수파는 혁명적 상황이 아직 도래하지 않았으므로 반란의 총파업은 중단되어야 한다는 무정부 노조주의자들의 주장에 대해 '무정부 개혁주의자'라 조롱했다. 급기야 1924년 1월 파리에서 SFIC 지부 사무실에서 격론 중 총격전이 벌어져 무정부주의자와 공산주의자가 사망하는 사건이 벌어진다. 무정부주의자들은 탈퇴하여 일부는 다시 CGT로, 다른 일부는 1926년 CGT-SRsyndicaliste-révolutionnaire를 결성한다.

반면 CGT는 노조의 정치적 독립을 주장하면서 국제적으로는 ILO 창립, 국내적으로는 전국경제위원회(현 경제사회환경위원회) 설립에 적극 기여하는 한편, 주택지원법(1927년)이나 사회보장법(1928년) 도입에 기여한다.

1930년대에 들어서면서 CGT, CGTU, 공무원자율노조에서 통합의 목소리가 높아진다. 이 원인은 세 가지 차원에서 찾을 수 있다. 먼저 파시즘의 확대에 맞서 공화국을 수호해야 한다는 위기의식이다. 1930년대 초반부터 경제적 위기가 만연했는데, 이러한 상황을 틈타 유럽에서 파시즘이 확장되고 있었다. 1933년 독일에서는 아돌프 히틀러가 권좌에 오르고 노조가 해산됐다. 유럽에는 정치적 위협과 공포가 전반적으로 확대된다.

둘째, 이런 상황에 맞물린 정치적 변화다. 1933년에 공산당은 전략을 수정했고, 1934년 7월에 급진당Parti radical, PR과 SFIO와 함께 인민전선Front populaire을 결성하기에 이른다. 이런 흐름은 전간기 좌파 진영의 대중 확장 전략의 일환으로 볼수 있으며, 사회적으로 개혁주의 진영과 급진주의 진영 간에 공동 활동의 분위기를 만연하게 했다.

셋째, 노조 내부의 변화다. 두 노조 모두 대중적 영향력을 획득할 전략을 추진하는 과정에서 노동자 대중 내부의 행동 통일 요구가 높았고,[32] 노조의 분열이 두 노조의 대중적 성장에 걸림돌로 작용했기 때문이다. 특히 1933년 CGTU의 대표가 된 브누아 프라숑Benoît Frachon이 '대중적인 CGTU' 노선을 제시하면서이런 흐름은 더욱 선명해졌다. 당시 CGTU가 개혁주의 세력과 계속 대립하고모스크바와 국제적 연대를 더욱 선명히 했다면 그렇게 많은 다수 노동자의 지지를 획득하지 못했을 것이다(Mouriaux, 1982, 69).

결국 CGT와 CGTU는 1934년 10월부터 시작된 통합 논의로 1935년 7월공동 선언을 거쳐 1936년 3월 2~5일에 열린 툴루즈 전국대회를 통해 레옹 주오를 대표로 한 CGT로 14년 만에 재통합한다. 이후 주오 진영은 '연맹파confédérés'로 불리고 CGTU는 '구통합파anciens unitaires'로 불리며 CGT 내 양대 세력을 형성한다. 인민전선은 1936년 4~5월에 시행된 총선에서 과반수 획득에 성공해 사회주의자인 레옹 블룸이 총리에 오른다.[33] 뒤이어 6월에는 마티뇽 협약을 통해단체협약 제도, 노동권 확대, 고충처리위원제, 15~17퍼센트 임금 인상, 파업에따른 처벌 예외 규정 내용 등 노동 개혁을 단행한다. 인민전선 집권이라는 우호적인 정치적 조건과 함께 노조운동은 조합원 500만 명과 노조 가입률 39퍼센트라는 역사적인 기록을 세운다(Prost 1964).

하지만 다가오는 전쟁은 노동조합 운동의 전성기를 단축한다. 1939년 8월의독소 불가침 조약을 일부 공산주의자들이 지지한다. 뒤이어 9월에 소련은 폴란드를 침공한다. 12월, CGT 중앙위원회는 독소 불가침 조약을 지지한 공산주의자들을 제명하기에 이른다. 이어 독일이 프랑스를 점령한 뒤 들어선 친독 정부는 노조를 탄압한다. 하지만 구통합파는 분리를 거부하고 정부 탄압에 맞서 지하 활동을 시작한다. 결국 1940년 11월 친독 정부는 CGT를 해산한다.[34]

2차 대전은 노동 진영의 세력 관계를 변화시킨다. 원인은 두 가지로 정리할 수 있다. 하나는 전쟁 기간 구통합파의 근거지라 할 수 있는 금속, 자동차, 철도, 에너지 산업이 급속도로 성장한 산업 구조 재편이라는 측면이고, 다른 하나는 구통합파가 펼친 헌신적인 레지스탕스 운동에 대한 대중적 인정이다. 그 결과 해방 이후 CGT 내부에서 소수파이던 구통합파가 다수가 된다. 연맹파의 일부는 친독 행위 혐의로 제명되고,[35] 일부는 구통합파로 들어간다. 그리하여 1946년에 열린 26차 CGT 전국대회에서는 구통합파가 80퍼센트의 다수를 차지하기에 이른다(Mouriaux 1982, 91). 한편 전국대회 이후 소수만 남은 무정부 노조주의자들은 CGT를 탈퇴하여 CNT를 설립한다.

구통합파와 연합파 사이의 세력관계가 역전된 CGT는 통합된 지 11년 만에 다시 분리의 길을 걷는다. 이번에는 소수파가 된 개혁주의 진영이 탈퇴해 분리한다. 처음 시작은 내부 운영 문제였다. 우편·전신·통신산업연맹[PTT]의 내부 갈등으로 1만 5000여 명의 조합원이 탈퇴하여 CGT에서 독립적인 자율연맹을 설립한다. 또한 ILO 참여 문제도 논쟁을 불러왔다.

한편 정치권에서도 1946년 6월에 발표된 마셜 플랜, 알제리 갈등, 인도 문제 등 공산주의자와 사회주의자들 사이의 대립이 심해졌다. 2차 대전 뒤 국제적으로 형성된 동서 갈등 때문에 결국 1947년 5월에 정부와 의회 내부에서 사회당 SFIO-공산당-급진당의 3자 정치동맹은 붕괴된다.

그러던 중 1946년 봄에 진행된 노사 갈등은 정치적 성격을 띠게 된다. 교섭에 무게를 둔 연맹파와 정치적 변혁에 중점을 둔 구통합파 사이의 대립이 고조된다. 교섭을 제기한 사용자 단체와 SFIO 정부는 다수파의 정치적 운동을 비판한다. 그 와중에 로베르 보트로Robert Bothereau와 레옹 주오는 전쟁 시기 창간된 기관지《노동자의 힘Force ouvrière》을 중심으로 파업의 지속이냐 아니면 노사 합의 수용이냐를 놓고 다수파와 대립한다. 1947년 12월에 소수파가 CGT 운영의 민주화를 제안하지만 거부되자, 결국 주오와 보트로를 비롯한 소수파는 간부직을 사퇴하고 CGT를 탈퇴하여 '노동자의 힘Confédération générale du travail-Force ouvrière, CGT-FO'을 설립한다.

이런 이유로 갈등의 배경을 둘러싼 무성한 논의가 이어진다. CGT-FO에서는 공산당의 권력 찬탈을 위해 소련이 기획한 '몰로토프 파업grèves Molotov'[36]이라는 주장이 널리 퍼졌고, 구통합파가 노동조합 운동에 대한 해외의 야망을 국내 노조원에게 폭력적으로 부여했다고 비판했다. 한편 CGT에서는 미국의 지원설이 제기됐다.[37] 마셜 플랜을 위해 미국인들이 오랫동안 연맹파와 함께 준비했으며 파업 시기에 참주 선동을 이용했다는 비판이었다. 하지만 무리오는 CGT의 내부적 차이를 '모스크바'나 '워싱턴'이라는 외부적 힘을 통해 설명할 수는 없다고 강조한다(Mouriaux 1982, 94). 또한 장-자크 베케르에 따르면 당시 공산당 지도부는 소수파의 탈퇴를 원하지도 않았고 반란을 준비하지도 않았다.[38] 결국 다수파는 주오의 주저함을 붙잡지 않았고, 일선의 개혁주의자들도 통합파의 주도권을 더는 용납하지 않았다.

1947~1948년에 진행된 CGT와 CGT-FO의 분리는 큰 변화를 가져왔다. 연합파에서 다수이던 도서출판산별은 분리에 반대하여 CGT에 남기로 결정했고, 교육산별은 재통합을 기대하며 어떤 연맹에도 가입하지 않고 공교육산별연맹Fédération de l'éducation nationale, FEN으로 남는다. 하지만 CGT와 FO의 분리가 고착되면서 결국에는 1992년에 급진적인 일부가 FSU으로 분리했고, 다수는 1993년에 UNSA로 전환한다.

4. 기독교 노동운동과 세속화

19세기가 지나는 동안 프랑스인들은 종교에서 벗어나 이른바 세속화된다. 노동자들도 마찬가지였다. 원인을 보면 우선 19세기에 부르주아들을 중심으로 생활에서 실증주의 사조가 확산됐다(김현일 1997, 176~177)는 점을 들 수 있다. 특히 제3공화국(1870~1940년)에서 1870년대 말부터 종교 중립의 공교육이 진행되었고, 그 결과 세속화는 더욱 확산된다. 한편 가톨릭교회의 주류는 산업 사회에서 보수적인 견해를 고수하였고 줄곧 노동자들을 탄압하는 정부나 고용주들의 시각을 지지했다. 1871년 코뮌 참여자들이 파리의 주교와 사제들을 인질로 잡고 결국 마지막 날에 처형한 사건이 당시 노동운동가와 종교의 관계를 보여주는 상징적 사건이라 할 수 있다.

모든 가톨릭 세력이 동일한 입장을 지닌 것은 아니었다. 이미 19세기 전반에 필립 뷔세Philippe Buchez를 중심으로 사회가톨릭주의가 탄생하여 기독교와 사회주의의 결합을 모색하기도 했다. 하지만 실용주의의 확산과 탈기독교화 시류에 밀려 1차 대전 이전까지 노동자 세계에서 활성화되지 못했다(김현일 1997, 182).

그 와중에 1886년 3월 리옹에서는 가톨릭 노동자만으로 조직된 '코르포corpo'라는 견직 노동자 동업조합이 만들어졌다. 비슷한 시기인 1887년 9월 파리에서도 가톨릭을 따르는 '상공업사무직조합SECI'이 설립됐다. 이런 흐름이 교회의 사회적 교리에 따라 교황청의 의지로 프랑스 노동조합 운동이 형성된 것인지, 아니면 노동조합 운동이 교회에 적대적인 방식으로 발달함에 따라 가톨릭 노동자들이 결속한 것인지는 분명하지 않지만(Branciard 1986, 6), 1913년에 흩어져 있던 가톨릭 노동자 조합들은 지르넬드J. Zirnheld가 이끄는 '상공업직업조합연맹 Fédération de syndicats professionnels du commerce et de l'industrie'으로 결집했다. 그 뒤 1차 대전 이후 알자스-로렌 지방이 다시 프랑스로 복속되고 그 지역에서 독일 전통을 따르던 기독교 노조들이 결합하면서 전국연맹으로 발전한다. 이 노조들은 1919년

11월 파리에서 전국대회를 개최하여 프랑스기독노동자연맹, CFTC를 창립한다. 지르넬드는 '가톨릭'을 이름에 붙이고 싶어했지만, 알자스-로렌 지역 노조들은 '기독chrétien'을 지지해서 그런 명칭이 결정됐다. 규칙 제1조에는 교황 레옹 13세Léon XIII가 1891년 5월에 발표한 레룸 노바룸Rerum novarum, 즉 노동자 생활 개선에 관한 회칙에 따라 활동한다고 명시했다.

또 다른 특징은 가입자의 50퍼센트 이상이 기업에서 육체노동자와 구분돼 조직된 사무직 노동자라는 점이다. 초기 지르넬드가 대표, 테시에G.Tessier가 사무총장을 담당했으며, 사무직 외에 광산, 철도, 섬유 부문 노동자가 조직돼 있었다. 1930년대 문턱에 CFTC는 약 21만 명의 조합원을 조직하고 있었다(Branciard 1986, 8). 1937년 442만 명이라는 CGT의 기록(Andofatto et Labbé 2006, 15)과 비교하면 턱없이 적은 수였다.

당시 CFTC는 일부 파업에 참여하기도 했지만, 노사 갈등을 타협이나 조정 등 평화적 방법으로 해결한다는 원칙에서 벗어나지는 않았다. 갈등 해결은 노사 관계에서 노조가 자유롭게 활동할 수 있을 때 가능해지며, 노조는 국가를 대체하는 수단이 아닐 뿐 아니라 국가의 인정을 받고 국가가 담당해야 하는 대상이기 때문이라고 생각했다(Branciard 1986, 8~9). CFTC는 노사 단체 간의 자유로운 협약을 통해 산업 전체의 기능이 보장된다는 입장을 지녔다. 일종의 코포라티즘적 사고였지만, 노조가 자유롭게 활동하고 국가로 포섭되지 않으며 복수노조주의를 강조한다는 측면에서 국가코포라티즘과는 달랐다(Elbow 1966). 오히려 강령에서는 정치적 질서에 대한 책임성을 갖는 것을 거부한다고 밝혀 정치적 영역에서 벗어난 독립을 주장했다.

1936년 마티뇽 교섭에서는 CFTC의 참여가 CGT의 거부로 배제됐지만, 해방 후에는 전 국가와 전산업 수준에서 교섭 때 대표성을 인정받는다. 다수의 지도자와 활동가들이 레지스탕스에 참여한 결과이다. 일부는 친독 비시 정부의 국가코포라티즘에 동의하기도 했지만 다수는 노조의 자유를 억압한다며 반대

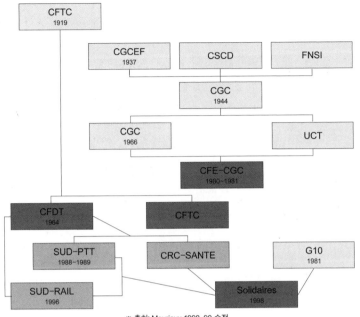

그림 6. CFDT를 중심으로 한 노조의 통합과 분리

※ 출처: Mouriaux 1998, 90 수정.

했다. 1940년 11월 노조의 레지스탕스 참가를 선포한 '12인의 선언'[39]에 3명의
CFTC 간부가 참여했고, 테시에는 전국레지스탕스위원회(Conseil national de la Résistance,
CNR)에 대표로 참가했다. 해방 이후 1945년엔 75만 명으로 조합원이 확대된다.

이렇게 조직원이 확대되면서 조직 내에는 신진 세력들이 등장하는데, 종교
적 성향보다는 비소비에트 성향의 노동조합 운동을 위해 가입하는 경우가 많
았다. 이 세력들이 처음으로 기존의 다수파와 갈등을 벌인 사안은 해방 직후
CFTC 지도부들이 설립에 참여한 중도 성향의 정당인 대중공화운동(MRP[40])과의
관계를 끊는 것이었다. 결국 1946년 전당대회에서 정당-노조 겸직 금지 조항을
통과시켜 노조 지도부의 직위와 당 혹은 의회의 직위를 겸하지 못하게 했다. 노
조가 정당(정치)에서 독립성을 획득하는 일이었다.

다음으로 진행한 일은 종교에서 독립성을 쟁취하는 일이었다. 이 활동은 사무직노동자연맹의 조직 체계를 산업별 연맹으로 전환하는 것과 종교를 대체하는 이념적 정체성, '민주적 사회주의' 이념을 정립하는 일이기도 했다. 이러한 활동은 1950년대를 거치면서 진행됐다. 1961년 소수파이던 외젠 데캉Eugène Descamps이 사무총장에 임명되고 내부 역관계가 역전되면서 '탈종교화déconfessionnalisation' 과정은 더욱 가속화됐다.

결국 1964년 11월에 열린 전국대회에서 탈종교를 선언하고 명칭을 프랑스기독노동자연맹에서 '프랑스민주노동연맹CFDT'으로 개칭하기에 이른다. 70.11퍼센트가 이런 변화에 동의했고 반대쪽에서도 대부분은 다수파의 결정을 수용했지만, 조제프 소티Joseph Sauty를 중심으로 파리 공무원, 알자스 철도에 있던 일부 조합원들(당시 전체 조합원의 약 8퍼센트)이 이에 반대하며 탈퇴하여 CFTC를 재설립하면서 분리한다(Branciard 1986, 15).

이후 CFDT는 계급 투쟁의 틀에서 활동을 전개하는데, 특히 자주관리 autogestion를 주요 원칙으로 제기하며 활동을 펼친다. 동시에 미셸 로카르의 통합사회당PSU과 관계를 가지면서 정치적으로도 왕성한 활동을 펼친다. 하지만 1977년 좌파 연합의 실패와 1978년 총선 패배 이후 에드몽 메르Edmond Maire 사무총장은 노조의 전략을 수정한다. 이른바 '노조 활동으로 중심 이동recentrage sur l'action syndicale'이라고 불리는 노선 수정을 통해서 정치 활동, 자주관리운동에 어느 정도 거리를 두게 된다.

이 과정에서 내부 대립이 형성된다. 특히 1980년대 말 유럽통합에 관련하여 진행된, 공공 부문의 시장 개방을 포함하고 있는 공공 부문 현대화 사업을 지도부가 수용하면서, 체신·전신·통신PTT, 철도, 의료 등 각 산업연맹 소속의 조합원들이 반발한다. 결국 1988년 12월 PTT산업연맹의 아닉 쿠페Annick Coupé, 크리스토프 아귀통Christophe Aguiton을 중심으로 일부 조합원들이 탈퇴하여 새로운 산별인 '통합민주연대-체신전신통신연맹Solidaires Unitaires Démocratiques-Postes, Télégraphes et

Télécommunications; SUD-PTT을 설립한다. 1998년 이 노조는 철도연맹과 의료연맹 소속 조원과 노조 'G10'과 함께 연대노조연합[USS]을 창설한다.

5. 관리직과 간부직 노조의 조직화

이러한 두 흐름과는 별개로 간부·관리직 노조가 조직된다.[41] 1881년 금속산별 에서 '책임자·기술직·관리직·기사친선협회[Saciat]'가 조직돼 1896년 8월에 정식 노 조로 출범하는데, 이것이 CGC 금속간부연맹의 시초가 된다(Cazettes 2002, 17). 초기에는 간부양성학교 동문 모임으로 시작해 점차 자기들의 이익을 추구하는 노조로 성장한다. 1944년 10월에 32개 산별연맹이 가맹하여 CGC라는 이름을 내걸고 간부직을 조직 대상으로 하는 특정 범주 노동자의 이익을 위한 노조연 맹으로 출발했다. 장 뒤클로[Jean Ducros]가 초대 대표로 선출됐다.

1946년 여름에는 전국, 전산업 수준에서 대표성을 인정받아 CFTC와 함께 1947년에 간부퇴직연금연합[AGIRC]과 간부퇴직보충연금 제도를 도입하는 전산업 협약에 사측인 전국사용자협회[Conseil national du patronat français, CNPF]와 함께 서명한다.

1981년부터는 조직 대상으로 공공 부문을 포함하여 기술자, 현장 감독, 전문 기사, 판매 책임자에게도 확대하면서, 명칭을 프랑스관리간부직총연맹[CFE-CGC]으 로 개정한다(Cazettes 2002, 31~32).

그후 2013년 4월에는 카롤 쿠베르[Carole Couvert]가 연맹에서 최초로 여성 대표(임 기 2013~2016년)로 선출돼 프랑스 노동조합 운동에서 CFDT의 니콜 노타[Nicole Notat](임기 1992~2002년)와 함께 대표적인 여성 지도자로 활동하기도 한다. 현 재 주요 노조의 현황은 다음과 같다(각 단체의 세력 정도는 1부 4장 노사 단체의 대표성 제도 부분을 참조).

대표 단체	• CGT(Confédération Générale du Travail, 노동총연맹) • CFDT(Confédération Française Démocratique du Travail, 프랑스민주노동연맹) • CGT-FO(Confédération Générale du Travail-Force Ouvrière, 노동자의 힘) • CFTC(Confédération Française des Travailleurs Chrétiens, 프랑스기독노동자연맹) • CGC-CFE(Confédération Générale des Cadre-Confédération Française de l'Encadrement, 프랑스관리간부직총연맹)
기타 단체	• UNSA(Union nationale des syndicats autonomes, 프랑스자율노조연합) • FSU(Fédération Syndicale Unitaire, 통합노조연맹) • Solidaires(Union syndicale Solidaires, SUD 포함, 연대노조연합) • CNT(Confédération Nationale du Travail, 전국노동연맹)

6. 사용자 단체의 설립과 발전

20세기 초반까지 프랑스 경제에서는 대기업이 발달하기 힘들었다. 국가가 대기업을 육성하기 위한 적극적인 지원이나 제도적인 보장에 힘쓰기보다는 기업 간의 경쟁이 공정할 수 있도록 규제하고 감독하는 데 중점을 두었기 때문이다. 그리고 국가가 직접적으로 경제에 개입한 2차 대전 이후에도 사용자들은 국가에서 자주적일 수 없었다. 독일의 프랑스 점령 당시 많은 사용자들이 친독 정부에 협력하였던 사실은 해방 이후 사용자들이 사회적으로 위축될 수밖에 없게 했고, 정부 주도로 구성된 사용자 단체 역시 독립적으로 사용자들의 이익을 추구하기보다는 국민경제 재건을 위한 공적 주체로서의 성격이 강했기 때문이다. 프랑스 사용자 단체의 발달 과정을 간략하게 살펴보자.

1864년 단결의 자유가 허용된 이후 결사의 자유를 지속적으로 요구해온 노동자들은 1884년 직업 단체의 결성이 법적으로 허용되자 전국적으로 빠르게 조직을 만든 반면 사용자는 더디게 조직된다. 제철협회Comité des Forges처럼 혁명 이전에 존재한 단체가 재건되거나 1887년에 결성된 프랑스탄광중앙협회Comité central des Houillères de France처럼 일찌감치 결성된 곳도 있지만, 지역이나 산업에 따라 편차가 컸다. 1890년대에 들어서면서 서서히 상황이 변했다. 노동자 단체의 압력이 거세졌을 뿐 아니라 국가 역시 자유주의적 경향이 우세해지면서, 노사 관계에 국가의 개입이 점차 신중해지고 제도화됐다. 1891년 고등노동위원회Conseil supérieur du travail가 설치되고 알선과 중재·임금·노동 시간에 관한 법률이 제정된 뒤, 1906년에 노동부가 설립되면서 사용자 단체의 필요성이 점차 커졌다.

1896년 파리 지역에 상공업연합Union syndicale du commerce et de l'industrie의 출범을 시작으로 1901년에는 금속탄광산업연합Union des industries métallurgiques et minières, UIMM이 출범하는 등 중요 산업에서 거대 사용자 단체 연합이 속속 출범한다. UIMM에는 앞서 언급한 제철협회, 탄광중앙협회, 전기업 등 10개의 사용자 단체가 참여했다. 9개는 전국 차원이었고, 1개는 파리를 중심으로 한 협회였다.

1914년 1차 대전이 발발하자 일부 사용자 단체는 노조와 함께 국가 수호를 위해 나서서 정치 세력과 노조가 주도한 '성스러운 연합'에 동참했다. 1919년 전쟁의 막이 내리면서 성스러운 연합은 해체되고, 노동자들의 요구는 점점 더 소리가 높아졌다. 의회에서 1919년 단체교섭에 관한 법률이 제정되기 이전에 UIMM은 CGT 금속연맹과 8시간 노동제 협약에 서명하기도 한다. 1919년법은 프랑스의 산업 관계에서 개인주의 원리가 쇠퇴한다는 것을 의미한다(Martin 1983, 18). 노동 조건은 더는 '자유롭고 대등한' 고용주와 노동자 두 당사자 사이의 계약을 통해 결정되는 것이 아니라, 이제부터는 지역이나 산업, 기업 차원에서 노사 단체가 집단을 대표해 서명한 단체협약에 따라 주로 결정됐다.

전 산업과 전국적인 사용자 연맹이 결성된 것은 1차 대전 이후다. 1919년 7월 1일 프랑스생산총연맹CGPF, Confédération générale de la production française을 결성한다. "연맹은 프랑스 국부, 생산과 수출력의 발전에 기여하고, 조합과 직업 단체들의 조화를 위해 노력하며, 생산자들을 조직하고 공통 이익을 수호하는 것을 주요 목적으로 한다." CGPF는 잘 조직되고 강력한 힘을 지닌 UIMM이 주도하고 가장 대표적인 사용자 조직으로 성장했지만, 여전히 상업처럼 일부 주요한 부문들은 조직되지 못했다(Martin 1983, 20).

이렇게 프랑스 사용자 단체의 설립은 스웨덴의 1902년, 독일과 영국의 1913
년에 견줘 늦었다고 할 수 있다. 사용자 연맹의 결성이 늦어진 원인은 몇 가지를
생각해볼 수 있다.

첫째, 상대자라 할 수 있는 노동조합의 허용이 늦었다. 일반적으로 사용자 단
체가 노동자 조직의 대항체로 형성된 측면이 크다는 점을 인식한다면, 프랑스
혁명 이후 직업 단체를 금지한 르 샤플리에 법 때문에 노조가 늦게 허용된 것이
사용자 단체의 결성을 지체시켰다고 볼 수 있다. 결과적으로 1892년의 노동회
관연합과 1895년 9월 CGT의 창설 이후 사용자 단체를 설립하려는 움직임이
가시화됐다.

둘째, 노사 관계 영역에서 국가의 늦은 철수를 들 수 있다. 프랑스 혁명 이후
노사 관계는 집단적 관계라기보다는 개별적 주체 간의 관계로 축소되고, 이 관
계를 국가가 보호하는 원리가 자리잡으면서 노사 단체의 결성이 늦어졌다.

그 밖에 개인주의적 행태, 경쟁의 압력, 지역 편차, 1884년법에 대한 의심과 직
업 단체에 대한 소극성, 직업 단체 운영에서 드러난 지역연맹이나 산업연맹 중
심성이 이러한 지체에 영향을 주었다(Martin 1983, 15~16).

CGPF는 가입 기업의 정보를 정리하고 전체 기업의 이익을 지키기 위해 국가
권력에 개입했다. 1차 대전 이후에는 관세 제도와 조세 제도 등 국가의 세력 확
장에 대항하여 사업의 자유를 수호하려고 노력했다. 당시 사회 정책은 주로 기
업[42]이나 도시, 지역, 직종의 차원에서 전개됐다. 그중에서 CGPF가 전후 국가
산업 재건에 참여하기 위해 창설됐지만 사회적 영역에서 비중 있는 역할을 수행
하지는 못했다.

1936년 6월 역사적인 마티뇽 협약을 교섭하고 서명한 것은 바로 CGPF였다.
그러자 일부 사용자들이 월권이라며 CGPF의 대표성에 문제를 제기했다. 항의
의 표시로 강력한 섬유산업연맹이 탈퇴했다. CGPF는 개혁을 단행하여 1936년

8월 4일 동일한 머리글자를 쓰는 프랑스사용자총연맹Confédération générale du patronat français, CGPF으로 전환한다. 상업 부문도 포괄하는 등 대표성을 강화하고 구조를 더욱 일관되게 개혁했다. 이제 강조점은 '생산'이 아니라 '사람', 사용자, 기업의 책임자에게 맞춰졌다(Martin 1983, 21).

1939년에 발발한 2차 대전은 제3공화국의 붕괴를 가져왔고, 1940년 8월 16일 친독 정부가 공포한 산업 생산의 임시 조직에 관한 법은 노조와 CGPF에 해산을 명한다. 이어 1940년 11월 9일 시행령은 해산 대상에 제철협회나 탄광협회 등 업종 단체도 포함시킨다. 동시에 산별 수준에 국가가 구성하고 통제하는 조직협의회를 설치하여 산업을 관리하게 된다. 1941년 말 '사용자와 노동자 간의 직업 관계를 계급 투쟁을 회피하는 방식으로 조직하고자' 국가 코포라티즘에 기반을 둔 노동헌장Charte du Travail이 반포된다.

해방 이후 정계에서 좌파 세력이 다수를 차지하고 사회적으로 노조의 권위와 활동이 증가하면서 1945년 이후 임시 정부는 경제에서 국가의 역할과 기업 활동에 관련해 두 가지 중요한 조치를 취한다. 먼저 1945년 2월 22일에 노사 협력을 도모하고 기업 활동(혹자는 기업 경영)에 참여할 수 있게 사업장에 노사협의회를 설치하는 시행령을 제정한다. 또 하나는 국유화이다. 국유화는 경제 핵심 분야의 경영과 생산수단을 국가가 장악하는 것을 의미한다. 가스, 전기, 석탄, 금융, 보험, 르 자동차 등 주요 산업을 국유화하고, 국유화된 산업을 관리하기 위해 1946년 1월에 국가계획청Commissariat général au Plan을 설치했다.

임시 정부는 해방 이전부터 파리 상업회의소 회원이던 피에르 푸르니에Pierre Fournier를 대표로 하여 전국적인 사용자 단체를 자임하고 나선 사용자대표협회Comité de representation patronale와 논의한다. 한편 이러한 국가주의étatisme 혹은 국가중심주의dirigisme의 확산은 사용자들의 걱정을 낳았다. 1944년 레옹 쟁정브르Léon Gingembre는 반국가주의와 반집산주의를 표방하면서 중소기업총연합Confédération générale des petites et moyennes entreprises, CGPME을 창설한다.[43]

2차 대전 뒤 1946년 6월 12일에 CNPF가 출범했다. 당시 대표는 금속 가공 기업을 운영하는 조르지 빌리에Georges Villiers라는 사업가였는데, 리옹의 시장을 역 임했으며 레지스탕스 운동으로 구속되어 다하우Dachau 강제수용소로 보내진 독 립투사 경력도 지녔다. 실제 CNPF가 결성되는 과정에는 빌리에의 카리스마 넘 치는 리더십이 중요하게 작용했다(Martin 1983, 24).

그런데 당시 사용자 협회는 사용자의 이익을 최대한 옹호하기 위한 이익단체 의 속성보다는 전후 국가 경제의 복구를 위한 민간단체의 속성이 더욱 컸다는 주장도 있다. 당시 FO 대표이던 로베르 보트로는 CNPF의 활동이 특정 집단의 이익을 위한 사적 활동이라기보다는 하나의 공무로 여겨지기도 했다고 증언한 다(Bothereau 1973). 이후 1998년 10월 27일 CNPF는 프랑스기업운동Mouvement des entreprises de France, MEDEF으로 전환한다. 그러면서 1999년 11월에는 노사 관계에서 국가가 후퇴하고 직업 단체가 복귀해야 한다고 주장한 '노사관계 재건refondation sociale' 운동을 주창하기도 했다.

한편 1975년 소상공인들이 수공업자연합Union professionnelle artisanale을 창설하 여 대표성을 인정받았으며, 2016년 11월에는 'U2P, Union des entreprises de proximité'로 개칭한다. 현재 주요 사용자 단체의 현황은 다음 같다.

대표 단체	• MEDEF(Mouvement des entreprises de France, 프랑스기업운동) • CPME(Confédération des petites et moyennes entreprises, 중소기업연맹) • U2P(Union des entreprises de proximité, 수공업자연합)
기타 단체	• UDES(Union des Employeurs de l'économie sociale et solidaire, 연대·사회적 경제 고용주연합) • FNSEA(Fédération nationale des syndicats d'exploitants agricoles, 전국농업경 영자조합연맹) • CFPI(Confédération française du patronat indépendant, 프랑스독립기업인연맹) • UNAPL(Union nationale des professions libérales, 전국자유전문직연합) • Synhorcat(Syndicat national des hoteliers, restaurateurs, cafetiers, traiteurs, 전국호텔·레스토랑·카페·트레퇴르조합)

7. 소결

프랑스 노사 단체들은 다원주의적 복수 노조 체계를 형성하며 발달했다. 초창기부터 프랑스 노동조합 운동은 다양한 흐름으로 출발했고, 급진적 노동조합 운동과 사회적 가톨릭주의 노동조합 운동이라는 두 줄기의 흐름으로 구분돼 진행됐다. 오늘날의 노조 단체 현황은 이 두 줄기가 2번의 통합과 3번의 분리를 거친 결과다(Mouriaux 2006). 특히 노동조합 운동의 분열은 정당이나 종교에서 독립하려는 노력의 소산이다. 급진적 노동조합 운동의 전통에서 출발한 CGT는 1948년 공산당에서 벗어나는 독립을 주장하며 일부가 CGT-FO로 분리했다. 가톨릭 전통의 노동조합 운동에서 만들어진 CFTC는 1964년에 CFDT로 탈종교화하자 전통을 고수하려 하는 일부가 CFTC를 재창립했다. 이러한 입장에서 보면 역사적으로 프랑스 노조의 분리는 육체노동자와 사무직 노동자 같은 사회 구성적 차이를 무시할 수는 없지만, 이것보다는 주로 조합원의 종교나 정치적 이념 성향에 따라 진행된 성격이 강하다(Mouriaux 1986, 17).

그럼에도 불구하고 프랑스 직업 단체들, 특히 노조는 정당과 거리를 두고 발전해온 모습을 취한다. 앞서 살펴본 대로 CGT 내부의 주요 간부들이 공산당의 직책을 역임하거나 CFTC 간부들이 MRP의 간부직을 맡는 경우는 있었지만, 초창기부터 노조와 정당은 종속적이거나 위계적인 공식적 관계를 맺지 않았다(Reynaud 1975, 279~282). 독일이나 영국의 역사적 사례와 달리, 노사 직업 단체가 정당에게서 갖는 독립성은 프랑스의 직업 세계에서 나타나는 특징이라고 할 수 있다.

한편 사용자 단체는 역시 복수 단체이지만, 사업장의 규모에 따라 거대 기업, 중소기업, 소상공인 단체로 구성된 특징을 지녔다. 이러한 다원주의적 복수 노사 단체의 역사적 전통은 이후 조합원 조직화의 수준, 복수 노조 교섭 제도에도 영향을 미친다. 특히 제도화 과정에서 결사권이 인정되기 이전에 단결권이 시기적으로 먼저 용인된 역사는 이후 교섭 제도와 협약 확대 적용 제도에 영향을 미치게 되는데, 이 문제는 다음 장에서 살펴보기로 한다.

3장

프랑스는 왜 단체협약 적용률이 높은가[1]

여기에서는 프랑스에서 단체협약 적용률collective bargaining coverage, couverture conventionnelle(협약 적용률)이 높은 이유를 밝히고자 한다. 단체협약collective agreement이란 협약 당사자인 노동조합과 사용자 또는 사용자 단체가 노동 조건과 노사 관계의 제반 사항에 관하여 합의한 것을 말한다. 일반적으로 이 협약이 정한 노동 조건과 기타 노동자 대우에 관한 기준을 위반하는 취업규칙 또는 근로계약은 무효가 된다. 새롭게 체결된 협약은 취업규칙이나 근로계약보다 규범적 우위에 있다.[2] 이 협약은 그 자치 범위 내에 있는 구성원에게 효력을 미치게 되는데, '그 자치 범위 내'라는 것은 매우 다양한 형태를 지닌다. 협약 적용률이란 이러한 협약의 효력이 미치는 범위에 관련된 것이다.

협약 적용률은 한 국가의 산업 관계를 구성하는 핵심 요소로서, 국가의 노동 조건 규율 체계에서 단체협약이 갖는 규제 정도를 보여주는 지표다(Traxler & Behrens 2002). 특히 2008년에 발표된 ILO의 《세계임금보고서》는 협약 적용률을 국가 내 임금 불평등 수준을 설명하는 데 중요한 요인으로 지적하면서, "협약 적용률이 높을수록 임금 불평등은 낮아지는 경향"(ILO 2008, 43)을 제시한다. 가령 헝가리, 폴란드, 영국처럼 확대 적용률이 40퍼센트 이하인 국가에서는 임금 불평등이 높은 반면, 프랑스, 스웨덴, 핀란드, 덴마크, 네덜란드처럼 80퍼센트 이상인 국가에서는 임금 불평등이 상대적으로 낮았다. 특히 10퍼센트 정도의 적용률을 보이는 한국은 아르헨티나, 태국과 더불어 임금 불평등이 가장 큰 국가로 지적됐다(ILO 2008, 25). 이런 점 때문에 ILO는 이미 1951년에 제91호 권고(단체협약에 관한 권고)를 통해 "적절한 경우에는, 이미 확립된 교섭 관행을 고려한 후 단체협약의 산업·지역 적용 범위에 해당하는 모든 사용자와 노동자들에게 그 협약의 전부 또는 일부 규정의 적용을 확장하기 위하여, 국내 법령에 따라 결정되는 국내 상황에 적합한 조치를 취하여야 한다"(제5항 제1문)고 회원국들에게 단체협약의 효력 확장을 권고한 바 있다.

프랑스의 협약 적용률에 대한 우리의 관심이 높아진 계기는 2004년 OECD의 《고용 전망Employment outlook》에서 제시된, 협약 적용률과 노조 조직률이 포함된 국제 비교다(김유선 2005; 김유선 2007).[3] 2000년에 조사된 통계를 사용한 **그림 1**을 살펴보면, OECD 국가들 중 한국은 매우 낮은 노조 조직률을 보이고 있는데, 협약 적용률 역시 유사한 수준의 상황을 보여준다. 하지만 흥미롭게도 한국보다 더욱 낮은 노조 조직률을 보이는 프랑스는 한국는 반대로 90퍼센트 이상의 협약 적용률을 보이고 있었다. 어떻게 노조 조직률이 10퍼센트 미만인 프랑스는 협약 적용률이 90퍼센트를 넘을 수 있는가?

특히 OECD 보고서가 노조 조직률과 협약 적용률의 관계가 일반적으로 다른 제도적 변수가 없다면 서로 비례 관계를 갖지만 이러한 비례 관계는 그 나라의 협약 확장 제도에 따라 변경될 수 있다고 지적하면서 프랑스의 협약 적용과 확장 제도에 대한 관심이 높아졌다(OECD 2004, 146~147). 이후 이러한 비교는 한국에서도 국제 비교에서 종종 지적되고 있지만(김유선 2007, 144~145), 프랑스 사례에 대해서는 '산별 체계의 발전' 혹은 '협약 효력 확장 적용의 법·제도'로 추상적이거나 단편적인 수준에서 지적되고 있을 뿐, 종합적인 분석은 미약했다. 물론

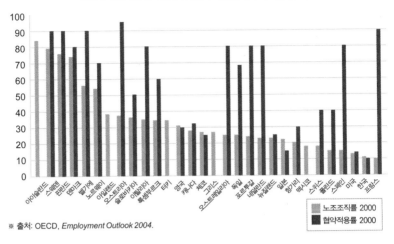

그림 1. 노동조합 조직률과 단체협약 적용률 국제 비교(단위: %)

※ 출처: OECD, Employment Outlook 2004.

기업별 교섭이 지배적인 한국과 비교할 때 산별 교섭은 단체협약 확대 적용에 중요한 지점이 아닐 수 없지만, 이 점이 프랑스의 상황을 모두 설명하기에는 부족한 것처럼 보인다. 더욱이 프랑스의 높은 협약 적용률은 산별 체계가 잘 갖추어졌다는 독일보다도 월등히 높으며, 산업별 단체협약 효력 확장 제도를 실시하고 있는 독일, 포르투갈, 스페인, 네덜란드, 아일랜드, 그리스 등보다도 높다는 측면에서 그런 설명이 우리들의 궁금증을 해소하기에는 충분하지 않다.

또한 이 문제에 대한 설명은 단지 현재 상황에 관한 기술이나 법조항을 해석하는 것으로, 우리들의 호기심을 충족시키지 못한다. 법조항의 해석이 현실의 역동적 상황을 인식하는 데 한계가 있을 뿐만 아니라, 노조 조직률이 낮은 상황에서 이것이 어떻게 가능한가, 프랑스에서는 어떻게 이러한 법과 제도가 생기고 유지되고 있는가 등의 또 다른 질문들을 불러일으키기 때문이다.

여기서는 프랑스의 높은 협약 적용률을 설명하기 위해 협약 제도의 역사적 발전 경로를 추적하려 한다. 분석틀에 관련하여 프랑스의 특수한 상황을 밝히기 전에 우선 국제적 비교를 통해 단체협약 효력 확대에 영향을 주는 요인들을 정리할 필요가 있다. 첫째, 앞의 문제 제기가 이미 국제적 비교를 통해 제기된 것이기 때문이다. 둘째, 프랑스의 높은 협약 적용률을 설명하기 위해 다른 나라에 없는 프랑스의 제도는 무엇인가를 밝혀야 하기 때문이다. 셋째, 프랑스가 협약 적용률이 높은 이유는 단일한 원인이 아니라 여러 요인들이 복합되어 있다고 볼 수 있기 때문이다. 더불어 단체협약의 역사적 제도화 경로를 추적하기 위해서 단체협약 관련 법(1919년법~2008년법), 의회 토론 자료, 노조 대의원대회 자료 등을 참조했다.

이런 내용을 기반으로 해서 이 장에서는, 첫째, 국제 비교를 통해 협약 적용률에 영향을 미치는 요인들을 고찰하고, 둘째, 프랑스의 협약 제도와 효력 확장·확대 제도에 대해 설명하고, 셋째, 프랑스의 단체협약 제도와 효력 확장 제도의 형성과 발전 경로에 대한 역사적 고찰을 통해 앞에서 제기된 물음에 답하고, 넷째, 1985년 이후 협약 적용률의 발전과 현 상황을 프랑스 통계를 사용해 보여 주고, 다섯째, 마지막으로 이런 사실들이 한국 사회에 주는 시사점을 도출한다.

1. 단체협약의 효력 확대에 영향을 미치는 요인들

일찍이 여러 학자들이 협약 적용률에 영향을 미치는 요인들을 언급한 바 있는데, 대표적으로 노조 조직률, 효력 확장 제도, 협약 체결 수준, 체결된 협약들 사이의 조정 구조, 공공 부문의 규모 등이 중요한 요인들로 지적됐다(Traxler & Behrens 2002). 하지만 이 요인들 사이의 연관 관계에는 다양한 매개 변수들이 존재하고 있기 때문에 이 연관 관계들에 관련해서 구체적인 영향의 정도를 측정하기가 어려울 뿐만 아니라 실제적인 영향 여부도 분명히 밝히기 어렵다는 지적이 있다(OECD 1994, 187).

또한 협약 적용률 측정에도 어려움이 있다. 협약 확장 제도가 발달하지 않은 대부분의 국가에서 단체협약에 대한 등록 과정이나 감독이 부재하기 때문에 단체협약을 적용받고 있는 정확한 노동자의 수를 측정할 수 없다는 점이다. 이렇게 등록 과정이나 감독이 없는 국가에서는 인구 조사나 노동 통계 조사에 따른 추정치만 있을 뿐이다(ILO 2008, 36~37). 가령 한국의 경우 OECD 자료에서 단체협약 적용률의 계산은 '교섭 단위 내 노동자의 20퍼센트가량은 노조 조합원이 아니라는 가정에 근거한 추정치'[4]를 기반으로 하고 있다(OECD 2004, 174). 한국의 단체협약 적용률에 대한 자료와 관련하여 OECD의 2004년 자료 이외에 다른 공식적인 자료는 찾아보기 어렵다.[5]

협약 적용률 계산 방법의 난관도 존재한다. OECD에서 사용되는 협약 적용률이란 단체교섭에 따라 영향을 받는 노동자의 폭에 대한 지표로, '단체협약의 적용을 받는 노동자의 수를 전체 노동자의 수로 나눈 것'이다(OECD 1994, 171). 하지만 이때 '전체 노동자'라는 개념은 모호하다. '임금을 받는 모든 자'로 보정되지 않은unadjusted 규정을 할 수도 있고, '단체협약의 대상이 아닌 자를 제외한 규정', 즉 단체협약을 맺을 수 없는 경찰이나 군인 혹은 비공식 경제 종사자를 제외하는 보정된adjusted 규정이 혼재되어 적용되고 있다(ILO 2008, 36). 하지만 일반적으로 점점 보정된 규정을 사용하는 추세이다(Hayter & Stoevska 2011, 2).

그럼에도 불구하고 협약 적용률에 영향을 미치는 요인들로 제기된 내용을 살펴보면 다음 같다. 먼저 대표적인 요인으로 노조 조직률을 들 수 있다. 지역이나 산업의 높은 노조 조직률은 조합원 수가 많아서 협약이 직접 적용되는 대상이 많다는 이유뿐만 아니라, 높은 노조 조직률은 노사의 역관계에 작용하여 비노조원에게도 단체협약과 유사한 내용이 적용될 가능성을 높이는 요인으로 지적돼왔다(OECD 1994, 167). 여러 나라의 노조 조직률과 협약 적용률을 표시한 앞의 **그림 1**을 살펴보면, 실제 노조 조직률이 높은 스웨덴, 노르웨이, 덴마크는 협약 적용률도 높으며, 노조 조직률이 낮은 미국, 일본, 한국은 협약 적용률도 낮다. 일반적으로 협약 적용에 관련한 별다른 제도가 없다면 협약 적용률은 그 국

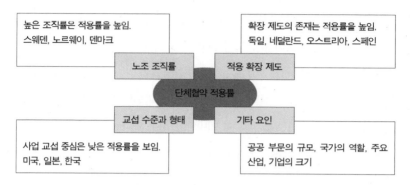

그림 2. 단체협약 적용률에 영향을 미치는 요인들

높은 조직률은 적용률을 높임.
스웨덴, 노르웨이, 덴마크

노조 조직률

확장 제도의 존재는 적용률을 높임.
독일, 네덜란드, 오스트리아, 스페인

적용 확장 제도

단체협약 적용률

교섭 수준과 형태

사업 교섭 중심은 낮은 적용률을 보임.
미국, 일본, 한국

기타 요인

공공 부문의 규모, 국가의 역할, 주요
산업, 기업의 크기

가의 노조 조직률의 수준을 보인다는 지적도 있다(OECD 1994, 167). 그리하여 협약 적용률과 노조 조직률이라는 두 요소는 그 나라의 노동 관계와 산업 관계의 특징을 살펴보는 지표로 기능하기도 한다(OECD 1994, 167).

하지만 단체협약의 효력을 확장하는 제도가 존재한다면 협약 적용률과 노조 조직률 사이의 비례 관계가 약해진다. 보통 '단체협약 효력 확장 제도extension mechanism of collective agreement'로 일컬어지는 이 제도는 확장 적용의 실체적 요건(누구를 대상 혹은 기준으로 적용하는가), 확장 적용의 절차적 요건(어떤 절차를 준수해야 하는가), 확장 적용의 효과, 확장 적용에서 정부가 하는 역할 등에 따라 나라마다 다양한 형태를 취한다. 일반적으로 이러한 협약 효력 확장 제도가 갖는 기능으로 노사 관계의 불균형을 보완하는 사회적 기능과 정책적 기능, 경쟁 조건의 동등화를 통한 카르텔 기능, 산업이나 지역의 특수성에 따른 법령상 미비점을 보충하는 법률 대체 기능을 한다(조용만·박지순 2006, 1).

협약 효력 확장 제도는 1918년 독일 단체협약령Tarifvertragsverordnung, TVVO에서 최초로 도입됐다고 알려져 있다. 앞의 **그림 1**에서 노조 조직률이 50퍼센트 이하인데도 불구하고 협약 적용률이 50퍼센트 이상인 모습을 보이는 오스트리아, 룩셈부르크, 오스트레일리아, 독일, 포르투갈, 네덜란드, 스페인, 프랑스 등 이탈리아를 제외한 모든 국가는 협약 효력 확장 제도를 두고 있다.[6] 반면 높은 협약 적용률을 보이고 있는데도 덴마크, 스웨덴, 이탈리아에서는 존재하지 않으며, 영국은 1975년 법으로 잠시 도입하지만 1980년에 폐지한 바 있다.

그런데 트랙슬러와 베렌즈는 국제 비교 연구를 통해서 협약 효력 확장 제도의 도입이 협약 적용률이 증가하는 데 영향을 미치는 것은 분명하지만 확장 제도의 적용성은 교섭 체계의 성격에 따라 결정적으로 다르다며 그 효과를 한정한다. 트랙슬러와 베렌즈는 교섭 수준과 형태를 '단일 사용자 교섭single-employer'과 '다수 사용자 교섭multi-employer'으로 구분한다(OECD 1994; Traxler & Behrens 2002). 단일 사용자 교섭은 한 명의 사용자와 노조(들)가 교섭을 진행하는 형태로 주로 기업 혹은 사업장 수준의 교섭이 지배적인 것을 의미하는 반면, 다수 사용자 교섭은 사용자 단체와 노조 연맹이 교섭을 진행하는 형태로 주로 산업 수준, 복수 산업 혹은 전국 수준 교섭이 지배적인 것을 의미한다. 일반적으로 다수 사용자 교섭이 지배적인 국가에서는 높은 협약 적용률의 경향을 보인 반면, 단일 사용자 교섭이 지배적인 국가에서는 낮은 협약 적용률을 보인다. 특히 협약 효력 확장 제도는 다수 사용자 협약multi-employer collective agreements과 연결됐을 때만 효과적으로 적용될 수 있다(Traxler & Behrens 2002). 비록 확장 제도가 긍정적인 영향을 미친다고 하더라도 단일 사용자 교섭이 지배적인 국가에서는 다수 사용자 교섭이 지배적인 국가에 견줘 협약 적용률이 낮으며, 단일 사용자 교섭이 지배적인 국가의 협약 적용률은 노조 조직률과 거의 일치했다(Traxler & Behrens 2002).

그 밖에 공공 부문의 규모 역시 협약 적용률에 영향을 미치는 요소로 지적되며, 일반적으로 공공 부문이 교섭권이 있다면 공공 부문의 사용자가 민간 부문 사용자보다 교섭에 적극적인 경향을 보여 민간 부문보다 협약 적용률이 높다(Traxler & Behrens 2002). 또한 기업의 크기에 관련하여 일반적으로 협약 적용률은 기업 규모가 커지면 따라서 상승하는 경향을 보인다. 이런 흐름은 대기업이 중소기업보다 사용자 단체에 가입할 개연성이 커지기도 하고, 기업 규모가 커질수록 노조 가입률이 증가하는 경향에 연관된다고 지적된다(Traxler & Behrens 2002).
이러한 사실은 단일 사용자 교섭이 지배적인 국가에서 특히 중요한데, 이러한
상황에서는 확장 제도가 존재하다고 해도 기업 규모를 뛰어넘어 노조 조직률
이나 사용자 단체 가입 여부에서 발생하는 차이를 줄일 수 없기 때문이다. 그리
하여 협약 적용 확장 제도에도 불구하고 나라마다 다양한 편차를 보이는 것은
위와 같은 다양한 요인들이 중첩된 결과라고 볼 수 있다.

　　결국 협약 적용률은 효력 확장 제도가 없으면 노조 조직률에 비례하여 높아
지는 것을 알 수 있다. 하지만 효력 확장 제도가 있으면 그 구조와 성격에 따라
협약 적용률과 노조 조직률의 비례 관계는 의미를 상실할 수 있으며, 효력 확장
제도의 성격에 따라 협약 적용률은 변화하는데, 이것은 동시에 노조 조직률 등
협약 적용률에 영향을 주는 다른 요인들에도 거꾸로 영향을 미칠 수 있다.

　　그렇다면 한국은 협약 적용률이 왜 이렇게 낮은가? 물론 이 논의를 진행하
기 위해서는 먼저 정확한 협약 적용률을 측정해야겠지만, 추정치에 근거해 논의
를 진행할 수도 있다. 한국의 노조 관련법은 사업장 단위(노동조합 및 노동관계 조정
법 제35조, 이하 노조법)와 지역 단위(제36조)의 일반적 구속력 제도를 규정하고 있다.
하지만 사업장 단위의 효력 확장 제도는 다른 나라에서 찾아보기 힘들다(조용
만·박지순 2006, 148). 왜냐하면 사업장 단위에서 조합원에게만 협약을 배타적으로
적용하면 노조 조직률을 급상승시키는 요인으로 작용할 수 있다는 이유로, 하
나의 협약이 사업장 단위에서 체결됐을 때 그 단위의 효력 확장은 매우 일반적
인 것이기 때문이다. 법으로는 사업장 단위의 확장을 위해서는 "동종의 근로자
반수 이상이 하나의 단체협약의 적용을 받게 된 때"라고 조건을 규정하고 있지
만, 실제로는 과반수에 상관없이 단체협약이 체결되면 노조 가입자에만 머물지
않고 비가입자에게도 확장 적용되는 경우가 다반사다.[7]

　　결국 한국에서 사업장을 뛰어넘어 단체협약의 효력이 확장되는 것은 사실상
지역 단위의 일반적 구속력 제도라고 할 수 있다. 노조법 제36조 제1항은 "하나

의 지역에 있어서 종업하는 동종의 근로자 3분의 2 이상이 하나의 단체협약의 적용을 받게 된 때에는 행정관청은 당해 단체협약의 당사자의 쌍방 또는 일방의 신청에 의하거나 그 직권으로 노동위원회의 의결을 얻어 당해 지역에서 종업하는 다른 동종의 근로자와 그 사용자에 대하여도 당해 단체협약을 적용한다는 결정을 할 수 있다"고 명시하여 지역 단위 효력 확장 제도를 두고 있다.

하지만 지역 단위 효력 확장은 일반적으로 산업별, 직업별 노조 조직 형태를 전제하여 산업별, 직업별 협약에 대해 지역적 특수성에 입각한 보충적 역할을 하는 것으로,[8] 기업별 교섭이 지배적 형태로 되어 있는 한국에서 이 제도의 효과는 매우 제한적일 수밖에 없다. 이 제도에 명시된 '하나의 지역', '동종 근로자의 3분의 2 이상', '단체협약의 당사자의 쌍방 또는 일방의 신청', '노동위원회의 의결' 등의 적용을 위한 실체적이고 절차적인 요건에 무관하게, 택시, 시내버스 운수업처럼 지역에 깊이 연관된 산업을 제외하고는 거의 적용 가능성이 없는 '실효성이 없는 명목적 규정'(조용만·박지순 2006, 13)이라는 진단을 피할 수 없다. 그렇게 보면 한국의 낮은 협약 적용률은 단일 사용자 교섭이 지배적이고, 노조 조직률이 낮으며, 효력 확장 제도가 발전되지 못한 것이 원인이라고 지적할 수 있다.

2. 프랑스의 단체협약과 효력 확장 제도의 특징

산별 협약 중심의 노사 관계

2004년 프랑스 통계청[INSEE] 발표에 따르면, 단체협약 적용 대상 전체 노동자(비농업·경쟁 부문 노동자) 중 90.4퍼센트가 산업 수준의 협약을 적용받고 있는 반면, 산별 협약의 적용 없이 기업 협약만 적용받고 있는 노동자는 1.9퍼센트에 불과했다(Combault 2006).[9] 그리하여 프랑스 노사 관계는 일반적으로 산별 협약을 통해 일차적으로 규정된다고 볼 수 있다.

　역사적으로도 프랑스에서 기업 내 노조^{section syndicale d'entreprise, SSE}가 허용된 것은 1968년 5월 그르넬 교섭[10]의 결과인 1968년 12월 27일법이기 때문에 그전까지는 산별 협약이 전체 노사 관계를 지배해왔다고 볼 수 있다. 1950년대까지 사업장 수준에서 교섭을 발전시키는 문제에서 노사는 모두 소극적이었다. 사용자들은 사업장 내 노조를 회피하면서 노조의 역할을 산별 수준으로 묶어놓으려 했고, 노조는 사업장 수준에서 조직화가 미비한 상황에서 분권화된 교섭은 노동운동 내부의 연대를 악화시킬 수 있다는 점을 두려워했다(Goetschy & Rozenblatt 1992, 430). 이러한 선호가 사업장 내 노조 지부를 공식 허용한 1971년까지 사업장 수준의 협약을 매우 예외적인 것으로 만들었다. 나중에 살펴보겠지만, 여러 제도적 장치 때문에 기업 내 노조가 허용된 이후에도 산별 협약, 즉 '다수 사용자 협약'이 임금과 노동 조건을 전국적으로 규율하는 일차적인 기준으로 작용하고 있다.

사용자를 기준으로 적용되는 단체협약

단체협약 적용에서 프랑스의 가장 큰 특징 중 하나는 '사용자가 단체협약의 조항과 연관될 때, 그 조항은 그 사용자가 체결한 근로계약에 적용된다'(노동법전 L2254-1)는 원칙이다. 즉 단체협약의 체결이 사용자 측과 노동자 측이 모두 서명한 것이라고 할 때, 협약에 서명한 노조를 중심으로 노동자의 노조 가입 여부가 협약 적용의 기준이 되는 한국을 포함한 다수 국가의 경우와 달리 서명한 사용자를 기준으로 협약이 적용된다. 거꾸로 산별 수준에서 사용자 단체와 노동자 단체가 협약을 맺었을 때, 소속 사업장에서 해당 노조가 단체협약에 연관된 노동자 단체에 가입했다고 해도 그 사업장의 사용자가 단체협약에 연관된 사용자 단체에 가입하지 않았다면, 그 단체협약은 해당 사업장에 적용되지 않는다

(Teyssié 2002, 401). 이 기준을 따른다면 협약 적용에 대한 노조 조직률, 기업 혹은 사업장 내 적용 확장 등의 요소들은 그 의미를 상실하며, 반면에 사용자 단체의 조직률이 중요한 의미를 지닌다.

단체협약이 사용자를 기준으로 적용되는 사례는 프랑스가 유일한 것은 아니다. 스페인에도 같은 방식으로 협약이 적용되고 있어서 **그림 1**에서 보듯 약 80퍼센트라는 높은 협약 적용률을 나타낸다.[11] 똑같지는 않지만 오스트리아와 슬로베니아의 경우에도 노조가 아닌 사용자를 기준으로 협약이 적용된다. 여기에서는 사업 수준의 협약은 없으며, 산업이나 전국 수준의 협약을 체결하기 위한 교섭권을 갖기 위해서 사용자는 상공회의소^{chambers of commerce and industry} 가입을 의무로 하고 있으며, 여기에 가입한 사용자를 중심으로 교섭이 진행되고 협약이 적용된다(OECD 1994, 172). 그 결과 협약 확대 적용률이 100퍼센트에 이르고 있지만, ILO에서는 이런 가입 의무 조항이 결사의 자유를 훼손할 위험이 있다며 염려를 나타내기도 한다(ILO 2008, 40). 반면 프랑스의 경우는 결사권이나 노조의 자유를 위협하는 일이 없이 노사가 단체협약에 참여하도록 한다고 평가한다.

단체협약 효력 확장 제도

프랑스에는 단체협약 효력 확장 제도가 있다. 그런데 사업장 단위 효력 확장을 의미하는 일반적 구속력(노조법 제35조)과 지역 단위 효력 확장을 의미하는 지역적 구속력(노조법 제36조)으로 구분하는 한국과 달리, 프랑스는 관련 제도가 '협약 범위 내 협약 미가입 사업장에 대한 적용'을 의미하는 '확장^{extension}'과 '협약 범위 외 협약 미가입 사업장에 대한 적용'을 의미하는 '확대^{enlargement}'로 나뉜다.[12] 일반적인 단체협약 효력 확장에 더하여 협약 범위 밖의 사업장에도 적용하는 '확대'라는 제도가 존재하는 것이다.

먼저 효력 확장은 사용자가 단체협약 적용 범위(산업 혹은 지역) 내에 있는데도 단체협약을 적용받고 있지 않은 경우, 노사 한쪽의 요구나 노동부 장관 직권으로 해당 부문에 적용하는 것이다. 이 경우란 주로 사용자가 협약의 당사자인 사용자 단체에 가입되어 있지 않은 상황이다(L2261-15; L2261-22). 효력 확대는 특정 부문(산업 혹은 지역) 내 확장할 단체협약이 없는 경우(체결 당사자가 부재하거나 5년 이상 체결된 협약이 존재하지 않을 경우),[13] 경제적 상황이 유사한 다른 부문에 존재하는 효력 확장 협약을 노사 한쪽의 요구나 노동부 장관 직권으로 해당 부문에 적용하는 것이다(L2261-17). 효력 확장·확대는 해당 협약의 적용 범위 내에 있는 노사 단체들 중에 어느 하나의 요구가 있거나 노동부 장관의 직권에 의해 개시된다(L2261-15). 효력 확장·확대를 결정하기 전에 노조와 사용자 단체 대표자들이 동수로 구성된(노사정 각 4인) 전국단체교섭위원회 Commission national de la négociation collective의 의견을 구해야 한다(L2261-15).[14]

더불어 확장이나 확대 과정에서 협약의 내용을 수정할 수 없으며, 전체 협약 중 일부만 확장 또는 확대 적용을 요청할 수 없다. 다만 확장과 확대 대상 협약이 확장 또는 확대됨에 따라 법률 위반이 발생하거나 해당 산업에 적합하지 않다고 판단되는 조항이 있는 경우, 노동부 장관은 전국단체교섭위원회의 자문을 구한 뒤 관련 조항에 대해 보류réserve와 제외exclusion 처분을 내리고 확장할 수 있다(L2261-25).

3. 프랑스 단체협약 제도의 기원과 발전 과정

기업 수준의 노조가 허용된 1971년까지 산별 협약(즉 다수 사용자 협약)이 전체 산업 관계를 지배한 상황에서 협약 효력 확장 제도가 존재하는 프랑스가 협약 적용률이 높은 것은 당연하다고 할 수 있다. 하지만 노조 조직률이 낮은데도 어떻게 협약 적용률을 높이는 제도를 도입할 수 있었느냐는 질문은 여전히 해결되지 않는다.

노조에 가입한 조합원을 중심으로 협약을 적용하는 한국을 포함한 대부분의 나라와 달리, 프랑스에서는 왜 사용자를 기준으로 협약이 적용되는 원칙이 형성된 것일까? 그런데 사용자를 기준으로 협약을 적용하는 방식의 기원을 살펴보기 전에 먼저 선행되어야 할 부분이 있다. 사용자 기준 협약 적용이 협약 적용률에 실효를 보이기 위해서는 앞서 살펴본 대로 산별 협약이나 전국 협약이 중심이 되는 '다수 사용자 협약'이 지배적이어야 한다. 기업 협약 혹은 사업 협약이 중심이 되는 '단일 사용자 협약'이 지배적이라면 사용자 기준 협약 적용은 해당 사업장에 머물 뿐 광범위한 효력을 미칠 수가 없기 때문이다. 그러므로 사용자 중심 협약 적용 원리의 기원에 앞서서 다수 사용자 협약, 즉 산별 협약이 중심이 된 배경을 함께 살펴본 뒤에 단체협약 효력 확장·확대 제도의 도입에 대해 기술하겠다.

전체 노사 관계를 주도하게 된 산별 협약

프랑스에서 처음으로 단체협약을 규정한 법률은 1919년 3월 25일, '단체근로협약 관련법loi relative aux conventions collectives de travail'(1919년법)[15]이다. 이미 19세기 중반부터 존재한 단체협약의 관행을 법으로 규율한 것이었다.

1864년부터 진행된 노사 관계의 제도화 과정은 노사 간의 협약 체결 과정이 용이하도록 정부의 개입이 확대되는 과정이라 할 수 있다. 적어도 19세기 중반부터 확산된 노사 갈등과 쟁의 활동에 대해서 법적 규율이 필요하게 되어 1864년 공모죄 폐지와 단결권 허용(노동자의 일시적 결속)을 불러오고, 1884년 노조의 합법화(노동자의 항구적 결속)로 이어진다. 특히 노조가 합법화되고 난 후, 1892년 12월 27일법에 의해 조정·중재 절차가 만들어지는 와중에 1891년부터 1913년까지 단체협약 체결이 늘어난다. 1893년에 34개이던 단체협약(산별·지역 협약이 대부분)이 1910년 252개로 늘어나게 되자 정부는 이런 새로운 형태의 계약들을 법적인 틀로 규율할 필요성을 인식한다(Fournier 2000, 15).

19세기 후반에 단체협약에 관련한 분쟁의 핵심은 단체협약이 노사 개인들 사이의 '계약의 자유liberté contractuelle'를 침해할 수 있다는 점이었다. 가령 1875년 5월 10일 생테티엔의 리본 제조공은 '특별 단체협약accord collectif'을 체결해 임금 규정을 마련하게 된다. 하지만 지방법원은 1876년 6월 29일 판결을 통해 이 협약을 인정하지 않는다. 해당 협약은 개인들이 협약과 달리 자신의 노동 조건을 규정하는 것을 금지하여 계약의 자율성을 침해한다는 것이 이유였다(Chérioux 2004).

하지만 당시 법조계와 정치권에서 지배적이던 이런 자유주의가 노동 단체의 활동에 따라 점차 약화되면서 법원은 단체협약을 점점 수용하게 된다. 그럼에도 불구하고 1919년 법 이전까지 협약은 원칙적으로 서명한 단체 구성원에 한정되어 적용됐고, 주체들이 서명한 단체협약을 적용하지 않더라도 책임에 대한 소송을 통해서만 처벌받았으며, 노사는 단체협약의 내용을 벗어나 개별적인 노동 계약을 체결할 수 있었다. 이런 상황은 노동 계약과 단체협약을 둘러싼 많은 분쟁을 야기했다. 결국 1919년법은 단체협약과 노동 계약 간의 위계를 규율한다. 1919년법 제31조 q에서는 "단체협약에 의한 결과에 종속되는 사용자와 노동자가 계약을 맺을 때, 해당 단체협약의 규정은 모든 반대 조항에도 불구하고 만들어지는 근로 계약 관계에 적용된다"고 노동 계약에 대한 단체협약의 우위성을 규정했다.

1919년 법이 갑작스러운 것은 아니었다. 이미 1907년에 단체협약에 대한 법적 규율 필요성을 제기한 파리 대학교 법학 교수 카미유 페로Camille Perreau와 노동청 조사관 프랑수아 파뇨Fraçois Fagnot는 〈개별 계약과 단체 계약에 관한 정부입법안 조사examen du projet de loi du gouvernment sur le contrat individuel et la convention collective〉라는 보고서를 정부에 제출했고, 1913년에도 하원의원 그루시에A. Groussier가 〈단체협약의 법적 규제La réglementation légale de la convention collective de travail〉라는 보고서를 하원에 제출하여 논의를 진행한다. 노동위원회는 그루시에 보고서를 채택하지만 관련 입법과 실행은 1차 대전(1914~1918년) 때문에 1919년이 되어서야 진행된다.[16]

또한 1919년 법은 지역, 직업, 산업에 따라 불균형하던 단체협약 관행을 산업별로 통합하는 계기가 됐다. 그렇다면 왜 산업별 교섭이 중심이 됐을까? 이러한 해결책의 필요성은 이데올로기적으로나 전술적 차원에서 노사가 모두 인정했다. 산별 협약은 최대 수의 노동자를 포괄할 수 있고, 노조 조직률이 낮은 구조에 유리했다. 특히 노조가 볼 때 산별 협약은 기업 차원을 넘어 노동자 처우의 평등을 증진시킬 수 있었기 때문이다.

사용자들도 산별 교섭을 선호했다. 산별 협약을 통한 조정은 동종 산업 내 임금과 노동 조건의 최저 수준을 정해, 노동력을 관행이나 규정 이하의 임금이나 노동 조건으로 공급받아 경쟁에서 우위를 점하게 만드는 '사회적 덤핑dumping social'을 막고, 사용자 간의 경쟁 조건을 규율하는 기능을 가졌기 때문이다. 또한 산업별로 최소 기준만을 제시했으므로 각 기업들은 대상과 조건을 조정할 수 있는 재량권을 지닐 수 있었고 사용자에게 어느 정도의 자율성도 제공했다. 무엇보다도 사용자가 기업 수준에서 무정부적 성향이 강하고 갈등적이던 노조와 활동가들을 직접 상대하지 않아도 됐다(Goetschy & Rozenblatt 1992, 429). 그 결과 기업 내 노조는 1968년 이후가 돼서야 법으로 허용됐다. 그렇다고 그 이전까지 기업이나 사업장이 그 내부에 노조의 힘이 전혀 작동하지 않는 '노조의 무풍지대'였던 것은 아니다. 기업 내 노사 기구인 고충처리위원(1936년 의무화)이나 노사협의회(1946년 의무화)의 노동자위원 선출 선거 때 노조 출신 후보가 우선 출마할 수 있도록 해 실제로는 기업 내 노사 기구들의 노동자 대표는 노조 출신들이 다수를 점했다(Verdier 1983, 56).

여기에서 나타나는 프랑스 노사 관계의 또 하나의 특징은 다수 사용자 협약 구조 중에도 직능보다는 산업을 중심으로 조직된다는 점이다. 석공, 목공, 기계공이 직능의 예라면, 건축이나 금속 등이 산업이라 할 수 있다. 왜 직업별이 아니라 산업별인가? 이 원인에 대해 세리에[F. Sellier]는 직능보다는 산별로 구성되기 용이한 역사적, 사회적 조건을 지적한다. 프랑스 노조주의는 이미 초기 노조의 형성기부터 모든 노동자들이 업무 능력의 구분과 상관없이 노조에 가입하는 특징을 지니고 있었다(Sellier 1984, 30). 이것은 직능에 따라 세분화된 대공장보다는 장인-직공-견습으로 구분되는 소규모 작업장을 중심으로 형성된 프랑스 초기 산업 발전의 특징과 관련이 있어 보인다. 이러한 차이가 직능을 중심으로 연맹이 구성된 영국과 달리 프랑스에서 산별 중심의 노조주의가 조직된 조건이라 할 수 있다.

노동운동의 전략적 선택과 관련한 논의도 있다. 1895년 CGT가 출범하면서 조직 구성에 관련된 논의와 논쟁이 제기됐는데, 가입 노조 연맹은 직능 연맹과 산별 연맹이 혼재되어 있었다. 직능노조주의[syndicalisme de métier]를 지지하는 사람들은 직능의 결속력에 따른 투쟁의 효과성, 직업적 이해관계의 차이와 중요성을, 산별노조주의[syndicalisme d'industrie] 지지자들은 산업화에 따른 직업의 쇠퇴와 변화, 직업보다는 계급 의식의 고취, 투쟁 대열의 단일화를 중시했다(이용재 2000, 250).

직업별로 분산 전개된 파업들은 성공 여부에 상관없이 산별 차원에서 문제를 야기했는데, 가령 석공이 노동 시간 단축을 위해 파업에 돌입한 반면, 같은 작업장에 있던 벽돌공은 도급제 폐지를 내세우고, 목공은 임금 인상 요구가 수용된 것에 만족하여 투쟁 중인 다른 직업의 동료를 등지고 작업에 복귀해서 다른 직업에서 벌어지는 투쟁에 영향을 미치기도 하여 직업 간의 불화가 생겨 연대성을 저해하는 요소로 작용했다(이용재 2000, 134). 1900년 파리 노동자대회에서는 피혁연맹의 사무총장 빅토르 그리퓌엘이 산별 연맹은 '사용한 재료[matière employée]'와 '상품의 배속[affectation du produit]'이라는 두 가지 기준에 맞추어 조직될 수 있다는 이론을 제시하기도 한다(CGT 1900, 149).

이 논쟁은 결국 1906년 CGT의 아미앵 대회를 기점으로 직능 연맹의 신설을 막고 기존 연맹들의 산별 통합을 촉구함으로써 산별노조주의의 원리로 정착된다(이용재 2000, 240).[17] 특히 석공연맹, 골조공연맹, 목공연맹, 페인트공연맹 등으로 구성되어 있던 건축 산업의 경우, 1907년에 건축공연맹으로 통합한 결정이 이후 조직 기반 확대와 투쟁력 강화로 귀결되면서 이러한 전환의 타당성을 입증하는 계기로 선전됐다.[18] 이런 계기를 통해 프랑스는 다른 나라보다 훨씬 일찍 산업 관계에서 산별노조주의가 정착된다.

한편 사업장 협약이 처음 인정된 계기는 1950년 2월 11일, '단체협약과 노동쟁의 해결절차에 관한 법Loi relative aux conventions collectives et aux procédures de réglement des conflits collectifs de travail'(1950년법)이다.[19] 이 법은 처음으로 상공업 분야에 한해 사업장 협약을 인정하는데, 그렇지만 이렇게 제한된 분야에서도 사업장 협약은 산별 협약이나 지역 협약에 종속된다. 제31조 n에서 "전국, 지역 협약이 없을 때, 사업장 협약은 임금이나 임금 관련 내용의 결정에 한정"하여 사업장 협약의 대상을 제한하고 있다.

사업장 협약은 1971년 7월 13일, '단체협약과 중재절차 관련 변경 법'(1971년법)[20]에서 점차 확대된다. 제31조 첫째 단락에서 '단체교섭권droit des travailleurs à la négociation collective'이 명시됨에 따라 단체교섭이 노동자의 권리로 인정되어 기업과 사업장 수준의 단체교섭은 상공업 분야에서 전체 분야로 확대된다. 특히 1950년법에서 상위 협약이 없을 때 임금 결정에만 적용한다는 기업과 사업장 협약에 가해진 제한도 사라져서, 상위 협약이 있다면 이것을 기업과 사업장 협약의 수준에 적용하되 상위 협약이 없더라도 노동 조건이나 사회보장에 대해 다룰 수 있게 된다(제31조 ab). 이런 변화를 두고 데팍스는 '산별에 대한 물신 숭배'(Despax 1971, 543)를 포기했다고 묘사했다. 이어서 1982년 11월 13일의 '단체교섭과 쟁의 해결에 관한 법loi relative à la négociation collective et au réglement des conflits collectifs du travail', 이른바 오루 법loi Auroux'(1982년법)은 단체교섭의 활성화를 위해 기업과 산업 수준에서 교섭을 의무화한다. 결국 1950년법에서 기업 혹은 사업장 협약을 최초로 인정하되 그 분야와 대상이 상공업 분야와 임금 문제에 국한되어 있었다면, 1971년

법에서는 기업 혹은 사업장 협약이 모든 주제와 분야에서 체결 가능하도록 넓혀졌고, 1982년에는 이것을 의무화했다고 할 수 있다.

이렇게 1950년 이후 지속적으로 기업과 사업장 협약이 발전해왔지만, 산업 협약이 노사 관계를 일차적으로 지배하는 현실은 쉽게 바뀌지 않았다. 협약 간의 위계가 존재했기 때문이다. 즉 지역 협약은 전국 협약의 조항을, 사업 협약은 산업 협약의 조항을 위반해서 체결할 수 없다. 다만 노동자에게 유리한 조치는 체결할 수 있다. '유리 조항 우선 원칙principe de faveur'(L2251-1)이라 불리는 이 원리는 1936년법 제31조에서 "단체협약은 시행 중인 법과 시행령에 반하는 조항을 내용으로 할 수 없지만, (노동자에게) 유리한 조치를 체결할 수 있다"고 규정하여 법률에 대한 협약의 원칙을 제기한 것이었지만, 이것은 이후 전국 산별 협약과 직능·지역 협약, 기업과 사업장 협약의 관계에서도 적용된다.

1971년 이후 산별 교섭과 사업장 교섭이 병행됐지만, 다양한 수준의 협약을 적용하는 과정에서 유리 조항 우선 원칙이라는 위계가 존재했기 때문에 사업장 교섭 혹은 분권화된 교섭이 산별 교섭을 대체하기보다는 산별 협약이 중심이 되고 사업장 협약이 보조하는 상황이 유지된다. 이러한 상황은 특정 상황에서 기업의 예외 협약이 공식적으로 가능하게 된 2004년 법안이 제정될 때까지 지속됐다.[21] 이후 2008년 사업장 교섭에서 유리 원칙을 우회하는 예외 협약이 노동 시간 조정 같은 특정 주제에 한해 가능해져서 원칙 적용이 느슨해지는 데 많은 영향을 미치고 있지만, 아직까지 협약 적용률을 변경시키는 데 큰 영향을 주고 있지는 않다.

왜 협약은 사용자 기준으로 적용됐는가

단체협약을 사용자 기준으로 적용하는 원칙이 법에 명시된 것은 1950년 법이다. 하지만 그 이전부터 협약의 조항에 연관된 사용자가 체결한 계약에 그 조항이 적용된다는 관행이 존재했다. 그 배경으로 단체협약이 제도화되는 역사적 경로를 들 수 있다. 1791년부터 르 샤플리에 법을 통해 노조를 포함한 노사 단체 결성이 금지된 상황에서[22] 개인주의적 노사 관계를 보장해온 프랑스는 최소한 19세기 중반부터 작업장에는 노사갈등이 존재했고, 특히 노무 요금[23]은 숱한 쟁의의 대상이었다. 그리하여 프랑스에서는 노조가 공식적으로 허용된 1884년 이전인 1864년에 이미 단체행동이 허용됐다. 이런 역사적 경로는 단체행동의 결과인 협약이 참여 노동자의 조합 가입 여부보다는 협약에 서명한 사용자를 기준으로 그 사용자와 계약 관계에 있는 모든 노동자에게 적용되는 관행에 대한 설명의 실마리를 제공한다. 실제 당시 많은 단체행동의 마지막에는 종결을 위해 사업주가 파업자들과 논의를 진행했다. 이때 사업주가 파업자 개개인과 논의를 할 수 없으니 파업자들의 위임을 받은 대표자와 논의를 진행했고, 그 결과는 증서[acte]로 작성돼 사업주가 고용한 모든 노동자에게 적용됐다(Ray 1997, 385). 이 속에서 사용자를 중심으로 적용되는 관례가 형성된다.

이러한 관례는 최초로 단체협약에 대한 규정을 법으로 도입한 1919년 법에서도 나타난다. 1919년 법 제31조 a에서 "반대 조항이 없다면 단체협약과 관련된 자는 합의된 노동 조건을 제3자와의 관계에서도 준수하여야 한다"고 규정하고, 반복하여 제31조 j에서도 "근로계약에서 한편만이 단체협약 조항들에 관련을 갖는다면, 이 조항들은 반대 조항이 없는 한 새로운 근로계약 관계에 적용되는 것으로 간주된다"고 규정하여 단체협약에 가입한 사용자가 일반적으로 미가입 노동자와의 계약에서도 단체협약의 조항을 준수해야 한다는 것을 규정했다. 그럼에도 불구하고 '반대 조항이 없다면'이라는 단서를 두어 사용자가 미가입 노동자와 단체협약의 내용과는 다른 근로계약을 맺을 수 있는 가능성을 열어놓고 있다고 볼 수 있다.

하지만 무엇보다 중요한 점은 당시 단체협약이 노사 간의 협약일 뿐만 아니라 사용자들 사이의 경쟁을 규율했다는 점이다. 사용자들의 결사 역시 공식적으로 금지돼야만 하는 상황에서[24] 협약은 사용자들 간의 경쟁을 조정하는 중요한 기준으로 작용했다. 당시 프랑스에서는 보호주의적 농업 정책에 따라 도시화의 진행이 미비하고 점진적인 산업화가 진행됨에 따라 대기업보다는 가족 단위의 중소기업 중심으로 경제가 발전되어, 대기업의 상황에 따라 일방적으로 종속되는 규율이 아니라 대기업과 중소기업 사이의 이원주의적 경쟁이 나타난 상황은 사용자들이 협약에 따른 경쟁 조건에 민감하게 만든 배경이라 할 수 있다. 또한 당시의 정부 개입 수준 역시 개별 관계라고 가정된 노사 관계에서 갈등이 발생했을 때 이 갈등을 조정하는 수준에 머물렀기 때문에 사용자들 사이의 경쟁을 규율할 정부의 개입 수준도 높지 않았다. 그러므로 사용자들은 노조 조직률을 높이지 않으면서도 사용자들 사이의 경쟁을 규율할 수 있는 방법을 모색하게 된다.

노조가 허용된 1884년 발덱-루소 법 이후에도 노조원을 집계하는 일은 쉽지 않았다. 1791년부터 르 샤플리에 법에 의해 금지된 노조가 합법화되는 1884년까지 노동자 단체는 비밀 결사의 형태를 띠어온 탓에 노조원의 명단을 밝히는 일은 프랑스 노조에 매우 민감한 사안이었다. 그렇기 때문에 1884년 법이 제정될 때에도 일부 노동자들은 지도부 명단의 공개 의무 조항에 대해서도 상당히 비판적이었고, 법이 시행되고도 오랫동안 등록을 주저하거나 거부하기도 했다 (Brécy 1963, 5).[25] 그 영향으로 노조가 허용된 지 35년이 지나서 제정되는 1919년 법 제31조에서 "단체 노동협약은 근로 조건 관련 협약이며, 한편으로는 노동자의 직업 노조나 다른 모든 집단의 대표를 한편으로 하고, 다른 한편으로 사용자의 직업 단체나 다른 모든 집단의 대표, 또는 개인 차원에서 계약을 맺고 있는 다수의 사용자 혹은 사용자 개인 간에 체결된다"고 규정하여 협약의 당사자를 노조로 제한하지 않고 다양한 결사 단체로 열어놓고 있다.[26] 결국 1950년법 제31조 e에 "사용자가 단체협약의 조항과 연관을 갖는다면, 그 조항은 그 사용자와 맺은 근로계약에 적용된다"고 오늘날처럼 사용자를 기준으로 협약 조항이 적용되는 원칙이 명시된다.

효력 확장·확대 제도가 도입된 과정

오늘날 단체협약의 효력 확장·확대 제도는 일반적으로 함께 다루어지지만, 확장 제도가 처음 도입된 것은 1936년이고, 확대 제도가 처음 모습을 나타낸 것은 1971년으로, 두 제도는 35년이라는 적지 않은 간극을 두고 도입되는 만큼 그 도입의 정당성 논리도 다르다.

협약 범위 내 효력 확장 제도

확장 제도는 1919년 법의 결함 때문에 제기됐다. 산별 교섭이 일차적으로 산업 관계를 규정한다고 했을 때, 사용자 단체에 가입하지 않은 사용자에게는 적용되지 않을 뿐만 아니라 사용자 단체의 가입과 탈퇴는 전적으로 사용자의 선택에 달려 있었기 때문에, 교섭 때는 참여해 영향력을 발휘하다가 협약이 체결되면 산별 협약의 적용을 피하기 위해 사용자 단체를 탈퇴하는 문제가 발생하기도 했다(Sellier 1984). 이런 문제는 노동자들 사이의 불평등을 초래하고 사용자 사이의 불공정 경쟁을 낳았다. 이런 문제점을 규제하기 위해 '단체협약 효력 확장'에 대한 규정이 1936년 6월 24일, '단체노동협약 수정과 보충법'loi modifiant et complétant le chapitre IV "bis" du titre II du livre 1er du code du travail'(1936년법)[27]을 통해 제정된다.

1936년법은 이런 결함을 극복하기 위해 단체협약의 효력을 노사 중 한쪽의 요구나 정부의 주도에 따라, 서명 단체의 구성원을 넘어 해당 산업 혹은 지역 전체에 확장할 수 있도록 했다. 우선 1919년법 제31조 j에서 단체협약에 가입하지 않은 노사가 협약에 가입하기 위해서는 계약을 맺은 당사자들의 동의를 요구하던 조항에서 당사자들의 동의를 삭제함으로써 단체협약에 '공적 성격'을 부여한다. 즉 1936년법 제31조 j에서 단체협약 계약 당사자의 의도와는 무관하게 단체협약 미가입 노사가 해당 단체협약에 가입할 수 있도록 했다. 효력의 확장을 위해 서명 단체를 대체하는 노사정합동위원회commission mixte를 노사나 노동부의 발의로 구성할 수 있도록 했다.

1936년법은 프랑스 노동법에서 처음으로 직업 단체의 '대표성représentativité'에 대한 규정이 제시된다. 협약 체결권을 대표성을 지닌 단체로 제한하고 이 협약은 확장될 수 있다. 이것은 복수의 직업 단체 구조에서 직업 단체 사이의 대표성을 확인하는 작업인 동시에 국가와 직업 단체 사이의 관계를 규율하는 작업이었다. 1919년 단체협약에 대해 법적 제도화를 시작하는 동시에 국회에서 진행된 논의의 핵심은 '계약의 자유'와 '국가의 개입' 사이의 논쟁이었다. 결국 대표성이라는 도구의 권한을 가진 조합에 국가의 권한과 경쟁할 수 있는 특권이 인정되기 시작하는 것이다(Dufresne et Maggi-Germain 2012).

효력 범위 외 효력 확대 제도

확장 제도가 해당 산업이나 지역 내 불평등을 해소하고 공정한 경쟁을 보장하기 위한 논리였다면, 확대 제도는 다른 논리를 지닌다. 확대 제도의 요소가 처음 법에서 나타나는 것은 1971년법이다(Chérioux 2004). 비록 이 법에서 '확대élargissement'라는 용어가 사용되지는 않지만, 전체 직업 범주를 포괄할 단체협약을 맺을 수 없고 그 범주 안의 단지 하나 혹은 다수의 직업 범주와 관련된 단체협약이 있을 경우(제31조 ja 5.), 고등단체협약위원회 내부에서 반대가 없고 동의를 서면으로 제시한다면, 노동부 장관은 협약을 확장할 수 있다(제31조 ja)고 명시하고, 특정 산업 내 업종에 대해 그 산업 내 다른 업종의 협약을 확장할 수 있는 가능성을 제시했다(제31조 m). 그리하여 협약의 실제 효력 범위 이외에도 유사한 지리적, 경제적 상황에 위치한 다른 업종에 한해 다른 업종의 협약을 강제할 수 있도록 했다. 또 다른 특징은 단체협약 개념에 대한 규정이 수정됐다는 점이다. 1971년법 제31조 a에서 "단체협약이란 근로 조건과 사회보장에 관련한 협약'이라고 규정하여 단체협약의 목적이 근로 조건의 결정뿐만 아니라 '사회보장garanties sociales'으로 확대된다. 같은 흐름에서 제31조 g에 협약 때 의무 명시 사항으로 "여성과 청년에게 '동일 노동 동일 임금' 원칙 적용 조치와 이와 관련한 애로 사항 해결 절차", "파트타임 직원의 보수와 고용 조건", "임시 노동자의 고용 조건"을 포함시켰다.[28]

여기에서 사회보장이라는 목적과 효력 확대 제도는 서로 연관된다. 확장이 협약 적용 범위 내에서 미적용 업종 혹은 미적용 사업에 협약 적용을 확장하여 고른 노동 조건 환경을 만들어 산업 내 불평등을 해소하고 공정한 경쟁을 유도하는 조치인 반면, 확대는 협약이 존재하지 않는 업종이나 직업 범주에게도 협약을 적용하여 사회보장성을 높이는 효과를 지니고 있기 때문이다. 결과적으로 이렇게 단체협약의 개념이 확대되고 협약 적용률 제고 방안이 만들어지면서, 1971~1982년 동안 11인 이상 기업에서 협약 적용률이 75퍼센트에서 90.4퍼센트로 급격하게 증가하게 된다.

1971년법에서 확대가 '한 산업 내부'로 한정되어 있다면 다른 산업까지 효력 범위가 넓혀질 수 있는 확대 장치가 정식으로 제도화되는 것은 1982년법이다. 오늘날의 확대 제도와 유사하게, 엘133-12에서는 특정 산업이나 지역에 협약 체결 불가능으로 간주될 정도로 노동자 혹은 사업 단체가 미비하거나 부재한 경우, 노동부 장관은 해당 노사 단체의 요구나 장관의 직권으로 전국단체교섭위원회의 다수 구성원이 제안하고 작성한 반대가 없을 경우, 해당 산업이나 지역과 유사한 협약을 확대할 수 있다는 조항을 첨가하면서 확대라는 용어와 함께 관련 조항을 정식화한다. 한편 협약 확장과 확대 제도의 도입은 사용자들의 단체 가입률이 상승하는 데 영향을 미친 것으로 보인다. 일반적으로 단체협약 확장 제도는 사용자가 사용자 단체에 가입하지 않더라도 확장 제도를 통해 단체협약이 적용될 수 있는 만큼, 단체에 가입하여 협약 체결 과정에 영향을 발휘하는 것이 합리적이기 때문이다(Traxler 1998).

프랑스 사용자 단체의 조직률이 공식적으로 정확하게 집계된 적이 없다. 사용자 단체의 가입이 대개 직업 단체나 지역 사용자연합을 통해 실행되어 직접적이지 않을 뿐만 아니라 여러 사용자 단체에 중복으로 가입하는 경우도 있어, 단체들의 가입 회원수의 합으로 사용자 단체의 조직률을 계산하기도 어려운 상황이다(Cles du social 2011). 다만 최대 사용자 단체인 MEDEF의 조직률이 1994~1996년에 74퍼센트라고 밝혀진 적이 있고(Traxler 2004, 48), CGT는 전체 사용자의 단체 조직률은 90퍼센트라고 밝힌 적이 있을 뿐이다. 이런 수치를 근거로 보면 사용자 단체의 조직률은 상당히 높을 것으로 추정된다.

또한 효력 확장·확대 제도는 현재에도 개별 사용자가 왜 산별에서 체결된 단체협약을 거부하거나 혹은 사용자 단체에서 탈퇴하지 않느냐는 문제 제기에 대한 해답을 제시한다. 이러한 효력 확장·확대 제도 때문에 노조 조직률이 낮다고 하더라도 사용자가 협약 체결을 해태할 수 없으며, 자신의 필요에 따라 사용자 단체를 탈퇴함으로써 협약 적용을 피할 수 없기 때문이다.

4. 협약 적용률의 최근 경향

적용 협약의 종류와 상황

프랑스에서 단체협약을 지칭하는 말은 크게 '일반단체협약convention collective'(일반협약)'과 '특별단체협약accord collective'(특별협약)으로 나뉜다. 특별협약은 교섭의 대상 중 특정 사안에 대해 협약을 체결한 내용이며 전국, 지역, 산업, 기업, 사업장 등 모든 수준에서 체결될 수 있다. 일반협약은 고용과 노동에 관한 조건 일체를 다루는 규약집의 성격을 띠고 있다. 일반협약은 산업 수준에 존재할 수 있고, '르노자동차 일반협약'처럼 기업이나 '르노자동차 르망Le Mans 사업장 일반협약'처

표 1. 법 제정을 중심으로 본 단체협약 제도의 변화

단체 협약법	단체협약 제도	확장과 확대	협약 수준	영향
1919년 법	• 최초로 단체협약의 법적 제도 화		• 산별 중심의 지역· 직업 협약	
1936년 법	• 협약의 내용 규제 • 대표성에 대한 최초 언급	확장 제도 도입	• 유리 조항 우선 원 칙의 최초 언급	• 38년까지 약 6000개 협약 체결, 약 600개 효력 확장*
1946년 법	• 정부의 사전 승인 의무 • 합동위원회 구성 • 임금 결정 배제 • 대표성의 구체적 기준 제시		• 지역 협약에 앞서 전 국 협약의 의무화	• 단체협약 위축, 1950 년까지 4개 단체협약 승인*
1950년 법	• 사용자를 기준으로 협약 적용 • 임금 결정 포함 • 최저임금제 도입		• 상공업 분야에 한정 해 기업 및 사업장 협약 인정	• 1971년까지 전국 협 약 261개, 지역 협약 184개, 사업장 협약 737개 체결**
1971년 법	• 단체교섭권 명시 • 협약 목적으로 노동 조건 결 정·사회보장 확대 명시	확장 제도 도입	• 기업 및 사업장 협약 의 전 분야로 확대 • 내용도 노동 조건과 사회보장으로 확대	• 1971~1982년 동안 협약 적용률(11인 이 상)이 75퍼센트에서 90.4퍼센트로 증가**
1982년 법	• 단체협약 체결 절차 제도화 • 체결 거부권 인정		• 산업, 기업, 사업장 수준에서 교섭을 의 무화	

※ *: Fourier 2000, 17. **: Chérioux 2004.

럼 사업장 수준에도 존재할 수 있다. 일반협약은 한번 체결되면 기간에 대한 규정이 없는 한 혹은 대체하는 다른 협약이 체결되지 않는 한 그 적용 대상에 대해 영속적으로 적용될 뿐만 아니라, 협약 체결 이후 새롭게 채용되는 신입 직원에게도 동일하게 적용된다. 또한 일반협약이 있는 상황에서 특별협약이 체결되면 그 내용에 따라 일반협약의 내용이 수정되는 것이 일반적이다. 일반협약이 효력 확장을 승인받기 위해서는 **표 2**에 있는 내용을 포함하고 있어야 한다.

구체적으로 산업 수준의 단체협약 적용 현황을 살펴보면, 먼저 프랑스에서 협약이 노동자에게 적용되는 경우는 4가지로 정리할 수 있다(Jauneau 2012). 먼저 산별 일반협약convention collective de branche 형태로 산업 수준에서 노사가 체결한 것으로, 이것은 전국 또는 지역 협약, 비범주 협약 또는 범주 협약(가령 간부 적용 협약)으로 구분된다. 이렇게 적용되는 노동자의 수는 프랑스 통계청에서 매년 발표하는 사회지표DADS에 해당하는 노동자 수인 2360만 명 중 1570만 명(2009년 12월 20일)에 이른다. 나머지 790만 명은 다른 규정에 따르는데, 둘째로 배타적 기업 일반협약convention collective d'entreprise exclusive이 적용되는 경우가 있다. 이것은 산별 협약미가입 기업 협약 적용자라 할 수 있으며, 아직 산별이 가입하지 않은 신규 분야나 산별 가입이 모호한 영역에 있는 클럽메드Club Med나 적십자 등이 해당되며 규모는 30만 명이다. 셋째, 지위 규정으로 공공 부문 노동자와 공무원이 해당된다. 이 규정은 일반적으로 교섭을 통해 조정되지만, 교섭의 결과는 협약이 아니라 법으로 적용된다. 이러한 지위 규정으로 적용되는 노동자는 공무원을 포함한 철도, 가스와 전기, 지하철, 공제저축은행 등 공공 부문 노동자로서 670만 명으로 추산된다. 넷째, 특별협약 묶음ensemble d'accords de branche이 적용되는 경우인데, 해당 산업의 협약이 일반협약으로 갖추어야 하는 내용을 모두 충족시키지 못할 경우이다. 임시직 중계소를 통한 임시직 노동자, 위탁판매 외근 노동자voyageur représentant placier, VRP가 여기에 해당한다. 이 노동자들은 협약 미적용 노동자와 합쳐 90만 명에 이른다.

1971년 사업장 교섭이 허용되고 확대 제도가 도입된 이후에도 협약 적용률은 꾸준히 상승한다. 1985년 이후 잇달아 일반협약이 없던 산별에서 일반협약이 체결되면서 협약 적용률은 지속적으로 상승한다. 국립통계연구조사진흥원DARES의 연구에 따르면, 1985년 86.4퍼센트이던 협약 적용률은 1997년 93.4퍼센트, 2004년 97.7퍼센트까지 상승했다(Combault 1999; Combault 2006).

1985년 이후 협약 적용률이 상승한 이유는 '협약 공백 영역vides conventionnels'이 지속적으로 줄어든 데 있다. 특히 이전에는 전국 특별협약이나 지역 일반협약만이 적용되던 건설 부문에서 1990년 전국 일반협약이 체결됨에 따라 1985년에 61.8퍼센트에 머물던 건설 부문의 협약 적용률은 1997년 99.4퍼센트까지 올

표 2. 확장이 가능한 전국산별 일반협약의 승인 조건(L2261-22)

I. 다음 조항에서 규정한 단체교섭과 협약 체결의 규정 준수
  1. 협약 적용의 지리적 혹은 직업 영역과 관련한 조항(L2222-1, L2222-2)
  2. 협약의 갱신, 수정, 거부 방식과 관련한 조항(L2222-5, L2222-6)
  3. 교섭에 참여한 노동자에게 부여된 보장과 관련한 조항(L2232-3, L2232-9)

II. 또한 다음과 같은 사항을 포함해야 한다.
  1. 노조권의 실행과 노동자 의견의 자유, 노조 책임을 수행하는 노동자의 경력 인정·개발과 그 기능의 수행.
  2. 노동자대표위원, 노동 조건·위생·안전위원회, 노사협의회, 노사협의회가 운영하는 문화·사회활동의 재정.
  3. 직업 분류와 자격 수준 결정을 위한 필수 요소.
  4. 비숙련 노동자의 전국 산업 최저임금, 직업 범주별 임금 계산 요인, 수정 주기와 절차.
  5. 유급 휴가.
  6. 직원 모집 조건.
  7. 고용 계약의 해지 조건.
  8. 평생 직업교육의 기능과 조직 방식.
  9. 남녀 직업 평등, 임금 격차 해소와 확인된 불평등 해소 조치.
  10. 노동자 간 동등한 대우와 차별 예방 조치.
  11. 장애인의 노동권 실현 조치.
  12. 산별의 필요에 따라,
    a) 임산부, 출산 및 모유 수유, 청년 노동자의 근로에 관한 특별 조건.
    b) 파트타임 노동자의 보수와 고용 조건.
    c) 재택근로 노동자의 보수와 고용 조건.
    d) 해외 파견 활동시 노동자 보장.
    e) 외주 기업 또는 임시직 노동자의 고용 조건.
    f) 지적 재산권 법과 관련하여 사용자에게 귀속되는 발명에 대한 노동자 보수 조건.
    g) 본토 거주 노동자가 해외 영토로 파견 시 노동자 보장 조건.
  13. 협약 관련 노사 간의 분쟁 이후 화해 절차.
  14. 건강보험 제도 수혜 조건.
  15. 인센티브 및 성과급, 종업원 계좌 형성 절차.
  16. 교섭 대상과 관련하여 대표 노조의 요구 시, 산업 혹은 기업에서 수용 절차.

라갔다(Combault 1999). 또한 1997년 4월 50만 명 이상의 노동자를 대상으로 하는 호텔·카페·레스토랑 전국 일반협약이 체결되고 그해 12월부터 확장 적용되면서 서비스 부문의 적용률이 높아졌는데, **표 3**에서 보듯이 특히 10인 미만 사업장에 대한 적용률이 상승했다(Combault 2006). 더불어 1997년에 텔레커뮤니케이션, 용역 서비스 등의 부문에서 산별 협약이 체결되어 적용되면서 서비스 부

문의 적용률이 더욱 상승했다.

표 4를 보면, 네 가지의 단체협약 적용 방식 중 산별 일반협약이 86.5퍼센트의 노동자에게 적용되고 산별 특별협약 적용까지 포함하면 90.4퍼센트의 노동자에게 산별 협약을 적용되고 있다. 지위 규정은 5.4퍼센트의 노동자에게 적용되는데, 지위 규정이 높은 분야를 살펴보면, 에너지의 경우 프랑스전기(EDF와 프랑스가스GDF, 운송의 경우 프랑스철도공사SNCF, 파리교통공사RATP, 프랑스항공Air France, 기업 서비스의 경우 우체국La Poste, 프랑스텔레콤, 부동산의 경우 영세임대아파트사무소offices publics de HLM, 금융의 경우 프랑스은행Banque de France, 상호저축은행Caisse d'épagne의 노동자들에 대한 규정 때문이다. 우체국이나 프랑스텔레콤처럼 민영화가 추진되면서 일반 노동자 고용이 확대됨에 따라 지위 규정 노동자는 줄어들고 일반 산별 협약 노동자가 점차 증가하는 모습을 보인다.

산별 협약이 부재한 상황 속에서 기업 협약만을 적용받는 노동자는 1.9퍼센트인데, 이 노동자들의 상황은 두 가지로 구분된다. 하나는 새로 형성된 신규 활동 분야나 담배 산업처럼 역사적으로 하나의 기업이 그 분야의 대부분을 차지하는 경우이다. 다른 하나는 비확장 기업 협약을 적용받는 사례로, 기업이 산별과 독립된 자율 교섭을 택한 경우이다. 하지만 이러한 특별한 경우는 신규 활동 분야의 경우 기존의 유사 활동 분야의 협약에 가입하거나 새로운 일반 산별 협약이 체결되어 확장될 때 이러한 기업을 포함하게 되면서 점차 사라지고 있다. 이 경우 기업 협약은 일반 산별 협약을 보충하는 역할로 남게 된다.

어떠한 협약도 적용받지 않는 노동자들의 분포를 살펴보면, 2004년 말 협약 미적용 노동자 비율은 전체 노동자의 2.3퍼센트였다. 산업들 사이의 경계에 위치한 활동, 모니터 요원이나 단역 임시 출연자(엑스트라) 등 시간제 노동자를 항상 고용하는 협회 활동activités associatives, 가축 거래commerce de bétail 부문같이 정부 부처(노동부와 농림부)의 경계에 위치한 활동, 그리고 새로 생성되어 아직 산별에 가입하지 않은 활동의 경우가 여기에 해당했다. 이러한 노동자들은 산별 협

표 3. 사업장 크기에 따른 협약 적용률의 변화(Combault 2006)

사업장 크기	1997년	2004년
10인 미만 사업장	83.9	95.7
10인 이상 사업장	96.7	98.2
전체	93.7	97.7

표 4. 비농업·경쟁 부문 노동자의 경제활동 분야별 협약 적용률(Combault 2006)

경제활동	영역별 협약 적용률		2004년 전체 협약 분포				2004년 미적용률
	1997년	2004년	산별일반 협약	배타적 기업일반 협약	지위규정	산별특별 협약묶음	
농·식품	97.1	99.0	97.7	0.8	n.s.	0.5	1.0
소비재	96.5	98.8	97.5	0.3	n.s.	1.0	1.2
자동차	99.1	99.9	99.9	n.s.	n.s.	n.s.	0.1
기자재	97.9	99.3	98.9	n.s.	0.2	0.2	0.7
중간재	97.7	99.5	99.1	0.1	n.s.	0.3	0.5
에너지	93.8	99.1	34.8	0.6	63.7	n.s.	0.9
건설	96.6	98.7	98.4	0.1	n.s.	0.2	1.3
상업	94.3	98.4	97.3	0.2	n.s.	0.9	1.6
운송	96.6	99.4	71.3	0.9	27.2	n.s.	0.6
금융	94.5	98.7	88.4	2.3	8.0	n.s.	1.3
부동산	93.4	98.2	86.4	2.2	9.4	0.2	1.8
기업 서비스	91.6	97.4	65.7	4.6	9.6	17.5	2.6
개인 서비스	82.3	92.5	88.6	3.5	0.4	n.s.	7.5
교육·보건·사회복지	93.5	96.6	91.1	4.9	0.4	0.2	3.4
협회	73.6	87.2	74.2	6.5	6.5	n.s.	12.8
전체	93.7	97.7	86.5	1.9	5.4	3.9	2.3

※ 출처: 1997년 2004년 말에 실시된 ACEMO 조사(단위: %).
※ 조사에서 농업·사냥·임업·어업,[29] 행정 기관, 국립 병원, 비상업 교육, 가사 보조 활동, 시민단체 활동(action sociale loi de 1901) 부문은 제외되고, 정부 지원 계약 노동자, 위탁판매 외근 노동자, 견습 노동자는 포함됨.

약을 직접 적용받지는 않지만 일반적으로 유사 산별 협약의 임금계수를 사용한다(Combault 2006).

산별 일반협약의 현황

86.5퍼센트의 노동자가 적용받고 있는 산별 일반협약[30]의 현황을 구체적으로 살펴보면 **표 5**와 같다. 적용되는 협약의 수는 2010년 말에 713개의 산별 일반협약이 1530만 명의 노동자에게 적용되고 있으며, 713개 중 493개가 '승인을 얻어[agrégées]'[31] 확장 또는 확대 적용되고 있다(Neros 2013). 한편 493개의 승인된 협약이 모두 고른 적용 대상을 지니고 있는 것은 아니다. 5만 명 이상 적용되는 62개의 승인된 협약(13퍼센트)이 전체 노동자의 73퍼센트에 적용되고 있는 반면에 100여 개의 협약(20퍼센트)은 1000명 미만의 노동자에게 적용되는데, 이것은 전체 적용 노동자 중 0.2퍼센트에 불과하다(Neros 2013).

이렇게 산별 일반협약의 수가 많은 이유는 두 가지다. 첫째, 일반적으로 전국 산별 일반협약이지만, 금속산별처럼 지역별로 산별 일반협약을 맺는 분야가 있기 때문이다.[32] 둘째, 산업 내 특정 업종에서 일반협약이 체결되어 전국 산별 일반협약을 보충해서 세부 분야에 적용되는 성격을 지닌 것이 존재하기 때문이다. 가령 이제르[Isère] 지역의 호텔 종사 노동자들은 이제르 지역 호텔산별 일반협약(IDCC 0564)을 적용받지만, 동시에 호텔·카페·레스토랑 전국산별일반협약(IDCC 1979)도 적용받고 있다. 그렇기 때문에 전체 협약 적용률을 산출할 때는 이러한 중복 적용치를 감안해서 계산해야 한다. 한편 프랑스 통계청은 단체협약을 분류하기 위하여 단체협약번호[IDCC]를 지정한다. 이렇게 지정된 협약번호는 전체를 22개의 산업으로 분류한 세에흐이에스[conventions regroupées pour l'information statstique, CRIS] 범주로 재분류된다.[33]

또한 셋째로 간부, 중간급, 사무직, 기능직 등 직급이나 직종을 막론하고 모든 피고용자에게 적용되는 비범주 일반협약[convention collective non catégorielle]이 있는 반면 금속간부 일반협약(IDCC 0650)처럼, 하나나 둘 또는 세 개의 범주에만 적용되는 범주 일반협약[convention collective catégorielle]이 존재하기 때문이다. 전체 일반협약 중

표 5. 산별 일반협약의 현황

	IDCC 수	비율	적용 노동자(만 명)	비율
크기				
1~999명	105	21.3	36	0.2
1,000~4,999명	119	24.1	318	2.1
5,000명 이상	269	54.6	14,896	97.7
(50,000명 이상)	(62)	(12.6)	(11,101)	(72.8)
범주				
비범주 협약	293	59.4	11,127	73.0
2·3범주	146	29.6	2,241	14.7
단일 범주	54	11.0	1,882	12.3
합계	493	100.0	15,250	100.0

40퍼센트 정도가 범주 형이다(Neros 2013).

표 6은 산업 분류 체계와 주요 산별 협약의 현황을 보여준다.

5. 소결

프랑스는 산업 관계에서 형성된 단체협약 제도와 그 효력의 확장 제도에 따라 OECD 국가 중 가장 낮은 노조 조직률에도 불구하고 매우 높은 협약 적용률을 보이고 있다. 다수 학자들의 주장대로, 산업 관계를 다수 사용자 협약이 주도하고 협약 효력 확장 제도를 두고 있다면 협약 적용률은 높아진다는 명제는 프랑스에도 적용된다. 더불어 프랑스의 특수성도 존재한다. 먼저 단체협약이 노조 가입 노동자를 중심으로 적용되기보다는 협약에 연관되는 사용자와 체결한 모든 계약에 적용된다는 사용자 중심의 적용 기준은 협약 적용률을 높이는 데 기여한다. 더불어 사회보장을 목적으로 협약의 공백 상태에 있는 분야에도 유사한 경제 조건에 있는 협약을 해당 노사의 요구나 노동부 장관의 직권으로

표 6. 비농업·경쟁 분야의 산업 분류와 5만 이상의 주요 산별 일반 단체협약(Neros 2013)(2010년 12월 31일 기준)

CRIS ·IDCC	산업 분야	적용 노동자수	CRIS ·IDCC	산업 분야	적용 노동자수
	산별일반단체협약적용	15,250,400	L	비식료품 소매업	405,300
			01517	비식료품 소매업	117,500
A	금속·철강	1,682,000	01606	철물공작 소매업	72,900
00054	파리 지역 금속	269,000	01686	소형 가전 판매업	76,600
00650	금속 간부	415,200			
			M	자동차·차량 자재 서비스	509,900
B	건설·공공사업	1,466,100	01090	자동차 서비스	429,100
01596	10인이하 건설업 기능직	374,300	01404	농기계 용품 수선 서비스	75,000
01597	11인이상 건설업 기능직	577,400			
01702	공공사업 기능직	200,100	N	호텔·레스토랑·관광	931,300
02609	건설업 ETAM(사무직, 기술직, 관리직)	126,900	01266	단체 급식	93,000
			01501	패스트푸드 산업	138,800
02614	공공사업 ETAM	66,400	01979	호텔-카페-레스토랑	585,600
C	화학·제약	513,200	O	운송(지위 규정 외)	863,700
00044	화학산업	224,300	00016	도로 운송	647,200
00176	제약산업	129,300	00275	지상 근무 항공 운송	90,300
01996	약국	119,100	01424	도시 공공 운송	50,200
D	플라스틱·고무·가연재료	235,100	P	보건·사회 영역	1,887,200
00045	고무	58,300	01147	민간의원	82,200
00292	플라스틱	126,500	02264	민간병원	245,000
E	유리·건설자재	210,000	Q	은행·금융·보험사업	731,300
			01672	보험회사	137,400
F	목재·파생재	287,900	02120	은행	260,700
01411	가구생산	50,200	02128	공제조합	53,300
01880	가구거래	67,200			
			R	부동산중개업·건물서비스	335,900
G	의복·가죽·섬유	472,100	01043	수위, 건물관리	79,200
00018	섬유산업	74,300	01527	부동산중개	141,800
00675	의류판매대리점	95,200			
01483	섬유의류소매	78,600	S	기업 노무 제공·연구실	826,100
01557	레저·기구·스포츠용품판매	55,500	01486	Syntec 기술연구소연합	712,400
			02098	서비스 산업 용역	108,800
H	문화·커뮤니케이션	583,400			
00086	광고	77,400	T	법·회계직	242,000
00184	인쇄	63,500	00787	회계사 사무실	132,700
01539	문구 소매	68,200			
02148	텔레커뮤니케이션	82,200	U	청소·하역·재활용 처리·보안 경비	630,000
			01351	예방·보안 경비	141,700
I	농식품	822,400	02149	오물 처리	52,300
00843	수제 제빵·제과	125,300	03043	청소업·관련 서비스	360,500
01505	과일·채소·식료품 소매	63,400			
			V	비농업기타분야	583,800
J	도매·수출입업	374,300	01516	직업훈련 기관	74,800
00573	도매업	334,600	02408	민간 교육 기관	58,700
			02511	스포츠	59,900
K	식료품 도소매업	657,400	02596	이발·미용	104,100
02216	식료품 도소매업	652,200			

적용할 수 있게 한 확대 제도 역시 협약 적용률을 높이는 역할을 한다.

이런 제도의 발전 경로를 살펴보면, '계약의 자유'와 '국가의 개입'이라는 산업 관계를 주도한 두 가지 속성의 대립 속에서, 아이러니하게도 산업 관계를 규율하는 방법으로 경제적 주체의 자율성을 보존하기 위해 국가가 나서서 단체협약을 장려하게 된다. 동시에 초기에는 산업 내 평등한 노동 조건과 공정한 경쟁의 보장이라는 목적을 중심으로, 1971년 이후 '사회보장'이라는 목적이 추가되면서 단체협약의 적용이 더욱 광범위하고 보편적으로 확대됐다.

이렇게 프랑스에서는 사업별 교섭이 존재하지 않은 20세기 전반기 동안 형성된 단체협약 제도를 통해 협약이 주로 산업 혹은 지역 수준에서 체결되어 사용자를 기준으로 협약에 연관된 사용자가 고용한 모든 노동자에게 적용되고, 그 협약이 확장 적용되고 확대 적용되는 '만인효 원리'가 적용되어왔다. 이렇게 보면, 20세기 전반기를 통해 자리잡은 만인효 원리를 실현하는 사용자 기준의 협약 적용, 효력 확장·확대 제도, 유리 조항 우선 원칙의 전통이[34] 지속시켜온 산업 수준에서 다수 사용자 협약이 주도하는 특징이 프랑스의 협약 적용률을 높게 만든 기본적인 이유라 할 수 있다.

이 연구는 두 가지의 새로운 사후 연구의 갈래를 보여주고 있다. 먼저 주로 단체협약 제도, 그리고 효력 확장·확대 제도의 형성과 발전 과정에 초점을 맞추었다.[35] 하지만 이러한 제도가 노사 단체의 활동에는 어떠한 영향을 미치고 사회적 대화의 문화와 분위기에는 어떠한 영향을 미쳤는지에 대한 연구로 확대될 수 있다. 왜냐하면 프랑스가 오래전부터 높은 협약 적용률을 보이고 있음에도 불구하고 사회적 대화가 활성화된 국가로 취급받지는 못하기 때문이다. 또한 효력 확장·확대 제도가 앞서 말한 대로 사용자 단체의 조직률을 높이는 데는 영향을 미쳤다고 볼 수 있지만 반대로 노조 조직률은 1970년대 이래로 지속적으로 하락한 현상과 관련을 가질 수 있기 때문이다.

앞서 살펴본 '계약의 자유와 국가의 개입 확대 간의 대립과 긴장 관계'라는 산업 관계의 특징을 프랑스의 자코뱅주의와 연관시키는 작업을 고민할 수 있다. 기존의 자코뱅주의는 중앙집권화되고 개입의 범위가 넓은 국가의 측면만이 강조된 경향이 있다. 하지만 정치적, 사회적 영역의 자코뱅주의는 산업 관계에서는 개인주의를 낳았다는 점에서 자코뱅주의의 양면성을 볼 수 있다. 초기 자본주의 사회에서 국가의 개입이 어떻게 자본주의 유지 혹은 치안과 결합되어 억압적이고 권위적인 요소가 될 수 있는지에 대한 연구도 가능할 것이다.

한편 프랑스 사례는 한국의 상황에도 중요한 시사점을 준다. 먼저 한국에서 '반수 이상'으로 규정한 기업과 사업장 내 협약 효력의 확장 조건은 실제로는 '반수 이상'에 상관없이 협약이 체결되면 비노조원에게도 확장되는 것이 관례로 자리잡았다. 하지만 비정규직 노동자에게 적용되는지 여부는 사용자와 정규직 노조에 맡겨져 있는 경우가 많다. 만약 '반수 이상' 규정에 무관하게, '기업이나 사업장에서 협약 내용이 확장될 경우(그것이 직접적인 확장이건 혹은 기업 내규의 개정을 통한 방법이건 간에 결과적으로)', 그 대상은 사용자와 체결한 모든 계약에 해당하는 것으로 규정한다면 현재의 비정규직과 정규직 사이의 불평등 문제를 완화하는 방안이 될 수 있을 것이다.

또한 프랑스 사례를 통해 산업 내 효력 확장 제도의 도입이 사용자가 교섭 참여나 협약 체결을 해태하거나 부재한 상황을 극복할 수 있는 중요한 방안이라는 점을 알 수 있었다. 현재 지역 단위의 일반적 구속력 제도만 존재해 산별 교섭 제도가 진전되지 못하고 있는 한국 상황에서 사용자들이 교섭에 참가할 동기를 제공하는 방안으로 고민될 수 있을 것이다. 물론 노조의 대표성이 원칙적으로 노동자 전체에 기반을 두고 있는 프랑스와 노조원에만 근거하는 한국 사이에는 적지 않은 차이가 있는 것은 분명하다. 그럼에도 불구하고 노동자 사이의 불평등을 완화하고 기업 간의 공정한 경쟁을 위해 협약 적용률을 상승시키려 한다면 프랑스의 효력 확장·확대 제도는 좋은 사례가 될 수 있을 것이다.

4장

노사 단체의 대표성 제도와 복수 노조 제도

프랑스 노사 단체의 대표성 제도를 중심으로 복수 노조 제도의 특징을 살펴보자. 앞에서 살펴본 대로 다원적 이익 대표 체계에서, 그리고 복수의 노사 단체가 맺은 단체협약이 빈번히 확장되기 위해서는 누가 교섭에 참여할 것인가, 전체에 확장될 협약에 누가 서명할 것인가 등 노사 단체의 대표성을 어떻게 규정할 것인가에 관한 문제가 중시된다. 따라서 프랑스의 교섭 제도에서 핵심이 되는 대표성 제도가 성립된 역사적 배경과 그 변화 과정을 살펴보고, 더욱 풍부한 이해를 위해 한국의 복수 노조 제도와 비교도 진행한다.

복수 노조 제도는 해당 교섭 수준에 복수의 노조가 존재하여 교섭을 중심으로 경쟁하는 체계이다. 다양한 복수 노조 제도의 형태를 노조의 대표 대상과 교섭 방식을 기준으로 **표 1**과 같이 분류해 볼 수 있다. 프랑스와 비교하여 한국의 복수 노조 교섭 제도에서 나타나는 가장 두드러진 차이점은 노동자 측 교섭 대표의 구성 원리이다. 프랑스와 미국에서는 노동자 측 교섭 대표가 조합원뿐만 아니라 교섭 단위 내 모든 노동자를 대표해서 교섭에 참여한다. 다만 미국에서는 교섭 때 하나의 노조 혹은 교섭단으로 교섭 창구를 단일화해야 하지만, 프

표 1. 교섭 방식과 노조 대표 대상에 따른 여러 복수 노조 제도 사례의 구분

		교섭 방식	
		자율 교섭	창구 단일화
대표 대상	종업원	프랑스	미국
	조합원	일본	한국

※ 출처: 손영우 2011c, 191.

표 2. 확장이 가능한 전국 산별 일반협약의 승인 조건(L2261-22)

한국의 복수 노조 제도

2010년 1월 복수 노조 시행에 관한 법률이 도입되어 2011년 7월 1일부터 기업과 사업장에서 복수 노조 제도가 시행됐다. 1987년 복수 노조 금지 제도의 폐지 요구와 1998년 노사정위원회에서 복수 노조 제도를 시행하기로 합의한 이래 무성한 논의가 진행됐다. 사업장 단위에서 복수 노조 제도의 시행 내용을 살펴보면 다음과 같다.

① 노조자유설립주의에 따라, 조합원 2인 이상이면 조합을 설립할 수 있다.
② 교섭창구는 단일화한다. 노조는 단체협약 만료 3개월 전부터 교섭을 요구할 수 있고, 교섭요구 사실은 사용자의 공고(7일) 등의 절차를 걸쳐 공지되고, 교섭참여노조가 확정된다. 교섭창구의 단일화는 1단계로 노조들이 자율적으로 진행하고, 안 되면, 2단계로 조합원 과반수가 가입한 노조에게 교섭권을 제공하고, 과반수 노조가 없으면, 3단계로 조합원의 10퍼센트 이상이 가입한 노조로 공동교섭대표단(비례대표제)을 구성하고, 구성합의가 되지 않을 시, 4단계로 노동위원회에서 공동교섭대표단을 결정하는 순서로 진행된다.
③ 교섭대표노조를 결정하는 단위는 하나의 사업 또는 사업장을 원칙으로 한다.
④ 쟁의행위를 위해선 교섭창구 단일화 절차에 참여한 노조 전체의 조합원 투표에서 과반수 찬성으로 결정한다.[1]

위 제도의 특징을 살펴보자. 먼저, 교섭 창구 단일화를 노조 측의 의무로 부과하고 있다는 점이다. 형식상 창구 단일화 방안으로 논의되던 노사 자율 교섭, 과반수대표제, 비례대표제가 순서에 따라 조합된 것으로 볼 수 있다. 하지만 노사 자율 교섭이라고 하지만 현실적으로는 1단계 미성사 시 뒤따르는 과반수대표제, 비례대표제, 그리고 이후 노동위원회의 판결 사례를 통해, 거꾸로 다시 규정되어 '단일화 관례'가 형성되어 전개될 가능성이 높다. 또한 교섭을 위한 전제 조건으로 단일화 과정을 두고 있는 상황에서 단일화 과정부터 사용자가 개입할 수 있는 여지가 넓어질 가능성도 있다.

둘째, 교섭 단위에 참여하는 노조가 종업원 전체의 대표가 아니라 조합원의 대표 자격으로 참가하고 있다는 점이다. 이것은 창구 단일화와 중첩되면서 문제의 여지를 가져온다. 분명 특정 조합원이 A노조가 아닌 B노조에 가입한 것은 B가 A와 차별적인 속성을 지니고 있기 때문인데, 교섭에서 A노조가 B노조 노조원의 권리와 이익을 대변한다는 것은 하나의 기업에서 조합원의 우선적인 이익이 동일하지 않을 수 있다는 복수 노조 제도의 정신과 모순되는 부분이며, 이후 헌법 위배 논란이 가능한 부분이기도 하다. 미국이나 프랑스에서 교섭 당사자를 제한하는 것은 노조가 조합원을 대표

하는 것이 아니라 교섭 단위 내의 모든 노동자를 대표하기 때문이다(조용만 1999, 124).

셋째, 교섭 단위를 하나의 사업 또는 사업장을 원칙으로 한다는 점이다. 다만 하나의 사업 또는 사업장에서 현격한 노동 조건의 차이, 고용 형태, 교섭 관행 등을 고려하여 교섭 단위를 분리할 필요가 인정되는 경우, 노동위원회는 당사자 양쪽 또는 한쪽의 신청을 받아 교섭 단위 분리 결정을 할 수 있다. 결국 초기업 단위 노조나 산별 교섭보다는 기업별 교섭을 중심에 두고 있다고 볼 수 있다.

넷째, 쟁의 행위 조항과 관련하여, 현 규정대로라면 복수 노조들이 쟁의 행위를 하려면 교섭 창구 단일화 절차에 참여한 노조들의 전체 조합원에 대해 실시하는 찬반 투표를 통해 과반수 찬성이 나와야 한다. 교섭 창구 단일화 논리처럼 쟁의 행위 남발을 막고 소수 노조의 의견을 반영한다는 취지다. 결국 '쟁의 행위 억압'이라는 한국 노동 체제의 특징(이장원 외 2005)은 더욱 뚜렷해진다.

※ 출처: 손영우 2011c, 189~191.

랑스에서는 창구 단일화 없이 복수의 교섭 당사자들이 교섭에 참여한다. 우리는 이런 차이를 고려해서 프랑스 사례에 접근할 것이다. 프랑스의 독특한 교섭 대표 선정 방식과 교섭 단체 협약 방식에 대해 살펴보는 과정에서 이런 유형적 차이를 염두에 두어야 한다.

1. 만인효 원리와 대표성의 규정[2]

프랑스에서 교섭에 참가하는 노조는 원칙적으로 한국이나 일본의 경우처럼 조합원만을 대표하는 것이 아니라 미국의 경우와 유사하게 노조가 조직 대상으로 하는 종업원 전체를 대표한다. 이것은 단체교섭의 결과인 단체협약이 조합원뿐만 아니라 비조합원에게도 동일하게 확대 적용되는 협약 확대 제도에 연관된다. 프랑스에서 협약은 여기에 서명한 노조를 기준으로 적용되는 것이 아니라 협약에 관련한 사용자를 중심으로 이 사용자와 노동 계약을 맺은 자 모두에게 전부 적용된다(L.2254-1).[3] 이런 특징은 노조가 법적으로 허용된 1884년 이전에 이미 사용자와 노동자 간의 쟁의나 교섭을 통해 일종의 협약이 존재하고 모든 노동자에게 적용된 역사적 맥락에 기인한다(Despax 1989, 360). 그리하여 단체협약이 노동시장에서 노동자 간의 평등(노동 조건의 통일)뿐만 아니라, 사용자 간의 평등, 즉 공정한 경쟁을 보장하는 직업 규범으로 작용하게 됐다(조브만 1999, 127).

이 대표성 개념은 프랑스만의 독특한 것은 아니다. 직업 단체의 대표성에 대한 논의는 유럽 차원에서 처음 거론됐는데, 1919년 1차 대전 직후 맺어진 베르사유 평화협정이 계기였다. 이 협약은 ILO 창설 규정을 두고 있는데, "참가 국가들은 '가장 대표적인 직업 단체organisations professionnelles les plus représnetatives'와 합의하여 비정부 전문가와 대표를 임명한다"는 규정에서 대표성 개념이 도출됐다(Mouriaux 1982). 한편 프랑스에서 이 개념이 논의된 것은 단체협약 확장에 관한 1936년 6월 24일법에서 단체협약 서명 단체의 조건에 관련된 조항에서였다.

원래 대표성이라는 개념은 '불참자를 참여한 것으로 한다'는 의미를 지닌 라틴어 'repraesentare'라는 말에서 기원한 것으로, '특정한 모임이 한 공동체의 이름으로 말하고 행동하며 계약할 능력'으로 규정할 수 있다. 직업 단체의 대표성은 만인효萬人效, erga omnes 원리와 연관된다. 'Erga omnes'는 라틴어 관용구로, '만인에 대해'라는 의미를 지닌다. 하나의 법률적 결정이 '이해관계자에게만 적용되는 것inter partes'이 아니라 '모든 사람들에게 적용됨'을 의미한다. 일반 단체협약convention collective이 서명 단체의 대표성을 매개로 만인효 효과를 발휘하게 된다.

한편 특정 노조가 교섭에 참여하여 서명한 협약이 여기에 서명한 사용자를 매개로 전체 노동자에게 영향을 미치기 때문에, 교섭에 참가하는 노조는 해당 노조의 조합원뿐만 아니라 전체 노동자를 대표하고 있다는 대표성을 입증하여야만 했다. 결국 노조가 교섭에 참가할 수 있는 권한을 제공하는 대표성의 조건과 그 충족 여부가 주된 관건이 됐다.

대표성의 부여 기준이 처음 제기된 곳은 1945년 5월 28일 노동부 회람이다. 여기에서는 노동조합이 인정되기 위한 기준으로 신고된 조합원 수, 자주성, 조합비 납부의 정기성과 중요도, 노조의 경험과 연수, 전쟁 때의 애국적 태도를 들었다. 하지만 명시된 수치 기준이 있지는 않았으며, 친독 경력의 노조나 어용 단체를 배제하기 위한 상황에 따른 목적을 지녔다(Andolfatto et Labbé 2000, 96). 그런데 이 대표성은 정부에 의해 일단 부여되면 시기나 상황에 따라 변하지 않는, '이의를 제기할 수 없는irréfragable' 성격을 지니고 있었다. 이 기준은 다른 유럽 나라들과 다르게 유난히 노조 가입률이 낮고 동시에 노조가 다양하게 분열되어 있는 상황에서 교섭 구조의 안정성을 제공하였다. 그리하여 1966년법을 통해 CGT, CFDT, FO, CFTC, CFE-CGC(관리직) 등 5개의 전국 노조가 대표성을 인정받은 이후, 새로운 관련 법안이 만들어지는 2008년 이전까지 전국이나 산별 수준뿐만 아니라 기업 내 노조 지부가 허용된 1968년 이후에는 기업 내에서도 여기에 가입한 노조들은 교섭 참가 권한을 자동으로 보장받고 정부의 재정적 보조와 더불어 다양한 혜택을 받아왔다.[4]

특정 노조 연맹이 일정한 정도의 기준을 충족하고 있다면, 그 노조 연맹에 가입한 산별 노조와 노조 지부는 해당 산별이나 사업장의 노동자 전체를 대표하고 있다고 간주되어 교섭에 참가하여 협약에 서명할 권한을 부여받았다. 더불어 교섭에 참가한 노조는 조합원 수, 규모, 노동자의 지지에 상관없이 원칙적으로 동일한 권한을 가졌다. 즉 대표성을 지닌 노조라면 원칙적으로 해당 모든 노동자를 대표하고 있다고 가정하고 있음으로써, 비록 소수의 조합원을 가진 노조 하나라도 서명했다면 그 협약은 유효한 것으로 보았다.

이렇게 독특한 대표성과 교섭 제도는 직업선거élections professionnelles의 전통과 함께 노조의 영향력을 조합원의 수보다는 노동자의 지지 수준으로 정의하는 문화를 만들었다.[5] 정확한 조합원의 수는 베일에 가려져 있다. 과거 조합원이라는 이유로 차별받고 탄압받은 경험 때문이다. 비록 정기적으로 열리는 노조 대의원대회에서 조합원 수를 발표하지만 이 수치를 검증할 장치가 없으며, 또한 재정 독립성의 상징이라 할 수 있는 '조합 재정 중 조합비(가맹비)의 비중'을 늘리기 위해 부풀려지는 조합원 수를 신뢰하는 연구자들은 드물다(Soulard 2006).

2. 직업선거와 협약에 도입된 다수 개념

결국 노조의 대표성은 조합원의 수보다는 노동자의 지지 수준과 연동됐다. 직업선거에서 노조가 획득한 득표율을 기반으로 노조의 영향력을 측정하는 것은 오랜 관행이다. 프랑스에서 노사 기구나 정부 기구에 참여하는 노동자의 대표를 노동자 직접선거를 통해 선출하는 역사는 중세 시대까지 거슬러 올라간다. 13세기에 이미 파리에서 '프뤼돔므'라고 불린 일종의 분쟁조정위원을 선출하기 위해 선거가 치러졌다. 당시 선거에는 일반적으로 장인만 참여할 수 있었지만, 일부 지역이나 산업에서는 직공들이 참가하기도 했으며, 섬유 분야에서는 여성 위원prud'femmes을 선출하기도 했다(Andolfatto 1992, 14~15). 이후 1737년 리옹에서 남성 노동자에게도 선거권이 주어지기 시작하면서, 1848년법으로 노동자 선거가 보편화된다. 나아가 여성에게도 선거권(1907년)과 피선거권(1908년)이 주어지고, 외국인 노동자에게도 투표권이 제공됐다(Ibid., 68).

하지만 본격적으로 기업 내부의 노동자 대표 선출을 위한 직업선거가 논의된 것은 기업 내 노사 기구 설립이 의무화되는 1945년이다. 그해 기업 내 노사협의회[6]와 고충처리위원[7] 제도가 도입되면서 노사 기구의 노동자 대표를 선출하기 위한 방법에 대한 논의가 진행된다. 먼저 도입된 제도는 각각의 노조 세력들이 노사 기구 대표 후보단을 발표하고, 선거에서 다수를 획득한 노조 세력이 그 대표위원을 독점하는 다수대표제 방식이었다. 당시는 노조 분리가 본격화되기 전으로, CGT와 CFTC의 대립이 중심이었다. 소수인 CFTC는 비례대표제를 주장했지만, 결국 CGT가 고수한 다수대표제가 승인된다. 공산당과 사회당의 전신인 SFIO,[8] 그리고 CGT 소속의 공산주의자인 앙브로아즈 크로아자Ambroise Croizat 노동부 장관이 모두 투표 방식을 바꾸는 데 반대했다. 비례대표제를 도입하면 노동 계급이 분리되고, 어용 노조의 출현이 용이하게 되는 등 결국 사용자에게 이익이고 노동 계급은 약화된다는 것이었다. 또한 고충처리위원제나 노사협의회는 노조다원주의를 구현하거나 다양한 여론을 수렴하기 위한 목적으로 만들어진 것이 아니라 계급 전선을 확립하기 위한 것이라는 이유를 들면서 CFTC가 대표를 배출하기 위해 CGT와 연대할 것을 요구하기도 했다 (Andolfatto 1992, 92).

소수 세력에게 상대적으로 기회가 보장되는 비례대표제가 도입된 것은 공산당 세력이 철수하여 좌우 연립 정부가 붕괴된 1947년이었다. 1946년 6월 이후부터 중도 성향인 대중공화운동[9]의 지지도가 상승하고, 1947년 5월 공산주의자들이 정부에서 철수하자마자, '1947년 7월 7일법'을 통해 고충처리위원과 노사협의회의 노동자대표 선출 제도는 다수대표제에서 비례대표제로 변경된다. 비례대표제를 옹호한 이들은 다수대표제는 소수를 배격하며 비례대표제가 평등한 특성을 지닌다고 강조했다(Andolfatto 1992, 92). 이때부터 이 선거에서 1차 투표에는 대표 노조 세력만이 후보단을 출마시켜 획득한 득표율에 비례하여 대표를 선출하고, 비대표 노조 세력이나 노조 미가입 후보는 1차 투표에서 등록 유권자의 과반수 투표가 진행되지 않았을 때만 치러지는 2차 투표를 통해서 보장됐다. 이후 1948년(CGT-FO), 1964년(CFDT-CFTC)에 연이어 노조의 분리가 진행되는 것은 이렇게 소수가 상대적으로 보장되는 다원적 비례대표제의 도입과 무관하지 않다.

결국 당시 다수이던 노동운동 세력은 노동 진영의 단결을 위해 노사 관계에서 노동자 측의 창구를 하나의 세력이 독점하는 것을 지지한 반면, 사회적 가톨릭 세력은 소수의 견해를 보장할 수 있는 좀더 평등한 제도를 요구했다고 볼 수 있다. 더불어 다원적인 비례제 투표 방식을 도입한 정치적 배경에는 노동 세력 내에서 공산주의자들이 주도하는 CGT의 독주를 막겠다는 사용자 단체와 중도 우파 정부의 의도도 관련이 있다는 지적(Mouriaux 1998, 110)은 매우 흥미롭다. 무리오는 이러한 다원주의의 도입이 노동자의 탈노조주의a-syndicalsme를 강화했으며, 직업선거의 발전과 더불어 노동자가 노동운동의 주체가 아닌 객체로 전락하는 산업 관계의 '의회화*parlementarisation*'를 초래했다고 지적한다(Mouriaux 1998, 110). 일반적으로 복수 노조의 금지는 주로 남미와 아시아에 있는 개발도상국의 권위주의 국가에서 정부에 순응하는 노조만을 허용하기 위한 억압적 조치로 알려져 있다. 하지만 역사적 사례를 통해 보면 복수 노조 제도의 도입이 곧 민주주의의 증가 혹은 노조의 영향력 확대라는 공식으로 이어지는 것은 아니다. 이러한 측면에서 공산주의적 성향을 지닌 CGT의 독주를 막기 위한 방법의 일환으로 다원적 복수 노조 제도가 도입된 프랑스 사례는 시사하는 바가 크다.

한편 프랑스의 교섭 문화에 관련해 '선 파업 후 교섭'이라는 관행이 있다. 1982년 의무 교섭의 법제화 이전까지 원칙은 노조들과 사용자 간의 노사 자율 교섭이라 할 수 있었다. 노조든 사용자든 어느 쪽이건 교섭을 제안할 수 있으, 한국의 부당 노동 행위 제도와 달리 사용자는 노조가 요구하는 단체교섭에 응할 법적 의무를 갖지 않는 것이 원칙이었다. 교섭이 정기적이지 않았기 때문에 교섭 창구를 단일화할 필요도 없었다. 또한 교섭에 연관돼 파업을 진행할 수 있는 한국의 노동법과 달리, 프랑스에서는 교섭은 노조가 책임지지만 파업은 노동자 개인의 권리로 받아들여져 교섭과 무관하게 파업을 진행할 수 있다.[10] 따라서 교섭의 개시 여부는 전적으로 노사 간의 역관계에 따라 결정됐고, 협약을 유리하게 이끌어내기 위한 노조들의 연대의 폭과 공동 행동의 지속 정도가 관건이 됐다. 그 결과 프랑스 노사 관계에는 교섭 전 노사 간의 역관계를 가늠하고 교섭을 유도하기 위해 교섭 전 파업이 선행하는 '선 파업 후 교섭' 관행이 정착된다. 이런 점 때문에 안정적이고 합리적인 교섭 관행을 유도하기 위해 1982년 11월 정부는 기업 차원에서 임금과 노동 시간에 대해 사용자가 교섭 의무를 지니도록 법제화했다.

또한 대표 노조 한 곳의 서명으로도 협약이 유효한 것으로 본 전국 혹은 산별 협약 인정 방식은, 1968년 기업 내 노조 지부 설립이 법률로 인정되고 1982년 기업 교섭이 의무화되면서 교섭이 기업 차원에서도 진행되고 기업 경영이나 노동자의 요구에 더욱 긴밀해지면서 변하게 된다. 하지만 당시까지도 산별 협약이 중심이고 기업 협약이 예외였으며, 정부나 사용자 단체에게는 협약이 체결됐다고 해도 협약에 반대하는 다수 노조의 반발을 막기 위해서는 5개의 대표 노조 중 최소 3개 이상 노조의 서명이 있어야 한다는 의식과 관행이 존재했다. 하지만 결정적으로 1998년 노동 시간 단축을 시행하는 과정에서 고용 창출 효과를 최대화하기 위해 정부가 기업 교섭을 통해 도입할 것을 제도적으로 권장함에 따라 기업 교섭이 확대되면서 협약의 정통성 문제가 불거지게 된다(손영우 2012b). 기업 협약에서 조합원이 2명인 노조 지부라도 상급 단체에 가입하여 그 대표성을 인정받았다면 그 노조가 서명한 협약이 전체 노동자에게 적용될 수 있다는 모순은 대표성 문제와 협약 인정 방식에 대한 개혁을 요구한다. 이런 요구에 따라 다수제 원리가 노동법에 다시 등장한다(Supiot 2004, 90). 우선 예외적으로 법보다 노동자에게 불리하게 맺어진 협약을 반대하는 노조가 다수라면 거부권을 행사할 수 있게 되고, 이 다수 노조의 거부권 행사는 1999년 제2차 노동시간 단축법안(오브리 법 II)에서 정식화된다. 협약에서 다수제 원리는 2004년 5월법에서 더욱 확대되고, 2008년에는 대표성에 대한 대폭적인 개혁을 추진하기에 이른다.

2008년 8월 20일, '사회민주주의 혁신 및 노동시간 개정에 관한 법률'을 통해 1966년 이래 유지된 노동조합 대표성의 '문제 제기할 수 없는' 특성을 폐지하고 4년마다 치러지는 직업선거 결과에 따라 대표성을 주기적으로 평가하게 한다. 결국 이 법은 대표성 부여 기준을 바꾸어 노조의 대표성이 '이의를 제기할 수 없는' 것이 아니라 '반론의 여지가 없는incontestable' 것으로 변화하게 하는 데 목적이 있었다. 특히 대표성 부여에서는 직업선거에서 거둔 득표율을 주요 기준으로 도입함으로써 4년마다 주기적으로 노동조합의 대표성을 재부여하게 됐다.

3. 노조 대표성 제도의 주요 내용

복수 노조 제도에서 노조의 교섭 참가권 부여 기준과 지지도 측정 방법

프랑스의 복수 노조 제도에서 교섭 참가권은 대표성을 부여받은 노조에 주어지며, 대표성의 선정 기준은 **표 3**과 같다(L.2121-1).[11]

7개의 기준은 모두 만족시켜야 하는 병합적 성격을 지니고 있지만, 각각의 상대적 중요성에 의해 수준과 상황에 따라 가중될 수 있다. 대법원은 "노조의 대표성 부여를 위해서는 7개의 기준을 모두 만족해야 하는데, 공화국 가치 존중, 자주성, 재정 투명성을 자율적으로 충족시킨 노조에 대해 경력과 영향력, 조합원 수와 조합비, 연역, 선거 득표율에 대한 전반적인 평가를 진행한다"[12]고 판결한 바 있다. 7개의 기준 중 ① 공화국 가치의 존중, ② 자주성의 기준은 충족 추정 원리présumé를 따른다.[13] 즉 모든 노조가 이것을 충족하고 있다고 가정하고 관련된 문제 제기가 있다면 문제를 제기하는 측이 해당 노조가 기준에 미달된다는 사실을 밝혀야 한다. 특히 가장 중요한 기준은 ⑤ 교섭 수준에 따른 지지도다. 위에서 제시한 기준들에 따라 노조의 대표성을 주기적으로 평가하는데, 그 주기는 4년으로 기업에서 직업선거(경제사회협의회 노동자 위원 선거)[14]의 주기와 동일하다. 이 기준을 기업과 사업장에서는 2009년부터 즉시 시행했으며, 산별과 전 산업 수준에서는 선거 결과를 종합해 2013년부터 적용했다.

지지도의 측정은 기업 수준에서는 직업선거 1차 투표에서 유효표 중 노조가 획득한 득표율에 근거하고,[15] 산별이나 전 산업 수준에서는 기업별 1차 투표 결과에 대한 노동부 전국 집계에 기반을 둔다. 그리하여 기업 차원에서는 10퍼센트(L.2122-1), 산별과 전 산업 차원에서는 8퍼센트 이상(L.2122-5, L.2122-9)의 지지율을 획득한 노조에만 교섭권을 제공한다.

직업선거란 전국의 노동자를 대상으로 진행되는 선거로, 한국의 노사협의회

표 3. 노조 대표성 주요 기준(L.2121-1)

기준	설명
① 공화국 가치의 존중	표현, 정치, 철학, 종교의 자유를 존중할 뿐만 아니라, 모든 종류의 차별, 교조주의, 비관용주의를 거부하는 것을 의미
② 자주성	특히 사용자로부터 정책적·재정적 자립을 의미
③ 재정의 투명성	노조 공식 계좌를 두고 정기적인 감사를 진행하는 것을 의미[16]
④ 최소 2년의 연혁	교섭 단위를 포괄하는 산업 및 지역 범위 안에서 최소 연혁을 의미하고, 기산점은 노조 정관의 법적 제출일
⑤ 교섭 수준에 따른 지지도	교섭 범위 내 사업 혹은 사업체 경제사회협의회 의원 선거(옛 노사협의회 노동자위원이나 통합고충처리위원 선출 선거)에서 획득한 득표율의 합
⑥ 활동과 경험에 따른 영향력	기업 내 실질적·지속적인 설립을 의미하며, 단순히 인지도뿐만 아니라 노동자의 이해를 수호하기 위한 실제적인 활동의 객관적 결과를 의미.[17]
⑦ 조합원 수와 조합 회비	가입 노동자들의 존재와 조합비 납부를 증명.

표 4. 대표성 획득을 위한 득표율 기준(L2122-1, L2122-5, L2122-9)

교섭 수준	직업선거 득표율
전 산업	전 산업에서 8퍼센트 이상 득표하고 산업·건설·서비스·상업 부문 산별에서 대표성 획득.
산별	해당 산별에서 8퍼센트 이상 득표.
기업	해당 사업이나 사업장에서 10퍼센트 이상 득표.

에 해당한다고 볼 수 있는 기업 내 협의·자문 기관인 사회경제협의회 위원 선출 선거를 의미한다. 직업선거가 치러지지 않은 10인 이하 사업장 노동자와 자택 근무 노동자에 대해서는 대표성 지지율 산출을 위한 별도의 선거를 치른다 (Ministre du travail 2013).

직업선거 방식은 '명부 비례대표제'이다. 1차 선거에는 공화국의 가치 존중, 자주성의 기준에 문제가 없고, 법적 연혁 2년 이상의 모든 조합 단체는 선거에 출마해 명부를 등록할 수 있다. 1차 선거에서 투표율이 50퍼센트 미만일 경우 2차 선거를 진행하는데, 이때는 노조의 가입 유무를 떠나서 모든 노동자들이 명부를 등록할 수 있다. 협의·자문 기관의 노동자대표위원 임기는 4년으로, 선거는 4년마다 사용자의 책임 아래 기업 혹은 사업장별로 진행된다. 사회대화고등위원회Haut conseil du dialogue social, HCDS는 노사가 위촉한 위원, 노동부 위원, 전문위원으로 구성되고, 대표성 부여를 위한 공정한 선거 집계와 대표성 심사를 진행한다. 2013년 3월에 발표된 2009~2012년 동안 진행된 직업선거 전국 집계에 따르면, 전체적으로는 42.78퍼센트(42.76퍼센트 2017년)로 다소 낮지만, 50인 이상의 사업장에서는 63.8퍼센트로 상대적으로 높았다(HCDS 2013).

2013년 대표성 재규정 결과와 협약 체결의 유효성

2008년 법에 따라 4년마다 직업선거 결과를 통해 노조의 대표성을 재규정하며, 지금까지 2013년과 2017년 두 번에 걸친 사회대화고등위원회의 발표가 있었다. 2017~2021년을 위한 결과는 세 선거 득표율의 총합이다. 2013년 1월 1일~2016년 12월 31일까지 11명 이상 사업장에서 진행된 직업선거의 결과, 2016년 12월 30일과 2017년 1월 13일 진행된 TPE 사업장(11명 미만 사업장) 노동자와 자택 근무 노동자 선거 결과, 2013년 1월 진행된 지방농업회의소의 농산물 노동자 선거 결과이다.[18] 전체 1324만 4736명의 등록자 중 566만 4031명이 투표에 참여해 42.76퍼센트의 참여율을 보였다. 민간 부문의 협약은 비중률poid relatif 총합 30퍼센트 이상의 직업선거 득표율을 갖는 하나 이상의 노조(들)의 서명으로 체결되며, 정해진 기간 안에 50퍼센트 이상의 비중률을 갖는 하나 이상의 노조(들)의 반대가 없어야 유효한 것으로 본다.[19]

결국 프랑스의 복수 노조 제도는 교섭 과정을 투입과 산출 과정으로 분리해서 본다면, 투입 과정에서는 창구를 단일화하지 않고 10퍼센트(산별·전 산업은

표 5. 전 산업 수준 노조 대표성 계산 결과

노조	2013~2017년			2017~2021년		
	득표율	대표성	비중률	득표율	대표성	비중률
CGT	26.77	유	30.62	24.85	유	28.57
CFDT	26.00	유	29.74	26.37	유	30.32
FO	15.94	유	18.23	15.59	유	17.93
CFE-CGC	9.43	유	10.78	10.67	유	12.27
CFTC	9.30	유	10.63	9.49	유	10.91
UNSA	4.26	무	/	5.35	무	
Solidaires	3.47	무	/	3.46	무	
기타(1% 미만)	4.40	무	/	3.99	무	

※ 출처: HCDS 2013, MTEFD 2017.

표 6. 전 산업·산업·사업 협약의 유효성 인정 방식(L2232-2, L2232-6, L2232-12, L2232-13)

전 산업·산업	기업과 사업장
• 대표 노조 비중률 30퍼센트 이상 획득한 노조 (들)의 서명 필요 • 50퍼센트 이상 획득한 노조(들)의 명시적 반대 가 없어야 함	• 대표 노조 비중률 50퍼센트 이상 획득한 노조 (들)의 서명 필요 • 30~50퍼센트의 지지를 획득한 경우, 지지 노 조는 협약 유효성 인정을 위한 종업원 총투표 를 요구할 수 있음[21]

8퍼센트) 이상의 지지율을 가지고 있다면 노동자를 대표할 수 있다고 보아 해당하는 모든 노조에 교섭권을 보장했다. 하지만 산출 과정에서는 협약의 인정 제도를 두어 다수가 지지(기업과 사업장 수준)가 있거나 혹은 반대하지 않는(산업과 전 산업) 협약만이 전체 노동자에게 적용될 수 있도록 했다고 볼 수 있다. 이렇게 프랑스에서는 노조의 대표성 제도를 보완함으로써 과거에 일단 부여하면 문제 제기할 수 없다는 권위주의적 성격을 줄이면서 노조가 합의하는 협약의 정통성을 높였다고 볼 수 있다.

4. 사용자 단체 대표성 규정

사용자 단체의 대표성은 노조의 대표성과 약간의 차이가 있다. 프랑스에서 노동조합은 서명 순간부터 해당 단체협약의 대상이 되는 모든 노동자에게 적용되기 때문에 단체협약의 서명부터 대표성을 요구하는 반면, 사용자 단체는 일차적으로 그 단체의 가입 회원만을 대상으로 단체협약에 서명하기 때문에 만인효 원리가 적용되는 협약 확대 적용 단계에서 대표성이 요구된다는 차이를 지닌다. 그러므로 기업 차원에는 사용자의 대표성이 요구되지 않으며, 논리상 확대 적용 대상이 아닌 협약의 경우 사용자 단체의 대표성을 요구하지 않는다.

대표성을 규정하는 방법은 두 가지로 나눌 수 있다(Combrexelle 2013, 9). 첫째, 대표하고 있는 자가 대표성을 지니는 방법이다. 전통과 관행을 통해 노사 상호가 대표성을 인정하고, 이것이 정부 기관이나 여론, 미디어를 통해 암묵적으로 또는 공식적으로 존중받는 방식이다. 한국을 비롯한 많은 국가에서 일반적으로 진행되는 방법이다. 둘째, 국가나 법을 통해 관리되는 대표성으로, 직업 단체가 교섭이나 협의 기관에 참여하는 조건을 규정으로 정하는 방법이다.

프랑스에서 사용자 단체 대표성은 2014년까지 첫째 방법으로 관리됐다. '사용자 단체의 대표성에 관한 2014년 3월 5일법'을 통해 둘째 방식으로 사용자 단체의 대표성에 관한 기준이 정립됐다.

2014년 3월 이전의 대표성 제도

2014년 이전, 산별 수준에서 대표성은 사용자 단체들 사이의 '상호 합의'를 통해 규정됐다. 행정부는 노사합동위원회를 소집하여 노사 간의 산업의 범주에 대해 합의하고 이 합의를 재가했다. 만약 합의가 도출되지 못하면 국사원[Conseil d'Etat]의 관리 아래 노동부에서 승인했다.

전국, 전 직업 수준에서는 관련 규정이 없어서 전국단체협약위원회Commission nationale des conventions collectives, CNCC에 참여하고 있던 사용자 단체에 대표성을 부여했다. 이 기준은 당시 다른 자문 기관이나 동수 기관의 참여 대표성을 규정하는 데 사용됐다. 하지만 기준이 기관의 성격이나 권한에 따라 다양했고 분명하지 못했다. 실질적으로 MEDEF, CGPME, UPA 등 3단체가 전국, 전 직업 수준에서 대표성을 인정받았다. 그 3단체에 가장 많은 기업과 산별이 가입하고 있었고, 법에 따른 대표성은 없었지만 실질적인 대표성을 지닌 채 노사 관계를 형성하고 있었기 때문이다.

대표성을 둘러싼 논쟁은 해당 주체들의 문제 제기가 있으면 행정 소송을 통해 조정됐다. 그런데 다음 같은 두 가지 현상 때문에 행위자의 수가 다양해지고 상호 합의 체계가 약화된다.

첫째, 1980년대 이후 제3차 산업화가 확대되면서 새로운 산업이 형성되고 새로운 사용자 단체들이 결성됐다. 이 사용자 단체들이 단체교섭에 참여하려는 의지가 높아지면서 대표성에 대한 지속적인 문제 제기가 있었다. 특히 사회적 경제 분야의 발달은 기존 사용자 단체와의 갈등을 드러냈다. 사회적 경제 기업의 목적이 이윤 추구에만 있지 않아 기존의 기업들과 목적이 상이했기 때문이다. 이 분야의 사용자 단체는 2002년 12월부터 노동법원conseil de prud'hommes 사용자위원 선출 선거에 '사회적경제 고용주연합employeur de l'économie sociale'라는 이름으로 그룹을 만들어 출마하여 전국적으로 11.32퍼센트를 획득하는 돌풍을 일으켰고, 이후 2008년 마지막 선거에서는 19.04퍼센트를 획득하여 급성장했다.[22]

이 분야의 확대는 단지 대표성의 문제뿐만 아니라 노사 관계의 본질을 흔드는 요인이었다. 실제 2006년 이 단체 출신의 위원이 참여한 노동법원 재판에서는 중소기업에 한해 고용 후 2년 동안 사유 없이 해고가 가능하도록 한 신고용계약CNE에 대해 유효한 사유 없이 노동자를 해고할 수 없다는 'ILO 협정 158'을 위반했다고 판결하여 주목받기도 했다(Le Monde 2006). 그 결과 노사동수주의를 구성하면서 각각의 진영은 어느 정도 동질성을 지닐 것이라는 전통적인 고정 관념도 상당히 훼손됐다. 과거에는 어용 노조 설립을 통해 노동자 측의 동질성이 훼손되기도 한 반면, 오늘날에는 사회적 경제의 확산에 따라 사회적 기업 고용주 단체가 조직되면서 사용자 측의 동질성도 희석되기 시작했다.

둘째, 노동부에서 단체협약 적용률을 개선하기 위해 지속적으로 단체협약의 확대 적용을 증가시키자 사용자들 사이에서 실제 단체협약을 진행하려는 의지가 확대됨에 따라 더욱 실질적인 대표성에 요구됐기 때문이다.

2014년 3월 법 제정 이전 일부 소송에서 사용자 단체의 대표성에 관한 다툼을 다룬 재판관이 노조 대표성의 기준을 실용적인 방식으로 준용하기도 했다 (노조 대표성 기준은 **표 2**를 참조). 하지만 노조와 동일한 기준을 사용자 단체에도 적용할 수 있느냐는 문제가 제기됐다. 독립성과 회비, 가입 회원 수 등에 대한 논쟁이 대표적이다.

먼저 독립성과 회비 문제에 관련하여 당시 노조의 '독립성indépendance'[23]이란 사용자에 맞선 독립성 여부가 핵심으로, 어용 노조를 막기 위해 사용된 기준이다. 또한 회비 문제 역시 독립성을 증명하는 방편으로 사용됐기 때문에 사용자 단체에는 적용하기 어렵다는 주장이 제기됐다.

한편 가입 회원수의 경우, 기업이 여러 사용자 단체에 중복 가입하거나 산별 연맹 가입 없이 상급 단체에 직접 가입이 가능하기 때문에 가입 기업의 수를 계산하기 어렵다. 그럼에도 불구하고 실질적으로 해당 수준에서 단체에 가입한 모든 기업 중 5퍼센트 이상이 가입한 단체에 한해 대표권이 주어져야 한다는 국사원 판례가 있기도 했다.[23] 그 밖에 가입 기업이 고용한 노동자의 수, 매출액 규모 등 다양한 기준들이 제기되기도 했다.

특히 2008년 8월 20일에 '노동조합의 대표성에 관한 법'이 제정되면서 사용자 단체 관련 기준도 정비하라는 요구가 사용자 단체 외부에서도 거세졌다. 결국 2013년 6월 19일 MEDEF, CGPME, UPA는 사용자 단체 대표성에 관한 공동 성명을 발표했다. 핵심 내용은 ① 가입 기업 총합에 따른 대표성 원리, ② 가입 기업의 경제 활동에 조응하는 대표성 영역, ③ 영향력, 재정적 독립성, 투명성, 비중을 포함하는 대표성 기준, ④ 사회적 교섭의 불안정을 막기 위한 해당 원리의 실용적 적용 등이었다.[24] 또한 2013년 10월 사용자 단체의 대표성에 관해 정부가 주문한 연구 보고서인 콩브르셀 보고서도 제출됐다(Combrexelle 2013).

사용자 단체 대표성 규정 내용(2014년 3월 5일법과 2016년 노동법 개정 내용)

'직업훈련, 고용, 사회민주주의에 관한 2014년 3월 5일법LOI n° 2014-288 du 5 mars 2014 relative à la formation professionnelle, à l'emploi et à la démocratie sociale'을 통해 사용자 단체 대표성 기준이 마련된다. 이 부분의 일부 기준은 2016년 8월 8일법loi du 8 août 2016 relative au travail, à la modernisation du dialogue social et à la sécurisation des parcours professionnels에 따라 수정된다. 노동법 2151-1항에서 다음같이 사용자 단체 대표성 기준을 제시한다.

사용자 단체의 대표성은 다음 같은 병합적 기준에 따라 결정된다.
1. 공화주의 가치 존중
2. 독립성
3. 재정적 투명성
4. 교섭 수준을 포괄하는 직업·지리 영역에서 2년의 최소 연역. 연역은 정관의 법정 제출일을 기준으로 평가
5. 활동과 경험에 따른 영향력
6. L2152-1 또는 L2152-4조의 3항을 적용하여 해당 교섭 수준에 자발적인 가입 기업 수 또는 프랑스 사회보장 제도에 가입된 노동자 수익 측정에 따른 지지도

위의 기준은 병합적으로 모두 충족해야 대표성을 획득한다. 특히 이 조항들

중 핵심은 지지도에 관련한 6항으로, 지지도는 4년마다 재측정하여 충족 여부에 따라 대표성이 갱신된다. 지지도 측정은 '자발적으로 사용자 단체에 가입한 기업 수'뿐만 아니라, '그 기업들이 고용한 노동자 수'에 따라 측정된다. 둘 중 하나만 충족하면 대표성을 획득한다.

사용자 단체가 전 직업 수준에서 대표성을 지니기 위해서는 전체 사용자 단체 가맹 기업 중 적어도 8퍼센트 이상이 해당 단체에 가입한 경우이거나 전체 가맹 기업이 고용하고 있는 노동자 수 중 적어도 8퍼센트 이상의 노동자를 고용하고 있는 기업이 가입했을 경우이어야 한다(L.2152-4). 이때 기업 수에는 고용 없는 기업도 포함된다. 산별 수준에서 대표성을 지니기 위해서는 유사하게 해당 산업에서 위의 두 가지 조건 중 하나를 충족하면 된다(L.2152-1).

지지율은 4년마다 재측정된다(L.2152-4). 대표성을 부여받기 위해 등록하는 사용자 단체는 등록 때 가입 기업의 수와 고용한 노동자의 수를 회계감사원의 증명을 받아 공지한다(L.2152-5). 이때 '노동자의 수'란 집계하는 해당 연도의 전년도 12월 현재 사회보장 제도에 정식 등록하고 고용한 노동자의 수를 의미한다(R2152-6-1). 참고로 산별 교섭이나 전 직업 교섭에서 대표성을 지닌 사용자 단체는 해당 수준의 교섭에 참가하여 협약을 조인할 권한을 갖는다. 사용자 측이 서명한 협약의 유효성 인정 조건은 노조와 달리 **하나 이상의 대표 단체가 서명하고 과반수 단체의 거부가 없으면 된다.** 협약 거부권 조항은 바뀌지 않아서, 여전히 전 직업 수준이나 산별 수준에 가입한 기업이 고용한 전체 노동자 중 50퍼센트 이상을 대표하고 있는 사용자 단체(들)는 전국 협약이나 산별 협약에 거부권을 행사할 수 있다.

이 조항은 2016년에 개정된 내용이다. 2014년 처음 기준을 도입할 때에는 '기업의 수'만을 고려하게 되어 있었다. 하지만 2017년 3월 처음으로 사용자 단체 대표성을 재규정할 시점을 앞두고 수정됐다. 결국 2014년 기준에다가 2016년에 '고용한 노동자 수'를 통한 대표성 획득 방법이 추가됐다고 볼 수 있다.

2014년에 규정한 '전 직업이나 산별에서 가맹 기업의 수가 전체 가맹 기업 수의 8퍼센트 이상인 경우 대표성을 부여한다'는 규정은 '1기업 1표'라는 기업 등가 원칙에 입각해서 정해진 것이다. 하지만 2014년 3월 5일법에 명시된 규정을 2017년에 처음 적용하는 시점을 앞두고 대기업들이 주로 가입한 MEDEF에서 개정 움직임을 보였다. 2016년 초, MEDEF와 CGPME는 사용자 단체의 대표성 측정 기준을 '단체에 가입한 기업 수는 20퍼센트, 그 단체가 고용한 노동자 수를 80퍼센트'로 변경할 것을 합의했다. 이런 합의는 중·대기업 중심인 이 단체들이 대표성 획득의 안정성을 확보하려는 시도로 보인다. 그러자 자영업자와 소기업 경영인들이 집중된 수공업자연합UPA과 전국자유전문직연합UNAPL은 반발했다. 결국 2016년 5월 2일 합의에서 '20/80' 기준을 폐지하고 새로운 기준을 마련하게 된 것이다.[25] 그리고 이 내용이 2016년 8월 '노동개혁법'에 포함되어 통과된다.

다음은 단체협약 효력 확장과 기타 사항에 관한 사용자 단체 관련 내용이다.

거부권 조항 L2261-19에서는 일반 산별 단체협약, 전국 특별 단체협약이 확장되기 위해서는 해당 수준에서 대표 사용자 단체에 가입한 모든 기업이 고용한 노동자 총수(산별 전체 노동자가 아님!)의 50퍼센트 이상을 고용한 기업들이 가입한 사용자 단체(들)의 반대가 없어야 한다.[26]

단체의 대표성을 상실하면, 단체가 맺은 협약은 어떻게 보증되나 노동법 L2261-14-1은 이 문제에 대해 "단체협약에 서명한 단체가 대표 단체의 지위를 상실한다고 해도 해당 협약의 소멸로 이어지지 않는다"고 규정하고 있다. 즉 이 원칙에는 사용자 단체와 노조 간의 구분이 없고, 사용자 측에서는 대표성이 협약의 유효성과 관련이 없으며, 협약이 확장됐을 경우 대표 단체가 서명한 순간 유효성을 획득하는 것이므로, 이미 확장된 단체협약에 대한 영향은 없다.

새로이 대표성을 획득한 사용자 단체는 현재 확장되어 실행 중인 일반단체협약의 적용을 거부할 수 있는가? L2261-9에 따르면 거부를 조직할 권한은 있지만, 서명한 사용자 단체가 모두 거부하지 않으면 거부의 효과는 없다. 또한 D2261-13에 따라, 만약 일반단체협약의 일부 조항이 더는 현재의 산업 상황에 유효하지 않다고 판단되는 경우 대표 단체는 노동부에 단체협약 확대 적용 명령 폐지를 요청할 수 있다.

사용자는 왜 사용자단체에 가입하는가? MEDEF는 '상시적 해결책solutions aux quotidien'을 제시하면서, 다음 같은 업무에 대한 지원을 약속했다.[27]

· 자금 조달(현금, 자본, 행정 기관과 은행의 관계)
· 법적 의무 준수, 노동 관계(노년·청년고용, 장애인 고용)
· 행정 업무와 소송
· 경제사회 기관 업무(노동법원, 실업보험, 사회보장, 가족수당 부담금 징수조합 등)

가맹비 수준은 표 7과 같다.

사용자 단체는 왜 노조의 지지도 측정처럼 선거 지지도를 고려하지 않는가? 가입자의 규모를 통해 측정하는 대표성의 변화 여지가 적고 안정적인 방식이라, 세 거대 단체가 선호하는 방식이다. 현실적으로 사용자가 참여하는 직업선거는 노동법원 사용자위원 선거가 있었지만 대표성을 고려하기에는 사용자들의 참여율(대략 20~30퍼센트)[28]이 저조했다. 결국 2014년 11월 20일 노동법원의 위원 선출을 직접선거에서 노사 단체에 의한 지명으로 변경하는 법이 통과되면서, 노동법원 위원 선출 선거는 폐지됐다. 2017년 12월 31일부터 처음으로 노동법원 위원이 대표 노사 단체에 의해 지명됐다(Clavel 2014).

대표 단체에는 매년 전체 임금의 0.016퍼센트를 공제해 형성되는 기여금과 정

표 7. MEDEF 2017년 연회비 수준(단위: 명, 유로)

기업규모 (인원수)	1 ~4	5 ~9	10 ~29	30 ~49	50 ~69	70 ~99	100 ~299	300 ~599	600 ~1000	1000 이상
연회비	630	910	1394	1819	2519	3534	5352	7063	8778	협의

※ 출처: MEDEF Paris.

표 8. 노사 단체 대표성 획득을 위한 지지율 기준

	노조	사용자단체
지지율 측정 기준	고충처리위원 득표율	기업 수 혹은 가입기업의 노동자 수 중 택1
전 직업	전직업에서 8퍼센트 이상 득표하고 산업·건설·서비스·상업부문 산업에서 대표성 획득.	전직업 사용자단체 가입 전체 기업 수의 8퍼센트 이상 가입 혹은 전직업 사용자단체 가입 기업이 고용한 전체 노동자의 8퍼센트 이상 고용 기업 가입 경우 대표성 획득(산업·건설·서비스·상업 부문 대표성 포함).
산업	해당 산업에서 8퍼센트 이상 득표.	해당 산업에서 사용자단체에 가입한 전체 기업 수의 8퍼센트 이상이 가입하고 있거나, 전직업 사용자단체에 가입한 기업이 고용한 전체 근로자의 8퍼센트 이상을 고용한 기업이 가입한 경우 대표성 획득.
기업	해당 사업이나 사업장에서 10퍼센트 이상 득표.	–

※ 출처: 프랑스 노동법.

부 보조금으로 형성되는 전국노사기금Fonds paritaire national 자금이 배분된다. 이 기금은 매년 6000만~8000만 유로(약 730억~1000억 원)에 달한다. 이 자금의 배분은 첫 번째 50퍼센트 가중치는 가입 기업의 노동자 수에 따라, 두 번째 50퍼센트 가중치는 기금에 납부하는 가입 기업의 수에 따라 측정한다. 여기에서는 노동자를 고용하고 있는 기업만 고려한다(L2135-13). 또한 노동법원의 사용자 측 위원 배정을 위한 지지도 측정도 같은 방법으로 진행한다(L1441-4).

그 밖에 전국상공업고용조합UNEDIC(실업보험), Agirc과 Arrco(퇴직보충연금), OPCA(직업훈련 기금 기관) 같은 동수 기관의 위원 배분에 관련해서는 가입 기업

표 9. 사용자 단체 대표성 측정 결과(단위: %)

	가맹 기업(A)	고용 노동자(B)	50(A)/50(B)	30(A)/70(B)
MEDEF	29.41	70.72	53.48	58.37
CPME	34.54	25.00	28.99	27.89
U2P	35.89	4.22	17.53	13.74
CNDI[29]	0.15	0.06		

※ 출처: HCDS.

의 노동자 수 70퍼센트, 가입 기업의 수는 30퍼센트를 차지하는 가중치에 따라 분배된다(L2135-15).

중복 가입에 관련하여 제도가 정비됐다. 전국적 차원에서 전 직업 사용자 단체는 적어도 4개 부문(서비스, 상업, 산업, 건설)에 대표성을 지니고 있어야 한다. 하나의 (산별) 사용자 단체가 복수의 전 직업 수준에서 대표 단체가 되려는 사용자 단체에 가입하고 있다면, 지지도 측정을 위해 가입 기업을 그 사용자 단체들에게 분할한다. 해당 (산별) 사용자 단체는 각 (전직업) 사용자 단체에 시행령에서 정한 10~20퍼센트를 포함한 비율 밑으로 할당할 수 없다. 할당은 기업이 고용한 노동자를 기준으로 진행된다. 사용자 단체는 L2152-5에 따라 대표성 후보자로 등록할 때 선택한 할당을 표시한다. 이 할당을 해당 가맹 기업에 통보한다.

2017년 4월 26일 사회대화고등위원회는 최초로 사용자 단체에 관련해 전 산업 수준의 집계 결과를 발표했다(표 9). 그 결과 MEDEF, CPME, U2P가 변함없이 대표성을 유지했다. 가맹 기업 비율은 소상공인 연합인 U2P가 35.89퍼센트로 가장 높았고, 고용 노동자 비율은 프랑스 경총이라 할 수 있는 MEDEF가 70.72퍼센트로 가장 높았다.

5. 소결

대표성 제도와 협약의 확대 적용

한국의 복수 노조 교섭 제도의 가장 큰 문제점은 창구 단일화에 대한 사업자의 책임이 없다는 점이다. 창구 단일화가 진행돼야 비로소 사업자에게 교섭의 책임이 생긴다는 점이다. 즉 교섭을 위해서는 노조들이 사용자와 별개로 교섭을 앞두고 자기들 사이의 대립을 거쳐야 한다. 이 시기 사업자는 자유롭게 이러한 대립에 직간접으로 개입할 여지가 발생한다. 물론 교섭 창구를 단일화하지 않고도 개별 교섭이 가능하지만, 이것은 사용자가 수용할 경우에만 가능하다.

반면 프랑스의 경우 대표성을 지닌 노조들과 사용자 간의 자율 교섭을 추진하였기 때문에 교섭을 추진하기 이전에 사용자의 개입이 있기보다는 교섭 진행 과정에서 비교적 친사용자 성향의 노조를 상대로 맺는 소수 협약이 문제가 되어왔다. 이런 상황을 막기 위해 협약에 대한 다수결 원리가 도입됐다.

물론 대표성의 기준이 되는 노사협의회 대표위원 선거 과정에서 사용자가 개입할 수도 있지만, 사용자가 개입 때 흔히 동원하는 간부나 관리직 역시 노조를 만들어 공식적으로 교섭권을 획득하기 위한 게임에 참여한다는 점이 이런 시도를 어렵게 한다. 간부들 역시 게임의 룰을 적용받기 때문에 경쟁 과정에서 득표를 위해 위계나 기업의 구조를 사용할 경우 법적 소송을 당하거나 경쟁에서 악영향을 받을 수 있다. 간부 노조의 존재는 간부들이 사용자에 대해 상대적으로 독립된 자기들의 영역을 만들게 한다. 특히 프랑스에서는 사용자나 사용자의 대리인이 특정 노조를 증진시키거나 방해하기 위한 목적으로 사용되는 어떠한 압력 수단도 금지하고 있다(L.2141-7).[30] 더불어 흥미로운 것은 노동자대표위원 선거에서 노동자들의 지지 성향은 정치 선거에서 드러나는 것보다 상대적으로 급진적인 경향을 갖는다는 점이다. 가령 2007년 대선에서 공산당에 투표한 노동자는 5퍼센트 미만이지만, 공산주의 성향의 CGT 노조는 줄곧 20퍼센트를 상회한다.

또한 프랑스 노동법의 경우 교섭 단위별 협약에 대해 위계를 두고 있다. 즉 동일한 주제에 대해 기업 교섭에서는 산별 협약에 규정된 내용보다 노동자에게 덜 유리하게 협약을 정할 수 없고, 산별 교섭 역시 전국 협약의 내용보다 덜 유리하게 규정할 수 없다는 유리 조항 우선 원칙이 그것이다.[31] 이것은 산별과 기업 사이에 교섭 단위의 관계가 원칙적으로 산별 협약이 중심이 되고 기업 협약이 예외적인 것이 되도록 만드는 효과를 갖는다. 또한 사용자를 중심으로 확대 적용되는 원리와 더불어 교섭의 혜택이 90퍼센트 이상의 노동자에게 확대 적용되는 결과를 낳아 중소기업이나 비정규직 노동자에게도 혜택이 확대된다.

노조가 없는 기업에서 교섭이 벌어질 가능성

한편 프랑스 노동법은 기업 차원의 단체교섭을 유도하기 위해, 노조 대표가 없는 기업에서는 단체교섭에 선출직 노동자 대표 또는 이마저 없는 소규모 사업장에는 외부 대표 산별 노조의 지원을 받는 수임 노동자salarié mandaté[32]가 참가할 수 있게 하고 있다(L.2232-21부터 L.2232-29).

이 경우 교섭 참가자는 고용주에 대한 자율성과 자주성, 입장 마련을 위한 다른 노동자와의 협력, 정보 제공과 논의, 대표적 산별 노조와의 접촉 능력 등의 조건을 만족해야 하며, 사용자는 해당 산별의 대표 노조에 교섭 참가와 교섭 결정에 대해 통보해야 한다. 이 방식으로 서명된 단체협약은 선출직 노동자 대표의 경우 노사협의회 위원 과반수의 찬성과 함께 협약이나 법률에 저촉되는지 여부를 관리하는 산별 노사동수위원회의 재가를 통해 시행되며, 수임 노동자의 경우는 관련 기업 노동자 다수의 찬성으로 시행된다.

한국은 노조가 없는 경우 교섭을 진행할 수 없다. 무노조 사업체에서 일하는

76.4퍼센트의 노동자는 교섭의 혜택에서 제외되고 있다(2005년 노동패널 부가조사). 그렇다고 노조가 조합원만을 대표하는 교섭 구조에서 특정 노동자가 존재하지도 않는 조합원을 대표하여 교섭에 참가할 수도 없다. 하지만 중소기업의 선출직 노동자 대표나 상급 노조의 지도를 받는 수임 노동자가 사용자를 상대로 하는 교섭에 참가하여 협약을 맺고, 대표 전체나 노동자 전체의 동의를 거쳐 이 교섭 결과를 인정하는 프랑스의 방식은 이런 한국 상황에서도 고려할 수 있다 (박제성 2008).

간부직과 관리직 노조의 출현

간부직과 관리직은 사용자와 노동 계약 관계에 있는 노동자인 동시에 자기 역할이 다른 노동자를 관리하는 것이라는 중간자적 입장에 놓여 있다. 프랑스의 간부·관리직 노조인 CFE-CGC는 실천적으로 비정치적 성향이고, 기업 차원의 교섭에서 종종 사용자의 입장을 지지하기도 하지만, 2010년 전국적으로 진행된 퇴직연금 제도 개혁 반대 운동에서는 다른 노조와 함께 반대 목소리를 내기도 했다. 핵심적으로는 간부·관리직이 사용자에게서 어느 정도 자주성을 획득하여 자신의 이해와 요구를 주장하게 됐다는 점이다. 사용자의 과도한 지시나 요구에 맞선 반대 운동을 다른 노조들과 함께 벌이기도 하고, 사용자와 일반 노동자 사이에서 독자적인 목소리를 내기도 한다.

프랑스의 간부·관리직 노조는 한국의 복수 노조 제도에서도 고려 대상이 될수 있다. 물론 과거 제도에서도 기업 내 조직 대상을 달리하여 간부·관리직 노조를 설립할 가능성이 없었던 것은 아니지만, 복수 노조 제도의 도입과 함께 이런 가능성이 더욱 높아졌다고 할 수 있다. 2011년 한국전력에서 간부 출신 직원들이 자기들의 권익 보호와 사장의 회사 운영 방식에 문제를 제기하면서 '제2노조'를 추진하려다 '복수 노조'라는 이유로 설립이 반려된 사례에서 이런 가능성을 보게 된다.[33] 더불어 사용자가 노조 활동에 더욱 적극적으로 개입할 수 있다는 염려, 특히 무노조 사업장에서 이후 사용자가 노조 설립 억제에 개입할 것을 염려하는 목소리가 높다(조준모·진숙경 2010, 19). 이러한 염려와 함께 고려해야 할 사항이 간부·관리직 노조의 등장일 수 있다.

하지만 간부·관리직 노조 관련 제도가 프랑스와 한국에서 다르게 나타날 수 있다는 점을 간과해서는 안 된다. 프랑스에서는 일반적으로 직업선거 때 일반직과 간부직을 구분해 투표를 진행하고, CFE-CGC는 간부직만을 대표하여 대표성을 인정받아 교섭에 참가할 수 있으며, 이 교섭 결과의 적용 역시 주로 간부·관리직에 한정된다. 한국은 구분이 모호해 간부·관리직이 주도하여 포괄적인 조직 대상을 목표로 하는 노조를 만들어 단일화가 의무적인 교섭에 참가할 경우에 사용자 개입의 방편으로 사용될 가능성도 배제할 수 없다.

결국 복수 노조 제도의 시행과 더불어 주체들이 어느 방향으로 노력을 경주하는지에 따라 복수 노조 제도의 효과가 결정될 것이다. 복수 노조 시행으로 노조 설립이 상대적으로 자유로워진 것은 매우 중요한 의미가 있다고 할 수 있다. 기존 노조 세력이 미노조 사업장이나 새로운 대상에 조직화를 집중한다면, 노조 설립의 확대와 노조 조직률의 상승으로 귀결될 수도 있지만, 노조들 사이의 대립이 확대되고 이런 상황을 계기로 사용자의 개입이 빈번해질 경우, 노조의 사회적 영향력이 축소되고 상급 단체 미가입 노조가 확산될 수도 있을 것이다. 또한 창구 단일화 제도가 단일화 과정에서 사용자 개입의 확대와 소수 노조의 견해를 배제할 수도 있지만, 자율 교섭에 견줘 교섭 과정에서 상대적으로 노조의 분열을 막는 역할을 할 수도 있다. 이렇게 양날의 칼을 지닌 기업 내 복수 노조 제도의 도입을 앞두고 더욱 중요해진 것은 바로 노동 주체들의 전략이다.

2부

사회적 대화 제도의 발전

협의, 자문, 사법, 복지, 교육

1장

노동이사, 노사 협의 기구, 노조 전임자

프랑스에서 노동자가 기업 운영에 참여하는 방법은 크게 세 가지다. 첫째, 노동이사다. 노동이사는 노동자 중에 선출돼 기업 이사회에 참여한다. 둘째, 기업 내 대표 노조가 선임하는 노조대표délégués syndicaux, DS다. 노조는 노조대표를 통해 사용주와 교섭을 포함한 협의를 진행한다. 셋째, 노사 협의 기구의 노동자위원이다. 노동자가 뽑는 선출직 대표représentants élus로, 기구에 참여해 협의와 자문을 진행한다. 보통 뒤의 둘을 합해 기업 내 노동자 대표 기구Institutions représentatives du personnel, IRP라 칭한다. 기업 안에서 사회적 대화를 진행하는 기구와 주체들이라 할 수 있다. 노조 활동은 전임자와 노조 또는 노조 대표들에게 제공된 전임 시간, 노사 기구에 참가하는 노동자 대표들의 근로 면제 시간을 통해 진행된다.

1. 노동이사

프랑스의 노동이사제는 공기업과 민간 기업이 각기 다른 제도를 지니고 있다.

공기업에서는 이미 1983년부터 의무로 노동이사를 두도록 하였고, 규모도 민간 기업에 견줘 크다. 민간 기업에서는 1986년부터 선택적 노동이사제가 시행되다가 2013년 6월부터[1] 의무적 노동이사제를 시행 중에 있다(박제성 2014, 47).

공기업[2]

프랑스는 '공공부문의 민주화에 관한 1983년 7월 26일법Loi n° 83-675 du 26 juillet 1983 relative à la démocratisation du secteur public'[3]을 통해 공기업 운영을 규정하고 있다. 이 법에 따라 공기업 이사회 구성에는 정부, 시민단체와 전문가, 노동조합이 참여하는데, 그중 노동이사가 전체 이사 중 최소 3분의 1을 차지해야 한다(제5조). 공식 명칭은 '노동자 대표이사administrateur représentant les salariés'다. 노동이사의 설치와 선출, 임기에 관한 내용은 법률과 시행령으로 규정된다.

공기업에서 노동이사의 규모는 법률 규정에 따라 최소 3분의 1 이상으로 동일하지만, 전문가와 시민단체 대표의 참여는 기관마다 상이하다. 가령 프랑스 철도공사, 곧 SNCF의 경우는 이사회 총인원이 18명으로 그중 노조 대표가 6명을 차지한다. 구체적으로 공사 사장, 4명의 정부 부처장 임명 이사(대중교통, 재정경제, 예산, 지속가능발전), 2명의 전문가 이사(승객 대표, 환경·이동 분야 전문가), 5명의 SNCF 모빌리테스 대표(그룹 SNCF의 자회사로, SNCF의 화물·운송 사업을 담당), 6명의 노동자 대표(1명 관리직 대표, 200명 이상의 자회사 노동자도 참여)로 구성돼 정부와 기업 운영자가 다수를 차지하고 있다.

파리교통공사, 곧 RATP의 경우 위의 법률을 RATP에 적용한 'RATP 공공부문 민주화에 관한 법Loi de démocratisation du secteur public à la Régie autonome des transports parisiens'[4]이 별도로 존재한다. RATP 이사회는 5년 임기인 27명의 이사로 구성되는데, 정부 임명 9명(8명은 경제부 장관과 교통부 장관이 공동 임명, 1명은 내무부 장관이 임명), 전문가와 시민단체 9명(경제부 장관과 교통부 장관이 임명), 노동자 대

표 1. RATP 그룹의 2014~2019년 이사회 구성

구분	시행령 규정	현행
정부 임명 (9명)	공공 부문 민주화 법률 RATP 적용에 관한 시행령 제1조에 따르면 8명은 경제부 장관과 교통부 장관의 공동 명령에 따라 임명되고, 1명은 내무부 장관령에 따라 임명.	대표[5] 환경부 산하 환경·지속가능발전위원회 위원 일드프랑스 광역도, 파리 지사(정부 임명 행정지사) 정부예산국 부국장 일드프랑스 광역도 지속가능 시설·정비국장 정부출연청 교통출연국장 참사원 위원(법률가) 파리공항 대표 파리병원-공공부조 사무총장
사회경제 영역 전문가 (9명)	교통, 운송 전문가 2명	전 리옹-뒤랭 철도회사 사장 스위스·프랑스·벨기에 신용회사 사장
	사회경제 전문가 3명	전 ERDF 사장 경제사회여성포럼 사무총장 우정사업본부 부사무총장
	대중교통 승객 대표 2명	전국가족단체연합(UNAF) 전국교통이용자단체연맹(FNAUT)
	기업 활동 관련 시군구 선출직 2명	페로 쉬 마른 시장 파리 시의원
노동이사 (9명)	종업원 선거 노조 명부 비례대표제	CGT 4명 UNSA 2명 FO 1명 CFE-CGC 1명 SUD 1명

※ 출처: RATP 누리집.

표이사 9명이다. 노동이사는 **노조 명부 비례대표제**인 종업원 선거를 통해 선출한다.[6] 현재는 2014년 6월 선거 결과에 따라 구성된 2014~2019년 임기 위원은 CGT 4인, UNSA 2인, FO 1인, SUD 1인, CFE-CGC 1인으로 구성되어 있다.

이사 중 정부 임명 이사와 노동이사의 활동은 무임이며, 임무 수행에 필요한 비용은 별도로 상환된다(RATP 2015, 40). 노동이사는 임무 수행을 위해 법적 노동 시간의 50퍼센트에 해당하는 시간을 제공받는다(관련 시행령 제2조).[7] 실질적으로는 다른 노조 대표 업무를 중복하여 맡음으로써 전임 활동가로 활동하는 경우가 많다. 그렇지 않으면 일선 업무 공간을 배정받아야 하는데, 실제 업무를 담당하면서 이사로 활동하기가 쉽지 않기 때문이다. 노동이사는 노조 업무를 동시에 담당할 수 있으며, 해당 이사의 경우 자신의 전임 활동 시간을 50퍼센트는 노조 업무에 쓰고 50퍼센트는 이사회 활동에 나누어 사용한다고 한다(CGT 노동이사 인터뷰).

노동이사는 이사회 활동에서 취득한 정보에 대해 필요에 따라 비밀을 유지해야 하는 의무를 지닌다. 하지만 이사회의 결정에 대해 노동이사가 별도로 자신의 입장을 발표할 권리를 갖는다. 노동이사는 활동을 위해 본사 건물에 사무실을 제공받는다. 노동이사는 기본적으로 종업원의 직접 선거로 선출된 이사로서 임기가 보장된다. 그러므로 노조는 임기 중 자기의 의지에 반해 노동이사를 교체할 권한을 갖지 않는다.

민간 기업

연속된 두 회계 연도의 종료 시점에 1000명 이상을 상시적으로 직간접 고용하는 프랑스 영토에 소재하는 기업(자회사 포함), 5000명 이상을 고용한 프랑스 영토와 외국에 소재하는 기업(자회사 포함)에서는 노동이사를 둔다(상법전 L225-27-1조).[8] 이사회의 이사 수가 12명을 초과하면 2명 이상, 12명 이하는 1명 이상의 노동이사를 둔다. 노동자를 대표하는 이사는 상법 L225-17조에서 규정하는 최소 이사 수와 최대 이사 수(3명 이상 18명 이하)의 계산에서 제외된다.

노동이사 선임 방식은 셋 중 하나로 한다(상법 L225-28조). 첫째, 노동자 선거다. 이때는 노조 추천 후보자만 출마할 수 있다. 둘째, 사회경제협의회(옛 노사협의회)가 위촉할 수 있다. 셋째, 노조 위촉으로, 직업선거에서 최다 득표를 한 노조(노동이사가 1명일 경우) 또는 2개의 상위 득표 노조(2명일 경우)가 위촉한다. 넷째, 노동이사가 2명 이상일 경우에 위의 3가지 중 한 방식으로 일부를 선출하고 나머지 일부는 유럽 차원의 노동자 대표 기구가 위촉하는 방식이다.

첫째와 둘째 방식으로 2인 이상의 이사를 선임할 경우 성평등 원리가 적용된다. 노동이사는 모회사나 자회사에 2년 이상 고용된 자는 후보로 출마할 수 있다(상법 L.225-28). 노동이사의 임기는 규약으로 규정하며 6년을 초과할 수 없다(L.225-30). 노동이사는 임기 동안 임금을 포함하여 자신의 노동 계약에 따른 권리를 유지한다. 회의 시간과 교육 시간(최소 연 20시간, 준비 시간 15시간)은 노동 시간으로 간주하며, 활동에 필요한 전임 시간을 제공받는다. 노동이사 직무를 수행하는 노동자의 노동 계약이 만료되면 노동이사의 임기도 종료한다.

2. 노조 전임자[9]

노조 전임자permanent syndical란 기업에 고용되어 자신의 업무를 노조 활동으로 한정하는 노동자를 의미한다.[10] 전임자에 대해 프랑스 노동 법전 L2135-7항(이하 번호만 표시)은 "명시된 협약을 통해 노동자는 노조나 사용자 단체에 파견될 수 있다. 파견 기간 동안 노동자에 대한 사용자의 의무는 유지된다. 파견 기간 이후 노동자는 예전 노동이나, 적어도 임금 수준이 유사한 노동으로 복귀한다." L2135-8항에는 "구체적인 조건은 산별 특별협약accord de branche[11] 혹은 산별 일반 협약convention이나 기업 협약accord d'entreprise으로 규정한다"고 명시되어 있다.

노조 전임자를 법률로 규정한 것은 2008년 8월이지만, 이 시기부터 전임자가 도입된 것이 아니라 해당 산별의 협정이나 협약 혹은 기업 협약을 통해 이미 존재하던 전임자를 2008년에 비로소 법률로 규율한 것이다. 이것 또한 전임자의 실체를 법률로 인정한 수준일 뿐 규모를 포함한 구체적 운영은 여전히 노사 자율에 맡겨놓고 있다. 한편 공무원 부문에 대해서는 전임자 수를 시행령에서 규정하고 있다. 여기에서는 공무원, 공기업, 민간 기업을 구분하여 공무원은 법령을, 공기업은 프랑스철도공사를, 민간 기업은 르노자동차를 사례로 살펴본다.

공무원

공무원의 경우 1982년부터 전임자에 대한 법령이 존재했다. 국가 공무원의 신분에 관한 1984년 1월 11일 법 제33조에 의하면, "노조 업무에 종사하기 위해 공무 수행을 면제받은 공무원은 공무 중에 있는 것으로 간주한다"고 규정하고, 지방 공무원 신분에 관한 1984년 1월 26일 법 제56조, 의료 공무원 신분에 관한 1986년 1월 9일 법 제97조는 "기관장은 기관 업무의 존재를 해치지 않는 범위에서 대표 노조 업무에 종사하는 공무원의 공무 수행을 면제할 수 있으며, 이때 공무 수행을 면제받은 공무원은 공무 중에 있는 것으로 간주한다"고 규정하고 있다.

그렇다면 공무원 부문에서 허용되는 전임자 수는 얼마나 될까? 전임자 수의 규정은 '공직 내 노조권 실현에 관한 시행령'[12]에서 찾아볼 수 있다. 특히 전임자에 해당하는 업무 완전 면제자décharge totale de service의 규모와 관련하여 **표 2**와 같이 부처의 규모에 따라 규정한다(동 시행령 제16조).

공직부와 재정부, 해당 부처 장관은 구체적인 전임자 수를 시행령으로 규정한다. 해당 부처 장관이 인정한 전임자 인원수에 대해 노조들 사이에 대표성[13]에 따라 분배된다. 노조는 대표들 중 자유롭게 근로 면제자를 지명할 수 있으며 이 근로 면제가 전국 연맹 활동가나 관련 기관장에게 부여됐을 때는 해당 기관의 동의를 전제로 그 명단을 장관에게 공지한다. 전임자 선정이 기관의 원활한 운영과 조응하지 않는다고 판명됐을 때는 장관이나 기관은 노조에 다른 전임자를 선정하라고 요구할 수 있다. 이때 이 결정은 동수행정위원회에 알려야 한다(같은 조항). 또한 공무원최고위원회Conseil supérieur de la fonction publique[14]에 참가하는

표 2. 공공 부문에서 규모에 따른 전임자 수 규정

규모	전임자 수
25,000명 이하[15]	350명 당 1명
25,001~50,000명	375명 당 1명
50,001~100,000명	400명 당 1명
100,001~150,000명	425명 당 1명
150,001~200,000명	450명 당 1명
200,001~300,000명	500명 당 1명
300,001~450,000명	1,000명 당 1명
450,001~600,000명	1,500명 당 1명
600,001명 이상	2,000명 당 1명

각각의 공무원노조는 차지한 위원회 의석에 비례하여 부처를 넘어 공무원 전반의 업무를 위한 일정한 업무 면제자의 권한을 갖는다. 이것은 공직부와 재정부 장관령으로 규정한다(같은 조항). 이때 전임자는 근무 중으로 간주하고, 이전의 지위에서 누리던 모든 혜택을 유지한다(Cir. du 18 novembre 1982).[16] 전임자의 진급은 활동 수행 이전에 유사한 직책을 담당하는 자의 동일 기간 동안 평균 승진 정도에 따라 측정된다(동 시행령 제19조).

공기업 — 프랑스철도공사

전임자는 '프랑스철도공사와 노동자 간의 단체관계 지위 관련 방침'[17]에 의해 규정되어 있고, 규모와 배정 방법은 다음 같다(동 방침 제1장 제4조).

- 사업장[18]마다 노사협의회 위원 선출을 위한 1차 선거에서 유효표의 10퍼센트 이상 획득한 노조에 1명씩 허용한다.
- 매 대표 노조에 위 선거의 득표수에 0.0005(0.05퍼센트)를 곱해서 만들어진 수만큼 제공한다(소수점 이하는 올림).

표 3. 프랑스철도공사 현황(2015년 7월 현재)

- 기업 명칭: 프랑스철도공사(Société Nationale des Chemins de fer Français, SNCF)
- 설립 연도: 1938년 1월 1일(1983년 1월 1일 공기업)
- 법적 지위: 공기업(Établissement public à caractère industriel et commercial, EPIC)
- 인원: 15만 상용 노동자[19]
- 노조 가입률: 기업에서 14퍼센트 정도로 추정
- 사업장: 전국 27개 사업장

표 4. 철도공사 노사협의회 위원 선거 결과(2009년 3월)와 유급 전임자 수(2009~2011년)

	CGT	UNSA	SUD Rail	CFDT (FGAAC)	FO (CFE-CGC)	CFTC	총계
득표수	47,773명 39.29%	21,961명 18.06%	21,490명 17.68%	14,087명 11.59%	9,717명 7.99%	6,556명 5.39%	121,584명 100%
의석수	158석 49.84%	65석 20.50%	52석 16.40%	21석 6.62%	12석 3.79%	9석 2.84%	317석
전임자수	51명	38명	33명	23명	9명	5명	159명

※ 등록인: 169,538명, 투표자: 124,556명(73.47%), 유효표: 121,584명(71.71%).

기업 내 최대 노조인 CGT의 경우를 예로 들어보자. 27개 사업장에서 모두 10퍼센트 이상을 획득하여 27명의 전임자를 제공받는 동시에, 위 표에서 보듯이 기업 전체 차원에서 10퍼센트 이상을 획득하여 대표 노조로 인정되므로, 총 득표 4만 7773표에 0.00005를 곱한 수인 23.8865를 올림하여 24명을 추가로 제공받아 모두 51명이 전임자로 주어진다.

이런 식으로 모두 4개의 대표 노조와 2개의 비대표 노조가 제공받는 전임자의 수는 위 표와 같다. 모두 유급 전임자permanents syndicaux payé par entreprise인 이 사람들의 현재 전체 수는 159명이다. 이 규모는 노사협의회 선거 때마다 결과에 따라 변경된다.[20] 이때 전임자는 해당 기업 노동자이면 누구나 가능하며, 임기에 대한 제한도 없다.[21] 실제로 전임자의 임명, 교체, 운영이 모두 해당 노조에 일임

된다.

전임자는 이전의 임금 수준과 동일한 임금을 기업에서 제공받는다. 또한 이전 활동에 따른 임금 외의 보상 역시 그대로 보존되며, 이후 유사한 지위의 임금과 임금 외 보상 수준의 상승률 역시 적용된다.[22] 또한 이전의 업무 성과에 따라 받은 상여금 역시 전임 활동 이후에도 적정한 측정 기준에 따라 제공받는다. 노조 전임 활동은 근속 연수에 포함되며 근속 연수에 따라 임금이 상승한다. 전임자가 노조 활동 중 사고를 당하면 산업 재해와 동일한 경우로 판단해 보상과 처우에서 같은 기준을 적용받는다.[23]

무급 전임자 규정

유급 전임자 이외에 노조는 유급 전임자 수의 30퍼센트를 넘지 않는 한도(소수점 이하는 올림)에서 추가로 무급 전임자를 보유할 수 있다. 이때 무급 전임자는 자신의 지위와 근속 연수에 따라 기업에서 급여를 지급받고, 이후 파견을 받은 노조는 미리 정한 기준에 따라 이 급여를 기업에 환불한다. 이 파견 기간 동안 노동자는 연수와 승진을 지속적으로 보장받는다. 이 전임자들은 철도공사 노동자로서 자기와 자기 가족들이 누리던 혜택을 유지한다. 또한 대표 노조는 위의 무급 전임자 규정 수의 40퍼센트를 넘지 않는 선에서 파트타임 무급 전임자를 둘 수 있다(제1장 제5조).

전국 단체 파견 규정

전국 연맹에 가입한 노조는 제1장 제5조에서 규정한 전임자(무급 전임자)들 중 일부를 노조 조직에 파견할 수 있으며, 이때 그 수는 규정된 무급 전임자의 50퍼센트를 초과할 수 없다.[24]

민간 기업 — 르노 프랑스[25]

현재 르노의 전임자 규정은 "2000년 6월 23일 진행한 노동자대표와 사회적 협의에 관한 협약"[26]에 근거하고 있다. 2010년 7월을 기준으로 르노의 유급 전임자는 전임자인 중앙노조대표위원 5명과 반전임자인 부위원 10명(10×50퍼센트=5명으로 간주하면), 중앙과 사업장 노사협의회의 사무국장 10명으로, 모두 20명에 해당한다.[27] 노사협의회 전임자도 존재한다.

중앙노조대표위원

"대표 산별 노조는 기업 차원에서 중앙노조대표위원délégues syndicals centrales, DSC 1인, 부대표위원을 생산 사업장, 기술·서비스 사업장을 대표하여 각각 1명씩 둘 수 있다"(협약 제1장 1.2조). 이 위원들의 임무는 임금, 고용, 노동 조건, 교육 훈련 등에 대한 노동자 개인과 단체의 요구를 제기하고, 교섭을 통해 단체협약을 맺는 것이다. 중앙노조대표는 기업 차원에서 노조 대표이며, 소속된 산별 노조 대표와 함께 1년에 한 차례 기업 대표를 만난다.

중앙노조대표위원은 활동을 위해 전체 시간을 할애받으며, 자기가 원래 속한 부서에 소속된 채 남아 있을 수 있다. 부위원은 월 80시간을 전임 시간으로 할애받는다. 여기에 추가로 단위 노조 활동을 위해 매 대표적 중앙노조는 연간 200시간의 누구에게나 양도 가능한 전임 시간을 보장받는다.

중앙노조대표의 활동을 위해 각 노조에 스캐너, 전화, 팩스 등 기업 표준 전산 시설을 갖춘 사무실을 제공한다. 모든 사업장에도 각 노조에 전산 시설을 갖춘 사무실을 제공한다. 각 중앙노조에 중형차(르노 라구나 급)을 제공한다. 이 차량은 중앙노조대표위원이 자율적으로 사용한다.

전체 사업장 노사협의회 선거에서 적어도 유효표의 5퍼센트를 득표한 대표 노조는 활동 장려금으로 매년 30만 프랑(4만 5734.71유로, 약 7000만 원)를 받

표 5. 르노 현황(Atlas Renault 2010)

- 기업 명칭: 주식회사 르노(Renault SAS)
- 설립 연도: 1899년 2월 25일(1945년 국영화, 1994년 주식회사로 전환, 1996년 민영화)
- 법적 지위: 주식회사(Société par Actions simplifiée, SAS)
- 인원: 3만 6520명(2009년 12월 31일 기준)
- 주요 주식 소유자(그룹 르노): 프랑스 정부(15.1%), 니산 파이낸셜(15%), 르노 노동자(3.34%)
- 조합원 가입률: 10퍼센트 미만
- 사업장: 본사를 포함하여 전국 11개

표 6. 르노 중앙노조대표의 수와 전임 시간(협약 제1장 1.2조)

지위	근로 면제 시간
중앙노조대표위원 1인(노조당)	전임
부위원 생산 사업, 기술·서비스 사업 각 1인	반전임(월 80시간)

※ 별도로 매 대표적 중앙노조는 연간 200시간의 양도 가능한 전임 시간을 제공받음.

는다. 여기에 5퍼센트를 추가로 득표할 때마다 3만 프랑(4573.47유로)을 추가로 받는다. 이때 예외적으로 첫 번째 5퍼센트에 해당하는 금액은 7만 5000프랑(1만 1433.68유로)으로, 선거에서 적어도 2퍼센트 이상을 획득할 때부터 제공된다. 이 장려금은 노조의 원활한 활동을 위한 것이며, 각 중앙노조의 재정 담당에게 지불한다.[28]

무급 전임자

"2500명이 넘는 사업장에서 노조 활동을 지속적으로 유지하기 위해 노조마다 1명씩의 한도 내에, 또는 본사와 뤼엘, 세르지, 귀양쿠르를 포함한 생산 사업장에서 전임 사무국장의 업무를 위해, 대표 노조의 가입자로 1년 이상 근속한 자에 한해 계약 정지suspension de contrat de travail의 혜택을 받을 수 있다. 이때 기간은 최대 3년이며 1번 연장(최대 6년)이 가능하다"(동 협약 제5장 제5항). 또한 "계약 정지

173

기간이 종료된 후 전임자는 요구서 제출 후 3개월 내 이전 직책 혹은 유사한 직책에 재배정을 보장받는다. 이때 이 노동자의 근속 연수는 계약 정지 이전의 근속 연수에 계약 정지 기간을 추가한다. 자신의 전임자 활동 중에는 직업선거에서 선거권은 있지만 피선거권은 없다."

르노 노조의 간부에 따르면, 여기에 해당하는 인원은 노조마다 11명으로 현재 5개의 대표 노조[29]를 고려하면 55명까지 무급 전임자가 가능하지만 각 노조의 경제적 상황 때문에 실제 계약 정지의 혜택을 받고 노조에서 급여를 받으며 활동하는 무급 전임자는 CGT 소속 5명을 포함하여 모두 15명이라고 한다.

이렇게 보면 법령을 기준으로 프랑스철도공사와 르노는 노조대표에서 몇 가지 특색을 드러낸다. 첫째, 프랑스철도공사는 노조대표와 노조 전임 시간 규정이 법령에 규정된 내용과 완전히 다르며, 법령이나 르노의 규정보다 상대적으로 많다고 할 수 있다. 특히 전임자와 관련하여 르노보다 월등히 많은 것을 알 수 있다. 이러한 차이는 어떠한 속성에서 기인하는 것일까? 혹시 이 차이가 공기업과 민간 기업의 특성에서 오는 것이 아닐까?[30] 면담을 진행한 철도공사 노조 활동가는 답했다. "이러한 차이를 공기업이라서 받는 특혜라고 할 수는 없다. 이러한 차이는 노동조합 운동의 역사, 전통, 노조의 능력에 관련된 것으로, 구체적으로 노조가 기업에 요구하고 교섭을 통해 획득한 성과물이다."

둘째, 법령과 협약의 관계에서 철도공사와 르노의 경우에서 모두 노조대표와 근로 시간 면제에 관련하여 법령보다 노동자에게 상대적으로 관대한 협약을 가지고 있다. 그리하여 노동 관계에서 법령은 최소 기준이고 두 기업의 협약 중 어떤 영역에서도 법령이 정한 하한선 아래로 내려간 규정은 찾아볼 수 없다. 심지어 법에서 '초과하지 않는 선'에서 제공한다고 규정한 노조에 제공되는 교섭 준비 시간은 두 경우에서 모두 법령에 정해진 수준보다 많은 것을 알 수 있다.

3. 노사 협의 기구

노조대표위원

상시 노동자[31] 50인 이상[32] 사업장에서 해당 사업장에 노조 지부section syndicale를 지닌 노조는 노조대표위원délégué syndical, DS을 선임할 수 있다. 이때 노조는 직업선거[33]에서 대표성(유효표의 10퍼센트 이상)을 인정받은 대표 노조이거나, 대표성을 지닌 전국 노조에 가입한 노조이거나, 자주성과 공화국 이념 기준을 충족하면서 설립 연수가 2년 이상인 노조여야 한다.

위의 노조들은 직업선거에 출마하여 10퍼센트 이상 획득한 자들 중 자신의 위원을 선임하며, 이러한 조건을 충족시키는 후보가 없을 경우에는 다른 후보자 중에서, 후보자가 더 이상 없는 경우에는 조합원 중에서 선임할 수 있다(L.2143-3조). 위원에 선임되기 위해서는 대상 노동자가 18세 이상의 연령과 1년 이상의 근속 연수라는 조건을 만족해야 한다(L.2143-1).[34]

이렇게 선임된 위원은 노조를 대표하여 노조 활동을 수행하며, 특히 기업 혹은 사업별 협약을 교섭하고 체결하는 일에 참여한다. "교섭에 참가하는 노조의 교섭 대표에는 노조대표위원이 포함되어야 하며, 대표위원이 다수일 경우에는 최소 두 명의 대표위원이 참가하여야 한다"(L.2232-17조). 또한 노조 내부에서는 노조대표자대회에 참석하여 노조의 주요 방침을 결정한다. 법으로 규정한 노조별 위원의 인원과 전임 시간은 사업 또는 사업장 규모별로 **표 7**과 같다.[35]

500인 이상 기업의 경우에 직업선거에서 세 분야[36] 중 생산직 혹은 사무직 부문에서 1명 이상의 위원을 획득하고 다른 두 분야 중 한 분야에서도 위원을 획득한 모든 대표 노조는 1명의 추가 대표위원을 선임할 수 있다(L.2143-4).

위원은 업무를 수행하기 위해 전임 시간crédit d'heures 혹은 근로 면제 시간을 보장받는다. 법으로 규정한 위원 당 전임 시간은 표 7과 같다. 다수의 위원들이

표 7. 사업 규모별 노조대표위원 수(L2143-2)와 위원당 전임 시간(L2143-13)

사업 규모	대표위원 수(노조 당)	사업 규모	전임 시간(위원 당)
50~999명	1명	50~150명	월 10시간
1,000~1,999명	2명	151~500명	월 15시간
2,000~3,999명	3명	501명부터	월 20시간
4,000~9,999명	4명		
10,000명 이상	5명		

존재하는 경우에 동일 노조에 속한 위원들은 전임 시간을 공유할 수 있고, 이 내용을 사용자에게 통지한다(L2143-14).

교섭 준비를 위해 추가로 근로 면제 시간을 제공한다. 추가 시간은 노조 지부별로 할당되며, 지부는 할당된 시간을 교섭에 참가하는 노동자들에게 배당할 수 있다. 이때 제공되는 시간은 노조 지부당 연간 500인 이상 기업에서는 10시간, 1000인 이상 기업에서는 15시간을 초과하지 않는다(L2143-16). 전임 시간은 노동 시간으로 간주되고 지불되는 권리를 갖는다. 전임 시간의 사용에 대해 이의가 있는 사용자는 소송을 한다(L2143-17). 사용자가 소집한 회의(대표적으로 교섭)에 참석하는 데 쓴 시간은 전임 시간에서 공제하지 않는다(L2143-18조).

위원은 자신의 업무를 위해 전임 시간 동안 기업 외부로 이동할 수 있으며, 기업 내부도 자유롭게 통행할 수 있고, 타인의 업무를 방해하지 않는 선에서 업무를 위해 필요한 사람은 만날 수 있다(L2143-20). 노조대표는 생산 공정에 관련된 모든 사항에 대한 기밀 유지 의무를 지닌다(L2143-21).

위원의 임기는 따로 정해지지 않는다. 하지만 실제로는 협정이나 협약을 통해 산별 혹은 기업별로 규정하는 경우도 있다. 위원의 해고는 근로감독관 또는 관할 행정 당국의 승인을 얻은 후에만 가능하다(L2411-3조). 위의 노조권 사용에 대해 방해할 때에는 1년의 징역과 3750유로의 벌금이 부과된다(L2146-1).

기업 중앙노조대표

전체 노동자가 2000명 이상이고 50인 이상의 사업장을 2개 이상 지닌 기업에서 대표 노조는 사업장 노조 대표와 별도로 기업 전체를 총괄하는 중앙노조대표 délégué syndical central d'entreprise를 선임할 수 있다(L2143-5). 이때 노조대표 관련 규정은 중앙노조대표에게도 적용될 수 있다. 중앙노조대표는 월 20시간의 전임 시간을 보장받는다. 이때 이 전임 시간은 노조대표 이외의 직책에서 제공되는 전임 시간에 추가한다(L2143-15). 한편 50인 이상의 사업장을 둘 이상 갖고 있지만 노동자가 2000명에 미치지 못하는 기업에서 대표 노조는 사업장 노조 대표들 중 한 명에게 중앙노조대표의 역할을 부여할 수 있다.

비대표 노조 활동가

노동자 50인 이상의 기업의 경우, 그리고 노조 지부는 있지만 대표성을 인정받지 못한 경우 비대표 노조 활동가représentant de la section syndicale, RSS를 선임할 수 있다. 비록 노조 지부가 대표성을 인정받지 못했지만, 이후 선거에서 대표성을 인정받아 노조대표를 선출할 수 있게 하기 위해 활동하는 활동가이다. 교섭권을 제외하고 노조대표와 동일하게 이동, 조합비 징수, 전단 배포 등의 활동을 보장받으며, 또한 노조 활동을 위해 게시판과 노조 사무실 사용, 회의 소집 권한을 갖는다. 예외적으로 교섭을 위임받을 수도 있다. 이 활동가는 자신의 활동을 위해 매달 적어도 4시간 이상의 시간을 보장받으며, 이 시간은 노동 시간으로 간주되어 급여를 지급받는다. 사용자는 이 시간의 남용에 대해 법적 소송을 통해서만 문제를 제기할 수 있다. 이 자의 임기는 선임 이후 진행된 직업선거에서 해당 노조가 대표성을 획득하지 못할 때 종료되고, 그다음 예정된 직업선거 6개월 전까지 재선임할 수 없다(L2142-1-1, 2).

노사 협의 기구의 노동자 대표

기업에서 운영하는 대표적인 노사 협의 기구는 노사협의회, 고충처리위원회, 위생·안전·노동조건협의회 등이 있었다.[37] 여기에는 고유의 활동을 위한 전임 시간이 제공됐고, 특히 노조대표위원은 일반적으로 직업선거에 출마하여 10퍼센트 이상을 획득한 자를 임명하므로 노사협의회 노동자대표위원 혹은 고충처리위원을 겸임하는 경우가 일반적이고 매우 빈번했다. 더불어 그 밖의 다른 기구의 노동자대표 직책도 겸임이 가능함에 따라 전임 시간을 누적하여 사용하는 경우도 있었다.

이러한 노사 협의 기구가 '기업 내 경제·사회적 대화의 새로운 조직과 노조책임성의 가치부여와 실현증진에 관한 2017년 9월 22일 오르도낭스'에 의해 사회경제협의회comité social et économique, CSE라는 단일 기구로 2018년 1월 1일부터 통합됐다.[38] 따라서 11인 이상 기업에서는 의무로 설치하게 됐다. 하지만 구체적인 운영은 과거의 고충처리위원과 노사협의회의 기준에 준해서 운영되고, 2020년 1월 1일까지 전환이 진행 중이라서 일부 기업에서는 여전히 예전 이름을 사용하고 있는 만큼 여기에서는 예전의 제도와 명칭을 중심으로 설명한다.

노사협의회

노사협의회[39]는 50인 이상 사업장에서 의무로 설치해야 한다(L.2322-1).[40] 50인 미만의 사업장에서는 설치가 의무가 아니며, 그 역할을 고충처리위원이 대신할 수 있다. 기업 운영에 관련한 사항을 논의하는 곳이며, 특히 노동 시간과 노동 방식의 변경, 신기술 도입, 내규 변경, 집단 해고, 선출된 노동자대표위원의 해고에 관련된 사항에 대해서는 사용자 보고와 협의회 자문이 의무다(L.2323-1에서 5). 노사협의회는 사용자와 노동자대표위원으로 구성되며,[41] 노동자위원은 동수의 정위원과 부위원으로 나뉘는데, 부위원은 자문 역할로 회의에 참가할 수 있

표 8. 노사협의회 노동자위원 수(R2324-1)와 전임 시간(L2325-6)

사업장 규모	노동자대표위원 수	전임 시간(위원당)
50~74명	위원 3인, 부위원 3인	월 20시간
75~99명	위원 4인, 부위원 4인	
100~399명	위원 5인, 부위원 5인	
400~749명	위원 6인, 부위원 6인	
750~999명	위원 7인, 부위원 7인	
1,000~1,999명	위원 8인, 부위원 8인	
2,000~2,999명	위원 9인, 부위원 9인	
3,000~3,999명	위원 10인, 부위원 10인	
4,000~4,999명	위원 11인, 부위원 11인	
5,000~7,499명	위원 12인, 부위원 12인	
7,500~9,999명	위원 13인, 부위원 13인	
10,000명부터	위원 15인, 부위원 15인	

다. 임기는 4년이고 재임이 가능하며, 관련 사항은 단체협약을 통해 조정이 가능하다(L2324-24, 25).

사용자는 노사협의회의 기능을 위해서 예외적 상황을 제외하고 다음 참가자에게 월 20시간을 초과하지 않는 범위에서 전임 시간을 제공한다(L2325-6).

· 노사협의회 위원[42]
· 노사협의회 노조 대표자 (501명 이상 기업)

전임 시간은 노동 시간으로 간주되고 지불된다. 전임 시간 사용을 문제시하는 사용자는 소송을 제기할 수 있다(L2325-7). 노사협의회의 모임과 산하 분과 모임에서 보낸 시간은 노동 시간처럼 지불받고 전임 시간에서 공제되지 않는다

(2325-8). 노조 대표자들도 노사협의회 회의 참가 시간은 노동 시간처럼 지불받고, 501명 이상의 기업에서는 이 시간이 전임 시간에서 공제되지 않는다(2325-9).

이 기구의 운영을 위해 사용자는 매년 전체 세전 임금의 0.2퍼센트에 해당하는 운영비[43]를 지원하며(L.2325-43), 이 기구는 기업 규모나 형태에 따라 여러 사업장을 지닌 기업에서는 사업장 노사협의회comité d'établissement을 두거나 중앙에 중앙 노사협의회comité central d'entreprise를 둘 수 있다. 여러 기업이 모인 그룹으로 구성된 경우, 각각의 노사협의회를 총괄하는 그룹노사협의회comité de groupe나 프랑스에 본사를 둔 초국적 기업은 유럽노사협의회comité européen 혹은 세계노사협의회comité mondial를 둘 수 있다(L.2331-1; L.2341-1).

고충처리위원

고충처리위원[44] 제도는 11인 이상의 기업에서 설치가 의무다(L.2312-1). 위원들은 노동자들의 요구 사항을 사용자에게 전달하는 기능, 기업 내에서 법규와 각종 규정의 적용 여부에 대한 감독 기능, 기업 내 각종 기획에 대한 협의권과 참가권, 노동자들의 요구에 대한 조력 기능, 노사협의회의 부재 시 관련 사항에 대한 자문 기능을 갖는다(2313-1부터 12). 사업장 규모에 따른 위원의 인원수는 다음 같다. 병가나 휴가 때문에 정위원이 부재 때는 그 역할을 대체하는 부위원을 동일한 수만큼 둘 수 있다.[45]

위원들은 사용자가 주최하는 고충처리위원 선거를 통해 선출되는데, 임기는 직업선거를 기준으로 4년이며,[46] 단체협약을 통해 조정될 수 있다. 위원들은 자신의 업무 수행을 위해 월간 모임, 이동의 자유, 경고권,[47] 전임 시간, 사무실, 기업·개인 자료 취득권 등의 권한을 보장받는다. 이때 50인 미만의 기업에서는 각 위원에게 10시간의 전임 시간을 보장하고, 50인 이상 기업에서는 15시간의 전임 시간을 보장한다(L.2315-1).

50인 미만의 기업에서는 고충처리위원이 노조대표위원의 임무(특히 교섭)를

표 9. 사업장 규모 당 고충처리위원 수(R2314-1)와 전임시간(L2315-1)

사업장 규모	노동자대표위원 수	전임 시간(위원당)
11~25명	위원·부위원 각 1인	
26~74명	위원·부위원 각 2인	
75~99명	위원·부위원 각 3인	
100~124명	위원·부위원 각 4인	
125~174명	위원·부위원 각 5인	50인 미만: 월 10시간
175~249명	위원·부위원 각 6인	50인 이상: 월 15시간
250~499명	위원·부위원 각 7인	
500~749명	위원·부위원 각 8인	
750~999명	위원·부위원 각 9인	
1,000명이 넘을 경우	250명 추가당 1인씩 증가	

겸할 수 있으며, 이때 추가 전임 시간은 없다. 반면 고충처리위원은 노사협의회가 부재할 때 그 역할의 일부를 겸할 수 있는데, 이때 20시간의 전임 시간을 추가로 보장받는다(L2315-2). 고충처리위원의 전임 시간은 노동 시간으로 간주되어 지불받는다. 이때 부당한 사용에 대해 사용자는 소송을 할 수 있다(L2315-3). 전임 시간 사용에서 사전 또는 사후 통지에 관련된 조항은 없다.

위생·안전·노동조건협의회

위생·안전·노동조건협의회comité d'hygiène, de sécurité et des conditions de travail, CHSCT[48]는 50인 이상 사업장에 설치가 의무인 노사 기구로서, 사업장 노동자와 파견 노동자들의 안전, 노동자들의 정신적 건강과 육체적 건강의 보호, 노동 조건의 증진(특히 여성 노동권, 출산 관련 문제), 그리고 여기에 관련한 규정과 법률의 자문을 목적으로 한다(L4611-1에서 L 4614-16).

이 기구는 기업 대표나 그 위임자에 의해 운영되며, 노동자위원과 전문 자문

표 10. 위생·안전·노동조건협의회의 구성(R4613-1)과 위원의 전임 시간(L4614-3)

사업장 규모	위원 수	사업장 규모	전임 시간(위원당, 월)
199인 이하	3명(1명 간부직 대표 포함)	99인 이하	2
		100~299인까지	5
200~499인까지	4명(1명 간부직 대표 포함)	300~499인까지	10
500~1,499인까지	6명(2명 간부직 대표 포함)	500~1,499인까지	15
1,500인 이상	9명(3명 간부직 대표 포함)	1,500인 이상	20

위원[49]을 둔다. 노동자위원은 기업의 모든 선출 위원(노사협의회 위원, 고충처리위원)이 선정한다. 임기는 2년이며 연임이 가능하고, 다른 직책과 겸임이 가능하다(R4613-5). 부위원은 존재하지 않으며, 대표위원 중 3분의 1은 간부직 대표를 포함한다. 대표위원 중 사무국장을 선임한다. 이 노동자들은 고충처리위원이나 노사협의회 위원과 동일하게 해고에 대한 보호를 받는다. 1년에 3회 정기 회의를 가지며, 모든 회의를 해당 근로감독관에 사전 통지하고, 근로감독관은 회의에 참가할 수 있다.

위원의 전임 시간은 노동 시간으로 간주하고 지불한다. 다음 같은 활동도 노동 시간으로 간주하고 지불하는데, 전임 시간에서 공제되지는 않는다(L4614-6).

· 회의 시간
· 중대 노동 사고나 중대 위험을 지닌 반복된 사건, 직업병 조사
· 경고권이 발동된 문제나 심각하고 긴급한 사고에 대한 예방 연구

위원들은 자신의 역할을 위해 필요한 교육을 수행하여, 이 위원회가 존재하지 않아 노사협의회 위원이나 고충처리위원이 대체하는 경우에도 동일하게 교육을 실시한다. 이 교육 시간은 전임 시간에서 공제되지 않는다.

단일노동자협의회

또한 11~199인 규모의 사업장에서는 노사협의회와 고충처리위원의 역할을 통합한 단일노동자협의회délégation unique du personnel를 설치할 수 있으며(L.2326-1), 이때 대표위원의 법적 최소 전임 시간은 15시간에서 20시간으로 확대된다. 이 통합 기구의 설치는 고충처리위원과 노사협의회(존재할 경우)의 자문 이후 사업자의 결정으로 실행된다(L.2322-1조). 이때 대표위원의 수는 50~74인의 사업장에서는 대표위원과 부위원 각 3인, 75~99인 각 4인, 100~124인 각 5인, 125~149인 각 6인, 150~174인 각 7인, 175~199인 각 8인을 둔다(R.2314-3). 만약 단일노동자협의회를 두지 않더라도 200인 미만의 사업장에서 노사협의회나 위생·안전·노동조건협의회가 일시적으로 부재할 때는 그 사업장의 고충처리위원의 수는 위의 단일노동자협의회의 수와 동일하다.

파견 노동자 규정

파견 기업에 고용된 노동자는 사용 기업의 노동자로 규정하고 선거에 출마할 수도 있다(지난 12개월 중 노동한 장소 비율에 따라 규정). 파견 노동자salariés mis à disposition par une entreprise extérieure는 파견 기업과 사용 기업 중 어느 곳에서 선거권과 피선거권을 가질지 선택하여야 한다. 파견 노동자가 지난 12개월 동안 지속적으로 사용 기업에서 노동했다면 그 기업의 고충처리위원 선거에 선거권을 가지며, 24개월 동안 노동했다면 피선거권을 가진다. 하지만 노사협의회 대표 선거에서는 12개월 동안 지속적으로 노동했다면 고충처리위원 선거와 마찬가지로 선거권을 가질 수는 있지만 사용 기업의 피선거권은 가질 수 없다.

사회경제협의회

2018년 1월 1일부터 늦어도 2020년 1월 1일까지 노사협의회, 고충처리위원, CHSCT를 통합해 사회경제협의회comité social et économique, CCSE로 대체한다. 사회경제협의회에서는 다음 같은 사안에 대해 자문을 진행한다(L2312-18).

- · 기업의 경제·재정 상황
- · 기업의 전략적 방향
- · 고용과 노동 조건
- · 사회 정책

CSE의 권한은 기업 규모에 따라 달라진다. 11~49인 기업에서는 과거 고충처리위원의 권한과 규모에 해당하고, 50인 이상 기업에서는 과거 노사협의회, CHSCT, 고충처리위원의 권한과 규모를 갖는다.

CSE의 구성은 사용자와 노동자대표위원으로 구성된다. 추가로 규모 300인 미만 기업에서는 노조대표위원이, 300인 이상 기업에서는 대표 노조 전체가 참여한다. 만약 지난 12달 동안 기업 규모가 기준에 미달하게 될 경우 권한은 그 규모에 준해 조정된다.

노동자대표위원 선거는 사용자가 관리하되 선거 방식에 관련하여 노조와 협의한다. 선거 공고 90일 이내에 선거가 진행된다. 후보자는 사용자와 친족 관계가 없는 1년 이상 근무한 성인이면 누구나 가능하며, 규모 50인 이상 기업에서는 한 후보자가 3회를 초과하여 출마할 수 없다. 대표위원은 법률상 보호를 받는다. 대표위원의 임기는 2~4년으로 협약을 통해 규정하되, 규정이 없으면 4년으로 한다.

회의는 규모 300인 미만 기업에서는 2달에 1번, 300인 이상 기업에서는 매달 진행한다. 협약을 통해 조정할 수 있지만, 연 6회 미만으로 할 수는 없다. CSE의 회의와 교육 시간은 노동 시간으로 간주되며, 위원에게 추가 근로 면제 시간을 50인 미만 기업에서는 월 10시간, 50인 이상 기업에서는 월 16시간 보장한다. CSE 운영을 위해 50인 이상 기업에서는 전체 임금 총액의 0.20퍼센트, 2000인

표 11. 프랑스 노사 기구의 종류

기관의 형태	진로와 조직	노동 조건	위생과 안전
소기업 (10~49인)	고충처리위원(DP)		
민간 기업과 공기업 (EPIC)(50인 이상)	고충처리위원(DP)과 노사협의회(CE)	위생·안전·노동조건협의회 (CHS-CT)	
국가 공무원 (fonction publique d'État)	기술동수협의회 (Comité technique paritaire)		위생·안전협의회
지방 공무원 (fonction publique territoriale)	기술동수위원회		
의료 공무원 (fonction publique hospitalière)	전문협의회 (comité technique)	위생·안전·노동조건협의회	

※ 50~199인 기업에서는 단일고충처리위원단을 둘 수 있다.
※ 2018년 1월 1일부터 2020년 1월 1일까지 CE, DP, CHSCT를 통합하여 사회경제협의회로 전환한다.
※ 일부 지방공무원에서도 위생·안전위원회를 두고 있다.

이상 기업에서는 0.22퍼센트를 재정으로 지불한다.

여러 사업장을 지닌 기업에서는 중앙사회경제협의회comité social et économique central, CSEC를 둘 수 있다.

4. 공무원 협의 기구

공무원들은 민간 기업과 다른 기구를 둔다. 공무원들의 집단적 이해를 대변하기 위한 사업장전문협의회comité technique d'établissement가 존재하며, 정부, 지방, 의료 영역의 특수성에 따라 고유한 역할을 진행한다. 동수행정위원회commission administrative paritaire가 주로 개인적 문제를 다룬다면, 이 기구는 공무원들의 집단적 이해 문제에 관련해 공무원을 대표하고 대화하는 목적을 지닌 기구이다. 이 기구는 해당 기관의 직무 전반에 관해 자문하며, 특히 내부 조직, 인원과 임금, 상여금, 직무 분배, 직무 방식,내규에 대한 자문을 진행한다. 행정 부서에 따라 위생·안전·노동 조건 관련 문제를 다루기도 하고, 관련 기구를 별도로 설치하기도 한다. 여기에서는 공무원 전임자와 전임 시간에 대한 자세한 서술은 생략하지만, 공무원 부문에 관련된 전반적인 규정은 위에서 살펴본 대로 민간 부문보다 비교적 관대한 경향이 있다는 사실을 알 수 있다. 예를 들면 의료 공무원 부문에서 노사협의회라 할 수 있는 전문협의회의 위원 수는 49인 미만 사업장의 경우 3명의 대표위원을 두고, 50~99인은 6명, 100~499인은 10명, 500인 이상은 16명(CASF, art. R513-27; CSP, art. R6144-42)을 두어 고충처리위원회나 기업위원회의 경우보다 상대적으로 많다.

5. 소결

프랑스는 오랫동안 다양한 원인으로 균열된 복수 노조가 존재해왔고 노조를 둘러싼 갈등이 많은 역사를 가진 나라답게 복수 노조 체제 아래의 노조 전임자, 노조 활동 혹은 노사 기구 활동을 위한 근로 시간 면제 제도가 법령과 협약을 통해 세밀하게 제도화되어 있다. 우리는 프랑스의 관련 제도에서 다음 같은 흥미로운 점과 시사점을 살펴볼 수 있다.

첫째, 노조가 기업에 대해 적대적이건 우호적이건, 공산주의적 성향을 갖든 종교적인 성향을 갖든, 노조의 성향과 무관하게 일단 그 노조가 법적 대표성을 지닌 노조라면 혹은 기업 내에서 노동자들에게 어느 정도 인정을 받고 있다면, 기업은 그 노조를 기업의 일부로 인정하고 활동을 지원한다는 점이다.

둘째, 전임자와 노조대표위원의 전임 시간이 노조 활동의 중심이고, 노사 기구의 노동자대표위원들도 활동에 필요한 전임 시간을 보장받고, 노조와 노사 기구의 활동과 긴밀히 연관되어 있다. 노조에게 주어진 전임 시간에 대해 기업은 노조의 자율성을 최대한 보장하고, 여기에 대한 사전 통지는 근로 면제 시간에 대한 통제라기보다는 원활한 사업장 운영이라는 목적 아래 행하는 에티켓에 불과하다. 사용자가 참석하는 모든 회의는 전임 시간 공제에서 제외되고, 근로 면제 시간은 이 회의를 위한 준비와 노조 운영에 사용된다. 또한 사용자가 노조권을 침해했을 때는 벌금형에 처하는 반면, 노동자 대표가 근로 면제 시간을 초과하여 사용했을 경우 사용자는 해당 시간에 대한 임금을 지불할 의무를 지니지 않는다. 다른 징계 사항은 찾아볼 수 없다.

셋째, 전임자, 조합 대표의 규모와 분배, 근로 면제 시간의 양을 제공하는 데 있어 그 기준을 조합원 수가 아니라 노동자의 지지에 둔다는 점이다. 이런 방식을 통해 조합원 수와 관련하여 자칫하면 생길 수 있는 논란을 사전에 방지하며, 선거 지지율을 통해 규정함으로써 조합의 활동 대상을 조합원만으로 한정하는 것이 아니라 마치 정당처럼 노동자 전체를 대상으로 하는 단체라는 점을 인정하는 형태이다.

넷째, 이때 법은 산업 평화의 유지를 목적으로 한 최대치의 제한이기보다는 노동권 보장을 명목으로 하는 최소 기준이라는 점이 또 다른 특징이라 할 수 있다. 기업 차원에서는 법을 기반으로 기업의 성격이나 규모에 따라 적당한 수준을 노사 협약으로 정한다. 이렇게 노조 활동을 인정하고, 법과 협약 등 정확한 노동 시간 면제 규정에 따른 배분과 운영이 노사 혹은 노노 사이의 갈등을 방지하는 역할을 한다.

다섯째, 노조 활동을 철저하게 기업 활동, 노동 활동의 일부로 본다는 점이다. 실제 업무 외 시간에 노조 대표자들이 얼마나 일을 더 하는지는 알 수 없지만, 공식적인 노조 업무는 대부분 노동 시간에 진행된다는 점이다. 특히 SNCF 노조 담당자를 면담할 때 3년에 한 번 3박4일 동안 치르는 전국 산별노조 대표자대회가 당연히 주말을 끼고 개최되리라는 예상과 달리 화요일부터 금요일까지 진행된다는 말을 듣고 적잖이 당황할 수밖에 없었다. 그 담당자에 따르면, 대표자대회가 열리는 해에는 노조 전임 시간을 따로 배정하여 노조 대표자들이 대회에 원활히 참석할 수 있게 한다고 한다. 더불어 업무 시간 이외에 전임 시간을 사용한 경우에 그 시간에 대한 임금을 추가 근무 수당 규정에 따라 지불하는 철도공사의 사례는 매우 흥미롭다.

여섯째, 직책 겸임과 관련하여 노사협의회, 고충 처리, 산업 안전 활동이 노조 활동과 긴밀히 연관되고 노조 대표들이 여기에 관여할 수밖에 없지만, 될 수 있으면 겸임을 하지 않는다는 노조의 원칙도 눈여겨볼 필요가 있다. 노조 활동가가 노동과 노조 활동을 동시에 진행하는 어려움이 있고, 직책의 겸임은 한 사람이 많은 각각의 임무에 충실할 수 없다는 물리적 한계를 고려할 때, 가능하다면 (즉 인원이 있다면) 직책을 여러 노동자들에게 분산하는 것이 업무를 원활하게 할 것이다.

끝으로 근로 시간 면제 제도에 관련한 프랑스 사례는 노조뿐만 아니라 노사 기구의 운영에 많은 시사점을 준다. 기왕에 시작된 근로 시간 면제 제도의 논의라면, 지금껏 법령으로 설치 기준만 있을 뿐 대표위원, 전임 시간, 필요 재정 등 운영 방안은 구체적이지 않은 한국의 각종 노사 기구 운영에 관련해서도 많은 생산적인 논의를 기대해본다.

2장

경제사회환경위원회와 협치[1]

프랑스 경제사회환경위원회, 곧 CESE를 여기에서 소개하는 이유는 다음 같다. 첫째, 국민 주권적 의회가 형성되는 과정에서 배제된 각종 이익단체들이 어떤 논리로 다시 정치 제도화됐는지를 보여주기 위해서다. 둘째, 이 과정에서 이익 단체들 중 경제 사회에서 매우 중요한 한 축인 노동조합이 어떻게 이익단체의 정치 제도화에 대처했는지를 살펴보기 위해서다. 셋째, 한국의 헌법 자문 기구 인 국민경제자문회의(헌법 제93조)의 발전 전망에 관한 시사점을 찾을 수 있다. 현 재 국민경제자문회의는 대통령에 대해 주요 경제 정책을 자문하기 위해 경제 의 제에 한정하여 경제 전문가와 관료를 중심으로 구성되어 있다. 자문 기관의 의 제와 참여 대상의 확대를 고민한다면 CESE 모델에서 시사점을 얻을 수 있다.

CESE는 "다양한 직업범주들 간의 협력을 증진하고, 정부의 사회 정책과 경 제 정책에 대한 직업 단체들의 참여를 보장하기 위해 설치된 헌법 기구이자 자 문 협의회다."[2] CESE는 상하원과 함께 '세 번째 의회Troisième Chambre' 혹은 '경제 의 회assemblée èconomique'라고 불릴 만큼 프랑스 국민들의 사회생활과 경제생활을 정 치적으로 대변하는 기능을 한다.

하지만 CESE는 상원이나 하원과 달리 법률 입안권이나 결정권을 갖지는 않는다. 직접선거와 보통선거로 구성되지 않았다는 측면에서 유사한 상원과 비교해서는 '입안권이 없는 자문 기관'이라는 점에서 구분되고, 최고행정법원이자 정부 자문 기관인 국사원과는 전문가 단체가 아니라 사회 분야와 경제 분야별 대표들로 구성된 여론 단체라는 점에서 차이가 있다고 할 수 있다. 특히 정치 과정에서 이익단체들이 정당과 관련을 맺으며 영향력을 간접적으로 발휘하는 일반적인 대의민주제 경향과 달리 프랑스에서는 CESE를 통해 이익단체들이 정부 자문 기구로 참여하는 것이 제도화되어 정치적 영향력을 직접 행사하는 특성을 지닌다.

이러한 CESE는 많은 다른 유럽 나라들에서 사회적 자문 기구가 형성되는 과정에서 선례가 됐을 뿐만 아니라, 유럽연합 경제사회위원회의 시원적 모델이 되기도 했다. 더욱이 2004년 3월에 한국의 노사정위원회가 프랑스의 CESE와 '교류·협력을 위한 협의 각서'를 체결함으로써 관심이 높아지기도 했다. 노동조합이라는 이익단체가 기업 단체와 함께 정치 제도화된 경우라는 점에서 한국의 노사정위원회와 CESE는 유사한 측면이 있지만, CESE가 일반적으로 기업이나 산업 수준의 사회적 갈등을 중재하거나 노사 간의 사회적 협약을 위한 기구는 아니라는 측면에서는 차별성을 갖는다.[3] 오히려 의제의 범위나 참여 대상은 다르지만 헌법상 자문 기구라는 점에서 보면 국민경제자문회의와 유사점을 찾을 수 있다.

이 장에서는 CESE의 정치적 위치를 한편으로는 민주주의 체제에서 보통선거로 구성되는 의회와 경제적 이익단체들의 대의적 참여를 위한 노력 간의 국민주권적 긴장 관계 속에서 살펴보고, 다른 한편으로는 저항적 이익집단을 체제적 정치 과정 내부로 포용하려는 정부의 노력과 국가 기관에서 독립성을 지니려는 노동조합의 갈등 관계를 중심으로 다루겠다. 더불어 50년 동안 비교적 안정적으로 운영된 CESE가 정치 과정에서 어떠한 역할을 하는지 살펴봄으로써 경제적 이익집단의 협의체가 현대 민주주의 정치 체제에서 수행할 수 있는 기능에 대해 알아본다.

1. 국민 주권적 의회 제도의 형성과 이익단체의 성장

프랑스 혁명 이후 직업 단체의 정치 참여에 관련한 논쟁

일반적으로 1789년 프랑스 혁명의 국민 주권 이념은 이익집단이 정치 과정에 참여하는 것을 부정했다. 이것은 모든 주권의 원리는 본질적으로 '국민Nation'에게 있으며 어떤 단체나 개인을 막론하고 국민에게서 직접 유래하지 않는 어떠한 권한도 행사할 수 없다는 〈프랑스 인권 선언〉 제3조의 내용에 근거했다. 즉 국민의 직접적인 의지를 따라 형성되지 않은 이익 결사체를 정치 과정에서 인민의 의지를 왜곡시킬 수 있는 특권 단체로 보았다.[4] 그리하여 1791년에는 노동조합을 포함한 모든 이익단체의 결사를 금지하는 르 샤플리에 법이 제정되어 공식적으로는 1901년까지 존재했다.[5]

　하지만 다른 한편으로 정당 같은 정치 집단이 중심이 되는 대의제 민주주의가 보편화되면서 사회경제적 이익집단의 다양한 요구가 지속적으로 제기됐고, 이 요구를 수용할 수 있는 정치 제도의 필요성이 대두됐다. 시에예스는 1794년 7월 국민공회에서 한 연설에서, "프랑스의 입법부는 사회의 세 가지 핵심 산업에 근거하여 단원제로 구성되어야 하는데, 그것은 지방 산업, 도시 산업, 그리고 인류문화 산업"(Sieyès 1794, 14)이라고 주장한다. 이러한 시에예스의 주장 이래 벵자망 콩스탕Benjamin Constant이나 뒤르켐 같은 학자들은 사회적 경제 집단에 대표권을 줘야 한다고 주장했으며, 나아가 생시몽Saint-Simon, 푸리에Charles Fourier, 프루동Pierre-Joseph Proudhon처럼 노동과 연관된 활동만이 대표권으로 인정되어야 한다고 주장하는 사상가들이 생겨나면서 이익집단의 국민 대표성이 이론적으로 제기되기도 했다(Beurier 1982, 1629). 하지만 직업 집단 혹은 이익집단에 입법권을 제공하자는 주장들이 모두 같은 뿌리를 두고 있던 것은 아니었다. 때로는 핵심적인 사회 업무를 담당하는 계급에 사회 운영권을 제공하여야 한다는 기능적 측면에서 제기되고, 때로는 하층 계급에 많은 권력이 돌아가는 것을 방지하고 특권 계층의 정치적 권한을 보존하기 위한 정치적인 이유로 제기되는 등 각각 시기마다 다른 배경을 갖고 있었다.

이익집단의 참여 요구는 국민 개념에 대한 문제 제기 때문에 더욱 세련되어진다. 1926년에 출판된 《헌법 개론》에서 레옹 뒤귀는 "보통선거로 구성된 의회는 개인이나 정당을 대변하지만, '국민'이라는 개념에는 개인과 정당만 존재하는 것은 아니며, '현 사회 제도에 저항하는 하부구조', 즉 경제적 이익단체나 노동단체를 토대로 만들어진 넓은 의미의 직업 집단 또한 국민을 구성하는 또 다른 헌법적 요소를 포함한다"(Duguit 1928, 753)고 주장한다.

보르도 학파[6]의 수장이던 뒤귀이 교수는 비례대표제[7]와 함께하는 직업 대표 제도가 프랑스 정치적 대의 제도나 국민 주권 이론에 위배되지 않는다는 것을 입증하려 한다. 이익단체의 대표권을 부정하는 에스맹Adhémar Esmein 교수는 만약 이익단체들이 고유한 대표 권한을 가지고 있다면, (국민 주권이 전체 국민의 수로 분할되어 있듯이) 주권 분할의 일부를 포함하고 있어야 하는데, 전체 인구와 이익단체의 구성원 수는 어떠한 비례 관계를 갖고 있지 않기 때문에 국민 주권의 원리는 논리적으로 이익단체의 대의를 배제하고 있다[8]고 주장했다.

이런 주장에 대해 뒤귀는 "개인적 의지와 구분되는 국민 의지, 즉 일반의지가 존재하는데, 이 의지가 주권적이다. 이 의지의 목적은 국민에 내제되어 있는 모든 헌법적 요소들이 표현되도록 보장하는 것이다. 그런데 개인들뿐만 아니라 단체들도 이러한 요소를 포함하고 있다. 우리는 국민의 헌법적 요소들이 나타나는 모든 상황에서 국민 의지가 대변되도록 보장해야 한다. 그러므로 이익단체의 대변이 국민 주권과 대립된다는 것은 잘못된 논리이며, 반대로 직업 단체에 대표성을 부여하는 것이 논리적 귀결이다. 의회는 개인적 요소와 집단적 요소를 포괄함으로써서만 국민 전체를 대변할 수 있는 것이다"(Duguit 1928, 754)라고 직업 대표 제도의 정당성을 설파한다.

또한 실천적으로 직업 대표제가 일반 이익에 대해 특정 이해가 지배하도록 하여 심각한 위험을 가져올 것이라는 주장에 대해서도, 뒤귀는 "직업 대표는 작은 모임들의 이해를 대변하는 것이 아니라 국민 생활의 일차적 요소들인 기능과 산업 부문의 대표들로 거대한 사회적 힘을 더욱 잘 대변하도록 하는 것"(Duguit 1928, 755)이며, 오히려 이러한 위험은 인구 비례에 의한 배타적인 대표 제도에서 더욱 가중될 것이라며 경고했다.

노동조합 때문에 현실이 된 이익단체의 정치 제도화

실제 사회경제적 집단의 이익을 수용하는 정치 제도는 노동조합의 노력으로 현실화된다. 프랑스에서 노동조합 운동은 개인주의에 의거한 헌법 원리에 제동을 걸고 '집단 세력'을 인정하게 했다. 1884년에 노동조합이 합법화되면서 설립된 CGT가 중심이 되어 노동자 권익을 요구함에 따라 이러한 제도가 도입된다.[9] 1918년에 CGT는 노동조합이 참가하는 국가경제위원회Conseil Economique National와 지역경제위원회Conseils Economiques régionaux의 설립을 정부에 요구하고, 이어서 1919년에 CGT의 총비서 레옹 주오[10]는 기업주, 노동자, 기술자, 정부 인사, 전문가 등 5개 범주에서 각 10명씩으로 구성되는 국가경제자문위원회Conseil National Economique Consultatif를 제안한다. 당시 총리인 조르주 클레망소Georges Clemenceau는 이 제안을 검토했지만 '관련부처장관협의회'를 설치하는 데 그쳤다.

그러자 주오는 1920년에 민간 기구인 '노동경제위원회Conseil Economique du Travail'를 고용주 세력의 참여 없이 설립한다. 이후 1924년 하원 선거에서 좌파 연합Cartel des Gauches[11]이 민간 노동경제위원회를 정부 기구화하자고 주장하기도 하고, 이 기구 내부에서는 "근대 민주주의를 이끌어가기에 시민의 정치적 여론만으로는 불충분하며, 민주주의는 직업 단체 대표들에 의해 보조되어야 한다"(Beurier 1982, 1629)는 의견이 설파되기도 했다. 결국 민간 기구 노동경제위원회는 1년 만에 폐지됐지만 이후 CESE의 맹아가 된다.[12]

프랑스에서 처음으로 정부 기구로 경제위원회가 설립된 것은 좌파 연합이 선거에서 승리한 후인 1925년 1월 16일의 '칙령'[13]에 의해서다. 당시 급진당 출신의 총리인 에두아르 에리오[14]가 설치한 국가경제위원회Conseil National Economique, CNE는 국가 경제 영역의 문제를 연구하고 해결 방안을 모색하여 정부에 제안하는 것을 목적으로 하고, 소비자-노동자-자본가를 세 축으로 하여 구성됐다(Beurier 1982, 1631). 국가경제위원회는 자문 기구였고, 대표적인 사회 집단에 의해 구성원이 선출됐으며, 정부 인사도 포함됐고, 여성들도 위원으로 허용됐다. 하지만 이 기구가 형식을 갖추는 데는 상당한 시간이 필요했다. 많은 정치인들이 통제하기 힘든 세력을 자유롭게 하는 것, 즉 경제 주체들이 많은 정치적 권력을 직접 획득하는 것을 염려해 반대했기 때문이다(Beurier 1982, 1631).

또한 국가경제위원회는 그 주창자가 기대한 역할을 수행하지 못했다. 국가경제위원회는 프랑스 근대 정치 체제라 할 수 있는 1875년 체제의 핵심에서 벗어나 있었고, 전통적인 행정과 입법 메커니즘에서 아웃사이더였다. 이 기구는 비록 주요 사회단체들로 구성됐지만, 그 권한에서는 행정과 입법에서 영향력이 낮은 '연결되지 않은 강력 모터'(Prélot et Boulouis 1990, 515~516)였다.

1936년 인민전선 정부가 들어섬에 따라 국가경제위원회는 '칙령'이 아닌 '법'으로 규정되는 비교적 안정된 구조를 갖추게 됐고, 정부에 대한 자문뿐만 아니라 의회 자문 역할까지 맡는 등 권한이 확대됐다.[15] 당시 인민전선 정부와 노동조합은 노동 시간 단축과 유급 휴가 등 노동 문제에 대한 개혁뿐만 아니라 노동자와 관련한 문화를 바꾸었다. 하지만 이러한 노동 개혁의 내용을 담는 '36

년 협약은 노사정 간의 직접 교섭에 의한 것으로 전국경제위원회 외부에서 맺어졌고, 비록 이익집단 간의 사회적 갈등에 대한 조정권을 가지고 있었지만 국가경제위원회는 정부 자문 기관의 성격을 넘어서지는 않았다.

한편 2차 대전이 발발하고 1940년 친독 비시 정부가 들어서면서 국가경제위원회를 폐지하고 국가 코포라티즘적 경향을 띠는 위원회로 대체하려는 시도도 있었다. 대통령인 앙리 필리프 페탱은 국가 수반이 추천한 조합과 직업 대표 30명으로 구성된 헌법 기구를 통해 경제적, 사회적 이해를 협의하려 했다.

2. 경제사회환경위원회의 제도화 과정과 성장

1946년 — 경제위원회의 헌법 기구화

1946년 헌법에 처음으로 경제위원회의 설립이 명시된다. 과거 국가경제위원회가 헌법 기구로 되는 과정에서 위상을 둘러싼 논쟁이 진행됐다. 이 논쟁은 위원회의 비중감에 따라 양 진영으로 나뉜다. 1946년 하원의원 프루토Prouteau는 경제위원회의 역할은 기술적 해결책을 제시하면서 하원을 인도하는 일종의 '자료실Chambre de documentation' 기능일 뿐이라며 경제위원회의 활동을 한정했다(Beurier 1982, 1635). 즉 결정은 보통선거로 선출된 자들에 의해서만 행해져야 하고, 다만 위원회는 국가 경제에 필요한 입장을 개진하고, 경우에 따라 정부 부처의 요구가 있을 때에 갈등을 중재하는 역할을 할 수 있지만 이 역시 정부부처에 대한 자문위원회의 영역에 머물러야 한다는 것이다. 반면 기독교적 전통을 지닌 CFTC와 급진당의 대변자인 귀에랭M. Guérin은 위원회가 '경제 의회'가 되어야 한다고 주장했다(Beurier 1982, 1635). 즉 경제 관련 법안을 제출할 때 위원회의 동의를 받아야 한다는 것이다.

하지만 CFTC와 귀에랭의 견해에 대해 당시 제1노조를 차지한 CGT와 사회당의 전신인 SFIO는 반대 입장을 표명했다. CGT의 주오는 이익단체의 협의체에 결정권을 줄 수 없다고 밝히면서, 위원회가 모든 경제와 사회 법안에 대해 의무적으로 입장을 개진하는 정부 자문 기관에 머물러 있기를 바랐다(Beurier 1982, 1635). 또한 SFIO도 전국경제위원회의 개혁에 대해 경제세력은 보통선거의 주권 권력을 배제하거나 능가할 수 없는 선에서 영향력이 한정되어야 한다고 주장했다(Beurier 1982, 1636).

이렇게 CGT의 주요 세력과 사회주의자들은 경제위원회의 활동을 자문 기관으로 한정했다. 결과적으로 1946년 10월 13일에 진행된 제4공화국 헌법에 대한 국민투표를 통해 경제위원회는 정부에 대한 자문 역할을 얻었고, 경제계획에 대하여 의무적으로 입장을 제출하고 자기 영역에 속한 법안에 대해 조언하는 역할을 갖는 헌법 기구로 정식 등록됐다(Prélot et Boulouis 1990, 590). 하지만 이 헌법 기구는 비록 의견을 제출하여 상하원의 결정에 영향을 미쳤지만 상하원에 대한 직접적인 자문은 드물었으며(Reynaud 1975, 275), 1946년부터 1958년까지 중앙 정치 무대를 장악한 적도 없었다(Prélot et Boulouis 1990, 590).

1958년 ― 현재 경제사회환경위원회 모델의 탄생

1958년 이전 헌법에 CESE는 '경제위원회'Conseil économique'라는 명칭 아래 하나의 단일 조항(헌법 제3장 제25조)으로 규정돼 있었다. 경제위원회는 정부의 주관 아래 법과 시행령에 대한 의견을 개진할 수 있다는 것과 정부는 경제에 관련한 범주에서 경제위원회에 자문을 구할 수 있다는 내용이었다. 하지만 1958년 헌법 개정을 진행하면서 명칭이 변경된 경제사회위원회와 관련된 논쟁은 더욱 구체화된다. 헌법 개정을 위해 구성된 헌법자문협의회comité consultatif constitutionnel에서 CGC의 말테르G. Malterre 대표는 '헌법에 경제사회위원회가 의무적으로 경제계획 기구에 대해 자문해야 한다는 내용을 명시하고 위원회의 구성을 구체적으로 규정할 것, 또한 위원회가 자신의 영역 내에서 정부의 제안 없이도 스스로 활동할 수 있을 것'을 제안했다.

나아가 반 그라프세프Van Grafchepe 위원은 헌법자문협의회 제14차 회의에서 더욱 과감한 주장을 펼쳤다. 첫째, 의회는 관련한 모든 계획과 법안을 경제사회위원회에 자문을 구하여야 하고, 둘째, 경제사회위원회는 자기 영역에 있는 모든 문제에 대해 의견을 제시할 수 있고 국회와 정부에 법안을 제출할 수 있으며, 셋째, 모든 부처의 자문 기관은 어떠한 창안에 대해서든 경제사회위원회와의 합의를 선행해야 한다고 주장하기도 했다(Beurier 1982, 1637). 이러한 수정안은 프랑스 정치의 급변을 의미했는데, 행정부와 입법부를 사적 이해의 대표자들이 통제하게끔 하는 내용이었기 때문이다. 이것은 그 당시 헌법 정신에 정면으로 대립하는 것이었다.

반면에 정부위원은 "모든 권력은 보통선거에 의해 형성되며, 입안권은 법을 만드는 권력의 일부분이어서 직접 선출된 자 이외의 사람에게 제공될 수 없다"고 밝혔고, 드골 계열의 공화주의자인 헌법자문위원회의 폴 레이노Paul Reynaud(1878~1966년) 대표는 모든 계획이나 의안은 입안자를 가져야 하는데, 그것은 정부나 국회만이 가능하다며 경제사회위원회의 권한 확대를 반대했다(Beurier 1982, 1637). 결국 경제사회의 이익을 대표하는 기구에 입법 의석을 제공하는 것은 좌절됐고, 프랑스의 민주주의 제도를 근본적으로 바꾸지 않는 한 이것을 변화시키는 것은 거의 불가능했다. 오히려 1958년에 경제사회위원회의 '의회의 요청에 따른 의견 제출saisine parlementaire' 권한이 폐지되면서 위원회의 권한은 정부 자문에 한정된다(Chertier 2009, 5).

비록 경제사회위원회에 입안 권한과 결정 권한은 주어지지 않았지만, 자율적인 자기 위탁 활동권autosaisine이 부여되고 위원회의 구성을 법에 명시하는 등 변화가 없었던 것은 아니었다. 그리하여 입안과 결정 권한은 없지만 정부의 요구

에 의해 혹은 자율적으로 정부 정책에 대해 고유한 의견을 제시할 수 있는 현재
의 CESE의 모델이 탄생했다.

1984년 — 사회 변화와 경제사회위원회의 확대 개편

좌파 세력에게 경제사회위원회는 보수적 사회경제 세력이 과대 대표된 것으로
간주됐다(Frayssinet 1996, 48). 하지만 경제사회위원회의 근본적 개혁을 기대할 수
있는 조건은 아니었다. 왜냐하면 대표 조직들은 이미 '이해의 대표가 가능한 조
직'이어야 했기 때문이다.[16] 즉 사회적 기준에 따라 대표권을 갖는 단체 선출을
위한 '표본 추출'은 이미 정치적 기준에 따라 '선택의 법칙'으로 대체되어 있었다
(Beurier 1982, 1641).

　원래 경제사회위원회의 의석은 두 축으로 구성됐다. 하나는 1946년 제4공화
국 헌법에서 규정된 산업, 상업, 농업 등의 특정 경제 분야에 따라 전체 프랑스
인을 포괄하는 의석 배분이고, 다른 하나는 1958년 헌법에 의해 제기된 사회적
범주와 산업사회의 발전에 따른 노사 간의 계급 구분이었다(Beurier 1982, 1641).
하지만 1981년 프랑수아 미테랑의 집권은 경제사회위원회에 관련된 정치적 환
경을 변화시켰다.

　정치적인 변화 속에서 경제사회위원회에 대한 개혁 요구는 두 가지 측면에서
제기됐다. 첫째, 사회 발전에 따라 1차 산업의 규모가 줄고 2, 3차 산업이 늘어
나는 등 경제 분야의 내부 구성 비율이 변화한 결과 경제사회위원회의 의석 구
성 비율이 조정되어야 한다는 점, 둘째, 1958년에 경제사회위원회가 구성될 당
시 무시되거나 잊힌 세력을 참여시켜야 한다는 점이었다. 당시 개혁은 전체 경
제사회위원회의 전반을 개혁하는 헌법적인 변화가 아니라, 구성 비율만을 조정
하는 '소폭의 개혁réformette'으로 진행됐다. 이 개혁의 핵심 내용은 다음처럼 정리
할 수 있다.

그림 1. 경제사회환경위원회 외관(2017년 10월)

첫째, 노동자 대표가 공식적으로는 45명[17]에서 69명으로 24명이 증가했다. 둘째, 국유화 확대에 따라 공기업의 대표가 6명에서 10명으로 증가했다. 셋째, 자유 전문직 대표, 재외 국민 대표 등 새로운 영역의 대표가 포함됐다.

1984년 개혁의 방향을 놓고 더욱 좌파적이고, 약간 더 사회적이며, 조금 덜 경제적이라고 평가도 있고(Turpin 1985, 17), 이 개혁이 정치적으로 가까운 큰 노동조합에 많은 혜택을 제공하는 성격을 지닌다는 비판도 있다(Frayssinet 1996, 58). 그러나 개혁에도 불구하고 초기에 약간의 왕성한 활동을 제외하면, 미테랑 정부 집권 기간(1981~1995년) 동안에 경제사회위원회의 활동에서 중대한 변화는 찾아보기 힘들다(Frayssinet 1996, 133).

2008년 — 경제사회환경위원회로 개편

2008년 경제사회위원회는 상대적으로 큰 변화를 겪는다. 2008년 7월 23일 헌법 개정을 통해 명칭을 '경제사회위원회'Conseil économique et social, CES'에서 '경제사회환경위원회'Conseil Économique, Social et Environnemental, CESE'로 변경했다. 이때 변경된 내용은 크게 세 가지다. 먼저 명칭 변경에서 볼 수 있듯이 경제사회위원회의 자문 의무 의제를 환경 문제까지 확대했다. 그리하여 환경과 지속 가능 발전에 관련된 정부의 계획 법안에 대해 의무적으로 위원회의 입장을 개진해야 한다(2010년 6월 28일 조직법 제2조). 이것을 위해 환경과 지속 가능 발전 분야에 33석을 신설했다. 전체 231석에서 233석으로 2석을 늘리고, 공기업 대표 10석과 농업 부문 대표를 줄여서 환경 부문 단체와 기금 대표 18석을 신설하고, 여기에 더해 정부가 임명하는 환경과 지속 가능 발전 전문가 15명을 할당해 만들어졌다.

둘째, 위원회의 의견 개진에 관련하여 기존의 정부 위탁, 자기 개진에 더하여 시민 발안이 가능하게 됐다. 이것은 프랑스인이거나 프랑스에 정식 체류하는 성인 50만 명의 서명으로 가능하며, 서명에는 서명자의 이름과 주소를 명시하고 본인 서명이 있어야 한다(조직법 제5조). 위원회는 서명이 유효하다고 판단되면 1년 이내 서명이 제기한 문제에 대해 본회의에서 입장을 개진해야 한다. 이 입장은 총리, 상하원 의장, 발안 대표자에게 보내지고, 관보에 게재된다.

셋째, 경제사회위원회의 의견 개진 위탁 주체를 정부뿐만 아니라 상하원까지 확대했다. 그리하여 상하원 의장은 경제, 사회, 환경에 관련한 모든 문제에 대해 자문을 구할 수 있고, 공식 의견을 요구할 수 있다(조직법 제2조).

그 밖의 CESE 위원 선출을 의뢰받은 단체가 위원을 선출할 때, 남성 선출위원 수와 여성 선출위원 수의 차이가 1을 넘지 못하게 하는 성별 균형 원리(조직법 제7조), 경제·사회·환경 영역의 공공 정책 평가 활동(조직법 제4조)을 추가했다.

3. 경제사회환경위원회의 법적 지위와 구성

헌법[18]은 제11장에 CESE의 임무와 구성을 제69~71조에 걸쳐 규정하고 있다. 제69조[19]에 따르면 "경제사회환경위원회는 정부에 의해 기능하고, 법, 긴급명령, 시행령의 계획, 정부 소관 법안에 대한 의견을 제시한다. 경제사회환경위원회 위원은 소관 계획이나 제안에 대해 위원회의 의견을 의회에 발표할 수 있다"고 임무를 정해놓았고, 또한 "경제사회환경위원회는 시민 청원 요구에 의해 의견을 개진할 수 있으며 여기에 관한 조건은 조직법으로 규정한다. 서명에 대한 검사 결과는 정부와 의회에 보고하고 사후 계획을 제시한다"고 규정했다.

제70조에는 "경제사회환경위원회는 또한 경제, 사회, 환경에 관한 모든 문제에 대해 정부와 의회에 의해 자문을 요청받을 수 있다. 정부는 공공 재정의 다년간의 방향을 결정하는 사업 계획과 관련 법률에 대해 위원회의 자문을 구할 수 있다. 경제, 사회, 환경에 관한 모든 법의 계획과 구성안에 대해 의견을 제출할 수 있다"고 규정하고 있다. 그리고 제71항에는 CESE의 위원은 233명 한도 안에서 구성되며, 그 구성과 기능에 관한 규칙은 조직법으로 규정하도록 명시하고 있다.

CESE는 상하원에 견줘 입법권에서 차이가 있을 뿐만 아니라, 상하원이 갖는 면책 특권도 없고, 운영을 위한 규정 역시 헌법재판소의 통제 아래 있는 것이 아니라 정부 시행령을 통해 결정된다. 또한 기관의 전문성을 강화하기 위해 각 영역의 전문위원을 두고 있지만, 그렇다고 해서 특정 분야에 전문성을 지니는 기관은 아니다(Chertier 2009, 5). 구성 대상은 논리적이라기보다는 경험적인 측면이 크다(Chertier 2009, 9). 망데스 프랑스는 CES의 구성이 노동자 계급이나 젊고 진보하는 성향에는 불리하고 보수적이며 특정 소유 계층에는 유리한 구성이라고 비판한 바 있다(Mendès France 1966, 97).

현재의 구성 형태는 1958년 헌법에 의한 구성이 1984년 미테랑의 집권과 사

그림 2. 경제사회환경위원회 본 회의장(2017년 10월)

회 구성의 변화에 따라 노동자 대표와 사회경제 분야의 대표가 확대되는 방식으로 개정된 이후, 1990년 본토 외부DOM-TOM 규정의 변화에 따라 본토 외부 대표자가 1명 추가된 것을 제외하고는 그대로 유지되다가,[20] 2008년 재개정되면서 오늘날에 이르고 있다.

CESE의 구성은 위원의 임명 절차와 참여 단체의 대표성 문제를 핵심으로 하고 있다. 특히 관련 조직법[21] 제7항에서는 CESE에 관련하여 10개 범주로 구성을 정의하고, 범주 내부의 구체적인 구성은 시행령으로 규정한다. **표 1**처럼 사회 분야별 의석 배분은 법을 통해 규정하고, 임명이나 선출 방식, 단체 할당은 시행령으로 규정하고 있다. 해당 사회 분야를 대표하는 단체의 대표성이 의문시되면, 법 개정이 아닌 국사원 재판을 통해(조직법 제9조) 단체를 교체할 수 있다. 또한 2014년부터 10년마다 정부는 위원회 참가 단체들의 대표성 기준, 의석 배분에 대해 위원회의 의견을 구한 뒤 의회에 보고서를 제출한다(조직법 제10조).

'위원'[22]의 임기는 5년으로 2번까지 연임이 가능하며 18세 이상[23]이어야 한다. 경제사회 단체에 의해 위촉되는 위원은 2년 이상 해당 분야에서 활동한 경력이

표 1. 경제사회환경위원회의 233석 배분(2018년 1월 기준)

조직법 규정	시행령 규정[24]
경제 생활과 사회적 대화 140명	
임금 노동자 대표 69명[25]	프랑스민주노동자연맹(CFDT) 18석, 노동총연맹(CGT) 18석, 노동자의 힘(CGT-FO) 14석, 간부총연맹(CGC) 6석, 프랑스기독노동자연맹(CFTC) 6석, 자율노조연합(UNSA) 4석, FSU 1석,[26] 연대노조연합(USS) 2석
상공업·서비스 민간 기업 대표 27명	프랑스기업운동(MEDEF), 중소기업총연합(CGPME), 프랑스상공회의소(CCIF) 간의 협의를 통해 25명 선출, 청년기업가센터(CJD) 1명, 연대·사회적 경제 기업가연합 1명
농업과 농업 경영 기업 대표 20명	농업회의소연합(APCA) 7명, 농지소유자노조총연맹(FNSEA) 9명, 청년농민연합(JA) 2명, 전농(CP) 1명, 지역협력연합(CR) 1명
수공업 대표 10명	직업회의소연합(APCMA) 5명, 수공업자연합(UPA)를 구성하고 있는 직업 단체 간의 협정을 통해 5명 인선
자유전문업 4명	보건 1명, 법률 1명의 기타 자유전문업종 1명을 포함하여 전국자유전문직연합(UNAPL)에서 3명, 전국자유전문직회의소(CNPL)에서 1명 선출
경제 영역 전문가 10명	별도 시행령으로 규정
사회·지역 결속과 단체 생활 60명	
비농업 상호·협동·연대조합 대표 8명	프랑스상호조합연맹(FNMF)에서 비농업 상호공제조합 3명, 생산노동협동기업연맹(CGSCOP) 2명, 소비협동연맹(FNCC) 2명, 연대경제대표로 관련 부처 장관이 1명 선임
농업 생산·가공 상호· 협동조합 대표 4명	농업상호조합연맹(FNMA) 2명, 프랑스농업협동조합연맹(CF) 2명
가족 단체 대표 10명	가족단체연합(UNAF) 6명, 가족운동 단체 4명
기금·단체 활동 대표 8명	단체운동(MA) 제안에 따라 관련 부처 장관이 7명 선임, 프랑스기금센터 1명
본토 외부 지역 사회경제 활동 대표 11명	대표성을 지닌 지역 직업 단체의 조언 아래 본토 외부 관련 정부 부처의 시행령에 따라 인선
학생·청년 대표 4명	대표적 학생조합 대표로 고등교육부 장관 2명, 청년 부문 대표로 장관 임명 2명
사회·문화·스포츠·과학 및 사회주택·장애인·퇴직자 권익 증진 분야 전문가 15명	별도 시행령으로 규정[27]
자연·환경 보호 33명	
자연·환경 보호 분야 기금 및 단체 대표 18명	자연·환경 관련 기금과 단체에서 14명 임명, 전국사냥연맹(FNC) 2명, 전국낚시·수상보호연맹 2명
환경 및 지속 가능 발전 분야 전문가 15명	별도 시행령으로 규정

있어야 한다. 또한 2000년 정치적 임용을 막기 위한 방편으로 유럽의회 의원, 지방의회 의원과 겸임 금지법을 도입, 위원회 위원들의 겸직을 금지하고 있다.

구성에 관련한 특징을 살펴보면 다음과 같다. 첫째, 대규모라는 점이다. 1958년 205명으로 구성된 이래 2008년 233명으로 확대됐다. 이 규모는 다른 나라의 유사 기구에 견줘 20명 이내로 구성되는 한국의 노사정위원회나 37명 선의 국민경제자문회의뿐 아니라, 벨기에 CCE 50명, 그리스 OKE 48명, 이탈리아 CNEL 111명, 아일랜드 NESC 31명, 룩셈부르크 CES 35명, 네덜란드 SER 33명, 포르투갈 CES 63명, 스페인 CES 61명보다 월등히 많다.[28]

둘째, 노사 부문을 넘어서 농민, 자유 전문직, 지역 문제 등 범위가 다양하게 구성된다. 위원회가 포괄하는 직업 단체는 10개의 범주[29]로 상당히 넓다. 다른 유럽에서는 노사를 중심으로 구성되는 벨기에, 이탈리아, 네덜란드의 사례가 있고, 노동 부문 이외에 농업 부문과 다른 부문도 포함하는 그리스, 아일랜드, 룩셈부르크, 포르투갈, 스페인의 사례가 있다.

셋째, 정부의 의견을 공식 대변하는 정부위원은 존재하지 않는다. 233명의 위원 중 170명(73퍼센트)이 직업 단체에 의해 자치적으로 임명되고, 63명(27퍼센트)이 정부와 관련하여 임명된다.[30] 하지만 정부에 의해 임명되는 63명 역시 정부의 입장을 직접 대변하는 정부 대표가 아니라 정부 부처의 책임 아래 전문 단체의 제안에 따라 혹은 전문적 분야의 대표로 발탁된다.

4. 국민 주권적 의회와 시민사회적 경제사회환경위원회의 갈등

개인주의에 기초한 의회주의의 한계를 뛰어넘으려는 시도 — '거대한 상원' 계획

우리는 이러한 역사적 고찰을 통해 CESE의 논쟁 속에서 다음처럼 대립되는 두 가지 공통분모를 인식할 수 있다(Beurier 1982, 1638~1639). 첫째, 프랑스 혹은 유럽의 산업화 시기의 다양한 정체를 보면 인민 또는 국민 주권 개념이 사회적 실체를 완벽하게 대의할 수 없고, 당시 구성된 정치 권력과 별도로 가능한 다른 대의적 요소가 존재했다. 혁명 이론가들은 이러한 요소를 붕괴된 구체제의 동업조합과 더불어 19세기 말부터 합법화되면서 강력한 사회 세력을 형성한 노동조합에서 발견했으며, 이러한 대의적 요소들을 포괄할 수 있는 체제를 주장했다. 둘째, 반면에 보통선거가 권력을 형성하는 데 유일하게 정당한 방법이라는 가정 아래 이것과 동등한 모든 다른 근원의 권력을 의회와 정부에 위험하고 바람직하지 못한 것으로 간주했다.

그렇다면 이러한 보통선거에 의한 민주주의적 개인주의의 가치, 그것에 따른 의회 정치 문화를 프랑스 공화주의 전통에서는 뛰어넘지 못한 것인가? 그렇지는 않다. 이런 정치 문화를 뛰어넘으려는 시도가 드골 체제 아래에서 진행된 적이 있었다.

1960년대에 현재 사회당의 전신인 통합사회당을 이끌던 피에르 망데스 프랑스Pierre Mendès France는 강령적 성격을 띤 저서 《근대적 공화국을 위하여Pour une République moderne》에서 대의민주주의의 발전을 위해 '두 번째 의회Deuxième chambre'를 건설하는 방안을 제시했다.

망데스 프랑스는 "20세기 국가 기구의 활동은 점점 생산과 분배를 비롯한 경제적 영역에 집중되어가고 있는데, (지역구에 기반하여 구성되는) 고전적인 의회 형태는 이러한 문제를 선거의 관점에서 바라볼 줄 밖에 모르거나 이익단체의 압력에 제대로 대응하지 못하는 등 경제적 문제에 대처하는 데 어려움을 겪고 있다. 이러한 경제적 생활을 제대로 운영하기 위해서는 진정한 민주적 권력이 존재하고 기능해야 한다"(Mendès France 1987, 796)며, 이러한 "사회 진화에 따라 더욱 다양한 직업 집단들이 정부 기능에 참여해야 하고 정부는 그 역할을 인식해야 한다"(Ibid.)고 주장하면서 전국의 선출직 대의원을 통한 간접선거로 구성되는 당시의 상원을 개혁해야 한다고 했다. 망데스 프랑스는 또한 "보통선거로 구성된 의회가 이데올로기적, 정치적 혹은 정당적 경향을 표현하는 것이라면, 두 번째 의회는 직업적 이해와 사회적 집단을 대변하는"(Mendès France 1987, 795) 새로운 상원의 성격을 띤다고 설명했다.

또한 망데스 프랑스는 보통선거만을 중시하던 국민 주권 이념에 관련해서도 새로운 견해를 제시했는데, "모든 개인들은 두 가지 다른 형태로 자기를 대변할 수 있는데, 하나는 정치적 의지라는 측면에서 의회 구성을 목적으로 하는 보통선거를 통해서고, 다른 하나는 자기가 속한 계급의 직업적, 경제적 주체로서의 역할이라는 측면에서 생산자와 소비자로 구성되는 협의회에 의해서"(Mendès France 1987, 796~797)라며 새로운 상원이 국민 주권의 원리에 위배되지는 않는다고 주장했다.

이러한 사회주의자들의 노력은 공화주의자 드골[31] 정부와 함께 1969년 헌법 개정안에 제시됐는데, 그것은 상원의원과 함께 사회, 문화, 경제 단체의 대표로 구성되는 협의체로 상원을 확대하려는 이른바 '거대한 상원Grand Sénat' 계획이었다. 이 헌법 개정안은 법의 결정은 상원의 견해를 받아 하원에서 결정될 것을 주장(개정안 제34조)하고 상원에 입안권만을 인정함으로써, '두 번째 의회'에 하원과 동일하게 입안권과 결정권을 제공하여야 한다고 밝힌 망데스 프랑스의 견해와는 약간의 차이가 있었다.

결국 이 계획은 1969년 국민투표에서 부결된 결과 실행되지는 못했다. 피에르 로장발롱 교수는 이 헌법 개정안 부결로 "프랑스인들은 진정한 정당민주주의와 직업 단체들의 대의체를 동시에 거부한 것"(Rosanvallon 1998, 413)이라고 평가하기도 했다.[32]

이익단체의 제도화에 반발하는 노동조합 — 전제주의적 코포라티즘에 대한 경계

그렇다면 누가 이러한 계획에 반대한 것인가? 이 계획은 상원을 유지하고자 하는 보수 세력뿐만 아니라 처음에 이익단체의 제도화를 이끈 노동조합에서도 환영받지 못했다(Reynaud 1975, 276). 당시 대표적인 노조인 CGT, CFDT, FO가 이 계획을 반대했다(Mouriaux 1982, 113). 노조의 반대는 항상 자기들의 목소리가 정치적으로 수렴될 수 있는 최선의 방법을 찾고, 최대한 경제 권력에 근접하려 한 노동조합의 모습을 보았을 때 모순적으로 비칠 수 있다.

그렇다면 왜 노조들은 요구 사항이 성취되려고 하는 순간 거부했는가? 이러한 거부는 과거 프랑스 노동조합의 무정부적 생디칼리슴적 성향에 따라 한 정부의 정책을 반대했다는 단순한 판단으로 충분히 설명되기 어렵다. 장 다니엘 레이노는 그 이유에 대해 다음과 같이 설명한다.

권력의 '참여'는 하나 이상의 의미를 갖는다. 권력에 대한 참여는 행동의 공간을 마련하는 것일 수 있지만, 동시에 권력 내부로 들어가는 것이다. 이것은 저울대에 올려 손익을 가리듯이 이익이 분명하게 가려지지 않을 뿐만 아니라, 좀더 근본적인 원리와도 관련이 있다. 산업민주주의에서 노동운동은 권력에 절대로 참여하지 않을 것을 지향하는 반대 세력이다. 즉 경제 권력은 변할 수 있어도 노동운동은 한결같고, 새로운 권력에 대항해서도 같은 역할로 다시 나타나는 항구적인 항의 세력이다. 권력의 참여는 저항의 효과를 떨어뜨리거나 저항을 마비시킬 위험을 감수하는 것이다. 기업가나 국가의 수장이 자기들의 반대자들에게 중요하면서도 그 반대자들을 종속시킬 수 있는 자리를 제공함으로써 통합을 꾀하는 것은 당연하다. 노동조합이 이런 것에서 가장 큰 위험을 발견하는 것 또한 당연하다. CGT는 물론 FO나 CFDT가 국가로 통합되기를 강하게 거부하려는 경향은 기업가가 기업의 자유를 방어하는 것과 마찬가지다. 이 두 가지 경우 모두, 전체적 국가^{Etat totalitaire}의 위험

을 비판하고 독립의 원리를 방어하는 것이다. (Reynaud 1975, 276~277)

이러한 위험은 이탈리아 파시즘이 전체주의를 가로막는 국민 주권의 정치적 대의 체제를 제거하기 위하여 자주 이용한 경제적 이해의 대의체만큼이나 위험하고 중대한 것으로 여겨졌다. 왜냐하면 이러한 이해들의 대의는 점진적으로 국민들을 직업이나 금전적 반작용을 중심으로 나뉘도록 하고, 국민들의 정치의식을 엄폐하기 위한 방법이기 때문이다. 또한 만약 이렇게 직업 단체들을 포괄하고 있는 권력이 민주주의의 법적 요소들을 폐지하더라도 전국적 저항이 일어나기 어렵다. 레이노는 "현실적으로 노동운동이 정치 권력에 더 많은 영향을 미칠 수 있는 것은 간접적인 방법을 통해서"(Reynaud 1975, 277)라고 주장한다. 즉 노동운동이 정부에 문제 제기하고 요구하는 입장에서 법의 입안과 결정권을 갖는 위치로 변화하는 순간, 단결하여 쟁취하는 '조합적인' 성격은 사라지고 권력 집단이 된다는 것이다. 그리하여 노조는 노동조합적 성격을 유지하기 위한 방안으로 상원 개혁안에 반대했다고 할 수 있다.

이렇게 '국민'의 일부인 직업 집단의 대표권 획득과 전제주의적 파시즘에 대한 경계 사이의 긴장은 한편으로는 '권력과 긴밀한 관계를 가지지만 권한과 책임에서 자유롭'고, 다른 한편으로는 '연결되지 않은 강력 모터'로 지칭되는 현재 CESE의 모습을 낳았다.[33]

경제사회환경위원회의 구실과 활동

그렇다고 CESE가 의미 없는 기구는 아니다. 많은 논쟁에도 불구하고 CESE는 1958년 제5공화국 헌법 이래 60년 동안 비교적 안정적으로 운영되고 있다. CESE의 기능과 역할은 다음같이 정리할 수 있다.

첫째, 정부가 법안을 상정하기 전에 그 사회적 영향을 미리 예측할 수 있는 이른바 '사회적 실험실' 역할을 한다. 정부는 CESE에 정부 위탁 활동saisine par le gouvernement[34]을 요청하여 법안이 의회를 통과하기 이전에 사회 각 진영의 공식 입장을 미리 청취함으로써 법안이 미칠 사회적 파급력을 예측할 수 있다. 또한 CESE는 비록 강제성은 없지만 입법안이 통과되기 이전에 자기의 의견을 자발적으로 미리 제출하여 법안이 정부 기관 혹은 행정 기관에서 형성되는 과정부터 영향을 미칠 수도 있고, 연구를 통해 새로운 법의 입안을 조언하는 등 의원, 정부와 행정 관료들에게 어느 정도의 영향력을 발휘할 수도 있다. 이렇게 하기 위해 CESE는 정부에 의한 위탁 활동을 수행할 뿐만 아니라, 자기들이 스스로 자기 연구를 발의할 수 있는 자기 위탁 활동권 기능을 가지고 있다.[35]

CESE의 의견이나 연구 내용은 보고자를 중심으로 본회의에서 토론되고 수정안을 거쳐, 위원들 다수의 찬성으로 공식 의견으로 채택된다. 채택된 내용은 보고서 형식으로 출판되는데, 보고서에는 위원회의 토론 내용과 투표 결과, 참여한 개별 단체들의 찬성 혹은 반대 입장이 개진된다. 위원회의 의견이나 연구는 정부나 국회의 입안 과정에서 정치인에 의해 공신력이 있고 중요한 여론 자료로 인용되기도 한다(Frayssinet 1996, 122).

둘째, CESE의 활동을 통해 정부 기관과 의회 기관과 이익집단 사이의 많은 정보가 유통되도록 하는 '정보의 교차로' 역할을 한다. CESE의 위원들은 주로 분과와 그룹을 통해 활동한다. 분과가 조사 대상에 따라 구분되고 위원들의 전문 능력에 따라 배정받는 곳이라면, 그룹은 사상적 성향이나 방어하거나 대변하여야 하는 이해의 경향에 따라 조직된다.

분과는 의회 활동을 모방한 것으로, 사회 문제 영역에 따라 9개 분과[36]로 나뉘어 위원들이 참가하고 있다. 분과를 중심으로 정부에서 요청하는 자문이나 연구가 배분되며, 또한 분과 내부에서 자기의 자율적인 연구나 의견 개진을 계획하여 본회의에 승인을 요구할 수 있다. 분과 내부에서는 보고서 내용을 발표하기 위해 각 보고서마다 '보고자rapporteur'를 지정하며, 보고자는 분과 내부의 위원이나 분과 성원[37]도 가능하다(내규 16조). 또한 활동 영역이 중첩되는 한에서 분과들 시이의 공동 작업이 가능하며, 내규 15조에 따라 분과 활동 중에 중앙 사무국을 통해 다른 분과의 자문이나 협조를 구할 수 있다.

반면 그룹은 현재 18개[38]로 구성되어 있다. 그룹의 역할은 소속 단체의 이해를 대변하기 위해 전략과 전술을 기획하며, 이 전략과 전술에 따라 각각 분과에 소속 위원을 파견하고, '의회그룹'처럼 집단적 의견을 제시하거나 연대의 입장을 나타내기도 하며, 특히 본회의에서 의견에 대한 최종 투표를 할 때 자기 그룹의 입장을 정리하고 다른 그룹들과 연대하여 자기 그룹의 의견을 관철하기 위해 노력하는 것이다(Frayssinet 1996, 99~100).

직업 단체의 대표들은 이러한 분과와 그룹 활동을 통해 정부와 국회의 다양한 자료들을 요청하고 수집할 수 있다. 특히 위원회 사무국은 이러한 정보의 유통이 원활하게 진행되도록 지원하며, 또한 통계청에서 파견된 비서들이 이러한 활동을 보좌하고 있다.

셋째, 사회 그룹들 사이의 대화를 통한 '사회적 윤활유' 역할을 들 수 있다. CESE는 매달 2회씩 두 번째 화요일과 네 번째 수요일에 전체 위원들로 구성되는 본회의Assemblée plénière를 개최한다(내규 25조).[39] 구성과 기능 면에서 의회와 유사한 이 본회의는 CESE의 고유한 모임이다. 이곳은 분과 내부의 발표자에 의해 정부에서 요구한 과제를 포함하여 모든 위원회의 의견이나 연구가 토론, 수정, 확정되는 공간이다. 이러한 모임을 통해서 CESE는 정부와 입법부를 상대로 하는 관계뿐만 아니라 직업 단체들 간의 관계에도 영향을 미친다. 더욱이 분과 활동과 그룹 간의 활동 등 긴밀한 접촉과 일상적 대화를 통해 사회의 대표적 직업 단체가 각자의 어려움과 사정을 잘 이해하게 됨에 따라 발생하는 사회적 통합이라는 부가 기능이 발생한다.

그 밖에 CESE는 여론 형성을 위해 관보와 보고서 발간을 통해 연구자들과 시민단체에 경제 분야와 사회 분야에 대한 여론을 형성하는 데 기여하기도 하고, 지역의 CESE와 함께 지역적 연대를 추진하거나, 다른 나라의 유사 단체와 함께 국제적 차원의 연대를 진행하기도 한다.

지역경제사회환경위원회CESER

CESER의 구실

지역경제사회환경위원회Conseil économique, social et environnemental régional, CESER는 광역도의회Conseil régional의 자문 기구다. 광역도의회 의원은 선거로 선출되는 반면 CESER 위원은 대표적인 지역 단체에 의해 선임된다. CESER이 광역도 단위에 설치된 이유는 CESE의 업무를 관장하는 프랑스 행정 단위가 광역도에 해당하기 때문이다. 프랑스의 행정 단위는 시commune, 도département, 광역도région로 구분되며, **표 2**와 같이 관할 업무가 분장된다.

CESER의 구성

CESER의 전체 위원 수는 광역도의 인구수에 비례하여 시행령에 따라 **표 3**과 같이 규정되며,[40] 위원의 임기는 6년이다. 그 구성은 기업 및 자영업 대표(1범주, 32퍼센트), 노조 대표(2범주, 32퍼센트), 시민단체 대표(3범주, 32퍼센트), 전문가(4범주, 4퍼센트)[41] 등 4개 집단으로 구성된다(R4134-1). CESER의 의견은 과반수 참여와 유효투표의 과반수 동의로 채택되고, 소수의 입장을 함께 명시한다(R4134-17). 노조 측 대표위원은 전국 수준 대표 노조, UNSA와 FSU의 대표자를 포함한다(R4134-1). 더불어 2009년 최고행정법원의 판결에 따라 연대노조연합Solisaires의 대표자도 포함한다.[42] 해당 광역도에서 노조의 대표성을 고려하여 광역도 노조 연맹이 선임한다(R4134-3). 광역도지사는 시행령을 통해 CESER를 대표하는 모든 조직 명단과 대표자 수, 그리고 필요한 경우 대표자 임명의 특별한 방법에 대해 규정한다(R4134-4).

표 2. 행정 단위별 관할 업무

행정 단위	관할 업무
시	일반 행정, 사회복지, 방재, 초등교육, 위생, 정화, 상수도, 전기·가스 배급, 쓰레기 처리, 대중교통, 주민등록 관련 업무, 토지 대장, 청년·스포츠, 문화 등 분야
도	사회복지, 보건(공공 의료 사업, 예방), 공공시설, 교육, 기초단체 지원 사업 등
광역도	경제 협력(에너지 관리, 농업 등), 지역개발 사업(공공시설, 인프라와 교통, 환경과 자연환경 정비 사업 등), 교육(중등교육, 평생교육, 직업교육 등), 문화, 연구, 교통, 커뮤니케이션, 관광 등

표 3. CESER 지역별 의석수와 범주별 의석 배분

광역도	1범주	2범주	3범주	4범주	합계
Alsace	25	25	25	3	78
Aquitaine	38	38	38	5	119
Auvergne	24	24	24	3	75
Basse-Normandie	25	25	25	3	78
Bourgogne	25	25	25	3	78
Bretagne	38	38	38	5	119
Centre	32	32	32	4	100
Champagne-Ardenne	25	25	25	3	78
Franche-Comté	22	22	22	3	69
Haute-Normandie	25	25	25	3	78
Ile-de-France	41	41	41	5	128
Languedoc-Roussillon	30	30	30	4	94
Limousin	22	22	22	3	69
Lorraine	31	31	31	4	97
Midi-Pyrénées	38	38	38	5	119
Nord - Pas-de-Calais	38	38	38	5	119
Pays de la Loire	38	38	38	5	119
Picardie	25	25	25	3	78
Poitou-Charentes	25	25	25	3	78
Provence-Alpes-Côte d'Azur	39	39	39	5	122
Rhône-Alpes	39	39	9	5	122

표 4. 일드프랑스 지역 직업선거 결과와 CESER 의석 배분 현황

노조	의석	민간 부문		공공 부문		총 득표수	비율
		득표수[43]	비율	득표수	비율		
CGT	11	367179.09	23.78	131910	25.0	499089.09	24.08
CFDT	10	371210.35	24.04	87465	16.6	458675.35	22.13
FO	6	223953.40	14.51	85703	16.2	309656.40	14.94
CFE-CGC	5	205980.37	13.34	29471	5.6	235451.37	11.36
CFTC	4	165100.07	10.69	19048	3.6	184148.07	8.89
UNSA	2	87021.71	5.64	46378	8.8	133399.71	6.44
Solidaires	2	68175.86	4.42	53213	10.1	121387.86	5.86
기타 노조	1(FSU)	55254.42	3.58	75202(46221)	14.2	130456.42	6.30
합계	41	1543875.27	100	528389	100	2072264.27	100

※ 공공 부문: Thomas 2013; 민간 부문: DGT 2013.

2013년 6월 정부 회람은 CESER의 노조위원 의석 배분 방식을 설명하고 있다.[44] CESER의 두 번째 범주의 구성에 대한 조례를 정하는 과정은 먼저 해당 노조가 대표성의 일반 원칙에 대한 적합성을 확인하고, 이후 노조의 지지도를 평가하게 된다. 이때 노조의 지지도는 최근 지역 차원의 민간 부문 직업선거 결과와 공무원 선거 결과를 종합하여 평가한다. 이 과정은 전국적으로 동일하고 투명하게 각 지역에서 엄격한 방식으로 진행돼야 한다.

의석 배분 방법은 '평균 다수 비례대표제proportionnelle à la plus forte moyenne'에 따른다. 하지만 배분 결과 민간 혹은 공무원의 한 분야에서만 월등한 지지를 획득한 노조가 참가하지 못하게 된다면, 2009년 판례에 따라 그 노조에 한 석을 배분한다. 가령 파리를 포함하고 있는 일드프랑스Ile-de-France CESER의 경우, **표 4**와 같이 의석을 배분하고 있다.[45]

5. 소결

CESE의 정치적 위치는 한편으로는 민주주의 체제에서 보통선거로 선출된 의회 체계와 경제적 이익단체들의 대의적 참여라는 국민 주권적 긴장 관계 속에 위치해 있고, 다른 한편으로는 저항적 사회 집단에 대한 정부의 체제 내화 노력과 국가 기관에서 독립성을 확보하려는 노동조합 사이의 갈등 관계 속에 놓여 있다고 할 수 있다. 국민 주권 개념과 코포라티즘 논쟁 속에서 CESE에 대한 이론적 논의는 아직 진행형이라 할 수 있으며, 현재의 CESE 구성 역시 경제 구조와 산업 구조의 변화에 따라 유동적이라 할 수 있다.

하지만 앞의 논의를 통해 다음처럼 잠정적인 정리를 해볼 수 있다.

첫째, 이익단체는 정당을 통해 정치에 참여한다는 일반적인 정치과정론과 달리 프랑스의 CESE 사례는 비록 자문 기관의 위상이기는 하지만 이익단체들이 정치적 제도화를 통해서 직접 정치에 상시적이고 지속적으로 참여할 수 있다는 사실을 보여준다.

둘째, CESE는 보통선거에 의한 의회 제도와 사회적 이해 세력의 대표성 간의 국민 주권적 갈등을 지니고 있다. 프랑스 혁명 이후의 국민 주권 개념과 이익집단의 대표성에 대한 논의를 통해 국민 주권 개념이 확대되어 이익집단의 대표성을 포괄할 수 있을 가능성에 대해 살펴보았고, 또한 이익집단의 의회적 대표 제도가 국민투표적 의회를 전체주의적으로 혹은 국가코포라티즘으로 대체하는 것이 아니라 민주적으로 보족한다면 공화주의와 대립되지 않을 가능성에 대해 살펴보았다.

셋째, 노동조합은 역사적으로 이익단체가 대표성을 확보하기 위해 투쟁했지만, 동시에 자기들이 정부와 의회에 종속되지 않고 자율성을 지니면서, 정부와 의회에 대해 자기들의 이익을 요구하는 위치에 있고자 한다.

넷째, 정부는 이익집단의 정치적 제도화를 통해 정책 입안 과정에 많은 도움을 얻을 수 있고, 이익집단들도 정치 활동에서 자율적으로 CESE를 통해 정부의 정책 형성 과정에 영향을 미치고, 정부 기관과 의회 기관의 정보를 획득하는데 용이하며, 이익집단 사이에도 각자의 상황과 처지를 인식함에 따라 사회적인 통합 기능이라는 중요한 역할을 하기도 한다.

과제와 시사점도 제기할 수 있다. 우선 1980년대 이후 가장 큰 사회 통합의 이슈가 되고 있는 인종과 종교 영역에서의 참여는 존재하지 않는다. 정교 분리의 원칙, 인종 앞의 절대 평등이라는 공화국 원리를 기반으로 한 CESE의 구성이라는 점에서 당연하다고 할 수 있지만, 1980년대 이후 지속적으로 발생하는 방리유 소요 문제나 종교적 갈등을 생각하면, 이 영역들의 참여를 고려해볼 필요도 있다. 또한 1990년대 이후 실업률이 항상 10퍼센트 안팎을 기록했다면 실업자 단체의 참여도 심각하게 고려해볼 수 있다.

그리고 한국에서는 프랑스 CESE가 노사정위원회와 연관되어 주목을 받았다. 물론 노사가 중심적으로 참여하는 기구라는 측면에서 유사성을 지니고 있지만, 노동 사안에 대한 이해관계자 협의가 중심인 노사정위원회와 순수 자문기구인 CESE는 본질적인 차이를 갖는다. 프랑스에서 사회적 협의는 사회적 정상회의sommet social를 통해 진행되며, CESE와 한국의 국민정책자문회의는 헌법상 자문 기관이라는 본질적인 유사성을 지닌다. 향후 국민정책자문회의의 발전 방안에 관련하여 하나의 모델로 논의할 수 있을 것이다.

끝으로 '그래서 프랑스에서는 사회적 갈등이 잘 해소되고 있는가'는 질문을 던진다면, 여기에서 그 질문에 답하기는 어렵다. 왜냐하면 정치 제도에 앞서 갈등의 소재나 그 갈등에 놓인 사회적 상황에 따라 해결 가능성 자체가 달라지기 때문이다. 하지만 결을 달리하여 '민주적 절차를 통해 구성된 정부는 갈등을 사회화하는 하나의 가장 거대한 도구'(Schattschneider 1960, 56)라는, 즉 민주주의의 핵심이 '갈등의 사회화와 조직화'(Schattschneider 1960, 222)에 있다는 관점을 도입해, '그래서 프랑스에서는 갈등이 용이하게 사회화되고 있는가'는 질문을 던진다면, 프랑스 모델은 의회나 행정부만으로 대의민주주의 제도를 이끌어가는 곳보다는 사회 곳곳의 다양한 갈등들이 묵혀지거나 간과되지 않고 사회적으로 표출되는 효과를 발휘하고 있어 보인다.

3장

노사 분쟁과 노동법원

노동법원을 다루는 이유는 프랑스에서는 노동법원의 운영 자체가 노사가 선출한 명예판사로 구성된 사회적 대화의 연장이기 때문이다.[1] 여기에서는 노사 분쟁 조정 제도나 관련법 자체를 다루기보다는, 이 과정에서 프랑스의 사회적 대화의 특성을 도출하는 데 중점을 둔다.

노동법원은 한국에서도 2005년 사법제도개혁추진위원회에서 필요성이 제기되기도 했다. 사법제도개혁추진위원회의 김선수 변호사에 따르면, 현재의 "노동위원회가 제대로 기능하지 못했고, 노동 사건을 처리하는 법원의 판결에 대한 개선 목소리가 높았다. 전문 법원으로서 노동법원의 필요성은 1987년 노동자 대투쟁 이후 처음 제기됐다. 당시 한국노총에서 1심과 2심 노동법원을 도입하자고 했다"(고제규 외 2016, 6화). 하지만 노동법원은 도입되지 못했다. "그때 법원이 노동법원을 설립하는 데 적극적이지 않았다. 직업 판사뿐 아니라 노사를 대표한 참심원(명예판사)이 판결에 참여하는 것에 대해 부담스러워했다. 노동부는 노동위원회 기능이 약화된다고 보았기에 반대했고, 경영계는 '노동' 문구가 들어가는 특별법원이 생기면 노동계에만 유리한 것 아니냐며 반대했다. 한

그림 1. 해고 분쟁 처리 과정 비교

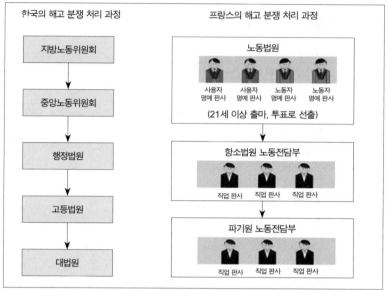

※ 출처: 고제규 2016.

국노총과 민주노총 등 노동계는 찬성했다. 그래서 장기 과제로 남겼다"(고제규 외 2016, 6화).

먼저 분쟁 조정 과정을 간단하게 정리해보자. 분쟁 중에 당사자가 구제를 받기 위해서는 어떤 절차를 거쳐야 하는가? **그림 1**처럼 한국에서는 먼저 행정 기관인 지방노동위원회와 중앙노동위원회를 거쳐 사법 기관인 행정법원, 고등법원, 대법원까지 5심제를 거친다. 이런 절차는 분쟁을 법으로 다투기 전에 전문가들이 참여하는 노동위원회를 거치면서 조정 과정을 밟아 해결을 신속하게 하는 데 목적이 있다.

반면 프랑스에서는 한국의 1심에 해당하는 행정법원이 노사가 선출하는 명예판사(비직업 판사)로 구성되는 특성을 지닌다. 명예판사들은 따로 생업에 종사하며, 현장 경험이 풍부한 노사 명예판사 각각 2명으로 구성된 재판부가 분쟁을 심판한다. 이러한 1심 노동법원을 거쳐서 2심과 3심은 한국의 고등법원과 대법원에 해당하는, 직업판사가 맡는 항소법원Cour d'appel과 파기원Cour de cassation의 노동 사건 전담하는 사회부가 담당하게 된다.

중요한 특징은 바로 1심 노동법원에 해당하는 프뤼돔므 위원회다. 노동법원 제도 역시 노사 간 분쟁이 현장 경험을 통해 신속하게 해결될 수 있게 하는 데 목적이 있다. 프랑스는 노동 사건을 전담하는 특별 법원인 노동법원 제도를 처음 도입한 국가이며, 독일의 노동법원 제도에도 영향을 미쳤다(조용만 2003, 116~117). 하지만 독일의 노동법원이 개별적 노동 분쟁뿐 아니라 집단적 노동 분쟁까지 관할하고 재판부 구성에서도 직업 법관을 중심으로 노사가 선임한 명예법관들이 보좌하는 제도를 취하는 반면, 프랑스 노동법원은 개별적 노동 분쟁만 다루며 노동자와 사용자가 선임한 명예법관들이 동수로 구성되어 운영한다는 점에서 차이가 있다. 1심 재판은 직업 판사의 개입 없이 사용자와 노동자가 선출한 명예판사로만 진행된다. 노동법원의 프랑스적 특징이라 할 수 있다. 노동법원 제도는 프랑스뿐 아니라 스위스나 벨기에, 튀니지에서도 유사하게 도입됐다. 이렇게 노동법원은 노동자와 사용자가 선출하는 명예법관들로 구성되고 운영되며, 직업 법관의 개입은 예외적 경우에만 허용된다는 점에서 '순수한 의미에서의 국가사법조직도 아니고, 그렇다고 노사 직업기구라고도 볼 수 없는'(조용만 2003, 120) 특별한 성격을 지니고 있는 법원 조직이라 할 수 있다.

노동법원에 대해 사회적 대화에 관련한 주요한 문제 제기는 두 가지이다. 첫째, 프랑스에서는 직업 분쟁 때 어떻게 직업 종사자들이 선출한 대표들이 직업 판사나 공권력을 대체하게 됐는가이고, 둘째, 각 직업 종사자들이 선출한 동수의 대표들로 구성된 노동법원이 어떻게 효과적인 운영과 심판을 할 수 있는가이다. 다시 말해 명예판사(프뤼돔므)는 자기를 선출한 사람들을 위해 편향된 판결을 내리기 때문에 효용성이 의심된다는 점이다. 첫째 문제 제기는 노동법원의 기원에 관련하여 살펴보고, 둘째 문제 제기는 노동법원의 운영에서 살펴본다.

1. 직업 판사를 대체한 이해관계자

명예판사에 해당하는 '프뤼돔므Prud'hommes'에서 'prud'는 '유용하다'는 의미를 지닌 라틴어 'prode'에서 온 말이다. 13세기 프랑스에서 가치 있는 자, 사리 분별이 확실한 자, 조언가의 의미를 지닌 'probi homines'이 발전해, 'prud'homme' 라는 말이 직업 세계에서 장인들 사이의 갈등에 개입하는 '직업 옹호자'라는 의미로 사용된다. 이 말이 '명인maître'의 동의어로 사용됐고, 결국 프뤼돔므는 그 직종에서 오랜 경력과 신망을 쌓은 자들로서 명인들 중 '그 직종에서 가장 분별력이 뛰어난 자들les plus prud'hommes du métier'로 선택됐다(Andolfatto 1992, 14).

프뤼돔므는 공장주들의 투표를 통해 선출됐다. 당시 장인들 사이의 분쟁이 발생할 경우 분쟁을 해결하기 위해 프뤼돔므들이 개입했는데, 위원회는 양쪽이 동수로 구성됐다. 특히 유명한 것이 15세기 마르세유 지방의 어부 프뤼돔므prud'hommes pêcheurs로, 어부들 사이에 벌어지는 어업 규정 위반 사례를 판단했다. 16세기 공장주들로만 구성된 프뤼돔므 모임이 직업 운영에 있어 직공들[2]에게는 그 기회가 완전히 닫혀 있었다(Andolfatto 1992, 16). 선거 집단은 장인직 획득일을 기준으로 '최신 세대', '신진 세대', '중진 세대'로 나뉘어 치러지게 된다.

이렇게 해서 직업 내 갈등에 외부 전문가가 아니라 내부 전문가가 개입하는 전통이 만들어졌다. 또한 내부 전문가는 직업 종사자들이 내부 선거를 통해 선출하는 문화가 생겼다. 하지만 이런 전통에 부침이 없는 것은 아니었다. 16세기에 이르자 동업조합 체계는 점점 폐쇄적으로 되고, 선거 방식 역시 귀족적 혹은 금권적 선출 절차로 퇴색되고 있었다(Andolfatto 1992, 16). 선거는 공장주들을 중심으로 하는 절차였고, 대부분의 직공이나 모든 견습공에게는 닫혀진 것이었다. 하지만 공장주 되기가 점점 더 오래 걸리고 비용도 높아지면서 동업조합 운영진의 규모가 축소되는 경향이 존재했고, 직업 운영 체계에서 영원히 직공들의 참여를 금지하는 것은 실제적으로 거의 불가능했다. 이런 현실에 대해 토크빌은 각 신분들이 하나의 '폐쇄적인 소규모의 귀족제'(Tocqueville 1967, 195)가 됐다고 비판한 바 있다.

　이런 상황은 17세기 말 직업 운영에서 선거 방법을 금지하는 변화로 이어졌으며, 모든 동업조합 체계 자체의 쇠퇴를 가져왔다. 18세기 동업조합의 변동은 법적 원인에만 있었던 것은 아니다. 사회학적인 원인이 더 중요했다. 가령 제빵공들이 잘 조직되고 부유한 소수와 파편화된 가난한 다수로 양분되면서 다수는 쓰라린 경험으로 고통받고 공동체 생활에 대해 점점 무관심해진 반면 소수들은 부정한 결탁이나 선거 부정을 통해 직업 운영을 독점해갔다. 그리하여 1776년에 이미 튀르고 칙령은 이 체계를 부정하기에 이르렀으며, 결국 프랑스혁명은 1791년 달라르드 법과 르 샤플리에 법을 통해 동업조합을 폐지했다.

2. 프뤼돔므의 부활

최초의 노동법원이 설치된 곳은 1806년 3월 18일 리옹이었다. 이전에는 노사분쟁을 치안법원이 담당했는데, 리옹 상인들이 자기들에 관련된 분쟁을 해결할 책임을 이해관계자들로 구성된 특별 기구에 위임할 것을 나폴레옹에게 간청해 승인을 받아 노동법원이 설치됐다(조용만 2003, 117). 오늘날의 구조는 1979년 1월 18일 부랭Boulin 법을 통해 제도화된 것이다(Richard et Pascal 2010, 11).[3]

　다른 측면에서 왜 사용자와 노동자는 전문 법관으로 구성된 법원보다 동업자로 구성된 노동법원을 선호했을까? 첫째, 자유로운 계약 관계에 국가(공권력)가 개입하는 것을 꺼려했기 때문이다. 유럽 대륙법 체계의 경우 일원적인 법원 체계를 갖는 영미법과 달리, 일반적으로 이원적 혹은 다원적 법원 체계를 가지고 있다. 이런 차이는 일반적으로 근대 법원 체계가 형성되는 시기, 이른바 민사법원 법관이던 법복 귀족들이 행정에 부당하게 개입하는 행위를 막기 위해 행정법원을 별도로 둔 것에서 기인한다(조용만 2003, 119). 또한 귀족이 정치적 엘리트로서 지속적으로 존속하던 영국과는 달리, 정치적으로 실각한 후 여러 불명예스런 특혜들을 누리려고 한 프랑스 귀족과 독일 귀족 사이의 차이가 이러한 결과를 낳는 데 영향을 미쳤다고 볼 수 있다(Tocqueville 1967, 148~149).

둘째, 노동법원이 엄격한 심판보다는 화해를 우선으로 하는 성격 때문이다. 최초의 노동법원이 세워진 리옹의 사례를 보면, 그 당시 수공업자들의 세계에서는 기술 규칙이나 지역 관례가 유일하게 적용할 수 있는 규범이었다. 수공업자들은 자기들의 세계에서 발생하는 규범을 둘러싼 분쟁에 대해 승자와 패자를 준엄하고 엄격하게 판결하는 법원이 아니라, 신속하면서도 평등하고 분별력 있게 양쪽을 화해시키는 데 목적이 있었다. 실제로 노동법원의 운영은 판결에 앞서 화해 과정을 의무적으로 밟게 돼 있다(L1411-1). 양쪽의 명예판사 2인씩으로 구성되는(2+2) 판결을 하는 재판과^{bureau de jugement}를 거치기 전에 의무적으로 각 1인으로 구성되는(1+1) 화해과^{bureau de conciliation}를 거쳐야 한다.[4] 당사자 사이의 풍부한 논의를 중심으로 하는 화해 과정은 비공개를 원칙으로 한다. 그리하여 1850년 같은 경우에는 분쟁 사건의 85퍼센트가 화해를 맺었다(Ray 1997, 29).

이렇게 역사적으로 노동조합은 직업 법관에 대한 불신이 존재하고, 노사 양쪽에 모두 직업 법관은 기업과 노동 문제에 정통하지 못하다는 인식이 팽배했다(조용만 2003, 130). 이런 인식은 직업 내 분쟁을 직업 외부에 있는 낯선 전문가나 공무원에게 맡기기보다는 경험자나 전문가에게 맡기는 전통으로 이어진다. 이런 전통이 그 직업에서 보기에는 낯선 직업 판사보다는 해당 직종에 관련된 경험이 많은 이해관계자들로 구성된 명예판사들로 구성되는 노동법원으로 제도화된 것이다.

3. 노동법원의 운영과 효용성

노동법원은 민사지방법원tribunal de grand instance 관할마다 1개 이상이 설치된다 (L1422-1). 하나의 노동법원은 다섯 개의 독립된 부서를 둔다. 산업부, 상업·상업 서비스부, 농업부, 기타활동부, 관리·감독직 관련 부로 구성된다(R. 1423-1). 다섯 개 부서마다 노사 양쪽에서 각각 선출된 동수의 명예판사로 구성된다. 명예판 사가 중립적 소송을 가로막아 노동법원의 효율성이 의심된다는 지적에 답하기 위해서는 우선 명예판사의 위치와 지위부터 살펴볼 필요가 있다.

명예판사는 1979년 이래로 2008년 이전까지 5년마다 전국적으로 같은 날 노동 시간에 노동자와 사용자의 직접선거에 따라 노사 별도로 그리고 각 부서 별로 노조 명부 비례대표제로 선출됐지만, 2014년 12월 19일 프뤼돔므 위원 임 명에 관한 법이 개정되어 노사협의회 위원을 선출하는 직업선거 결과에 따라 단체의 대표성에 비례하여 선출된다.[5] 명예판사는 노조나 사용자 단체가 제시 하는 명예판사 후보자 명단에서 노조나 사용자 단체가 획득한 대표성, 즉 직업 선거 득표율에 비례해서 각 단체마다 인원이 배정되어 선출된다. 후보자 명단 에 등록되려면 적어도 21세가 넘어야 하고, 프랑스 국적과 시민권을 지니고 있 어야 한다. 또한 노동자 측 후보가 되려면 기본적으로 노동 계약 상태(정지나 분쟁 상태를 포함)에 있어야 하지만 특정 조건에서는 구직 등록자, 훈련생, 퇴직 자도 명단에 등록할 수 있다. 사용자 측 후보가 되려면 적어도 1명 이상의 노동 자를 고용한 사용자이어야 한다(L1441-16). 그리하여 명예판사는 첫째, 유권자인 노사 측으로서, 둘째, 비례대표 명단을 제출한 특정 단체 소속으로서, 셋째, 자 기에게 현장 능력을 제공하고 고유한 작업과 규칙이 존재하는 직업 세계의 소 속으로서 세 가지의 정체성을 지닌다고 할 수 있다(Willemez 2012, 112).

프랑스의 노동법원 운영에 관련된 특징을 정리하면 다음과 같다.

첫째, 명예판사가 소속 단체에서 어느 정도 독립적일 수 있는 것은 자기의 지위가 보호되는 제도가 존재하고, 자기의 활동에 관련한 비용을 국가가 부담하기 때문이다. 명예판사의 임기는 5년으로 연임이 가능하며, 해고에 대해 특별한 보호를 받으며(L1442-19),[6] 독자적인 활동 시간을 보장받는다(L1442-5). 명예판사는 별도의 보수가 없지만, 생업이나 직업이 있는 경우 노동 시간으로 인정되기도 한다. 이 비용은 그 노동자를 고용한 사용자가 매월 선불하고, 이후 국가에서 돌려받게 된다(L1442-6). 명예판사는 국가가 관리하는 교육을 이수해야 하며, 이 조건을 충족하지 못할 때는 사퇴한 것으로 간주한다(L1442-1). 교육은 일반적으로 정부의 위탁을 받아 명예판사가 소속된 노조와 직업단체가 진행하며, 2008년 12월에 전국 210개 노동법원에서 1만 4512명의 명예판사가 선출됐다(Richard et Pascal 2010, 11).

명예판사는 각 사안에 대해 직업단체나 직업인들의 직접적이고 구체적인 통제를 받지 않으며 임기를 보장받는다. 그래서 명예판사들은 기본적으로 자신의 직업적 경험과 노동법의 해석에 따라 판결하는 경향이 강하며, 항상 자신이 어떤 쪽을 대변해야 한다고 볼 수 없다. 어떤 쪽을 대변하는 것은 변호사의 몫이라고 볼 수 있다. 가령 부당 해고 사건에서 노사 명예판사들이 해고 보상금을 1년 치를 줄지 6개월 치를 줄지를 놓고 다툴 수 있다. 노동법은 최소 6개월 치를 지불해야 한다고 정하고 있다. 이 문제를 계속 논의하면 8개월 치 정도로 절충된다는 것이다(고제규 외 2016, 7화). 파리 노동법원 부법원장에 따르면 1심인 파리 노동법원의 결정에 불복해 항소가 진행될 때, 직업판사로만 구성된 2심에서도 그대로 인정되는 비율이 80퍼센트 정도라고 한다. 그만큼 1심의 결정이 전문성이나 권위의 측면에서 일반 법원에 견줘 떨어지지 않는다(고제규 외 2016, 7화).

둘째, 노사가 항상 하나의 목소리를 내는 것은 아니라는 점이다. 나아가 사회적 경제 사용자 대표로 선출된 명예판사가 항상 동일하게 사용자 측을 대변할 것이라고 확신하기 어렵다. 실제로 사측 선출 명예판사들은 다수가 중소기업 운영자이며, 한 통계에 따르면 사측 선출 명예판사 중 50.8퍼센트가 50인 미만의 사업장 출신이라 한다(Willemez 2012, 132). 반면 노측 선출 명예판사는 68.4퍼센트가 300명 이상의 비교적 큰 기업 출신이었다. 그중 41.3퍼센트가 기능고등학교^{CEP·CAP·BEP} 출신이며 소속 노조에서도 여러 직책을 맡고 있었다(Willemez 2012, 115). 노동법원 소송은 거의 중소기업에서 발생하며, 이 소송들의 대부분(98.5퍼센트)은 노동자가 제기한다(Ray 1997, 30). 노동법이 일방적으로 약자를 보호하는 성격을 지니고, 사용자는 흔히 해고 결정이나 추가 시간에 대한 미지불 결정 등 다양한 선행 조치라는 특혜를 받기 때문에, 노동자는 노동법원을 찾을 수밖에 없다.

셋째, 독립성을 유지하기 위한 명예판사 내부의 문화이다. 한 사측 명예판사는 이렇게 증언한다. "우리는 선거로 선출됐지만, 실제 법원에 착석했을 때는 판결을 하기 위해 있는 것이에요. 우리 소속은 잊어버리죠. 음……하지만 이것이 우리 삶의 경험을 잊어버리라는 것은 아니에요. 당연히 우리들의 감수성을 가지고 있죠. 하지만 소속은 잊어버려요. 이것을 위해 여기에 있는 것이 아니죠"(사용자 측, 과거 섬유 관련 기업주)(Willemez 2012, 122). 명예판사는 '프랑스인의 이름으로' 선거를 통해 선출되고 판결을 내려야 하는 만큼, 자신들이 국민의 대표자라는 의식이 자리한다.

그리하여 노사 동수 원리가 소송을 가로막는 경우는 흔하지 않다. 소속 단체의 명령 위임^{mandat impératif}은 존재하지 않으며, 직업상 오류가 존재할 경우 쉽게 합의에 이른다. 물론 재판 과정에서 양분되는 경우도 있는데, 전체 사건의 약 8퍼센트 정도라고 한다(Ray 1997, 32). 이 경우 노동법 전공이 아닌 직업판사가 재결권을 가지고 개입하게 된다. 그리하여 결정은 직업판사에게 달려 있게 되고, 소송 기간은 가처분을 포함하여 상당히 길어지게 된다(Ray 1997, 32).

명예판사는 구체적으로는 소속 단체와 다른 법률 전문가들과 긴장 관계를 지니기 때문에 이런 사람들에게서 비판도 받는다. 노조나 사용자 단체 법무 책임자들은 명예판사들이 통제 불가능하다고 불만을 제기한다(Willemez 2012, 121).

왜냐하면 명예판사들이 선거를 통해 선출된 만큼 소속 단체만을 대변하는 것이 아니라 전체 프랑스인을 대표해서 판결하기 때문이다. 법무 책임자들은 모든 노조나 사용자 단체가 명예판사를 통해 법률의 전략적이고 전술적인 사용을 고민하며, 노동법원은 노동 단체의 쟁의 공간들 중 하나일 뿐이라는 시각도 있다(Willemez 2012, 122). 이러한 견해는 노조의 법률 소식지나 명예판사 교육 강좌, 심문 과정의 질문, 판결문 작성에서 흔히 드러나며, 또한 명예판사들이 선거 집단이나 단체에 종속됐다는 점을 떠올리게 한다.

반면 직업적 법률가들은 명예판사가 소속 단체에 느끼는 친밀감이나 비전문성이 제대로 된 판결을 내리는 데 방해가 된다고 주장한다. 법무부뿐 아니라 변호사나 재판 서기들도 마찬가지다. 특히 명예판사들의 법률적 무능력에 대해서도 비판이 이어지는데, 절차에 관련된 우유부단함, 법적 논쟁의 문제, 판결문 작성에서 문법이나 맞춤법 오기 같은 작성 오류 등을 지적한다(Willemez 2012, 122).

노동법원이 1심 법원으로 갖는 장점은 다음 같다. 첫째, 승자와 패자가 분명한 심판이 아니라 노사가 서로 수용할 수 있는 화해를 우선으로 한다는 점이다. 노동법에 따르면 노동법원인 "프뤼돔므 위원회는 사용자와 사용자가 고용한 근로자 사이에서 노동법전의 적용 대상이 되는 모든 근로 계약과 관련하여 발생하는 분쟁을 화해를 통해 해결하고, 화해에 도달하지 못할 경우에는 그 소송을 판결한다"(L1411-1)고 기관의 목적을 명시하고 있다. 즉 노사 양자의 화해가 우선이고 화해가 실패했을 때 판결로 이어진다는 장점이 있다.

둘째, 누구나 접근이 용이하고 절차가 간편하다는 점이다. 변호사 선임이 의무가 아니며, 노동법원에 관련한 당시자의 소송 절차 비용은 무료가 원칙이다 (L1442-8),[7] 서류 접수 역시 간편하다. 서기 비서에게 하는 신고만으로 소송 절차가 시작되며, 신고장 양식 역시 매우 간단하여 주요 부분은 주로 '□'에 '√'를 하는 것으로 작성이 가능하다(Ray 1997, 32). 변론 또한 간편하고 자유롭다. 소송 당사자가 소송 대상자의 위반을 증명해야 할 책임을 지닌 일반 법원과 달리, 노동

표 1. 2008년 명예판사 선출 선거 결과

노조		사용자 단체	
단체명	득표율	단체명	득표율
CGT	34.00	사용자권리연합	72.14
CFDT	21.81	(CGPME, FNSEA,	
CGT-FO	15.81	MEDEF, UNAPL,	
CFTC	8.69	UPA)	
CFE-CGC	8.19	사회적경제사용자연합	19.04
UNSA	6.25	(UNIFED, USGERES,	
Solidaires	3.82	GEMA, UNASSAD)	
기타	1.42	기타	8.86

※ 출처: 노동법원 사이트, 2008년 선거 결과.

법원은 해당 산별의 협약과 상황을 인지하고 있는 상황이므로 소송 당사자는 자신의 상황을 설명하는 것만으로도 문제를 해결할 수 있다는 용이함이 있다. 또한 자유로운 토론을 위해 원칙적으로 참관인은 허락되지 않는다.

셋째, 소송 절차의 신속함이다. 노사 분쟁은 시간이 걸릴수록 노사가 모두 비용이 누적되기 때문에 분쟁이 신속하게 해결되는 것이 중요하다. 특히 정리해고 사건의 경우에 실속 절차가 적용된다. 화해 절차는 소 제기일부터 1개월 이내에 진행되어야 하고, 화해를 실패한 경우 화해과는 재판과의 심리 기일을 정하고, 재판과는 6개월 이내 판결을 내려야 한다(조용만 2003, 129). 화해(부분적 화해를 포함)가 맺어지는 경우에는 화해 조서를 작성하게 되는데, 이때 합의 사항의 전부 혹은 일부에 대한 즉시 집행을 명시할 수 있다(R1454-10).

결국 윌메즈의 지적처럼 노동법원은 '수많은 상호작용과 협상, 그리고 역관계의 다원성이 가져온 결과'이며, 이 결과들이 판례가 되어 프랑스 노동법 형성에 기여했다(Willemez 2012, 112). 프랑스에서 전국적 차원 혹은 집단직 차원에서는 사회적 대화 수준은 매우 낮았다고 볼 수 있지만, 개별적 차원에서는 오래전부터 사회적 대화를 통해 분쟁을 해결하는 전통이 있었다고 볼 수 있다.

표 2. 프랑스 법원조직체계

일반적으로 영미법계 국가는 최고 법원을 정점으로 일원적인 법원 체계를 갖추고 있는 반면, 유럽 대륙계 국가의 경우 이원적 또는 다원적 법원 체계를 갖는 것이 특징이다. 가령 미국의 경우 민형사 사건뿐만 아니라 행정 사건과 법률 위헌 쟁송 사건이 모두 최고 법원인 연방대법원의 관할하에 있지만, 프랑스의 경우 민형사 사건을 관할하는 일반(사법) 법원과 행정 사건을 관할하는 행정법원은 상호 독립된 이원적 법원 조직 체계를 갖고 있다. 최고 법원 역시 일반 법원의 경우 파기원(Cour de cassation), 행정법원의 경우 국사원(Conseil d'Etat)이 별도로 존재하고, 그 밖에도 일반 법원과 행정 법원 간의 관할권 다툼을 해결하기 위한 관할쟁의법원(Tribunal des conflits), 법률의 위헌 심판을 담당하는 헌법원(Conseil constitutionnel)이 존재한다.

민형사 사건을 담당하는 일반 법원은 하급심 법원과 상급심 법원으로 나뉜다. 그중 하급심 법원은 민사법원, 형사법원, 특별법원으로 나뉜다. 노동법원은 특별법원에 속하는데, 하급심 특별 법원에는 노동법원 외에 사회보장법원(Tribunal des affaires de sécurité sociale), 상사법원(Tribunal de commerce), 농업임대차법원(Tribunal paritaire de baux ruraux) 등이 있다. 노동법원이 노사가 선출하는 선출 법관 동수로 구성되듯이 상사법원 역시 이해관계자들이 선출한 명예법관만으로 구성된다. 사회보장법원과 농업임대차법원은 명예법관들이 배석판사로 참여한다. 상급심 법원으로는 2심에 해당하는 항소원(Cour d'appel)과 최고 법원으로 파기원이 있다.

행정법원에는 1심으로 지방행정법원(Tribunal administratif), 2심으로 고등행정법원(Cour administrtif d'appel), 최고 법원으로 국사원, 그리고 대통령 관련 전문 특별법원(Haute Cour)이나 장관 관련 법원(Cour de justice de la République), 회계감사법원(Cour des comptes) 같은 특별 행정법원(juridictions administratives spécialisées)이 있다.

ORGANISATION JURIDICTIONNELLE NATIONALE FRANCAISE

	ORDRE JUDICIAIRE		ORDRE ADMINISTRATIF
	MATIÈRE CIVILE	MATIÈRE PÉNALE	

H^TES JURIDICTIONS — **Cour de cassation : chambres** (Sociale | Commerciale | 3 chambres Civiles | Criminelle) — **Conseil d'Etat** (Section du contentieux)

2ÈME DEGRÉ — **Cour d'appel : chambres** (Sociale | Commerciale | Civile | Correctionnelle) | Cour d'assises — **Cour administrative d'appel**

1ER DEGRÉ — Tribunal de Commerce | Tribunal de Grande Instance | Tribunal Correctionnel | Cour d'assises — Tribunal administratif
Conseil de Prud'hommes | Tribunal d'Instance | Tribunal de Police
Juge de proximité

※ 출처: 조용만 2003. 118~119.

4장

공공복지의 제도화와 사회적 대화
실업급여 제도의 운영

복지 영역에서도 사회적 대화는 매우 중요하다. 복지의 발달을 정부가 주도하고 있는 한국의 경우에는 노사의 역할이 부차적이지만, 노사 주도로 복지 제도가 도입된 많은 서유럽 국가의 경우, 일반적으로 노사가 복지 제도 운영에서 주요한 역할을 하고 있다. 프랑스 역시 대표적인 국가 중 하나이다. 여기에서는 대표적인 복지 제도라 할 수 있는 실업보상 제도 운영에서 사회적 대화가 차지하는 역할에 대해 살펴보도록 하겠다.

1. 실업 보상 제도와 사회적 대화

실업자 지원에는 크게 소득 상실에 따른 보상 지원과 직업훈련, 알선 등 재취업 지원이 있는데, 보상 지원은 일반적으로 실업보험unemployment insurance, 실업부조 unemployment assistance, 공적부조public assistance로 나뉜다(유길상 외 1998). 이러한 구분은 각 나라의 상황에 따라 영국, 프랑스, 독일같이 실업보험, 실업부조, 공적부조

등 세 가지를 모두 제공하는 3층제 국가가 있는 반면, 미국, 일본, 한국처럼 실업부조 없이 실업급여 지급 후 공적 부조를 지급하는 2층제 유형의 국가도 있다. 또한 실업보험은 없고 실업부조 제도만 실시하는 오스트레일리아, 뉴질랜드 같은 경우도 있다(이인재 외 2005, 200).

한국에는 없는 실업부조는 실업보험과 함께 실업을 당한 때 손실된 소득을 보장하는 역할을 하는 실업급여에 속한다. 실업보험이 고용됐을 때 가입하여 어느 정도 기여금을 납부한 액수에 따라 급여를 제공하는 계약 관계에 의한 것이라면, 실업부조는 일반적으로 세금이나 공적 재원을 가지고 실업자의 자산, 소득 조사 등을 통해 제공되는 실업자 지원이다. 실업부조는 흔히 실업보험에 규정하는 지급 기간 이후에도 계속 실업 상태로 남아 있을 경우 실업자의 소득을 보장하기 위한 보충적인 방식으로 사용된다.

특히 고용보험 혹은 실업보험 제도를 실행하는 과정에서 보험 운영 관리 조직의 유형은 크게 세 가지로 구분할 수 있다.

첫째, '정부 관리형'이다. 정부의 행정 조직이 보험의 운영과 관리를 직접 하는 방식으로, 일본, 미국, 영국, 캐나다, 오스트리아, 아이슬란드, 아일랜드, 노르웨이, 남아프리카공화국 등에서 채택하고 있다. 주로 노동 관련 부서와 사회보장 부서가 관련 업무를 담당한다. 둘째, '노사정(혼합) 관리형'이다. 실업보험과 직접적인 이해관계를 지니고 있는 노사 대표와 정부 혹은 공익 대표 3자로 구성된 기구를 설치하여 이곳에서 주요 의사 결정을 하고, 구체적인 사업 집행은 공무원과 민간인으로 구성된 특수 행정 조직에 운영하는 방식이다. 독일, 벨기에, 이집트, 그리스, 이스라엘, 이탈리아, 네덜란드, 스페인 등에서 채택하고 있다. 셋째, '노사(민간) 관리형'이다. 고용 정책에 관련된 직업 소개, 상담, 훈련 사업이나 고용 안정 사업 등은 정부 조직에서 담당하지만 실업급여의 관리는 노조가 중심이 된 실업보험기금이 담당하는 경우도 있다. 대표적으로 덴마크, 핀란드, 스웨덴 같은 북유럽 국가들이 이런 경우에 해당한다(유길상 1994, 5). 이 세 가지 유형은 이념형으로, 실제로는 두 가지 형태 이상이 혼재되어 나타나는 경우가 흔하다.

한국의 경우는 고용보험을 고용노동부 장관이 관장하게 되어 있고(고용보험법 제3조), 국고를 통해 고용보험의 재정을 보장하고 있다(동법 제5조)는 점에서 첫째 유형에 해당한다. 다만 고용노동부 장관이 노사정과 공익 대표들이 각각 동수로 참여하는 고용보험위원회를 두어 고용보험 시행에 관한 주요 사항을 심의하게 되어 있어(고용보험법 제7조) 사회적 대화의 요소를 지닌다. 하지만 고용보험위원회는 정부에서 제출한 내용에 대해 사회적 대표들이 심의하는 기구로서, 의안 제출권이나 결정 권한을 지니고 있는 것은 아니다.

프랑스의 실업급여는 노사 협약에 의해 설립된 노사 대표 기구인 UNEDIC이 관리하고 운영한다. 따라서 프랑스는 셋째 유형에 속한다. 다만 UNEDIC의 결정이 집행되려면 정부의 동의가 필수이며, 2008년 12월 이래로 실업보험 관리 업무 중 일부인 실업급여 지급과 실업보험료 징수는 공공 행정 기관인 고용센터Pôle emploi에서 진행하기 때문에 일부에서는 민관 혼합적 요소도 존재한다고 볼 수 있다.[1]

프랑스와 비슷하게 대륙형 또는 보수주의 유형으로서 둘째 유형에 속하는 독일에서는 연방고용청Bundesanstalf für Arbeit, BA이 고용보험 업무를 담당한다. 이 기구는 노사정 대표에 의해 운영되지만 성격은 연방정부 직속의 공공 기관이다. 이사회는 노사정 각 7명의 대표로 구성된다(www.arbeitsagentur.de).[2] 전국 본부, 지방 고용청, 지역 고용사무소 등 3단계로 구성된 연방고용청은 고용보험 사업뿐만 아니라, 고용촉진법에 따라 직업 상담, 직업 소개, 직업훈련 촉진, 직업 재활을 위한 직업촉진급여와 수당을 지급하며, 고용보험 사업과 직업 및 노동시장에 관한 전문적 연구 업무까지 관장하고 있다(유길상 1994, 36).

2. 프랑스 고용 서비스 제도의 특징

프랑스의 경우는 정부의 고용 관련 사업과 실업보험 관리 업무가 각각 고용센터와 UNEDIC으로 나뉘어 있다. 고용센터는 공공 기관이지만 UNEDIC은 민간 협회에 해당한다. 이사회 구성에서도 고용센터는 노사정이 동수로 구성되지만, UNEDIC은 노사만으로 구성된다. 4년마다 정부, UNEDIC, 고용센터 사이의 3자간 협약을 통해 기간마다 공동 사업의 방향과 계획을 제시하고 방향을 조율한다.[3] 두 기구를 비교하면 **표 1**과 같다.

고용 서비스 제도의 특징

프랑스에서 고용 서비스 제도는 크게 세 가지 특징으로 구분할 수 있다. 먼저 노조와 기업인 단체가 관리 운영하는 '실업보험' 기구인 UNEDIC과 정부가 관리 운영하는 '고용'(연대) 기구인 고용센터가 결합된 이중 구조의 특성을 지닌다. 이런 특성은 프랑스의 실업보험 제도가 19세기 말 국가에서는 독립적으로 노동자들의 자발적인 노력 아래 시작됐고, 이후 정부가 이미 형성된 실업보험 제도를 지원하고 고용 제도를 만든 역사적 상황을 반영한다.[4]

다음으로 고용 정책을 추진하는 주체가 전국 단위와 지역 단위로 구분되어 발전되었다.[5] 국가 차원에서도 중앙 정부와 지자체로, 민간 차원에서도 전국과 지역으로 구분되어 진행되었다. 특히 지역 단위에서는 행정 수준에 따라 광역도, 도, 시 차원으로 다원화되어 있다. 예를 들면 2005년 1월 사회통합법에 따라 만들어진 '고용의 집maison d'emploi'은 지역 차원에서 지자체와 고용 단체가 지역 특수성에 맞는 고용 창출에 중점을 둔 대표적인 사례이다. 고용의 집은 시, 도 혹은 경우에 따라 지방정부와 함께 해당 지역의 상황에 따라 구성을 달리하여서 형성되어왔다.

표 1. 프랑스의 실업보상 기구

	고용센터	Unedic
지위	공공 행정 기관(EPA)	민간 협회
운영 주체	정부	노사
이사회 구성	노사정	노사
업무	구직 알선 구직 상담 구직자 분류 구직 활동 점검 실업수당 및 연대수당 지급 구직자 등록 (기여금 징수)	기금 관리 기여금 책정 수당 지급 조건 책정
규모	전국 본부 지방 조직	전국 조직만 존재

표 2. 한국의 실업보험 기구

한국은 세 가지 기구가 중심이다. 먼저 프랑스의 ANPE에 해당하는 고용센터가 있고, 둘째, 보험 기금을 관리하는 고용보험관리공단(고용보험(employment insurance))가 있고, 셋째, 근로복지공단 (Korea Workers' Compensation and Welfare Service)으로 고용보험 적용·징수, 산업재해보상 보험 사업(산업재해 심사), 근로자 복지 증진 사업, 채권 발행 및 실업 대책 사업 등의 사업을 진행한다. 한국의 경우 실업보험 관리나 실업보험 실행, 고용 정책 모두 정부가 주관하며 정부 기관이다. 정부가 필요에 따라 서로 업무를 이관하기도 한다.

여기에 더하여 고용 서비스 단체들이 고용 대상을 특수화하여 전문화되어 있는 모습을 볼 수 있다. 간부 사원 고용을 위해 특화된 관리자고용협회[APEC], 청년 고용을 위한 지역사업단/진로정보안내사무소[missions locales/PAIO], 장애인 고용을 전문으로 하는 CAP-EMPLOI/장애인직업적응기금관리협회[AGEFIPH] 등을 들 수 있다.[6] 이 단체들의 재정은 대부분 정부, 지자체, 실업보험기금, 유럽연합 지원금으로 운영된다.

전국상공업고용조합

전국상공업고용조합, 곧 UNEDIC은 노사가 개편에 합의한 '실업보험제도에 관한 2001년 3월 22일 협약[7]'에 서명한 대표 노사 단체로 구성된다. 노동법 L5422-20에 따라 경영의 독립성을 보장받는다.

이사회에는 협약에 서명한 대표 노조마다 각 5명의 대표를 선출한다. 사용자 단체들은 노조 이사의 수와 동수의 이사를 선출한다. 그리하여 노사 각각 25명의 이사를 선출하게 된다. 또한 각 노조들은 3명씩의 부이사를 선출하며, 사용자 단체들도 동수의 부이사를 선출한다. 부이사는 이사회에 참석하지만, 자신을 선출한 노조나 단체의 이사가 결석할 경우에만 거기에 해당하는 투표권이 주어진다. 이사와 부이사의 임기는 2년이며, 재임이 가능하다(Unédic, Statuts modifiés 2012년 2월 7일). 이사회는 1년에 2~3차례 열리며, 그 밖에 반 이상의 이사가 요구할 경우 임시회를 열 수 있다. 이사회의 결정은 '노사 각각 반수 이상의 이사가 찬성'할 경우에만 유효하다. 이사의 역할은 무급이다. 다만 이사 역할 수행을 이유로 한 급여 손실이나 이동과 숙박비는 보상을 받는다.

UNEDIC 회장단은 회장과 부회장을 2년마다 사용자 측과 노조 측 대표가 번갈아가며 맡는다. 사무국에는 노조마다 1명의 이사를 파견하며, 사용자 단체도 동일한 수의 이사를 파견하여 10명의 이사로 사무국을 구성한다. 지위 변경은 노사 각각 5분의 3 이상의 이사가 찬성해야 하며, 단체의 해산은 이사와 부이사가 참석하는 총회를 통해서만 결정되는데, 이때 노사 각각 3분의 2가 넘는 이사와 부이사가 찬성해야 한다.

UNEDIC 창설 이후 사용자 측 회장단은 줄곧 CNPF(MEDEF의 전신)와 MEDEF에서 담당했다. 노조 측 회장단은 1959~1990년까지는 FO에서 맡았고, 1993년 이후 2016년까지는 CFDT에서 담당하고 있다. 2008년 고용센터를 건립한 이후 기여금 징수와 실업자 보상은 의료보험·가족수당기여금징수조합

Urssaf이라는 징수와 보상 창구에서 진행하지만, 기여금과 급여의 결정은 여전히 UNEDIC에서 진행된다.

노사는 광역도 동수 기관에도 참여한다. 가령 고용센터의 광역도 분과에서도 실업보험 차원의 임무를 지니는데, 구체적으로 실업보험의 규정 준수 여부 감독, 논란이 되는 개별 사안에 대한 결정을 위해 노사가 지역 수준에서도 참여하게 된다.[8]

고용센터

고용센터는 정부 기관이지만, 고용센터의 진로와 예산을 결정하고 집행을 감독하는 기구인 이사회는 정부 이사 5명, 기업주 이사 5명, 노조 이사 5명, 전문가 이사 3명이 참가하여 노사 대표 이사들을 다수로 하여 운영된다. 센터장은 이사들 중에서 1인을 선출한다. 집행을 위해 정부(고용노동부 장관)가 이사회의 의견을 수렴한 뒤 사무총장을 임명하고, 사무총장이 기관 업무를 총괄한다. 지역 수준에도 유사한 형태의 지역 기구가 존재하며, 유사한 방식으로 운영된다.

하지만 처음부터 고용센터를 노사정이 함께 운영한 것은 아니었다. 고용센터의 전신이라 할 수 있는 국립고용청ANPE의 운영 기관은 정부 행정 기관 관료로 구성됐다. 다만 노사와 전문가를 포함하는 자문협의회를 둘 수 있었다. 고용청은 1967년 7월 13일 시행령 n° 67-578[9]에 따라 설치됐는데, 이것에 따르면 관련 행정 기관의 대표들로 운영협의회가 구성되고 사무총장이 이 협의회를 대표한다(제3조). 또한 운영협의회 대표는 자문협의회를 둘 수 있다. 1967년 11월 21일 시행령 n° 67-1014에 따르면, 운영협의회는 사회사업부의 고용노동국장(대표), 사회사업부 고용노동국의 고용서비스과장(부대표), 고위 공무원 상근 그룹 대표, 공무원담당부 1인, 생산·시설 계획위원회와 국토개선 대표 2인, 재정경제부 1인, 산업부 1인, 국방부 1인, 교육부 1인, 주택·시설부 1인, 농업부 1인 등

12인으로 구성되어 순전히 관련 부처 공무원으로 채워졌다.[10]

그러다가 2008년에 ANPE가 효율적인 고용 지원을 위해 실업보험지역센터에 해당하는 지방상공업고용협회[Assedic]와 통합하면서 노사가 운영하는 민간 단체인 Assedic의 구조를 수용한 결과, 현재와 같은 노사정 공동 운영 체계의 모습을 갖추게 된다. 프랑스 실업보상 기구의 운영을 보면 실업보험을 노사가 자율적으로 관리할 뿐만 아니라 고용 정책도 노사정이 공동으로 운영하는 고용센터 이사회가 구성되는 등 사회적 대화의 요소가 강하다. 어떻게 해서 이러한 구조가 형성됐을까? 프랑스는 어떻게 해서 실업보험의 관리와 고용 정책이 구분되는 형태를 지니고 있을까? 이런 의문을 해결하려면 실업보상 기구의 발전 과정을 살펴보아야 한다.

3. 실업보상 제도의 수립과 발전

실업보상 제도의 시초

프랑스에서 전국적인 의무적 실업보상 제도가 도입된 것은 1958년이다. 하지만 1958년의 제도는 19세기 말 이후 노동운동과 사회 제도에서 유례를 찾을 수 있다. 그러므로 1958년 제도의 성격을 이해하려면 실업보장 제도에 관련한 19세기 말부터 20세기 초 사이의 논쟁을 먼저 설명해야 한다. 여기에서는 제도에 대한 간단한 설명, 이것에 관련된 사회적 대화의 속성을 중심으로 살펴보겠다.[11]

먼저 프랑스는 어떻게 해서 실업보험의 관리와 고용 정책이 구분되는 형태를 지니고 있는 것인가? 프랑스의 실업보상 제도가 분리되어 운영되는 원인은 역사적 설립 과정에서 찾을 수 있다(Eydoux 2004, 2). 프랑스 최초의 실업보험 제도는 19세기 중엽 노동자들의 자발적인 노력에 따른 상호부조였고, 이후 1884년 노조가 허용된 다음에는 자연스럽게 노조가 실업보험 제도를 운영하고 관리하게 된다. 지역 차원에서 노조가 설립한 실업보험 제도는 직업이나 상황에 따라 다양한 형태를 띠었으며, 지역 노조의 상황에 따라 보험 제도가 부재한 경우도 있었다. 지역과 산업 간의 편차를 극복하기 위해 20세기 초부터 정부가 이 보험 제도에 보조금을 지원하고(1905년), 이후 지역 차원에서 공적 지원을 하면서(1914년) 중앙 정부와 지자체가 참여하게 된다. 그 결과 1914년 이후 보험보상 제도는 노조가 관리 운영하는 보험 제도와 정부가 관리 운영하는 복지 제도가 결합된 이중 구조를 지니게 된다. 이런 구조가 1958년에 법으로 제도화된다.

이런 구조 속에서 노사 등 이해관계자들이 사회보장 제도를 주도하게 된다. 특히 노조가 설립한 실업보험이 제도화되는 과정에서 1945년 10월 5일법에 따라 설치된 사회보장 제도 설립을 위한 특별전문협의회에 정부 부처의 대표와 노사 대표, 전문가가 참여했다. 이 논의 과정에서 CGT와 CFTC는 사회보장기금의 관리와 운영에 공적 권력을 배제한다는 입장을 견지했고, 이러한 태도는 지금도 유지되고 있다.

또한 사용자 단체와 관련해서도 흥미로운 사실이 있다. 실업보상 제도의 설립이 진행되던 2차 대전 이후에 전후 경제 재건과 사회복지의 확대를 추구한 정부나 실업보상 제도의 설립을 지속적으로 주장한 노조가 실업보상 제도 설립에 환영의 입장을 나타냈으리라는 점은 두말할 나위가 없다. 하지만 사용자 단체는 어떤 입장에서 실업보상 제도에 합의했을까? 더욱이 최초의 기여금 분담률은 전체적으로 임금의 1퍼센트를 납부하되, 사용자가 80퍼센트를 분담하고 노동자가 20퍼센트를 각각 분담하기로 하여 사용자가 노동자보다 4배나 더 많은 기여금을 부담했다. 실업에 대한 사용자의 책임성을 노동자보다 4배 더 묻는다고 볼 수 있다. 이 문제를 이해하려면 당시 사용자 단체를 둘러싼 특수한 상황을 살펴볼 필요가 있다. 2차 대전 이후의 사용자 단체는 현재의 사용자 단체와 속성을 약간 달리한다고 볼 수 있다. 2차 대전 중 친독 비시 정부는 노사 단체를 해산한 뒤 국가 코포라티즘에 입각해 노사 단체를 재구성했다. 당시 비시 정부의 탄압에도 불구하고 지하에서 레지스탕스 운동을 전개한 급진파 계열인 CGT는 전후 프랑스인들의 높은 지지와 더불어 즉각적으로 재건되고 확대된다.[12] 하지만 전후 사용자 단체는 목소리를 높일 수 있는 상황이 아니었다. 친독 비시 정부 당시 주요 사용자들은 친독 정부에 저항하기보다는 국가 코포라티즘의 일원으로 행동했기 때문에 전후에는 입지가 상당히 약할 수밖에 없었고, 주요 기간산업을 국유화하자는 목소리가 힘을 받았다.

당시 사용자 단체의 성격은 사용자들의 이익을 수호하는 이익집단의 성격과 함께 경제 재건의 임무를 지닌 기구의 성격을 동시에 지녔다. UNEDIC의 초대 회장(1958~1990년)이자 FO의 사무총장이던 앙드레 베르제롱André Bergeron에 따르면, 당시 CNPF에서 활동하던 사람들이 모두 고용주는 아니었으며 행정 기관에 들어가듯 경제 재건의 임무를 지니고 CNPF에 들어가 활동하는 경우도 있었다.[13] 또한 CNPF의 초기인 1946년부터 1966년까지 20년간 회장을 맡은 조르지 빌리에Georges Villiers는 중견 제철 기업을 이끈 기업가였지만, 동시에 1941년부터 1942년까지 미점령 지역인 리옹에서 시장을 역임하다가 비시 정부에 의해 해임된 뒤 리옹에서 레지스탕스를 지원한 혐의로 체포되어 다하우 강제수용소로 보내지기도 했다. 이러한 경력은 사용자 단체를 대표하여 드골과 함께 경제 재건의 업무를 책임지는 데 잘 맞았다고 볼 수 있다.

당시 정치적 환경을 보면 2차 대전 직후에 실질적으로 의회와 정부를 운영한 다수파는 공산당이었다. 1944년 8월 25일에 파리가 해방되고 9월 9일에 드골을 수반으로 하는 임시 정부가 조직됐다. 그리고 1945년 10월 21일에 치른 총선에서 공산당이 161석으로 제1당이 되고 사회당과 대중공화운동이 각각 150석을 차지하여, 세 정당을 중심으로 제헌 의회를 구성한다.

2차 대전 직후 당시 정부의 주요 정책은 1943년 5월 27일에 결성되어 레지스탕스 운동을 이끈 CNR의 강령에 기반을 둔다. 이 강령은 이미 '생산 종사자의 의견을 반영하는 국가 정책으로 생산력 강화,' '노동자의 경영 참여,' '국가와 수혜자 대표의 관리하에 완전한 사회보장 제도의 확립'을 명시하고 있다. 그리하여 전후 프랑스 노동운동이 레지스탕스 운동의 연장선상에서 확산되고 발전한 점은 이후 정치와 노동관계를 이해하는 데에서 매우 중요한 점이다. 노동운동가들에게는 생산의 주인공이 저항의 주인공이자 해방 이후 경제 재건의 주인공이 되어야 한다는 생각이 지배적이었고, 이러한 생각이 어느 정도 수용됐다. 결국 전후의 정치적이고 사회적인 역관계가 노동자에게 상당히 유리하게 조성됐다고 할 수 있다.

실업 보상 제도의 제도화와 발전

프랑스에서 전국적 실업 보상 제도가 도입된 때는 1958년이다. 독일이 1927년에 실업보장 제도를 도입한 데 견주면 조금 늦다고 할 수 있다. 1958년 드골의 지지 아래 노사가 함께 고용보험기금관리조합인 UNEDIC과 상공업고용협회 association pour l'emploi dans l'industrie et le commerce, Assédic를 설립했다. 두 기구는 모두 민간 기구로서 노사 공동으로 운영됐는데, UNEDIC은 중앙 기구로서 사회기여금의 비율과 실업급여의 액수를 결정하는 기금 관리 기구라면, Assédic은 지역 네트워크로서 기업을 가입시키고, 사회기여금을 징수하고, 구직자 등록을 받고, 실업급여를 지급하는 창구 구실을 했다.

1958년에 UNEDIC이 설립될 때 기구 대표를 당시 제1노조이던 CGT가 아닌 FO가 담당했는데, 그 이유로 사회보장에 대한 CGT의 소극적 태도를 들 수 있다. CGT 내부에서는 사회보장에 대한 입장이 다양했다. 사회보장이 노동자들의 투쟁으로 획득된 성과라는 데 이견이 없었지만, 더 많은 사회보장을 획득하기 위해 전념하는 문제를 둘러싸고는 결을 달리했다. '개량이나 계급 타협을 목표로 투쟁할 것인가' 아니면 '계급 투쟁에 전념하면서 사회보장을 쟁취할 것인가 하는 문제였다. 1958년 실업보상 제도에 대한 교섭이 시작됐을 때에도 CGT는 실업보상 제도가 사회보장 일반 체제에 포함돼야 한다는 주장을 하며 협상에 참여하지 않다가, UNEDIC과 Assedic이 설립되고 난 이후에야 운영에 참여했다.[14]

결국 1950년 사회보장기금 대표 선거에서 CGT가 과반수 획득에 실패하고, 오히려 때에 따라 반CGT 연합을 형성한 (CFDT로 분리하기 이전의) CFTC와 FO가 합해서 과반을 차지했다. CFTC와 FO의 연대 속에서 UNEDIC의 대표를 CGT가 아닌 다른 노조에서 맡게 됐다. 그런데 왜 CFTC가 아니라 FO가 담당했을까? 그것은 실업보장 제도를 처음 제안하고 주도한 단체가 FO였기 때문이다. 1956년 당시 FO 사무총장이던 로베르 보트로Robert Bothereau의 제안으로 실업보상 제도에 대한 공식 논의가 시작된다. 또한 CGT 입장에서도 선두를 놓고 경쟁 관계에 있던 CFTC가 맡는 것보다는 FO가 맡는 것을 선호하기도 했다. 결국 UNEDIC의 초대 회장에 선임된 FO의 사무총장 앙드레 베르제롱은 1958년부터 1990년까지 회장 임무를 수행했다.

실업보험 사업이 전개되는 사이에 정부의 고용 지원 사업도 제도화됐다. 1963년 정부는 전국고용기금FNE을 마련하고 1967년 7월에 구직 일자리를 제공하는 ANPE를 설립했다. 이때는 자크 시라크가 고용담당 장관으로 재임하는 시기였다. 그리하여 프랑스의 실업보상 제도는 실업보험와 실업복지가 구분되어 운영되었다. 단일 제도로 통합되어 운영된 5년(1979~1984년)을 제외하고는 기본적으로 실업보험은 노사가, 실업복지(일자리 제공과 직업교육)는 정부가 관리 주체로 운영됐다.[15] 1984년의 분리는 다음과 같이 전개됐다. 1980년대에 보험 적자에 따라 정부가 기여금 부담률을 인상하라는 압력을 넣자, 1982년에 CNPE가 부담률 인상 반대와 정부의 재정 지원 확대를 요구하며 UNEDIC에서 탈퇴하게 된다. 결국 CNPE는 보험과 복지를 다시 분리하자고 주장하고, 실업복지 부분을 정부가 다시 맡게 되면서 재분리된다.

한편 2008년 개혁을 통해 다시 실업보험과 복지가 다시 역할을 분담하게 된다. 2000년대 이후 정부가 고용 정책에 더욱 적극적으로 개입하면서 실업보험과 결합력이 높아진다. 실업보험의 관리는 여전히 노사가 UNEDIC을 통해 진행하지만, 실업급여를 중심으로 정부의 고용 정책이 고용센터를 중심으로 구체화된다. 결국 2008년 말 Assédic은 ANPE와 통합하여 현재의 고용센터로 전환됐다. 그 이후 실업보험의 실업자 관리와 정부의 실업 정책이 결합되어 실업보험기금 관리를 제외한 다른 영역이 정부 기구에 통합되어 운영되고 있다. 즉 실업보험기금의 운영과 관리는 노사가 자율적으로 진행되지만, 관련된 집행은 정부의 다른 복지 정책과 통합되어 진행되고 있다.

2008년 고용 서비스 제도 개혁의 방향 — 고용청과 상공업고용조합의 통합

2008년 고용 서비스 기관 ANPE와 민간 실업보험기금 관리 기구 UNEDIC의 업무 통합을 통한 고용 창구 단일화를 핵심 내용으로 하는 '고용서비스 개혁에 관한 법loi relatif à la réforme du service public de l'emploi'이 제정됐다.[16] 이 개혁은 고용과 관련하여 고용 제공 서비스와 실업보상으로 이원화되어 있는 기관의 업무를 통합함으로써 고용 관련 공공 서비스 과정을 더욱 단순화하고 용이하게 하는 목적을 지니고 있다. 또한 구직 활동과 실업보상을 연계함으로써 실업자들의 구직 활동을 강제하고, 더욱 직접적이면서 신속한 구직-보상 관계를 형성한다는 의도를 가지고 있기도 했다. 두 기관 간의 업무 통합은 이미 여러 보고서[17]에서 지적됐으며, 2005년 1월 18일 사회통합법loi de cohésion sociale에서 두 기관이 '접근rapprochement'을 시작한 이래 2008년 '고용센터'로 통합됐다.

2008년 이전에는 구조적으로 노사 대표들로 구성된 실업보험 기여금 및 실업보상금 제정 등 전반적인 실업기금을 관리하는 전국 기관인 UNEDIC과 기여금과 보상금을 수급하는 지방 네트워크인 '지방상공업고용협회Assedic'라는 민간 단체를 한 축으로 하고, 실업자들의 고용을 담당하는 정부 단체인 ANPE를 다른 한 축으로 하는 이중 구조를 가졌다. 하지만 Assedic의 민간 네크워크는 노사가 분담하는 실업기금 관리뿐만 아니라 정부에서 시행하는 여러 고용 연대 제도의 수당 혹은 급여를 지급하는 역할을 위임받아 집행함에 따라,[18] 단순한 실업보험의 관리는 노사 대표의 민간 기관이 맡고 고용은 정부 기관이 맡는 이 분법을 뛰어넘어, 실업기금 조성, 취업, 실업수당 지급과 중단이라는 전체 과정 이 공공 기관과 민간 기관에 의해 공동 관리되는 모습을 띠고 있었다.

이렇게 나뉜 고용 서비스 기관들 사이는 2005년 1월 사회통합법 이후에 통 합의 흐름이 나타난다. ANPE가 '명목상' 독점하고 있던 직업 소개 업무가 그동 안 활성화된 민간 직업 소개 기관으로 점차 이전되면서[19] ANPE의 업무 중심이 다른 지역 고용 협력 단체와 협력해 전문화된 직업교육과 고용 동반을 제공하 는 데 집중됐다.[20]

이 법안을 통해 주요한 고용 서비스 수행자인 ANPE와 Assedic을 통합하여 접수, 취업, 실업보상, 직업교육 동반을 담당하는 공공 기구 형태의 '단일한 고 용 서비스 기관'을 설치했다. 실질적으로는 ANPE가 실업수당 지급 창구 역할 을 한 Assedic을 흡수한 형태로 볼 수 있다. 새로운 기관의 업무는 첫째, 노동시 장 전망과 기업의 구인 접수, 둘째, 구직자의 진로 상담, 직업교육 동반, 취직, 셋 째, 구직 등록, 분류, 구직 활동 점검, 넷째, 실업보험과 연대수당의 지급 등 크게 네 가지로 규정하고 있다. 또한 Assedic이 지니고 있던 노사 협의적 성격은 새로 운 기구에서도 보존되어, 기관의 중요한 진로와 예산을 결정하고 집행을 감독 하는 기구로 이사회를 두며, 이사회에 노사 대표들을 다수로 참여시킴으로써 노사 협의적 성격을 유지했다.

UNEDIC이 관리하는 실업보험 체제는 노동법전 L5422-20에 규정된 대로 여전히 노사 공동 관리 체제로 유지되며, UNEDIC은 기여금과 보상 기준을 책 정하고 집행을 관리하며 실업보험 체제의 재정을 운영하는 역할을 하게 된다.

표 3. 2008년 이전 민/관, 중앙/지방으로 구분한 대표적 고용 서비스 기관

	공공 기관	민간 기관
중앙 기관	ANPE	Unedic
지방 기관	Maison d'emploi	Assedic

표 4. 2008년 고용 관련 공공 서비스 업무의 변화

ANPE	Unedic/Assedic		고용센터	Unedic
구직 알선 구직 상담 구직자 분류 구직 활동 점검	Unedic 기금 관리 기여금 책정 수당 지급 조건 책정 Assedic 실업수당 지급 연대수당 지급 구직자 등록[21] 기여금 징수	→	구직 알선 구직 상담 구직자 분류 구직 활동 점검 실업수당 및 연대수당 지급 구직자 등록 (기여금 징수)	기금 관리 기여금 책정 수당 지급 조건 책정

특히 기여금 징수에 관련하여 계획안은 통합 이행 기간 동안 임시적으로 실업보험 기여금 징수 업무를 의료보험·가족수당기여금징수조합[22]에 의뢰하고, 늦어도 2012년 1월 1일 이전에는 새로운 서비스 기관이 징수 업무를 담당할 것을 제시하고 있으며, 징수에 관련한 모든 기록을 UNEDIC에 제공할 것을 명시하고 있다.

법안에 따르면 이 개혁은 두 가지 주요 목적을 갖는다. 첫째, 구직과 구인 업무를 총괄하는 단일한 다기능 창구를 통해 기업과 구직자 등 이용자의 편의를 향상할 것을 목적으로 한다. 나아가 이 개혁은 노동시장의 요구에 대한 분석 능력을 증가시키고, 기업에서 필요로 하는 노동 공급을 파악하는 데 기여하여 고용의 기회를 다양하게 하고, 노동시장 기능을 향상시킬 것으로 보고 있다. 둘째, 두 기관을 통합함으로써 불필요한 기관 종사자들의 수를 줄이고, 현장에 더

욱 많은 상담원을 배치하여 구직자가 신속히 노동시장에 진입할 수 있도록 한다는 것이다.

또한 고용에 관련된 또 다른 전문화된 연결망(APEC, missions locales, Cap-emploi, maison d'emploi, AFPA 등)과의 관계를 더욱 밀접하게 할 것으로 전망하고 있다. 이원화되어 있던 서비스 창구를 단일화하여 절차를 간소화하는 문제에 대해 노사 모두 동의하는 듯하지만, 동시에 양쪽에서 염려들이 제기된다.

첫째, 정부 기관인 ANPE를 민간 기관인 Assedic과 통합하여 새로운 기구를 창설함으로써, 결국 정부의 고용 투자가 줄어 고용 서비스의 질이 하락할 수 있다는 염려가 나온다. 대표 사례로 현재 전국적으로 존재하는 ANPE의 지역 사무소 900개와 Assedic의 사무소 650개가 통합되면 고용 서비스 기관이 축소되어 서비스 품질의 하락으로 이어진다는 것이다.

둘째, 실업자에 대한 압력 증가다. 이 문제는 당시 FSU가 발표한 성명서에 잘 나와 있는데, FSU는 "목적은 무엇보다도 기업가들이 실업보상 비용을 줄이기 위해 실업자들을 근로 조건과 무관하게 고용으로 복귀하도록 압력을 행사하고 그렇지 않을 때는 처벌하는 것에 맞추어져 있다"[23]고 비판하기도 했다.

4. 소결

프랑스의 실업보험기금은 노사 2자 중심으로 운영되고 있다. 이런 형태는 19세기 중엽 노사가 주도해 실업부조를 설립하고 운영해온 역사에 관련된다. 노사 2자의 운영이 갖는 장점은 무엇보다 정치적 변화 속에서도 독립적으로 안정적인 운영을 할 수 있다는 데 있다. 하지만 정부가 더욱 적극적인 고용 정책을 추진하면서 고용 정책이 실업자 관리와 교육으로 확대되고 과거 노사가 담당하던 일부 영역의 활동이 노사정 3자 운영으로 전환되는 추세를 보인다.

5장

공공 부문의 사회적 대화 구조와 교원 노사 관계[1]

이제 프랑스의 공공 부문의 사회적 대화 구조에 대해 알아보자. 특히 구체적 사례로 교원 부문의 노사 관계를 살펴보겠다. 프랑스 초중고의 전체 교원 중 83.9 퍼센트가 공무원 신분이라는 특징을 갖기 때문에 공무원으로서 교원의 지위에 중점에 두겠다. 일반적으로 공무원들은 집단적 노사 관계에서 일반 공무원으로서 누리는 지위에서 제기되는 내용과 자신의 구체적인 업무 영역에서 제기되는 내용 등에 따라 2중적으로 규정된다. 프랑스 교원의 교섭 내용 역시 공무원으로서 제기되는 내용과 교원으로서 제기되는 내용으로 구성된다. 프랑스 공무원 전체를 먼저 살펴본 뒤, 그중 교원노조를 특화해서 살펴보도록 하겠다.

1. 프랑스 공무원의 사회적 대화 구조

프랑스 공무원은 국가 공무원fonction publique d'Etat, 지방 공무원fonction publique térritoriale, 의료 공무원fonction publique hospitalière의 세 영역으로 구성되며, 1889년 7월 이래로 공

립 교원은 국가 공무원fonctionnaires d'Etat에 속해왔다. 이 공무원들의 지위는 각각의 관련 법령과 공무원 일반 관련 법령으로 규정된다.[2] 임금과 신분에 관련한 일반적 공무원으로서의 내용은 교원을 포함하고 있는 국가 공무원과 관련한 교섭에서 진행하는 반면, 교원으로서 업무 내용에 관련해서는 교육부 교섭에서 진행한다.

공무원 단체교섭

교섭 대상

공무원의 사회적 대화는 2010년 7월 5일 '공무원의 사회적 대화 혁신에 관한 법[3]에 의해 대폭 변경됐다. 이전에는 교원을 포함한 공무원의 교섭 의제는 임금 체계에 한정됐으며, 여기에 관련된 교섭 역시 전국 수준에서만 진행됐다. 하지만 2010년법에 따르면 공무원 노조는 공무원의 임금 체계와 구매력에 관련한 사항뿐만 아니라(Art. 1), 직업과 사회생활에 관련한 모든 주제에 대해 교섭이 가능하다(Art. 1)[4]고 규정하고 있다. 구체적으로 살펴보면 다음과 같다.

· 임금 체계와 공무원의 구매력
· 근로 혹은 원격 근로의 조건과 편재
· 업무 전개와 승진
· 직업교육과 재교육
· 복지와 보충 사회보장
· 직업 위생, 안전, 건강
· 장애인 고용
· 남녀 간의 직장 평등

다만 임금 체계와 구매력 관련 사안은 전국 수준에서 세 분야의 공무원 대표자들이 참여하는 교섭만이 가능한 반면,[5] 다른 주제에 대해서는 전국 수준과 함께 부처별, 기관별 혹은 지역 수준에서 교섭할 수 있다. 또한 교섭 주제와 교섭 수준은 자문 기구[organismes consultatifs][6]에서 결정한다(Art. 1). 이렇게 해서 교육부 자체의 교섭이 형성되는 효과를 갖게 됐을 뿐만 아니라, 이 결과의 시도별 적용을 위해 아카데미별 교섭이 일반화되는 결과를 갖게 됐다.

교섭 수준

공무원의 교섭은 주제에 따라 세 가지 수준으로 진행된다. 첫째, 3개 영역의 모든 공무원을 포괄하거나 국가, 지방, 의료 등 각 영역별로 진행되는 전국 교섭이다. 둘째, 정부 부처 차원이나 부처 연합 차원의 교섭이다. 셋째, 기관 혹은 지역 차원의 교섭이다. 노조와 행정 기관 대표가 참여하고 있는 자문 기관인 합동 공무원회의, 국가공무원최고회의 혹은 전문협의회가 교섭 기관의 역할을 할 수 있지만, 법이 다른 교섭 방식을 배제하고 있지는 않다. 가령 필요에 따라 개별 노조별로 교섭이 진행될 수도 있다.

대표성과 교섭 주체

공무원 노조의 대표성 기준은 일반 민간 노조의 대표성 기준과 약간 상이하다. 일반 민간 노조의 대표성을 규정한 2008년 8월 20일법 '제11조 V'은 "공무원에 적용하는 데에서 노동법 L2121-1조(앞에 명시한 대표성의 기준)는 그 특수성을 고려한 입법 조치가 제공될 때까지 이전 법을 적용한다"고 명시하고 있어 공무원 노조의 예외성을 인정하고 있다.

1996년까지 대표적 전국 총연맹에 가입한 5개 공무원 산별 노조와 공무원 분야 최대 노조인 FEN이 대표성을 인정받았다. 하지만 1995년 이후 FEN에 내분이 일어나 UNSA가 출범하면서 새로운 적용 방식이 필요해졌다. 정부는 세

공무원 영역의 직업선거에서 모두 3퍼센트 이상을 획득한 산별 노조에 대해 대표성을 부여하는 안을 제시했다. 그 결과 UNSA와 FSU, SUD가 대표성을 인정받아 공무원 분야에서 8개 노조가 교섭에 참가하고 파업을 개시할 권한을 부여받았다.[7] 현재는 2010년법에 따라 득표율이 아니라 자문 기구 위원을 선출하는 직업선거에서 최소 한 석 이상의 의석을 획득한 노조에 교섭 참가권이 제공된다(Art.1). 이런 기준을 득표율로 환산하면 3~7.5퍼센트 정도 수준일 것으로 보고 있다.[8]

교섭에는 한편으로는 대표 노조의 대표가 참여하는데, 이때 노조는 자유롭게 자기들을 대표하는 교섭 대표를 지정할 수 있다. 반드시 교섭 기관을 위해 선출된 대표를 교섭 대표로 지정해야 하는 의무는 없다. 다른 한편으로 관련 행정 기관의 대표가 참석한다.

교섭 개시

교섭의 개시는 관련 행정부의 제안으로 시작된다. 하지만 이것이 교섭 개시에 대한 행정부의 절대적 권한을 보장한 것은 아니다. 가령 UNSA 소속 노조인 SE-UNSA가 2011년 10월 11일 파업 예고를 접수하자, 교육부와 SE-UNSA는 10월 3일에 사전 교섭을 진행했다. 교육부에서는 교육부 인사 책임자가 참여했고 SE-UNSA에는 전국사무총장이 참여했다. 이 자리에서 SE-UNSA 사무총장은 파업의 동기로 2012년 예산 계획안에서 예고한 교원 감축과 임금 동결에 대해 문제를 제기했고, 교육부는 교원 감축이 교육부 차원만이 아니라 공무원 전체 정원을 조정하는 차원에서 진행되는 것이며 일방적이고 급진적으로 진행되기보다는 전문가들의 분석과 각 아카데미의 필요에 따라 재원을 조정하면서 실행할 것이라는 의견을 교환했다.[9] 이렇게 교섭의 개시는 공식적으로 행정부의 권한이지만, 파업권을 지닌 노조가 교섭을 제안하면 행정부도 설득력 있는 근거 없이 거부하기는 힘들다.

협약 인준

협약이 유효하기 위해서는 다수 협약이라는 점을 인증해야 하는데, 교섭이 진행된 수준에서 최근 진행된 직업선거에서 유효표 중 적어도 총합 50퍼센트 이상을 획득한 노조(들)이 서명해야 한다.

협약의 가치

공무원의 임금이나 신분 변화는 단지 행정부뿐만 아니라 의회 혹은 법에 관련을 맺고 있으므로 협약이 곧장 실행 의무를 지니는 것은 아니다. 즉 공무원 분야에서 진행된 교섭 결과의 성공 여부와 별도로 행정부와 관련 기관은 협약에 관련한 법적 조치를 취하여야 한다. 하지만 협약은 정치적 가치를 지닌다. 정부와 관련 기관은 가장 신속하고 충실하게 인준된 협약을 실행하기 위해 노력할 것을 명시하고 있다.[10]

공무원 자문 기관

프랑스의 노사 관계는 '노사 간의 교섭'과 노사협의회 중심의 '노사 기구 내에서의 논의'로 이중 구조화돼 있다.[11] 공무원 노사 관계 역시 유사하다. 공무원 자문 기관은 공무원 전체를 아우르는 합동공무원위원회Conseil commun de la fonction publique, CCFP와 공무원 영역별로 국가공무원최고위원회Conseil supérieur de la fonction publique de l'Etat, CSFPE, 지역공무원최고위원회Conseil supérieur de la fonction publique térritoriale, 의료공무원최고위원회Conseil supérieur de la fonction publique hospitalière가 있고, 부처별로 자문 기관이 존재한다. 여기에서는 세 영역의 최고위원회 중 교원이 속한 국가공무원최고위원회를 소개한다.

합동공무원위원회

2010년 7월 5일법에 따라 신설됐으며, 국가, 지방, 의료 영역의 공직 전체를 아우르는 자문 기구로서 공무원 일반과 관련한 모든 사항을 논의하는 최고 기구다. 특히 공무원 전체와 관련한 법규 개정이 있을 때 사전 논의를 진행한다. 더불어 공무원 채용의 확대, 유럽 차원의 사회적 대화, 세 부문 간의 이동, 남녀평등의 증진, 공직 분야의 장애인 고용과 적응, 기술 진보, 특히 정보 커뮤니케이션 기술에 따른 노동 조건의 조정, 공직의 가치에 관련한 문제를 다룬다.

구성에 관련해서는 공직부 장관이 주재하며, 노조 대표는 30석으로 세 공직 부문의 전문협의회 선거 결과에 비례해 대표적 노조에 배분된다. 정부 대표는 18석으로 행정부와 공공 기관 대표 6명, 지방 공공 기관 대표 6명, 의료 공공 기관 대표 6명이 참여한다.

국가공무원최고위원회

이 기구는 세 영역의 공무원 중 국가 공무원에 관련된 부처 통합 위원회로, 국가 공무원에 관련된 모든 사항을 논의한다. 공직부 장관이 주재하며, 노조 대표는 20명으로 구성되고, 의석 배분은 전문협의회 위원 선거의 결과에 따라 분배된다.[12] 그 밖의 자문 기관으로 부처별 전문협의회가 있는데, 이것은 교육부 자문 기관을 통해 살펴보겠다. 결국 2010년법의 도입에 따라 교섭 대상이 확대되면서 전문협의회 같은 자문 기구에서 하는 논의와 새로이 확장되는 교섭의 고유한 기능이 혼재될 수 있다. 자문 기구는 노조 대표로 구성되지만 일단 구성된 뒤에는 노조별로 진행되지 않고 대표자의 구성과 형식에 따라 운영되는 반면, 교섭은 주체의 측면에서 창구 단일화 제도가 없기 때문에 노조별로 진행될 수도 있다는 점에서 차이가 난다.

2. 교원의 사회적 대화와 단체교섭

프랑스의 교원 노사 관계는 대다수의 교원이 공무원 신분이라는 점에서 일차적으로 공무원 노사 관계에 의해 규정된다. 교원은 단결권, 단체교섭권, 단체행동권을 모두 보장받는다. 특히 교섭에 있어 2010년 이전에는 임금 체계에 한해 전국적 수준에서만 교섭이 가능했지만, 2010년 7월 5일 제정된 '공직분야 사회적 대화 혁신에 관한 법'[13]에 의해 임금 이외의 대상에 대해서 교섭이 가능해졌고, 교섭 수준에 관련해서도 전국 수준뿐만 아니라 부처별 혹은 지역별 교섭 역시 가능해졌다.

또한 교섭 구조와 논의(자문) 구조를 포함한 이중 구조로 구성된 프랑스의 사회적 대화 구조는 교원 노사 관계에도 적용된다. 더불어 교원 분야에서는 특히 임금과 노동 조건 이외의 교육 내용과 방향에 대한 논의(심의) 구조로 '학교(행정)위원회'가 존재한다.

한편 프랑스에서 사회적 대화는 1990년대 말부터 지속적으로 성장하고 확대된다. 이런 흐름은 산업 관계에서 대화의 중요성이 확대되는 동시에 사회적 대화의 폭과 수준이 꾸준히 확대된 것을 의미한다.[14] 공무원 분야도 예외는 아니었다. 특히 위에서 언급한 2010년 '공직분야 사회적 대화 혁신에 관한 법'의 도입은 기존의 공무원 관련 교섭의 내용과 의미를 한층 더 발전시켰다는 평가를 받는다. 이 법은 본문에서 설명할 법안 내용뿐만 아니라 법 제정 과정 자체가 최초로 공무원 노사 사이의 합의를 거쳤다는 점에서 성과가 있다.

여기에서는 프랑스 교원 노사의 사회적 대화가 지닌 특징을 살펴보기 위해, 프랑스의 교육 구조와 교원 노조를 서술한 뒤, 교원의 단체교섭 구조와 교섭 의제에 대해 살펴보겠다. 특히 단체교섭 구조를 풍부하고 입체적으로 보여주기 위해 교섭 구조뿐 아니라 논의 기구와 자문 기구에 대해서도 기술하겠다.

프랑스 정규 교육 과정은 **표 1**처럼 크게 3단계로 나뉜다. 1단계는 만 2.5세부터 유치원, 7세부터 초등학교 5년, 2단계는 중학교 4년, 고등학교 3년, 그리고 3단계는 대학 과정으로 구분된다. 7세부터 16세까지는 의무교육 기간이다. 이 중 1단계와 2단계는 교육부^ministère de l'éducation에서 관리하고, 3단계는 고등교육연구부^ministère enseignement supérieur et recherche에 속한다. 한국의 교원노조법에서 고등교육법상의 교원(대학 교원)을 구분하고 적용 대상에서 제외하듯이(교원노조법 제2조), 프랑스에서도 대학 교원과 종사자들은 관련 부처가 다르다. 여기에서는 교육부 산하의 1단계와 2단계 교육 과정과 그 교원에 중심을 맞추도록 한다.

교육 기관은 재원의 성격에 따라 공립과 사립(계약, 비계약)으로 구분된다. 2017년도 현재 전체 초중고 교육 기관 중 85.8퍼센트가 공립이며, 14.2퍼센트를 차지하는 사립은 사립 기관장이 통솔하지만 대부분 국가와 계약을 맺어 교원의 임금은 교육부가 지불한다.[15] 특히 공립 교육 기관만이 학위를 부여할 수 있고 사립 교육 기관은 교육증만 발급하며, 이 학생들에게 국가가 관리하는 공식적 학위 시험을 준비하게 할 수 있다.[16] 결국 프랑스에서 교육은 중앙 정부가 독점하며, 일부 시도 자치단체에서 학교 재정의 일부를 지원하는 경우도 있지만, 원칙적으로 공립 학교는 모두 '국립'이다. 또한 공립 기관의 교원은 일반적으로 공무원 신분이다. 프랑스 전체 초중고 교원은 88만 명에 이른다. 이 중 83.9퍼센트가 공무원 신분이며, 사립 교원은 16.1퍼센트를 차지한다.

2011~2012년 학기에 사립 학교 학생들 중 98퍼센트가 정부와 계약 관계에 있는 교육 기관에 다닌다.[17] 사립 학교들은 교육 프로그램, 강의 시간 등에서 정부의 통제를 받고, 사립 교원 역시 국가와 계약을 맺어 운영되는 만큼 임금과 노동 조건이 공립 교원의 수준에 맞추어진다. 비계약 사립 교원 역시 공립 교원의 교섭 내용에 영향을 받게 된다.

표 1. 프랑스 정규 교육 과정

	수준	이수기간
1단계	유치원(école maternelle)	3년
	초등학교(école élémentaire)	5년
2단계	중학교(collège)	4년
	고등학교(lycée)	3년
3단계	대학 학부 과정(licence)	3년
	석사 과정(master)	2년
	박사 과정(doctorat)	최소 3년

표 2. 프랑스 초중고 학교와 교원 수

	초등학교	중고등학교	총계		비율	
	교원	교원	학교	교원	학교	교원
공립	341,700명	400,200명	53,700명	741,800명	85.8%	83.9%
사립	43,100명	99,400명	8,900명	142,500명	14.2%	16.1%
총계			62,600명	884,300명	100%	100%

1단계와 2단계 교육 과정의 교원이 되려면 최소한 석사 학위 소유자(Bac+5)이어야 한다. 일반적으로 학부 과정(Bac+3)을 졸업하고 해당 지역 국립 사범대학원instituts universitaires de formation des maîtres, IUFM에 등록해 교사자격시험 준비 과정(최소 1년)을 거쳐서 자격시험을 통과하면, 학교에서 유급 실습교사professeur-stagiaire 과정 (1년)을 거치게 된다. 실습교사 과정 기준을 충족하면 해당 지역의 정식 교사가 된다.[18] 사범대학원은 고등교육부가 관할하는 국립 기관으로서 광역도를 기준으로 구획된 일종의 교육구인 아카데미académie[19]마다 한 곳씩 전국에 모두 31곳이 있으며, 아카데미에 따라 대학과 독립해서 운영하는 곳도 있지만 국립 대학에 편입되는 추세이다.

1989년 일명 조스팽법을 통해 설립된 사범대학원은 이전에 초등교사양성학교écoles normales d'instituteurs, 중고 교사를 위한 지방교육원CPR, centres pédagogique régionaux, 실업고 교사를 위한 전국실업사범학교ENNA, écoles normales nationales d'apprentissage로 구분되던 교원 양성 기관을 하나로 통합한 것이다. 이러한 변화는 교원 자격을 학사에서 석사로 상향 조정하는 결과를 가져왔고, 교원에 대한 명칭도 '엥스티튜퇴르instituteur'(Bac+3)[20]에서 '프로페쇠르professeur'(Bac+5)로 변경됐다. 동시에 교원에 대해 동일한 임금 호봉 체계를 도입함으로써 1단계 교육 교원과 2단계 교육 교원이 통합되는 양상을 낳았고, 임금 수준도 향상됐다. 반면 관사 이용권 대신에 교원주택 보조금 혜택이 주어졌고, 55세부터 퇴직이 가능하던 조기 퇴직권이 없어졌다. 이 대학원에서 그 밖의 일반 교사들에 대한 교육[21]을 담당하기도 한다.

교원자격시험은 **표 3**과 같이 세분화되어 있다. 자격시험에 따라 교원 양성과정이 다르고, 원칙적으로 서로 이동이 불가능하다.[22] 교육구(아카데미)별로 관리하는 유치원 교사와 초등학교 교사 시험을 제외한 모든 시험은 교육부 주관 아래 전국 단위로 진행된다. 유치원·초등학교 교원professeur des écoles인 1단계 교원은 한국과 유사하게 다수 과목을 가르치며, 2단계 교원인 중고등학교 교원professeur des colléges, professeur des lycées은 전공 과목을 가르친다.

1단계 교육 기관에서 핵심 교육 구성원은 교사, 교장directeur d'école, 장학관inspecteurs de l'Education nationale, IEN이다. 교사는 교육을 담당하며, 교장은 교사 중 1인이 장학관을 통해 임명되어 해당 학교의 교육과 행정을 책임진다. 장학관은 시와 도에서 국가 교육 방침을 실현할 책임을 진다. 그 밖에 양호 교사, 안전 요원, 외국어 교사, 체육 교사, 문예 교사, 심리상담사 등이 존재한다.

2단계 교육 기관에서는 교사와 학교장chef d'établissement, 장학관, 교육상담사conseillers principaux d'éducation, CPE,[23] 진로상담사, 행정 직원, 기술 직원, 양호 교사 등으로 구성된다. 특히 학교장은 5년의 교육 경력(교사, 교육상담사, 진로상담사 혹은 장학관)이 요구되는 시험을 거쳐 임용되며, 중학교와 고등학교가 각각

표 3. 프랑스 교원임용시험 종류

- 유치원·초등교사시험(CRPE), concours de recrutement des professeurs des écoles
- 중·고교사시험(CAPES), concours de recrutement des professeurs des lycées et collèges
- 기술교사시험(CAPET), concours de recrutement des professeurs de l'enseignement technique
- 체육교사시험(CAPEPS), concours de recrutement des professeurs d'éducation physique et sportive
- 실업고교사시험(CAPLP), concours de recrutement des professeurs des lycées professionnels
- 교육상담사시험(CPE), concours de recrutement des conseillers principaux d'éducation

'principal'과 'proviseur'로 명칭은 다르지만, 교육 기관의 교육과 행정을 총괄하는 유사한 역할을 담당한다.

1, 2단계 교육 기관의 교원은 학급 교사와 비학급 교사로 구분되며, 재직 연수와 평가에 따라 각각 11등급과 7등급으로 나뉜다. 노동 시간은 26시간 수업(2시간 보충 수업 포함), 회의 시간, 교원 교육 시간, 수업 준비와 채점 시간으로 구성된다. 임금은 2010년을 기준으로 **표 4**와 같이 규정된다.

그 밖에 그랑제콜 준비반 교원professeur agrégé, 실업고 교원 등이 각각 별도의 조건을 갖는다. 이 교원들의 임금은 매년 공무원 임금 상승에 맞추어 조정된다.

프랑스의 교원 노조들

프랑스 교원은 단결권을 보장받는다. 전체 교원 노조의 상황은 '가입하고 있는 전국 노조'와 '직업 범주'라는 두 측면에서 구분할 수 있다. 특히 직업 범주에 따른 구분으로 유치원·초등 교원, 중고 교원, 체육 교원,[24] 직업교육 교원, 고등교육(대학) 교원, 농업교육 교원, 민간교육 교원으로 구분된다. 프랑스 교원 노조는 각 노조마다 노조원의 영역별 분포와 역량에 따라 영역별로 구분 혹은 통합되어 운영되며, 그 분포는 **표 5**와 같다.

표 4. 프랑스 유치원·초·중·고 교사 임금(교육부 2010년 10월 기준)

지위	월 최소 임금 (학급 교사)	월 최대 임금 (비학급 교사)	월 보상
실습교사	1,584	1,584	
2년 차 이후	1,666	1,666	• 교장 108
10년 차 이후	1,805	1,913	• 전문학교 129
20년 차 이후	2,365	2,543	• 특수지역(ZEP)[25] 96
30년 차 이후	2,543	3,026	

※ 단위: 유로(1유로 = 약 1550원)
※ 최소 임금은 연차에 따라 상승하고, 최대 임금은 비학급 교사일 때 적용.
※ 월급은 세후 임금(net)으로, 모든 사회보장 비용을 제외한 금액임.
※ 교원주택보조금과 가족수당을 제외한 금액임.

표 5. 프랑스 교원 노조 연맹

	FSU	UNSA éducation	FERC -CGT	FNEC -FP FO	CFDT	Solidaires (SUD)	CSEN	FAEN
유·초등 학교	SNUIPP			SNUDI			SNE	SNEP
중고등 학교	SNES		UNSEN Educ'Action	SNFOLC		SUD Eduction		SNCL
체육	SNEP	SE-UNSA			SGEN- CFDT		SNALC	SIAES /SIES
직업교육	SNUEP			SNETAA				SPIEN
고등교육 (대학)	SNESup	Sup' Recherche	FERC -Sup	SNPREES -FO			Autonome Sup	SAGES
농업교육	SNETAP	SEA	SYAC -CGT	SFOERTA		Sud- Rural		
사립교육			SNPEFP- CGT	SFPEP- FO	FEP CFDT	SUNDEP		

이렇게 구체적인 직업 범주로 노조가 세분화되어 구성된 이유는 교원 노조의 역사에 관련이 있다. 공무원에게 단결권이 공식적으로 보장된 1946년 이전에 이미 교원 단체가 만들어졌다. 그 당시 교원 노조들은 교섭을 목적으로 하기

보다는 급진적 정치운동의 성격[26]을 지니거나, 친목 또는 상호부조의 성격[27]을 지니고 있었다. 그러므로 전국적이고 중앙 집중적 조직이기보다는 지방이나 일선의 직업 공동체적 성격을 지니면서 출발했다. 이러한 역사적 배경이 세분화된 구체적인 직업 범주에 기반을 둔 교원 노조 체계가 형성되는 원인이 되었다.

1차 대전과 2차 대전 사이에 지역 혹은 분야별로 구성되어 있던 교원 노조들은 전국 단위 노동조합 운동과 결합한다. CGT에는 1930년에 전국교사노조Syndicat national des instituteurs, SNI가 중심이 된 산별 노조인 총교원연맹Fédération Générale de l'Enseignement, FGE이 형성되고, CFTC에는 1937년에 전국교육총노조SGEN가 결성되어 활동하기 시작한다.

그런데 2차 대전 이후 교원 노조에서 다수이던 FGE가 다른 교육 부문을 포괄하게 되면서 전국교육연맹Fédération de l'éducation nationale, FEN으로 전화한다. 이 산별에 핵심을 차지하고 있던 SNI는 1947년에 CGT-FO가 CGT의 공산주의적 성향에 반대하여 분리할 때, 어떤 한 전국총연맹노조를 선택하여 조직이 분리되기 보다는 독자 노선을 추진하면서 통합 상태로 남아 있기를 택한다. 따라서 FEN은 전국 총연맹 노조에 가입하지 않은 '독립 산별 연맹'으로 존재하면서 교원 부문의 최대 노조를 형성하게 된다.[28]

오늘날의 영향력 면에서 교원 노조 중 1위와 2위를 차지하는 FSU와 UNSA 교육산별은 위의 FEN이 분화되어 만들어진 산별이다. 앞의 FEN에는 초기에 세 세력이 존재했는데, 다수를 형성한 '독립 유지 세력(소위 '단결독립민주파')', CGT 세력(소위 '단결과 행동파'), 극좌 활동가 중심의 '해방학교파'로 구분될 수 있다. 1960년대까지 '단결독립민주파'가 다수였지만, 1960년대 말 '단결과 행동파'가 중고등교육노조SNES와 전국체육교육노조SNEP에서 주도권을 확보하면서 세력 관계가 역전된다. 결국 1992년에 SNES와 SNEP는 '단결과 행동파'와 함께 FEN을 떠나 현재 교원노조 중 가장 영향력이 있는 FSU를 결성하고, FEN에 남아 있던 세력은 나중에 UNSA에 합류한다.

또한 '해방학교파'는 1998년에 대안 노조로 등장한 SUD에 결합하여 또 하나의 새로운 분파를 형성한다. 결국 이렇게 교육 부문에서 영향력이 높은 노조인 FSU와 UNSA가 형성되어 오늘에 이르게 된다.

그리하여 교원 노조들의 구조에도 일반적인 프랑스 노동조합 운동이 갖는 파편화라는 특징을 보인다. 하지만 일반적으로 전체 노조에서 CGT나 CFDT가 노동조합 운동에 중심이 되는 것과 달리, 교육 분야는 FSU와 UNSA가 주도하고 있다.

프랑스 교원 단체의 사회적 대화 구조와 특성

교원 노조는 단체교섭권을 보장받는다. 교원 단체의 사회적 대화는 크게 교섭négociation, 자문 구조structures de consultation, 협의(심의) 구조structures de concertation로 나뉠 수 있다. 교섭과 자문 기관의 활동은 주로 임금, 노동 조건, 업무 편성 등 교원 업무와 관련하여 노조가 중심이 되어 진행된다면, 협의 기관은 교육 전반에 관하여 노조뿐만 아니라 지자체 대표, 교육 전문가, 학부모 대표, 학생들이 참여하여 운영된다. 또한 교섭과 자문 기관의 활동은 전국 수준을 중심으로 해 지역으로 하향식으로 진행되는 반면, 협의 기관은 일선의 학교 단위를 중심으로 지역으로 상향식으로 진행된다.

교섭 수준

전체 공무원의 교섭과 분리돼 독자적으로 교육부 차원에서 필요할 때 전국 또는 지역 수준에서 교섭을 진행할 수 있다.

전국 수준 법으로 규정된 교섭 대상 중 교육부 차원의 사항을 논의한다.

지역 수준 광역도 수준으로 구성된 교육구(아카데미)에서 부여된 역할에 대한 사항에 대해 논의하며, 이것은 전국 수준의 결정에 대한 지역 수준의 적용에 대한 논의와 지역 내 특수한 문제에 대해 교섭하게 된다. 다만 상위 단위의 협약 내용을 적용할 때 지역 협약은 상위 협약의 핵심 조약을 준수하면서 상위 협약을 구체화하거나 향상시킬 수만 있다(즉 상위 협약보다 교원에게 불리하게 적용할 수 없다)(art. 1). 교육 과정에 따라 지자체와도 연관되어 진행된다. 초등교육은 시, 중학교는 도, 고등학교는 광역도와 각각 협력한다. 이런 협력은 학군 지정에 연관되는데, 해당 지역에 여러 개의 교육 기관을 가지고 있는 경우 그 지역 내 학군 배정은 초등교육의 경우 구위원회^{conseils minicipaux}, 중학교의 경우 시도위원회^{conseil général}, 고등학교의 경우 광역도위원회^{conseil régional}의 도움 아래 국가가 관리한다(교육법 L.212-7; L.213-1).

학교 내 교섭 구조는 없다.

노조 대표성과 교섭 주체

국가 공무원에게 '직업선거'는 전문협의회 위원 선출 선거를 의미한다.[29] 교원은 직업선거 때 인사관리위원회와 전문협의회의 전국 수준과 교육구 수준의 위원을 선출하도록 되어 있어 모두 4번의 투표를 하게 된다. 전체 공무원과 동일하게 4년마다 실시되며, 1차 투표로 결정한다. 2011년 선거는 전부 인터넷으로 실시됐다. 직업선거 때 교원의 범주 구분은 교육부에 속하는 교원의 경우 교사 (1·2단계 교원), 감독감^{inspecteur}, 행정직으로 나뉘어 치러진다. 특히 2011년 선거부터는 공무원 신분인 공립 교원뿐만 아니라 사립 교원도 참가하며, 비정규 교원이나 실습생은 인사관리위원회 위원 투표에는 참여하지 않고 전문협의회 선거에만 참여한다. 2011년과 2014년에 실시된 교원 관련 선거 결과는 **표 7**과 같다. 특히 2011년과 2014년 선거를 비교하면 투표율은 3.21퍼센트포인트 상승했고, 결과에서는 제1노조인 FSU의 하락이 두드러진 반면 UNSA 교육신별과 FO의 상승이 대조를 보였다. 또한 대표 노조인 SUD education이 의석을 잃어 대표성을 상실한 반면 FGAF가 의석을 새로이 획득하여 대표성을 획득했다. 결국

표 6. 프랑스 교원의 사회적 대화 구조(교육부 내용을 정리)

		교섭	자문 구조			협의 (심의·자문) 구조
			전문위	위생·안전· 노동조건위	인사위	
구성		노조 대표, 행정 대표	부처 대표, 공무원위원	부처 대표, 공무원위원	부처 대표, 공무원위원	교원, 행정 책임자 (시·도 책임자, 구 교육위원), 학부모, 학생
조직 및 논의 대상	전국	임금 체계와 공 무원의 구매력, 업무 편재와 노동 조건	업무 편재, 지위, 규모, 임용, 예산 편성	위생, 안전, 노동 조건	승진, 인사, 이동, 징계	교육최고회의
	광역도 ·시·도	업무 편재와 노동 조건	동일	동일	동일	아카데미교육회의
	학교	교섭 없음	관련 규정 없음			학교위원회(1단계) 운영위원회(2단계)

표 7. 2011년, 2014년 교육부 전문협의회 교원 대표 선거 결과

노조	2011년			2014년		
	득표수	득표율	의석수	득표수	득표율	의석수
FSU	141,914	40.62	7	137,425	35.5	6
UNSA 교육산별	72,397	20.72	4	84,751	21.9	4
FNEC-FP-FO	35,245	10.09	1	52,579	13.6	2
Sgen-CFDT	34,907	9.99	1	34,342	8.9	1
CGT Éduc'action	22,598	6.47	1	21,300	5.5	1
SUD Éducation	20,241	5.79	1	20,302	5.2	0
FGAF-FAEN-CFTC	16,485	4.72	0	21,152	5.5	1
@venir.écoles CFE-CGC	1,717	0.49	0	2,838	0.7	0
기타	3,835	1.10	0	12,460	3.2	0
	유권자 수: 957,034 투표율: 38.54% 투표수: 368,858 무효표: 19,519 유효표: 349,339 의석수: 15석 쿼터: 23,289.3 (349339/15)			유권자 수: 990,278 투표율: 41.73% 투표수: 413,259 무효표: 26,110 유효표: 387,149 의석수: 15석 쿼터: 25,809.9 (387,149/15)		

교육부 전문협의회에는 6개 노조가 의석을 차지하여 부처 수준의 교섭에 참가하게 된다.

교원의 단체행동권

교원의 단체행동권은 보장된다(노동법전 L.2512-2). 학생들의 수업권보다 교원의 단체행동권이 우위에 있다고 할 수 있다. 다만 교원 단체행동권의 실행에는 다른 일반 노동자와 다른 제한이 따른다. 첫째, 교원의 파업은 다른 공무원들과 동일하게 노동자 개인이 진행할 수 없고, 대표 노조를 통해서만 할 수 있다. 둘째, 파업의 진행을 위해서는 사전 예고가 의무다. 파업을 진행하려는 '노조'는 해당 관청에 파업 개시 시간 5일 이전에 장소, 시각, 예상 시간, 동기를 명시한 사전 예고를 접수해야 한다. 셋째, 1단계 교원(유치원, 초등학교)의 파업 때는 사전 예고를 하기 전에 정부와 대표 노조 사이의 사전 교섭이 의무이며, (지자체가 아닌) 국가가 법적이고 행정적인 책임을 지는 '최소 수용 서비스Service minimum d'accueil'[30]의 진행을 위해 '파업 참가자'는 파업 예정 시각 48시간 이전에 사전 공지하여야 한다. 넷째, 파업 기간 동안 교원 파업 참가자의 임금은 별도의 방식으로 공제한다. 임금 공제는 일반 노동자나 다른 공무원의 경우 파업 참가 시간에 비례하는 반면, 국가 공무원은 시간이 아닌 날짜를 기준으로 월급의 30분의 1씩 공제된다. 이 공제 비용은 최소 수용 서비스의 부가 비용에 사용한다.

교원 노조의 단체행동권 보장은 교섭에서 매우 중대한 의미를 지닌다. 사실 한국에서 교원 노조의 교섭 주제가 문제가 되는 주된 원인은 교원 노조의 단체행동권 금지(교원노조법 제8조)[31]에 있다고 할 수 있다. 헌법에서 보장하는 두 가지 권리의 대립에서 학생의 학습권과 학부모의 교육권을 우위에 놓고 원천적으로 노조의 단체행동권을 인정하지 않고 있기 때문이다. 한국 교원의 단체교섭 제도가 파업이라는 실력 행사를 통해 분쟁을 해결하는 것을 금지하고 있기 때문에 교섭을 통해서만 협약을 체결해야 하는 특성을 갖게 되고, 따라서 교섭 대상의 주제가 중요해진다.

교원의 교섭 주제에 대한 제한은 프랑스에서 교원의 파업권 허용에 관련해서 사고하면 그 중요성이 퇴색된다고 할 수 있다. 왜냐하면 프랑스에서는 파업을 개시하기 위해 반드시 교섭 과정이 전제되어야 하는 것은 아니기 때문이다. 가령 2009년 학군 변경 계획안의 경우처럼 정부의 '교육 정책'을 노조가 반대한다면, 노조는 이 내용이 교섭 대상인가의 여부에 상관없이 단체행동을 진행할 수 있다. 또한 2011년 9월 27일에는 정부의 교원 감축을 포함한 예산안 편성(경영 관련 사항)에 반대하여 파업을 진행하기도 했다.

역사적으로도 1969년 2월 '학생선발 제도 반대' 교원 노조 파업, 1971년 4월 '사립학교지원법' 도입 반대 교원 노조 파업 등 교육 문제에 관련한 파업뿐만 아니라, 심지어는 1961년 4월 '알제리 전쟁 반대' 교원 노조 파업처럼 정치적 성격의 파업도 진행되었다.[32]

결국 노조의 단체행동이 교원과 여론의 지지를 획득하면 정부 특히 교육부는 노조에 협의를 제안할 수밖에 없다. 교원 노조의 단체행동을 제어하는 것은 파업 참가자들의 파업 참가에 따른 경제적 손실에 대한 고려와 교원들의 파업 참가율, 일반 교원들의 의견, 시민의 여론이다. 이렇게 교원 노조에 관련한 단체 행동권에 대한 프랑스와 한국의 차이를 염두에 두지 않은 채 교섭 주제에 대한 비교를 하게 되면 자칫 형식적으로 치우칠 수 있다.

교육부 자문 기구

전체 공무원 차원 말고 교육부 차원에서는 민간 기업의 노사협의회에 해당한 다고 볼 수 있는 '전문협의회comité techique'에서 진로와 조직 운영에 관해 논의할 수 있고, 위생과 안전, 노동 조건에 관련해서는 '위생·안전·노동조건협의회Comité d'hygiène, de sécurité et des conditions de travail'에서 관련 노사 대표들이 일상적으로 논의하여 그 결과를 반영할 수 있다.[33] 이것과 별도로 주로 개인들의 개별적 인사 관리를 위해 '인사관리위원회commission administrative, CA'가 있다.

교육부 전문협의회Comité technique ministériel, CTM

이 위원회는 교육 행정에 관련한 모든 사안이 논의되며, 경영(학군 배정, 직업교육 재정 배분), 직제 규정(채용, 직제표), 직업교육, 직업 능력 증진 등에 관한 사항이 논의된다. 교육 관련 중대 진로와 부서의 예산 분배에 대한 논의를 진행한다. 구체적으로 첫째, 행정부, 기관, 업무의 조직과 기능, 둘째, 노동 방식과 기술의 현대화 프로그램, 신분 규정, 셋째, 위생과 안전, 넷째, 고위직에 여성 승진 증진을 위한 프로그램에 관련한 논의를 진행한다.[34] 부처 전문협의회의 경우 선거로 선출된 15명의 교원 노조 대표와 행정 대표로 구성된다. 전문협의회는 분권화된(아카데미별) 형태로도 설립이 가능한데, 이 경우에는 10명의 교원 노조 대표와 행정 대표로 구성된다.

교육부 인사관리위원회Commissions administratives ministérielles, CAM

이 위원회는 첫째, 교원의 전근, 시·도 간 이동, 해외 전출, 둘째, 승진, 셋째, 파트타임 근무 요구, 넷째, 교육 휴직 요구, 직업교육 훈련, 다섯째, 사퇴, 징계 등 개인적 수준의 문제에 관한 논의를 진행한다.

교육부 위생 · 안전 · 노동조건협의회Comité d'hygiène, sécurité et des conditions de travail, CHSCT

모든 국가 기관과 상업이나 산업적 성격을 띠지 않은 국가 공공 기관에는 위생·안전·노동조건협의회를 설치한다. 이 위원회는 신체적 건강과 정신적 건강, 노동 시간 중 교원의 안전 보장, 노동 조건의 개선을 목적으로 하며, 관련 분야 법규의 준수 여부를 감독하는 기능을 한다. 관련 행정 책임자와 노조 선임 대표들로 구성되며, 노조 선임 대표들만 결정 투표에 참여한다. 전문협의회, 위생·안전·노동조건협의회, 인사관리위원회는 각 교육 단계에 따라 아카데미별로 각각 존재한다.

교육 관련 협의(심의·자문) 구조

교육 방향, 학교 내규 등 교육 운영 전반에 관련하여 교육 관련 주체들 사이의 결정을 위한 구조이다. 한국의 학교운영위원회와 유사한 기능을 지닌 학교위원회(1단계)와 운영위원회(2단계)가 있다.

유치원과 초등학교

학교위원회conseil d'école는 학교 계획안 입안, 교육주간 편성, 내규 신설과 개정 투표, 모든 학교 교육 관련 사항에 대한 입장 표명을 담당하는, 학교 운영 전반에 대한 심의 기관이다.[35] 선출 교사 대표,[36] 시장, 구위원회 교육 담당 위원, 학부모 대표, 시·도 교육 담당자로 구성된다. 적어도 4개월마다 한 번씩 회의를 열어야 한다. 교사위원회conseil des maîtres는 교장, 교사 전원, 전문 지원 단체 회원으로 구성되는데, 교장을 중심으로 적어도 3개월에 1번 교과 시간 이외에 모임을 갖고, 교장이 필요하다고 판단하거나 구성원의 과반수가 요구할 때 따로 모임을 갖는다. 교사위원회는 교육과 학교 생활에 관련한 모든 사항에 대해 입장을 개진한다. 그 밖에 학년별 교사위원회conseil des maîtres de cycle가 있다.

중학교와 고등학교

운영위원회conseil d'administation 중고등학교 운영 기구로, 교육 기관의 교육 원리의 구현, 학교 계획안, 내규 투표, 예산 수립, 교육 실행과 환경에 관한 연차보고서 작성을 임무로 한다. 이 기구는 학교장, 교감, 경영 책임자, 교육상담사, 교육 관련 시·도 대표, 구 대표, 교육 전문가, 선출 교원 대표, 선출 학부모 대표, 학생 대표로 구성된다. 기관의 결정을 준비하기 위한 집행위원회commission permanente를 둔다.

학부모 대표와 단체 학부모 대표는 모든 학부모에게 1표씩 주어지는 보통, 직접선거를 통해 전국적으로(가령 2011~2012년도는 10월 14~15일) 각 학교별로 선출된다.[37] 학부모 단체는 교육법에 따라 인정되며, 학교는 이 단체들의 활동을 위해 편지함, 게시판, 때로는 사무실을 제공할 의무를 지닌다. 이 단체들은 초등학교의 학교위원회 혹은 중고등학교의 운영위원회에 참가할 권한을 갖는다. 그 밖에 학급위원회, 징계위원회 등이 존재한다.

지역 혹은 교육구 자문 기관

지역 자문 기관에는 교육구 교육회의Conseil académique de l'Education nationale, CAEN와 시·도 교육회의Conseil départemental de l'Education nationale, CDEN가 있다. 둘 중 중요 역할은 교육구 교육회의에 있으며, 시·도 교육회의는 주로 유치원·초등학교, 중학교 부문에서 교육구 교육회의를 보조하는 역할을 한다.

교육구 교육회의는 해당 교육구(아카데미) 교육의 방향을 자문하는 곳으로, 72명으로 구성된다. 참가 대상은 교육구 책임자, 지역 경찰청장, 광역도의회 의장, 지역 식량·농업·산림 책임자가 공동으로 대표하며, 그 밖에 광역도의원 24명, 교원 대표 24명(1·2단계 교원 15명, 3단계 7명, 농업교육 2명 포함), 이용자 대표 24명(학부모 7명, 대학생 3명, 지역 노사 대표 12명 포함)이다.

교육회의는 고등학교 교육 편제, 교육 기관 부동산 계획(시공, 보수, 확장, 철거), 교육 지출 예산 편성, 평생교육, 대학 교육 편성, 중·고등학교 교육 과정, 고등학교 투자 계획, 지역 관련 연구 계획에 대한 자문을 할 수 있고, 특히 사립 교육에 관련하여 유럽연합 외부자의 학교 설립에 대한 허가, 사립 학교 내 실습 면제, 사립 학교 정부 장학금과 보조금 지급에 대한 의견을 제시한다.

시·도 교육회의는 유치원·초등학교 배당, 유치원·초등학교 교원 배당, 유치원·초등학교 규정, 중학교 일반 교육 과정, 중학교 간 교육 예산 배당, 유치원·

초등학교 교원 주택보조금, 통학 버스 편성, 중학교 투자 계획 등에 대한 의견을 제시한다.

교육부 자문 기관

교육부가 교육 방침을 결정하는 데 자문을 제공하는 대표적인 자문 기관으로 교육최고위원회Conseil supérieur de l'éducation, CSE가 있다. 교육최고위원회는 교육부 산하 자문 기관으로, 주요 임무는 첫째, 공교육의 목적과 기능, 둘째, 교육 프로그램, 시험, 학위 수여, 학업에 관한 규정, 셋째, 사립 교육 기관과 교원에 관한 문제, 넷째, 교육 부처를 넘어 교육에 관련된 모든 문제에 대한 견해를 제출하는 것이다(교육법 L231-1). 교육부 장관의 주재 아래 97명의 교원 대표, 이용자 대표, 교육 관련 파트너가 참가하는데, 특히 교수 대표, 교원 대표, 학부모 대표, 대학생 대표, 고등학생 대표가 참석한다. 이 참석자들의 대표는 직업선거 혹은 학부모 대표 선거, 학생 대표 선거를 통해 선출된 대표성을 지닌 단체에서 추천되어 교육부 장관이 임명한 자들이다(L231-3). 그 밖에 교육부 자문 기관으로 전국고등학생생활위원회Conseil national de la vie lycéenne, CNVL, 교육 내용 평가 전문 기관인 교육고등위원회Haut conseil de l'éducation 등이 있다.

3. 소결

지금까지 프랑스의 교육 구조와 교원 노조를 중심으로 한 사회적 논의 구조를 살펴보았다. 여기에 관련된 프랑스적 특징을 다음같이 정리할 수 있다.

첫째, 프랑스에서 교원은 대부분 공무원 신분으로 공무원의 교섭 방식에 영향을 받는다. 특히 공무원의 사회적 대화의 내용이 그 집행을 위해 법과 규정으로 전환되어야 한다는 점에서, 교섭이 의회나 정부 정책에 종속된다는 특징은 민간 노사 관계와 다른 모습을 나타내었다. 특히 교원을 포함한 공무원의 임금 체계는 국가 예산에 관련되기 때문에 분권화되어 진행되지 않고 전국 수준에서만 진행되어왔다.

둘째, 교원의 사회적 대화는 교섭과 자문 기관(전문협의회, 위생·안전·노동조건협의회, 인사관리위원회)으로 이원화되어 진행된다. 2010년법의 도입 이전에는 교섭이 임금 체계에 한정하여 공무원 전체 수준에서만 진행된 결과 실질적으로 업무 편제와 노동 조건에 대한 논의는 '교섭'이 아니라 '자문 기관에서의 논의'라는 방식으로 진행됐다. 그리하여 교섭 차원에서는 논의 주제가 매우 한정되어온 반면, 업무 편제, 재교육, 복지뿐 아니라 위생·안전·노동 조건과 인사 제도까지 교원 업무와 생활에 관련한 대부분의 주제가 자문 기관을 통해 논의되어왔다. 여기에 더불어 교육 방향과 내용에 관련해서도 교육 심의·자문 기구를 통해 노조가 교원을 대표하여 참여하고 있다는 점에서 프랑스 교원의 사회적 대화 제도의 특징을 엿볼 수 있다.

셋째, 교원의 파업권이 '대표 노조에 의한 사전 예고제', '독특한 임금 공제 방식' 같은 제한이 존재하기는 하지만 상대적으로 넓게 보장되고 있다. 따라서 노조가 법으로 규정된 교섭 대상뿐만 아니라 교육 정책과 교육 내용 같은 분야까지 개입할 수 있는 여지가 제공된다.

넷째, 교원을 포함한 공무원 분야에서 2010년법의 도입을 통해 교섭의 역할이 강조되고 있다. 한편으로는 교섭 의제에 관련하여 과거 임금 영역에 한정되어 진행되던 교섭이 노동 조건과 편제, 진급 체계와 승진, 직업교육과 재교육, 복지 제도로 대폭 확장됐고, 다른 한편으로 전체 공무원을 망라한 전국 수준에서만 진행되던 교섭 수준이 전국 수준에서는 전체 공무원, 영역별 공무원, 부처별로 세분화됐을 뿐 아니라 정부 기관이나 지역 수준까지 확장됐다. 교원에 관련해서도 기존의 공무원 신분이라는 특징에 따른 하향식 교섭 내용과 교원이라는 특수성에서 제기되는 상향식 교섭 내용이 중첩될 전망이다.

특히 2010년법의 도입은 한국에 많은 시사점을 줄 수 있다. 지난 세기 프랑스에서 교원을 포함한 공무원 분야의 노사 관계는 그동안 '제한된 교섭 체제'와 '잦은 파업'이라는 갈등적 노사 관계를 특징으로 하여왔다. 하지만 1990년대 말부터 진행되어온 사회적 대화를 강조하는 흐름은 2004년 자크 시라크 대통령이 노동법을 개정할 때 반드시 노사 대화를 동반한다는 정치적 변화를 가져왔고, 급기야는 2008년 민간 부문, 2010년 공무원 부문의 사회적 대화 제도의 개혁으로 이어졌다. 여기에서 중요한 점은 오랫동안 유지되어온 갈등적 노사 관계를 해결하기 위해 정부가 나서서 노사 사이의 의견을 수렴하고 청취하여 제도를 정비하고, 특히 노조의 교섭권을 확대하고 보장하여 노조가 사회적 대화에 나서도록 독려하고 있다는 것이다. 이제 앞으로 프랑스는 갈등적 노사 관계의 사례보다는 정부 주도 사회적 대화의 장려 모델로 관심을 가져야 할 필요가 있으며, 이러한 사례는 교섭 의제의 확대를 두고 논의가 한창인 한국의 교원 노사 관계에 하나의 예시로 검토되어야 할 것이다.

21세기 사회적 대화의 증진

새로운 모델로 진입하기?

1장

사회당 정부의 '사회대토론회'

2013월 1월 11일, 프랑스 역사상 최초로 고용 유연화를 둘러싼 합의가 성사됐다. 1984년부터 고용 유연화를 의제로 한 노사 협의가 있었지만 합의에 이르지는 못했다(Le Monde 12/01/13, 1). '기업 경쟁력과 노동자의 직업 경로·고용 안정화를 제공하는 새로운 사회경제 모델을 위한 전 산업 협약'[1]이라는 이름의 이 합의는 고용 유연화의 대가로 사회보장의 대상과 기간을 확대한 일종의 '교환give and take' 협약이다. 고용 유연화의 내용은 지난날 기업이 구조조정을 실행하려면 고용 유지 계획Plan de sauvegarde de l'emploi, PSE을 제출하고 노사 합의나 행정 기관의 심의와 더불어 법원의 허가를 필요로 하던 규정을 바꿔 법원의 허가 없이 노사 합의나 행정 기관의 허가만으로도 가능하도록 유연화한 것이다. 이런 변화는 법원 판결에 긴 시일이 필요하기 때문에 경기 변동에 조응하는 신속한 구조조정을 진행하는 데 애로가 있다는 사용자 측의 요구를 수용한 것으로, 노동자는 차후에 고용 유지 계획에 대해 법원의 판단을 요구할 수 있다. 반면 보충형 의료보험 적용 대상을 확대하고 실업급여 제공 기간을 연장하며 개인별 직업 훈련의 기회를 넓히는 내용을 포함하고 있다.

협약에 대한 반응은 다양했다. 정부와 경제계는 이른바 '역사적 합의Compromis historique'라면서 환영 의사를 나타냈지만, 노동계는 양분됐다. 노동자의 지지를 모두 합쳐 50퍼센트 남짓 받는 세 노조(CFDT, CFTC, CFE-CGC)가 협약에 서명하여 협약은 유효하지만, 나머지 50퍼센트 미만을 차지하는 CGT와 FO 는 협약에 서명하기를 거부했다. 특히 협약을 거부한 노조는 이 변화가 노동자에게 정보 제공과 조직화할 수 있는 여유, 상황에 대한 전문가의 점검, 업무 재배치 노력 의무를 실행할 수 있는 기간과 절차 등 법이 보장하는 노동자 보장권을 박탈한다고 비판했다. 결국 협약은 상원과 하원의 논의 끝에 2013년 6월 14일에 '고용안정화에 관한 법[2]'으로 제정되어 실행 중이다.

이 글은 두 가지 문제 제기에서 출발했다. 첫째, '사회적 타협이 어렵다고 여겨지던 프랑스에서 어떻게 전에 없던 고용 유연화 협약을 성사시켰는가'는 질문이다. 프랑스는 1990년대 중반까지 유럽에서 사회적 협의가 발달하지 못한 대표적인 국가로 지목됐다(Lehmbruch 1984; Cameron 1984; Vergunst 2010, 정병기 2014). 이런 상황이던 프랑스에서 1990년대 중반 이후 사회적 협의에 관련한 어떠한 변화가 있었는가?

2008년부터 유럽에서 확산된 경제 위기는 노사정을 포함한 주체들이 사회적 협의에 적극적으로 대처하게 만든 외부적 환경이라고 할 수 있다. 하지만 이것이 직접적인 원인이라고 규정하기는 어렵다. 경제 위기가 사회 협약을 형성하는 데 우호적인 조건으로 작용하는 것만은 아니다. 높은 실업률과 해고의 위험은 노조의 협상력을 약화시켜, 노조가 교섭보다는 대립이라는 방법을 선택하게 한다는 견해도 존재한다(Glassner and Keune 2010). 국가가 노조에 대해 임금 동결이나 고용 유연화 정책을 도입하는 대신 실업보장이나 사회보장을 확대할 수 있는 방안을 제시할 수 없는, 재정 상황이 극도로 좋지 않은 상황보다는 재정이 비교적 건전하여 어느 정도 유화책을 제시할 수 있는 상황이 사회적 협약에 더욱 우호적이라는 것이다.

또한 경제 위기의 파장은 각 나라의 경제 조건에 따라 달리한다. 국가 채무 위기가 극심하던 '피그스^{PIIGS}', 곧 포르투갈, 아일랜드, 이탈리아, 그리스, 스페인 중 이탈리아를 제외한 그리스, 아일랜드, 포르투갈, 스페인이 구제 금융을 받게 되면서 혹독한 긴축 정책을 펼친 곳도 있고, 프랑스처럼 2012년 대선에서 '성장 대 긴축'의 대립의 결과 '성장'이 승리한 곳도 있었다. 따라서 협약의 정치도 다양했다. 사회 협약의 전통이 강한 핀란드, 스웨덴, 독일, 벨기에처럼 위기에 대응하여 기존 전통을 이어받아 새로운 사회 협약을 맺은 나라도 있고(Glassner and Keune 2010), 이탈리아나 아일랜드처럼 1990년대 이후 진행되던 사회 협약 정치가 경제 위기 시기에 중단된 곳도 있다(Teague 2011; Cupepper et al. 2014). 또한 사회 협약의 전통이 약하다고 평가되는 국가들 중에는 그리스처럼 협약의 정치 없이 노조의 반대에도 불구하고 일방적이고 혹독한 긴축 정책이 진행된 곳도 있고, 프랑스처럼 새롭게 협약의 정치가 작동되는 곳도 있다. 한편 프랑스에서 1984년 이후 고용 유연화를 시도한 후에도 여러 번의 경제 위기가 있었지만, 이런 위기 때문에 협약이 성사된 적은 없었다. 그리하여 프랑스에서 1990년대 중반 이후 사회적 협의에 관련한 변화에 주목하고자 한다.

둘째, '사회적 협의에서 노사 외부, 즉 기타 시민단체나 전문가의 참여를 어떻게 혹은 어떤 관점에서 볼 것인가'는 질문이다. 이 질문은 이번 노사 협약의 모태라고 할 수 있는 '사회대토론회^{grande conférence sociale}'의 운영 방식과 맞물려 있다. 2012년에 집권한 사회당은 사회적 대화의 발전에 대한 강한 의지를 표명하며, 노사정뿐만 아니라 시민단체와 지자체가 참여하는 사회대토론회를 매년 개최했다. 여기에서는 사회적 협의의 주체인 노사뿐만 아니라 다양한 이해관계자로 참여 주체를 넓힌 사회대토론회가 사회적 대화의 발전에 기여한 역할과 내용을 분석하려 한다. 또한 사회대토론회가 '전국 규모의 사회적 포럼'을 통해 양분되어 정체되던 '의회·정부 자문 기구'와 '노사 전국 교섭'이라는 프랑스의 사회적 대화 구조에 역동성을 제공했다는 가정에서 출발한다.

1. 이론적 고찰 — 사회적 협의와 이해관계자 논의

정책 결정 과정으로서 사회적 협의와 그 가능 조건

사회적 협의를 이론적으로 논의하려면 우선 코포라티즘과 사회적 협의의 관계를 정리하는 것이 필요하다. 넓은 의미에서 코포라티즘은 중앙 집중적이고 독점적인 지위를 부여받은 단체들의 존재를 의미하는 '이해 대표 구조'를 지칭하는 동시에, 의회의 결정 방식을 우회하는 하나의 '정책 결정 과정'을 의미하기도 한다. 1970년대 코포라티즘 관련 저작에서 슈미터(Schmitter 1974)는 이해 대표 구조라는 조직적 특성을 강조하는 반면, 렘브루흐(Lehmbruch 1977)는 공공 정책 형성의 제도화 패턴에 초점을 두었다. 이런 혼란을 피하기 위해 슈미터(Schmitter 1982, 263)는 전자를 '코포라티즘', 후자를 '협의'로 구분하기도 한다.[3] 한편 코포라티즘과 협의는 경험적으로 매우 밀접한 관련을 지니고 있으며, 이해 대표 구조와 관련된 코포라티즘은 협의를 위한 구조적 전제 조건으로 규정되기도 했다. 즉 "독점적이고 위계적이며 공식적으로 인정된 코포라티즘의 이상적인 구조"(Schmitter 1974, 13) 없이는 협의가 바르게 진행될 수 없다는 것이다.

하지만 1990년대에 들어서면서 이해 대표 구조가 전제되지 않을 경우 사회적 협의가 불가능하다는 기존의 견해는 (구조)결정론적 오류의 가능성이 있다는 문제가 제기되면서 중요한 변화가 생긴다(은수미 2006). 특히 1990년대 중반 이후 아일랜드(1994년, 1997년, 2000년, 2003년), 이탈리아(1993년, 1996년), 포르투갈(1997년), 스페인(1996년, 1997년), 한국(1998년)같이 사회 협약의 전통이 빈약하고, 협의 주체들의 조직률이 낮으며, 중앙집중성이나 이해 대표 체계의 구조가 비교적 파편화되어 있거나 한계적인 것으로 알려진 국가들에서 사회 협약 정치가 발전하는 것에 대해, 바카로(Baccaro 2003)는 현재 이해 대표 체계로서의 코포라티즘은 사라지고 있지만 정치 협력 과정으로서의 협의는 세계 여러 나라에서 증가하고 있다고 주장한다.

이해 대표 체계에서 정치 협력 과정으로 나아가는 이동은 매우 중요한 의미를 갖는다. 고전적 의미에서 코포라티즘의 전통이 부재하더라도 별도의 방식을 통해 주체들의 조직적 협력이 가능하다면 사회적 협의가 가능해졌다. 즉 제도와 구조라는 선결 조건을 갖추어야만 가능하다고 인식되던 '사회적 협의'가 정부를 포함한 사회적 주체들이 일시적으로 혹은 전략적으로 선택할 수 있는 유연하고 역동적인 전술이 됐으며, 특정한 사회적 또는 경제적 상황에서 정부는 단기간에 우호적 조건을 형성함으로써 사회적 협의를 증진시킬 수 있게 됐다. 특히 일부 이익단체에 대한 독점적 지위 부여를 전제로 한 전통적인 코포라티즘 구조에 견줘 다양한 결사의 자유와 소수 집단의 참여권 같은 민주주의 요소들과 결합할 수 있게 됐다(Streeck 1993; Schreiner 1994).

그렇다면 어떠한 상황이 주체들로 하여금 사회적 협의 과정을 선택하게 하는가? 사회적 협의의 출현과 안정화를 위한 조건은 무엇인가? 또한 그 조건이 기존의 이해 대표 구조와 어떻게 다른가에 대한 연구는 아직까지 부족하다(이호근 2003). 위 사례에서 보듯이 이해 대표 구조 없이도 행위자들이 사회적 합의를 전략적으로 선택할 수 있다. 그러나 특정 시기의 전략적 선택이 안정적으로 진행되려면 일정한 조건이 필요하다. 이러한 조건들이 기존의 이해 대표 구조와 어떻게 다른 것인지를 규명하지 않는다면, '구조를 뛰어넘는 행위자들의 선택'과 '행위자의 선택을 뒷받침하는 구조의 필요성'이라는 요인들이 꼬리를 물고 이어지는 '뫼비우스의 띠' 같은 혼돈에 빠지게 된다.

실제로 앞서 언급한 비코포라티즘적 전통에서 협의를 추진한 많은 국가에서 진행된 사회적 합의가 구조적인 안정성을 유지하는 데 어려움을 겪었다(손영우 2013; 장선화 2014). 급작스런 경제적 어려움에 맞서 집권 정당의 강력한 의지로 사회적 협의를 추진했지만, 갈등 조정과 경제 안정화 같은 실질적 기능에서는 한계를 보인 것이다. 그러나 노사 단체의 조직률, 중앙집중화 정도, 파편화 정도 등 노사 단체의 조직화 수준은 그 자체가 그 나라의 노사 관계의 특성을 규정히는 중요한 전통 중 히나이며 쉽게 변화 가능한 요인이 아니라고 할 때, 인정성의 문제를 해결하기 위한 방안이 요구됐다.

또 하나의 중요한 논쟁은 새로운 사회적 협의의 조건은 '구조'의 발전에 있는가, '실행 과정'의 개선에 있는가라는 문제이다. 다수의 학자들은 구조는 실행 과정상의 압력과 그 변화를 반영해서 발전하는 경향을 갖는다고 주장한다 (Traxler 2004, 572). 이러한 가정은 전세계에 걸쳐 확산되고 있는 실행 압력이 하나의 단일한 구조적 배열을 가져올 것이라는 수렴적 사고를 불어올 수 있다. 하지만 이런 사고는 기능주의적 오류로서, 어떠한 국가라도 사회적 협의를 진행하려면 반드시 하나의 동일한 구조가 등장하여야 한다고 단정하는 것이다. 또한 사회적 협의에 대한 실행 압력이 최고에 도달할 때에도 구조적 다양성이 지속될 수 있는 기능적으로 유사한 구조들이 존재한다(Traxler 2004, 572). 그러므로 사회적 협의의 실행 과정과 구조는 분석에 있어 분리된 영역으로 간주해야 한다.

따라서 여기에서는 프랑스 사례를 통해 새로운 사회적 협약의 출현과 안정화 조건을 탐색한 뒤 이러한 조건들이 기존의 이해 대표 구조와 어떻게 연관되는지를 밝히고자 한다. 더불어 이러한 조건들을 구조와 실행 과정이라는 영역을 분리하여 각각 어떠한 변화가 있었는지 분석하고자 한다.

조직률, 파편화, 중앙집중화? — 결국 대표성의 문제

우선 사회적 협의에서 정부의 의지와 전략은 노조를 사회적 대화의 테이블에 지속적으로 머물게 하고 협약 체결에 우호적인 환경을 마련한다는 측면에서 매우 중요하다(Baccaro 2003, 701; Regini 2003). 정부는 직접적으로 노사정 협의에 한 주체로 참가하여 교섭을 진행하기도 하지만, 간접적으로 협의 체계의 법적 구조를 형성하는 데 주요한 역할을 하고 협약 체결의 결과로 발생할 수 있는 노동자의 손실을 보상하기도 하며, 사용자에게 고용에 따른 비용을 보조하면서 협약을 위한 우호적 조건을 만들기도 한다. 하지만 정부의 의지가 분명하다고 했을 때, 사회적 협의의 발전을 위해 어떤 전략을 사용할 것인가라는 질문과 함께 사회적 협의 주체의 상황이 주요한 변수로 떠오른다. 따라서 이전의 '사회 협약의 전제 조건'이 현실적으로 절대성을 상실한 상황에서 협의 주체에 대한 새로운 시각이 요구된다.

사회적 혹은 민주적 코포라티즘은 1974년 석유 위기 이후 특히 전국적 합의를 통해 불균등한 임금 인상을 억제하는 효과와 고용 제도 개선을 통한 노사 관계 위기 대응 체계로 명성을 날리고 있지만, 원래 코포라티즘을 주장한 슈미터는 이 체계의 염려되는 측면도 동시에 지적했다. 코포라티즘에서 결정 공간에 대한 이익단체들의 접근성은 많은 단체들에 개방적이 아니라 일부 소수 단체에 제한적일 수밖에 없다는 점이다(Schmitter 1974). 즉 코포라티즘은 소수의 이익집단이 다수의 이견을 통제할 수 있을 만큼, 충분히 중앙집권적인 조직화가 진행됐을 때 가능하다는 것이다. 그리하여 결정 공간에 참여하는 독점적 지위를 부여받은 단체가 지니고 있는 전체 사회에 대한 대표성 문제가 중요해진다. 그렇지 않다면 정부가 통치의 효용성을 위해 일부 소수 집단의 의견에만 집착하는 민주주의의 위기에 봉착할 수 있기 때문이다. 그래서 이 문제는 민주적 코포라티즘의 전제 조건으로 이야기되기도 했다.

대표성의 의미는 노조 조직률, 파편화 정도, 중앙집중화로 구분됐지만, 이것들은 모두 특정 단체가 전체를 대표하여 결정할 수 있고 또한 그 결정에 대한 책임을 질 수 있는지 여부로 모아질 수 있다. 특히 이러한 변화는 앞서 지적한 이해 대표 체계에서 정책 결정 과정으로 나아가는 중심 이동에 연관된다. 이해 대표 체계에서는 이해가 하나의 형태로 수렴되고 통합되면서 이해의 표출 통로가 규제되는 것이 핵심이었고, 이것을 위해 단체가 수평적으로 통합되고 수직적으로 중앙집중화되는 것이 필요했다. 반면 정책 결정 과정에서는 결정 과정에 참가권을 규정하고 결정의 성사와 유효 여부를 검증하는 것이 핵심이 되며, 이것을 위해 특정 의제에 대한 전체 조직 대상자의 선호를 취합하고 대표하여 결정 자격을 지니고 있다는 점을 증명할 필요가 있다.[4] 대표성을 보완하기 위해 전국적인 사회적 협의에서 사용된 방법은 크게 두 가지 범주로 나뉠 수 있다.

첫째, 제도적, 구조적 방식으로, 특정 단체에 법률을 통해 대표성을 부여하는 방식이다. 아일랜드처럼 교섭에 참여하는 노조의 대표성을 보완하기 위하여 대표성을 법으로 규정하여 인가하거나, 프랑스처럼 노동자 선거의 결과를 노조의 대표성으로 규정하는 경우이다. 이 제도가 정통성을 획득하려면 대표성 규정에 대해 다른 단체들이 반박할 수 있는 여지를 줄이는 것이 중요하다.

둘째, 실행 과정에 관련된 것으로, 전국 교섭에서 노사 단체뿐만 아니라 전문가나 시민단체의 참여를 확대하는 방안이다. 코포라티즘은 일반적으로 노사 양자와 더불어 정부가 참여하는 삼자 협의를 기본으로 해왔다.[5] 하지만 코포라티즘은 넓은 의미에서 단지 삼자뿐 아니라 이익단체 일반을 포함하는 개념이었고, 협의 자체뿐만 아니라 협의를 둘러싼 노사 관계 혹은 통치의 체계를 의미하는 포괄적 개념이었다(Slomp 1996, 4). 노사 이외의 주체로 확대되는 경향은 1990년대 이후 사회적 협의가 성공해 세계적으로 주목받고 있는 아일랜드, 네덜란드 같은 사례에서 찾아볼 수 있고, 프랑스 역시 이번 협약을 성사시킨 사회대토론회에서 사회단체와 지자체에도 의견을 제시할 권한이 주어졌다. 이러한 경향의 배경으로는 강력하게 조직되거나 중앙집중화되지 못한 노사 단체의 대표성을 보완하는 해결책이 필요하다는 점과 더불어, 오늘날 경제 위기와 함께 사회적 협의의 의제가 노사 영역을 뛰어넘어 확장되는 현상을 들 수 있다. 특히 고용 문제는 노동의 영역을 넘어 경제와 산업은 물론 복지와 교육 영역까지 확장되는 의제이다. 결국 노사 단체의 낮은 대표성 문제를 해결하기 위해, 또는 사회적 협의의 의제가 확장됨에 따라, 참여 주체가 더욱 확대되는 경향이 나타난다.[6]

하지만 사회적 협의에서 노사 이외에 다른 주체에도 문호를 개방하는 것은 새로운 문제를 야기한다. 즉 사회적 협의에서 전통적으로 주체로 인정되던 '노사' 혹은 '노사정'과 동등하게 지역 단체나 시민단체도 결정에 참가할 수 있는가 하는 문제이다.

노사가 절대적 주체인가? — 의제의 다양화에 따른 주체의 확대 경향

과거의 사회 협약이 임금 인상 자제와 고용 확대 간의 교환이 주였다면, 오늘날의 사회 협약은 다양한 형태로 진행되고 있다. 특히 고용의 질을 증진시키는 정책이나 노동자의 고용 가능성을 제고할 수 있는 적극적 노동시장 정책이나 사회보장에 연계된 노동복지 전략, 또는 노동시장의 양극화를 해소할 수 있는 노동 정책 등의 의제를 중심으로 점차 이동하는 경향을 보인다. 논의 의제가 더욱 포괄적이고 전문적으로 확장되고 심화된다는 측면에서 시민단체나 전문가들의 참여가 확대되는 흐름이 나타나고 있다. 물론 다양한 시민단체와 사회단체들의 참여가 노사 또는 노사정 중심의 사회적 협의를 대체하는 성격을 띤다고하기는 어렵다. 제도주의적 관점에서 볼 때 각국 시민사회의 상황에 따라 다양한 조합이 가능하기 때문이다(장선화 2014).

이런 협의 주체의 확대 경향에 대해서는 이해관계자주의를 적용해 분석하려 한다. 그 이유는 바로 사회적 협의에 참가하는 노사와 다른 주체, 즉 정부를 포함하는 시민단체의 권리가 사회적 의제에 따라 동일하지 않다는 전제에 있다.

이해관계자 stakeholder 이론은 에드워드 프리먼이 《전략적 경영 — 이해관계자 접근 Strategic Management: A Stakeholder Approach》(1984)에서 주주 중심이던 기존의 기업 운영에 대당하는 접근법으로 도덕과 가치를 중시하는 윤리적 기업 운영 원리를 제기하면서 확산됐다. 이 이론은 전통적인 주주 중심 관점에서 투입(투자자, 고용주, 공급자)-산출(소비자) 모델을 탈피하여, 기업에 연관된 정치 집단, 무역 단체, 노조, 지역 공동체, 더 나아가 경쟁 관계에 있는 다른 기업 역시 기업의 이해

관계자가 될 수 있고, 이 이해관계자들을 고려하는 경영 전략이 필요하다는 취지에서 제기됐다. 이처럼 초기에는 기업의 경영 방식을 중심으로 등장했지만 나중에는 제도까지 확장됐고, 특히 교섭을 통한 협치governance 모델로 제기되기도 한다. 이제 이해관계자 이론은 전통적 지배력이 새로운 제도적 정당성 형태로 이동하는 현상에 관한 이론으로 확장된다(Bonnafous-Boucher·Rendtorff 2013, 5).

특정 의제에 연관된 이해관계자들은 모두 동일한 수준의 이해관계를 지니고 있지는 않다. 달링(Darling 1997, 51)은 고객이 슈퍼마켓에 가서 꽁치 통조림을 산다고 해서 슈퍼마켓이나 통조림 회사의 이해관계자가 되지는 않으며, 어떤 사람이 런던에 산다고 해서 그곳에 본사를 두고 있는 《파이낸셜 타임즈》의 이해관계자가 되지도 않는다며, 기업에 관련되어 있다고 해서 모두 다 같은 이해관계자는 아니라고 주장한다. 누구나 인정하는 직접적이고 진정한 관심을 갖고 있는 자와 더 방관적이고 간접적이며 임시적인 이해를 갖고 있는 자를 구분하여 달링은 1차 이해관계자(투자자, 노동자, 경영자 등)와 2차 이해관계자(공급자, 고객, 이웃 등)를 구분한다. 임시적, 방관적, 간접적 이해를 지닌 사람들에게 일반화된 요구 조건을 적용하는 것은 잘못이라고 비판하면서, 특히 2차 이해관계자와의 관련성을 높이기 위해 정부가 법을 제정하는 것은 1차 이해관계자들의 선차성을 무시할 위험이 있다고 지적한다(Darling 1997, 51).

이러한 이해관계자의 구분은 상당히 중요하다. 조직 운영에 관련한 이해관계자들의 이해와 요구는 흔히 서로 대립되거나 영합zero-sum적인 경합을 벌이기도 하는데, 특정 주체가 간접적 이해관계자의 이해를 직접적 이해관계자의 요구를 무마시키기 위해 전략적으로 사용할 수도 있기 때문이다. 이런 점 때문에 특히 산업 관계에서 노조가 다른 이해관계자와 유사한 위치로 취급받게 되는 것을 노조가 염려하기도 한다(Dawkins 2010, 129). 실제로 2010년에 사회적 책임에 관한 ISO 26000 표준을 제정하는 과정에서도 노사양자주의를 이해관계자주의가 대체할 수 있다고 염려하는 논쟁이 이미 진행되었다(Justice 2003).

문제는 '어떻게 노사양자주의와 이해관계자주의가 조화를 달성할 것인가'이다. 사회적 협의에서 이해관계자주의는 노사양자주의를 대체하기보다는 보완하는 위치에 존재하여야 한다. 사회적 의제에 대해서 노사 양자의 입장에 반해 그 밖의 이해관계자가 어떠한 결정을 할 수 있는가? 구체적으로 보면 우선 임금과 노동 조건의 문제는 노사 계약적 속성을 지닌다. 노사 이외의 다른 이해관계자들이 임금이나 노동 조건에 관련된 문제를 대신해서 결정할 수는 없다. 반면 고용, 조세, 사회보장, 산업, 공공 교육, 환경에 관련된 경제 정책과 사회 정책에는 분명히 노사만큼이나 밀접한 이해관계자들이 존재한다. 또한 직업교육 훈련, 연금, 산업 안전, 보건 정책, 주택 정책처럼 내용과 수준에 따라 노사 계약적 속성과 그 밖의 다른 사회적 이해관계자들의 이해와 중첩적 속성을 지닌 부분도 있다.

또한 최근 사회적 협의에서 나타나는 중요한 양상 중 하나는 임금 억제와 고용 안정 혹은 고용유연화와 사회보장 확대 사이의 '교환trade off'이 일상화된다는 점이다. 이른바 '윈윈 교섭'으로 일컬어지는 이러한 교환은 사회적 협의가 매우 포괄적이고 구체화된 다양한 프로그램에 대해 진행된다. 이 상황에서 개별 정책에 대한 구체화나 타당성에 대한 논의는 이해관계자들의 협의가 진행될 수 있지만, 이러한 종류의 협의에서 교환은 최종적으로 노사 양자 사이의 협의를 통해 집행될 수밖에 없다. 그렇다면 사회적 협의는 이해관계자 협의와 노사 간 협의로 이원화되는 것이 타당하다고 할 수 있다.

결국 교섭은 계약 당사자들이 중심을 차지하면서도 그 밖의 이해관계자들이 교섭의 내용과 과정을 감독하고 감시하는 역할을 진행할 수 있다고 예상할 수 있다. 더욱이 민간 부문보다는 공공 부문에서 이해관계자의 참여는 더욱 적극적으로 요청받을 뿐만 이니라 더욱 높은 정당성을 지니게 될 것이다.

2. 사회적 협의에서 이해관계자를 포함하는 사회대토론회 — 실행 과정의 측면

프랑스 사회적 대화의 주요 영역

프랑스에서 전국 수준의 사회적 대화 영역은 의회, 정부 자문 기구와 노사 전산업, 산별 교섭으로 구분됐다. 먼저 제도화된 의회, 정부 자문 기구인 CESE는 상하원에 이어 '제3의 의회'라 불리기도 하며, 헌법이 규정한 입법 자문 기관이다. 자문 대상은 경제와 사회 전 분야이며, 자문 방식은 의회, 정부 발의, 자기 발의, 시민 발의로 특정 주제에 대한 정책보고서를 작성하여 수정안을 거쳐 과반수 참석에 과반수 찬성으로 채택한다. 1년에 25~30개가량 출판되는 보고서는 참여자 그룹과 위원들의 의견과 찬반을 담아 발표한다(손영우 2005).

사회 협약에서 주요한 역할을 진행한 바 있는 네덜란드의 사회경제협의회 Sociaal Economische Raad, SER나 아일랜드의 국가경제사회위원회National Economic Social Council, NESC와 비교하여 프랑스의 CESE는 구성이나 역할에서 매우 다르다. 네덜란드와 아일랜드의 기구 구성은 노사를 중심으로 정부가 임명하는 전문가(네덜란드)나 농업 혹은 공익 단체(아일랜드)가 추가돼 사회적 협의를 주도하는 핵심 기구라 할 수 있다. 반면 프랑스 CESE의 구성은 노사 단체뿐 아니라, 소비자, 가족, 해외, 청년과 학생, 환경 단체 등 전체 경제 주체와 사회 주체들을 총망라하고 있다. 동시에 담당 의제 역시 경제 영역과 사회 영역에 국한되는 것이 아니라, 국제, 정치, 경제, 사회, 지방, 환경까지 의회에서 다루는 모든 의제를 다루게된다. 또한 역할에서도 정부와 의회에서 독립적으로 사회 협약을 추진하기보다는 사회 협약과 무관하게 정부와 의회의 입법 과정에 일상적 자문을 제공한다.

한편 교섭은 노사가 주체가 되고, 일반적으로 공무원 분야와 민간분야가 나누어 진행되며, 전 산업 교섭négociaton interprofessionnelle과 산별 교섭이 진행된다. 전 산업 교섭은 주로 노동 정책과 복지 정책에 대한 입법 이전의 사전 교섭 형태로

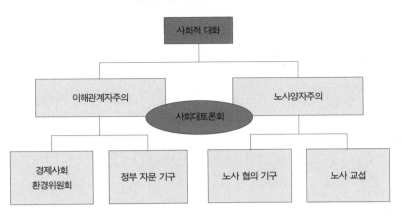

그림 1. 프랑스의 사회적 대화 조망도

사회적 대화

이해관계자주의

노사양자주의

사회대토론회

경제사회
환경위원회

정부 자문 기구

노사 협의 기구

노사 교섭

진행되며, 산별 교섭에서는 해당 산업의 임금과 노동 조건에 대한 논의가 주로 진행된다. 그리하여 앞서 살펴본 이해관계자주의와 노사양자주의의 관점에서 프랑스의 사회적 대화 구조를 **그림 1**과 같이 조망해 볼 수 있다.

이처럼 2012년 이전 프랑스에서 사회적 대화는 노사양자주의와 이해관계자주의가 별개로 독립적으로 진행되고 있었고, 산업 관계와 관련한 사회적 협의는 노사양자주의로만 운영되고 있었다고 볼 수 있다. 결국 사회 협약은 노사 양자의 책임으로 존재했고, 파편화되고 조직률이 낮은 특징을 지닌 프랑스 노사 관계에서 사회적 협의는 매우 제한적이었다.

사회대토론회와 사회적 협의의 역동성

2012년 사회당 정부는 사회대토론회grande conférance sociale를 제안한다(손영우 2012a). 이 토론회는 일종의 전국 차원의 사회 포럼으로, 정부의 전반적인 노동 정책과 사회 정책의 어젠다(내용과 일정)를 노조와 사회단체가 참여하여 공동으로 결정하고, 노동 정책에 대한 전 산업 노사 교섭의 일정을 조정하기도 했다.

올랑드 정부는 사회적 대화에 대해 새로운 위상을 제기했다. 올랑드 대통령은 2012년 6월 12일 CESE를 방문하여 사회적 대화에 대한 자신의 견해를 피력한다.

사회적 대화는 예외적 순간을 위한 것도, 시위가 있을 때 하는 대응도, 특정 환경에서 소집된 노사 대표를 위한 것도 아니다. 사회적 대화는 지속적이고 일관된 과정이어야 한다. 바로 이러한 이유로 사회적 대화를 정부가 구현하는 정책에서 진행할 뿐만 아니라 우리의 헌법에도 명시할 것을 제안한다. 지위, 직장 생활 조건, 노동자와 그 사람의 권리, 또한 기업을 변경하는 어떠한 법도, 더 정확하게 어떠한 예비 법안이나 제안도, 대표 단체의 예비 합의 없이 설정되거나 채택될 수 없다. 이것은 또한 여기에서 진행될 사회대토론회의 정신이기도 하다. (Hollande 2012)

표 1에서 보듯이 올랑드 정부의 사회적 대화는 과거 사르코지 정부와 대조된다. 사르코지 정부에서는 정부가 선택한 주제나 사안에 대해 정부안을 제출하면서 노사 간 합의를 도출할 시안을 정한 뒤 합의를 도출하지 못하면 정부안을 추진하는 방식이었다. 반면 올랑드 정부는 의제 설정부터 진행 방법과 계획까지 전체 과정을 사회적 대화를 통해 진행했다(손영우 2012a, 30~31).[7]

2012년부터 매년 여름에 진행하고 있는 사회대토론회는 관련 부처 장관의 주도 아래 노사 담당자들이 참여하는 7개 핵심 주제[8]에 대한 원탁 논의와 노사 단체와 시민단체가 참여하는 주제별 토론으로 구성된다. 노사 단체 참가자와 관련해서 대표성을 인정받은 5개 노조(CGT, CFDT, FO, CFTC, CFE-CGC)와 3개 사용자 단체(MEDEF, CGPME, UPA) 이외에 7개의 주제별로 진행되는 원탁회의의 주제와 관련 있는 단체일 경우, 사안에 따라 Solidaires, FSU, UNSA 같은 소수 노조들과 사회적 경제 관련 사용자 단체인 Usgeres, 농업 부문 FNSEA, 자유전문직 부문의 UNAPL, 임시직 관련 단체도 초대하여 참여의

표 1. 사르코지 정부와 올랑드 정부의 사회적 대화 비교

	사르코지 정부	올랑드 정부
대화의 폭	특정 주제, 사안별	경제 정책 전반, 총체적
대화 시기	정부 필요 시 소집	전체 집권 기간을 대상
의제 선정	정부	노사정
의안 제출	정부	노사정, 사회단체(의견 제시)
진행 과정	정부가 의안을 제출하고, 설정한 시간 내 노사 합의를 요구하여, 합의 시 노사 합의안을 입안, 합의가 없을 시 정부안을 추진	노사정이 의제를 선정하고 주제별, 담당 부서별로 노사(사회단체) 공동 논의를 진행하여 합의안 도출
총리와 정부의 역할	정부안 제출, 합의 시한 설정, 총리의 역할이 없음	정부 부처별로 노사 논의를 주도·진행하고, 총리는 이 내용을 총괄. 매년 진행 과정을 결산하고, 이 결과를 총괄할 사회적대화위원회를 설립

※ 출처: 손영우 2012a, 31.

폭을 넓혔다. 특히 사회대토론회 준비 과정에서 다양한 단체들이 의견을 개진한다. 가령 첫째 주제인 고용과 관련하여 청년기업경영주센터, 자선 구호단체 엠마우스, 전국실업자비정규직운동 등 32개의 관련 사회단체가 입장을 개진한 바 있다. 그 결과 제1의제인 고용 분야의 경우 10개 소주제로 구분되어 논의됐고, 주제의 성격에 따라 크게 노사 자문, 교섭, 토론회, 전문협의회 혹은 전문가 그룹에 위탁하는 방식으로 로드맵이 구성됐다. 또한 노동시장 현대화 협약이나 기업 공공 지원의 경우처럼 이미 진행되고 있는 사업의 경우 평가를 예정하기도 했다.[9]

고용 유연화 협약의 체결 과정과 성공 원인

고용 분야에서 핵심 의제이던 '고용 안정화' 부문은 2012년 6월부터 시민단체

의 의견 제안과 원탁 논의를 통해 고용 분야의 핵심 주제로 결정되어, 시민단체의 논의와 노사 교섭이 병행되는 투 트랙 방식의 논의가 진행됐다. 그 결과 2013년 1월 11일 노사는 고용 유연화 협약을 체결하게 된다.

협약 체결이 성공한 원인에 대해 먼저 사회적 협의에 우호적인 경제적 환경과 사회적 합의에 대한 정부의 의지를 꼽을 수 있다. 2008년부터 악화되기 시작한 유럽 경제 위기에 따른 프랑스 산업의 경쟁력 약화, 10퍼센트대를 지속하고 있는 높은 실업률은 기업 경쟁력 강화, 실업자에 대한 사회보장 확대와 재취업 교육의 강화를 동시에 요구하는 목소리가 높아지면서 사회 협약에 대한 압력으로 작용할 수 있을 것이다. 하지만 이전의 프랑스에서는 이러한 압력이 직접 사회적 협의 과정에 전달될 통로가 부재했다. 사회적 협의에 대한 정부의 강한 의지와 함께 사회적 압력이 사회적 협의 과정에 전달될 수 있도록 한 계기가 바로 사회대토론회라고 할 수 있다.

이것을 기반으로 사회대토론회에서는 전국, 전 산업 노사 교섭 일정을 잡고 진행 과정을 점검한 뒤, 체결된 협약에 대해서 입법 진행 과정이나 정책 집행 과정에 대해 감독과 평가가 진행됐다. 결국 노사뿐만 아니라 시민단체와 지역 단체 같은 이해관계자들을 포괄하여 형성된 사회적 포럼이 노사 교섭에 역동성을 제공했다고 볼 수 있다.

그렇다면 고용 유연화 협약에 서명을 거부한 CGT와 FO는 왜 사회적 협의 자체를 부정하거나 거부하는 경향으로 나아가지 않았는가? 이 문제는 앞서 제기한 대로 협약의 안정성을 보장하는 방안에 연관되어 중요한 문제 제기라고 할 수 있다. 그 이유로는 앞서 언급한 구조적 변화라 할 수 있는 대표성 개혁을 통한 협약의 정통성 강화와 교섭의 안정화 역할을 지적할 수 있다.

그런데 고용 유연화 협약이 체결된 것은 2013년 1월 11일로, 노조 대표성에 대한 재규정이 발표된 2013년 3월 29일보다 앞선다. 1월 11일 당시는 3개 이상의 노조가 서명하면 그 협약은 유효한 것으로 간주한다는 이전의 법에 따라 협

표 2. 2013년 1월 11일 고용 유연화 협약의 핵심 내용[10]

• 노사 합의에 따른 구조조정의 간소화 (법원·행정 기관·교섭 합의=>행정 기관·교섭 합의) • 고용유지협약 도입	vs.	• 모든 노동자에게 보충형 의료보험 (100퍼센트 보장보험)의 적용 확대 • 실업 후 적용 연장(현행 9개월=>1년) • 노동자 대표의 대기업 이사회 참여권 보장 • 단기 계약직에 대한 과세 • 파트타임 노동자 연장 근로에 대한 추가 임금 • 청년 무기 계약 지원

○ 노사 합의에 의한 구조조정 가능: 50인 이상 사업장에서 10인 이상을 대상으로 하는 경제적 구조 조정 시 사용자는 고용유지계획(PSE)를 작성하여 행정 기관과 법원에 제출하여 승인을 얻었음. 해당 법원은 이 계획을 심의하여 취소하거나 거부할 수 있으며, 적법하지 않은 절차로 해고되는 경우 기업에 손해 배상을 결정함. 이런 조항을 이후에는 기업 내 합의(노조 50퍼센트 이상의 합의)나 노사협의회와 행정 기관의 승인을 통해 가능하도록 함.[11]

○ 고용유지협약: 경제적 어려움이 닥친 기업이 임금 삭감이나 노동 시간 단축을 통해 해고를 피하기 위한 협약. 노사 합의를 통해 도입하고 협약 기간은 최대 2년으로 제한. 협약에 따른 조정안에 대한 개별 노동자의 거부는 해고 사유가 됨.

○ 보충형 의료보험의 적용 확대: 현재 20퍼센트가량의 노동자(주로 중소기업 노동자)에게 적용되지 않는 보충형 의료보험(100퍼센트 보장보험)을 교섭을 통해 2016년 1월 1일 이전에 모든 노동자에게 보충형 의료보험의 적용 확대.

○ 노동자 대표의 대기업 이사회 참여권 보장: 5000인 이상(세계적 규모는 1만 인 이상)의 대기업에는 1~2명의 노동자 대표가 이사회에 참여하도록 보장(최소 발언권을 지님).

○ 단기 계약직에 대한 과세: 현행 4퍼센트인 사용자 부담 고용보험료를 1개월 미만 계약에는 7퍼센트, 1~3개월 5.5퍼센트, 관례적 기간제(CDD d'usage) 4.5퍼센트로 인상.

○ 파트타임 연장 근로 추가 임금: 이전 추가 근로가 계약 시간의 10퍼센트가 넘지 않을 경우 추가 임금이 없고 10퍼센트 이상이면 25퍼센트의 추가 임금을 제공하던 것을 모든 추가 근로에 대해 최소 10퍼센트 이상의 추가 임금으로 규정하고 구체적으로는 해당 산별 협약을 통해 규정하기로 함.

○ 청년 무기 계약 지원: 26세 미만의 근로자를 무기 계약(CDI)으로 채용할 때 3개월간 실업급여 사용자 측 기여금 면제.

※ 출처: 협약문에서 정리.

표 3. 프랑스 사회적 사회의 진행 과정

사회대토론회	정부 진로 방침	사회적 교섭과 잠정 협약	협약의 법안 전환	의회 토론과 의결
교섭 진행 중 사회적 파트너와의 다차원 협의				
교섭의 의제와 대상의 제기	교섭의 방향과 일정·공간 제공		협약 내용 존중 비서명 주체의 의견 수렴	보편이익 보장 사회균형 존중

※ 출처: Ministre du travail 2012.

약이 체결된 것으로, 새로운 대표성에 대한 논의가 협약 체결에 미친 영향을 시계열적 분석 측면에서는 찾기 어렵다고 할 수 있다. 하지만 실제로는 만약 협약에 서명한 세 노조가 대표성 규정에서 50퍼센트의 지지를 획득하지 못했다면, 협약이 법적 정당성은 유지할 수 있을지 몰라도 실질적 정당성은 획득하지 못했을 가능성이 크다. 협약 체결 이후 CGT와 FO는 협약에 대해 '소수 협약'이라며 비판의 수위를 높이면서, 협약이 법으로 전환되는 과정에 압력을 행사하기 위한 조직화에 나섰다(Le Monde 13/02/09). 하지만 CFTC가 대표성을 박탈당할 것이라는 일부 진영의 예상과 달리 대표성을 유지하고, 결과는 서명에 참가한 세 노조가 50퍼센트 이상을 획득함으로써 고용 협약에 대해 가해진 '소수 협약'이라는 비판은 설득력을 잃었다.

그 결과 프랑스에서는 최초로 고용 유연화 협약을 노사 합의를 통해 도출했고, 경제 위기 상황에서 노사 갈등을 완화하는 역할을 하고 있다. 아직도 사회대토론회가 진행 중인데다가 유럽 차원의 경제 회복이 부진한 결과 사회대토론회의 성과가 가시화되고 있지는 않지만, 지금까지는 경제 위기에 맞서 나름대로 저항력을 유지하고 있다.

3. 소결

안정적인 이해 대표 구조, 즉 노사 단체의 높은 조직률, 중앙집권성, 노동 정당의 강력한 후원 등의 구조적 조건을 중시한 사회적 협의 조건에 대한 규정은, 1990년대에 이러한 사회적 협의 구조가 빈약하던 국가들에서 사회 협약을 체결함에 따라 '구조 결정론적 오류'라고 비판받았다. 동시에 사회 협약 정치의 등장 배경을 행위자들의 '전략적 선택'에서 찾는 시각이 설득력을 얻은 바 있다. 하지만 이해 대표 구조가 허약하던 곳에서 추진된 사회 협약은 안정성의 측면에서 매우 취약함을 드러내었다. 그렇다면 코포라티즘적 전통이 빈약한 국가에서 사회적 합의가 안정성을 취하기 위해서는 어떠한 노력이 필요할까 하는 질문에서 이 책은 시작됐다. 프랑스에서 보인 사회적 대화의 발전 양상은 이런 질문을 풀 하나의 실마리를 제공한다.

첫째, 제도와 구조 측면이다. 그동안 안정적인 이해 대표 구조의 요소로 간주되어온 노조의 높은 조직률, 중앙집권성, 통일성은 노조의 대표성이라는 요인과 큰 연관성을 지닌다. 프랑스에서는 직업선거에서 획득한 득표에 비례하여 노조의 대표성을 보장함으로써 낮은 노조 조직률이 갖는 문제점을 극복하는 모습을 보이고 있다. 동시에 복수 노조 체제에서 노조의 파편성을 극복하기 위해 교섭에 참가할 권한을 부여받는 노조의 기준을 두어 문턱을 설치하고 교섭에서 서명 권리, 서명된 협약의 유효성을 보장하는 제도를 도입함으로써, 중앙집권성의 문제를 해결하는 동시에 특정 노조에만 교섭 독점권을 권위적으로 부여하던 방식을 개선했다.

둘째, 사회적 협의의 실행 과정 측면이다. 고용이라는 의제가 더는 노사만의 문제가 아니라 다양한 사회 주체들의 문제로 확장되는 추세를 감안하고, 동시에 노사 단체의 사회적 대표성이 낮은 문제를 극복하기 위해, 사회 단체와 시민단체가 참여하는 사회대토론회를 개최했다. 이 토론회를 통해 고용 의제에 대해 다양한 사회 주체의 참여를 보장하는 동시에 사회적 협의에 대한 노사 주체들의 사회적 긴장감을 고취시켰다. 하지만 고용 문제에 대한 노사 양자주의에 우월성을 두고 의제 관련 2차 이해관계자들이 조언하는, 교섭과 시민단체의 논의가 동시에 병행되는 투 트랙 전략을 사용함으로써 기존의 산업 관계 질서를 유지하면서도 사회적 협의의 역동성을 높이는 모습을 보였다.

물론 위의 두 측면은 서로 독립적이지만 현실에서 각지 영향을 준다. 이제 노조 대표성이라는 제도와 구조의 문제는 실행 과정에서 단지 노조 내부나 교섭 당사자인 사용자와 정부에 대해서만 중요한 것이 아니라, 참여가 확대되고 있는 시민사회단체들에게도 중요하다. 특히 고용 문제에 연관된 지역 단체와 시민단체들 역시 특정 노조의 대표성 확보 여부, 교섭 과정에서 대표적 노조의 서명 여부 등의 문제에 점점 민감해질 수밖에 없으며, 노조들도 차기 대표성의 유지와 확보를 위해 지역 단체와 시민사회단체의 관심을 무시할 수 없게 됐다.

한편 프랑스의 사회적 대화 사례가 아직도 진화 중인 점을 감안한다면 다음 같은 향후 연구 과제를 도출할 수 있다.

첫째, 이번 사회 협약의 성과에 대한 평가이다. 현재는 사회 협약 내용에 대한 평가를 진행하기에는 이르다고 할 수 있지만, 이후 사회 협약의 경제적 성과와 더불어 사회적 협의의 안정성에 대한 평가를 보충하여야 할 것이다. 사실 경제적 성과와 안정성 문제는 서로 연관되어 있다. 사회적 협약에도 불구하고 경제 상황이 나아지지 않자 2014년 사회대토론회 개최 중 협약 서명에 반대하던 CGT와 FO가 중도 퇴장하는 사건이 발생하기도 했다. 프랑스의 협의 역시 앞서 코포라티즘적 전통이 빈약한 국가들에서 보인 사회적 협의의 불안정성을 되풀이할지 아니면 사회적 협의의 새로운 모델로 등장할지 지켜볼 필요가 있다.

둘째, 대표성의 제도화가 노동조합 운동에 미치는 영향이다. 노동자의 직접적인 노조 가입보다는 선거에서 노동자의 지지를 기반으로 한 노조 대표성의 제도화가 교섭을 활성화하고 노사 관계를 안정화하는 데 기여할지, 아니면 현장에서 괴리된 관료주의로 비판받던 프랑스의 노동조합 운동을 더욱 어렵게 만들 것인지 하는 문제 역시 매우 흥미로운 주제가 아닐 수 없다.

끝으로 프랑스의 사회적 대화를 위한 노력은 최근 양극화를 해결하기 위해 고용 구조를 개편하느라 사회적 대화를 추진 중인 한국이 사회적 협의의 추진 과정을 개선하려고 고민하는 데 유용하다. 또한 구조적 측면에서 최근 복수 노조 제도를 도입하면서 창구 단일화 논쟁으로 어려움을 겪고 있는 한국이 더욱 민주적인 교섭 제도를 연구하는 데 많은 시사점을 제공할 수 있다.

2장

노동개혁법과 사회적 대화

이제 2016년 노동개혁법 도입 과정에서 나타난 사회적 대화의 작동 양태에 대해 살펴보자. 사회적 대화의 과정을 중심으로 정부의 노동개혁법 도입 배경, 노동개혁법 이해관계자들의 입장과 행동, 노사정의 대립과 갈등 양상을 시기별로 고찰하겠다. 특히 2008년 개정된 노조 대표성 제도[1]의 공고화 과정으로서 2016년 노동개혁법 도입 과정을 살펴보겠다. 법 개정 이후 2013~2016년 기간을 위해 처음으로 부여된 노조 대표성 제도의 운영에 대한 성찰도 포함한다. 구체적으로 교섭의 원칙을 규정하기 위해 제정된 노조 대표성의 원리가 어디까지 확장될 수 있는가, 민주적 제도화를 통해 '다수'의 대표성을 획득한 노조가 노동자 대중이나 여론에 반하여 활동하면 소수 노조들은 어떻게 활동할 있는가 하는 문제 제기 속에서 2016년 노동개혁법 도입 과정을 추적할 것이다.

프랑스 모델의 특징을 이해하거나 규정하는 데 있어 국가가 주도적 역할을 했으리라는 가정은 매우 익숙하다. 특히 토크빌식 절대주의적 국가 논의에서 보듯이 프랑스 시민사회가 종속되고 조직되지 않고 원자화되어 문제 없이 관리된 것으로 압축하는 방식의 설명을 흔히 볼 수 있다.

《앙시앵 레짐과 혁명》에서 토크빌은 이후 프랑스 모델의 분석에서 표준이 되는 다음 같은 구절을 남긴다. 프랑스는 '사회 기관의 유일한 동력, 공적 생활에 필수적이고 유일한 주체'로 등장하여 '모든 매개 권력을 소멸시켜버리는' 중앙 권력을 지니고 있다. 그리하여 '국가와 개인들의 사이에는 거대하고 텅 빈 공간만이 존재한다'(Tocqueville 1856). 이후 '자코뱅 전통'이라는 언급은 오랫동안 프랑스의 결점을 요약하는 일상적인 단어가 됐고, '자코뱅주의' 또는 중앙 집권의 악령이라는 진단은 다양하게 많은 영역으로 확산됐다.

하지만 프랑스 모델을 이해하기 위해서는 여기서 그치면 안 된다는 지적도 제기된다. 그것은 강력한 국가 권력과는 다른 편에서 때로는 국가 권력의 강력한 행위에 정당성을 부여하기도 하고 '자코뱅주의'에 강력하게 저항하기도 한 시민사회에 대한 고려가 필요하다는 지적이다(Rosanvallon 2004, 10~12). 다시 말해 한쪽에서는 사회의 설립자로서 국가, 인민 주권의 절대화, 중앙 집권적 전통에 중심을 두는 사고들이 만든 역사가 존재하지만, 다른 한쪽에는 사회운동, 사회적 주체의 자율성, 이 주체들이 정부가 계획한 진행 방향을 수정하는 능력을 중시하는 경향도 존재한다.

결국 프랑스에서 제도화 과정을 이해하기 위해서는 국가 권력의 정책 구현 과정과 시민사회의 반응과 저항 과정에 대한 복합적인 이해가 진행되어야 한다는 사실을 의미할 것이다. 이러한 지적에 공감한다면, 사회적 대화의 제도화 과정 역시 정부의 노동개혁법 입법 과정을 고려하는 동시에, 정부와 의회 밖에서 진행된 노동운동과 시민사회 진영의 저항과 반응에 대해 고찰할 필요가 있다. 노동개혁법 도입 과정에 대한 고찰은 대표성 개혁의 시험대이자 향후 프랑스의 사회적 대화의 방향을 가늠하는 데 풍향계 역할을 할 것이다.

1. 2016년 노동개혁법이 제기된 배경

올랑드 대통령의 낮은 지지도와 2017년 대선

2012년 5월 대선으로 사회당이 집권한 때 유럽과 프랑스는 장기 불황 상태에 있었다. '긴축보다는 성장'을 내세운 사회당 정부가 투자 정책을 실시했지만 큰 성과를 얻지 못했다. 2012년 경제 지표를 살펴보면, 공공 지출 규모는 GDP의 56퍼센트로 유럽연합에서 가장 큰 국가 중 하나였고, 공공 적자 규모도 GDP의 4.8퍼센트, 공공 부채 규모는 GDP의 90.2퍼센트까지 확대됐다. 사회 지표도 좋지 않았다. 실업률이 11퍼센트에 이르러 1997년 이후 최고치를 기록했고, 구매력도 1984년 이후 처음으로 하락세를 보였다. 이러한 경향은 2014년까지 이어져 3/4, 4/4 분기 성장률이 유로존에서는 각각 0.2퍼센트, 0.1퍼센트, 프랑스에서는 0.1퍼센트, 0.3퍼센트로 저성장에 머물고 있었다(OFCE 2016b).

이러한 사회 상황과 경제 상황은 정치 상황으로 이어져, 2017년 5월 대선을 앞둔 올랑드 대통령의 지지율은 바닥으로 떨어진다. 낮은 지지율의 원인은 여러 가지가 지적됐지만, 지지부진한 성장률과 예외적으로 높은 실업률이 대표적이었다. 올랑드 대통령은 2012년 대선 후보 시절부터 대통령 임기의 성공 척도는 실업률이라고 단언했다(Clavel 2014). 사회당 정부의 노력에도 불구하고 실업률은 좀처럼 개선되지 않았고, 여론의 판단은 냉정했다. 2014년 12월, 한 여론조사에서는 76퍼센트가 '사회당 정부가 시행한 실업 대책은 실패했다'고 답했다(Clavel 2014).[2]

다만 여론이 고정된 것은 아니었다. 실패했다고 답한 응답자 중 61퍼센트는 향후 2년간 실업률이 현저히 떨어진다면 대통령과 정부에 대한 생각이 변할 것이라고 대답했다(Clavel 2014). 마침내 올랑드 대통령은 실업률 하락에 성공하지 못하면 2017년 대선 출마를 포기하겠다고 선언하며 실업 문제를 상대로 전면

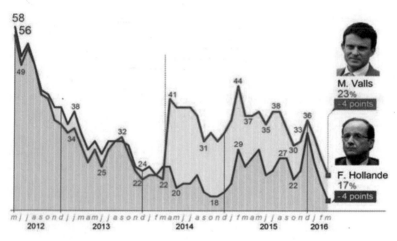

그림 1. 올랑드 대통령과 발스 총리의 지지율 변화

※ 출처: Sondage Elabe 2016.

전에 나선다(Martinet 2014).

한편 2013년 OECD와 IMF 등 경제 기구는 유럽의 경제 상황이 2016년 말부터는 점진적으로 개선될 것이라 전망했다. 사회당 정부는 임기 초부터 이러한 전망 아래 정책을 준비해왔다. 실제로 2015년 말부터 유럽의 경제 상황은 유가와 유로화 하락이라는 호조건을 맞았고 수출 상황도 점차 나아졌다.

문제는 '유럽 경기가 호전된다고 즉각 프랑스의 경제 상황도 회복될 것인가'에 있었다. 유럽 경기가 회복되더라도 프랑스 산업이 유사한 수준에 놓인 유럽 국가에 견줘 경쟁력을 갖추어야 경제 지표가 개선되기 때문이다. 결국 프랑스 정부는 정부 지출 절감, 산업 경쟁력 증진, 실업률 감소라는 세 가지 과제를 한꺼번에 부여받고 있었다. 그렇다면 정부 지출을 절감하고, 기업 경쟁력을 지원하고, 실업률을 낮추기 위해 어떤 정책을 도입할 것인가? 왜 노동개혁법의 내용을 선택한 것일까? 개혁 과정에서 왜 일부 내용은 포기하고 일부는 끝까지 고수한 것인가? 한편으로는 프랑스의 경제 상황에 대한 진단과 그동안 정부가 추진해온 노동 개혁의 내용을 살펴봄으로써 그 연속 과정으로서 노동개혁법을 설명할 수 있을 것이다. 하지만 그전에 다른 한편으로는 외부에서 들어온 압력을 생각해볼 수 있다.

노동개혁법은 유럽연합의 지침이었나

노동개혁법의 도입 초기부터 이미 유럽연합의 압력이 있었다는 지적이 있었다. 2016년 4월 7일 장-뤽 멜랑숑 좌파전선 대표는 개인 블로그에 쓴 글에서 "엘 코므리 법이 유럽연합의 요구에 따라 주어진 것이라는 사실을 알아야 하고, 말해야 한다"고 주장했고, 앞서 3월 9일에 국민전선[FN]의 마린 르펜도 개인 블로그에 "엘 코므리 법이 유럽연합의 요구에 따라 주어진 것이라는 사실을 이해하기 위해서는 프랑스 노동법에 대한 유럽연합의 수많은 언급 내용을 살펴보는 것으로 충분하다"고 지적했다.[3] 이런 지적은 초기에는 그리 주목받지 못했으며, 정부의 공식 발표에서는 한 번도 제기된 바가 없다.[4] 하지만 6월에 들어서면서 정부가 노동법 개혁을 완고하게 밀어붙이자 그 이유를 설명하기 위한 가설로 다시 제기된다.

그 내용은 다음과 같다. 2015년 7월 14일 EU 집행위원회는 프랑스의 안정화와 개혁 프로그램에 대한 권고를 발표한다.[5] 여기에서 프랑스는 2014년 실업률이 높고 장기 실업이 가중되어 성장률 저하로 이어지고 있다고 지적한다. 특히 2008년 7.5퍼센트, 2013년 10.3퍼센트, 2014년 10.2퍼센트로 증가한 실업 문제는 청년, 노령 노동자, 비숙련 노동자에게 더욱 심각하게 나타나고, 새로운 고용에서는 비정규직 부문이 급속히 성장하여 노동시장의 분절로 고통받고 있다고 진단한다. 단기 계약에 대한 사회보장 분담금 인상처럼 노동시장의 분절을 줄이기 위한 정책은 성과를 거두지 못했으며 '노동 계약에 대한 법적인 재고'가 이러한 분절을 줄이는 데 기여할 수 있을 것(14항)이라 내다봤다.

또한 "교섭과 관련하여 최근 진행한 개혁에서 노사가 산별 협약을 예외로 하는 기업 협약을 맺을 가능성이 빠져 있는데, 이것은 기업이 자기들의 필요에 따라 인원을 조정할 능력을 제한하게 만든다. ······ 고용 유지 협약에 관한 법률은 기대한 성과를 거두지 못했고 아주 소수의 기업에서만 노동 조건을 완화할 수 있는 조치를 사용할 뿐이며, 이 조치가 기업의 경제 상황에 맞는 임금과 노동 시간을 도입할 수 있도록 기업에 더욱 넓을 여지를 제공하는 방식으로 개선돼야 한다"고 지적했다(14항).

특히 2015~2016년에 프랑스가 전념해야 할 문제를 권고하는 내용에서 제6항에 노동법 개정에 대한 내용을 담고 있다. 구체적으로 사용자가 무기 계약을 맺도록 고무하기 위해 노동법을 개정하고, 기업 수준과 산별 수준에서 일반 법률 조치에 대해, 특히 노동 시간 배정에서 예외를 용이하도록 하며, 고용 유지 협약에 대해 기업의 이용을 증가시키는 관점에서 법을 개정하고, 일자리 복귀를 북돋기 위해 실업보험 제도를 개혁할 필요가 있다고 지적했다.[6] 그리하여 실제 EU 집행위원회의 지적은 노동개혁법에서 법보다는 협약의 역할을 확장시킬 목적으로 법체계를 정비하고, 노동 시간의 조직화에 관련해 산별 교섭에 대해 기업 교섭의 우위를 원칙으로 한 기본 골격과 상당한 연관성을 보인다.

물론 유럽연합의 권고는 지침과 달리 반드시 따라할 필요는 없으며, 또한 유럽연합이 권고한 '노동 계약에 대한 법적인 재고'를 수용하지 않은 것처럼 노동개혁법에서 유럽연합의 권고를 모두 수용한 것도 아니다. 개혁의 일정과 내용의 수위는 프랑스 정부가 결정한다. 그렇지만 프랑스 정부의 판단에 영향을 주었을 가능성은 높다.

노동부 장관 자문위원이던 피에르 자크맹Pierre Jacquemain은 엘 코므리 법이 처음 의도와 달리 중간에 변경됐다고 증언한다. 2015년 9월에 "올랑드 대통령이 엘 코므리를 노동부 장관에 임명할 당시, 핵심 내용은 노동법의 위계 변경이 아니라 임기 중 마지막 사회 개혁으로 '개인활동계좌CPA'를 시행하는 문제였다. 하지만 10월이 되면서 마티뇽(총리 관저)에서 서류를 다시 수정했는데, 내 생각에는 마뉘엘 발스가 유럽연합 관료들의 독려 아래 법을 자유주의적 논리로 변경했을 것이다"[7]고 말했다.

한쪽에서는 유럽연합이 내건 조건이었다는 주장도 있다. 2015년 2월 유럽연합은 2015년까지 재정 적자를 GDP의 3퍼센트 이하로 줄이지 못한 프랑스에 새로운 2년의 기한을 제공한다. 하지만 동시에 유럽연합은 추가 조건을 부여한다. 열정적인 구조 개혁 프로그램을 요구하면서, 특히 노동시장에 대한 더욱 신속하고 근본적인 개혁을 진행할 것을 주문했다고 피에르 모스코비치 EU 집행위원은 설명했다.[8]

정치경제학적 측면에서 본 노동 개혁의 필요성

유럽의 주요 경쟁 국가들이 이미 노동시장 개혁을 단행했다는 점 역시 산업 경쟁력 제고 문제로 고심하는 프랑스 사회당 정부에 노동을 개혁하라는 압력으로 작용했다. 유럽 시장에서 프랑스와 경쟁하는 주요 국가인 이탈리아, 스페인, 벨기에는 2014년과 2015년에 노동시장을 유연화하는 다양한 정책들을 도입했다. 이탈리아는 2015년 3월에 고용 창출 증가를 위해 정규직과 비정규직의 노동 계약을 단일화하고 해고 조건을 완화하는 '일자리 법Jobs Act'를 도입했다. 새로운 단일노동계약은 기존의 정규직 계약과 비정규직 계약을 하나로 통합한 것으로, 이 계약을 맺으면 처음 3년 동안 고용주는 사유 없이 해고할 수 있지만 해고 때는 고용 기간에 따라 상승하는 보상금을 노동자에게 지불한다는 내용을 담고 있다. 더불어 노동법원에서 해고 남용으로 판결한 경우 노동자의 원상회복 의무를 규정한 노동법 제18조를 삭제했다.[9] 3년 동안 마이너스 성장을 기록하던 이탈리아는 2015년 말 0.8퍼센트 성장을 발표했고, 재정 적자가 3퍼센트에서 2.6퍼센트로 감소하여 2007년 이래로 최저치를 보였으며, 실업률 또한

표 1. 프랑스의 경제 전망

	2015년	2016년	2017년
성장률(%)	1.2	1.6	1.6
실업률(%)	10.0	9.7	9.5
공공 재정(%/GDP)	-3.5	-3.1	-2.7

※ 출처: OFCE 2016b.

10개월 만에 12.4퍼센트에서 11.5퍼센트로 떨어졌다(OFCE 2016a).[10] 2016년 초에는 벨기에도 노동 시간을 주 단위에서 연 단위 계산으로 바꿔 실질적으로 39시간에서 45시간으로 늘이는 내용의 노동법 개혁을 진행한다고 발표했다.[11]

사회당 정부는 이미 초기부터 '프랑스 경제의 경쟁력' 증진을 강조했다. 총선 직후인 2012년 7월에 애로 총리가 정부투자총국commissaire général à l'investissement의 루이 갈루아Louis Gallois 감독관에게 경쟁력 증진 방안을 연구하라고 지시해, 2012년 11월 〈프랑스 산업 경쟁력을 위한 협약Pacte pour la compétitivité de l'industrie Française〉, 일명 '갈루아 보고서'가 발표됐다. 사회당 정부는 보고서에 담긴 제안을 수용하여 고용유연화 협약(2013년 1월), 책임협약Pacte de responsabilité(2014년 1월)[12] 등을 진행해 왔다.

이러한 노력은 나름의 성과를 거둔다. 2015년 말에는 낮은 유가와 유로화 가치 절하라는 유럽발 호재와 책임협약에 따른 인건비 절감에 힘입어 생산은 1.1퍼센트, 투자는 0.7퍼센트, 수출은 1.0퍼센트 상승해서 경제가 예상보다 빨리 호전되는 모습을 보인다. 하지만 프랑스경제전망연구소OFCE는 2015년에 민간 영역에서 12만 2000여 개의 고용이 창출됐고, 정보기술 영역에서 투자가 호전되며, 산업 부문과 수출 분야에서 기업 이윤율이 증가하고 있지만, 가계에 대한 영향은 가계 소비와 가계 구매력이 각각 0.9퍼센트, 2퍼센트 증가하여 아직은 미약한 수준이라고 평가했다(OFCE 2016b). 2016년 초 프랑스 정부는 2016년과

2017년 경제성장률을 IMF가 전망한 1.1퍼센트와 1.3퍼센트보다 높은, 각각 1.5 퍼센트로 전망했고, OFCE는 이 수치를 각각 1.6퍼센트로 상향 조정했다(OFCE 2016b). 또한 재정 적자는 2016년에 GDP의 3.3퍼센트, 2017년에 2.7퍼센트로 전망하여 2017년부터는 유럽연합이 제시하는 3퍼센트 기준을 충족시킬 것으로 내다봤고, 실업률 역시 2016년 말에는 10퍼센트 밑으로 내려가 9.7퍼센트, 2017년 말 9.5퍼센트로 예측했다(OFCE 2016b).

하지만 사회당 정부는 이러한 경향을 좀더 가속해줄 지원책이 필요했다. 그렇다면 이러한 지원책은 어느 정도 수준의 개혁을 동반해야 하는가? 이 수준을 측정하기는 쉽지 않지만 경쟁 상대인 유럽의 여러 나라와 프랑스의 격차가 그리 크지 않기 때문에 **그림 2**와 같이 약간의 노동비용 하락에도 경쟁력의 변화를 가져올 수 있다. **그림 2**의 그래프는 주요 국가들의 시간당 노동비용과 지난 2014년 책임협약이 가져올 결과를 예측한 것이다. 프랑스의 주요 무역 경쟁 상대인 주요 서유럽 국가들은 시간당 35~45달러에 집중되어 있는 것을 볼 수 있다. 그렇기 때문에 상대적으로 1~2달러의 비용 조정으로도 경기가 회복되는 기간에는 중요한 승부 요인이 될 수 있다. 결국 기업의 자율성을 확대시키고, 해고에 관한 예측 가능성을 높이고, 사용자의 위험 부담을 줄여 경기 회복기에 고용 창출 효과를 극대화할 수 있는 환경을 마련하는 데 정책이 집중된다.

한편 사회당 정부에는 새로운 지원책의 내용뿐만 아니라 도입 시기와 방법도 중요했다. 시기에 관련해서 정책 효과가 시급하게 가시화되어야 한다는 점이다. 올랑드 대통령이 자신의 지지율을 끌어올리고 대선 출마를 선언하려면 늦어도 2017년 초에는 성과가 나타나야 했다. 이후 노동개혁법 제정 과정에서 정부가 하원에서 '헌법 49-3항'을 사용하며 노동개혁법을 시급하게 통과시키려한 이유도, 거꾸로 야당에서 5000개의 수정안을 제기하여 법의 통과를 지체시키려 한 이유도 이러한 정치적 맥락에 관련되어 보인다(헌법 49-3항의 구체적 내용은 3장을 참조). 또한 방법에 관련해서도 노사 관계의 냉각은 가까스로 살아나고 있

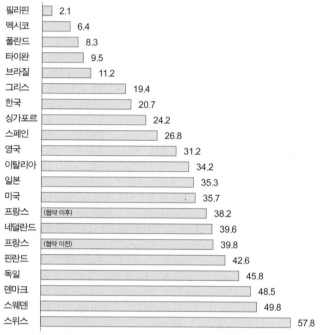

그림 2. 제조 산업 부문의 시간당 노동비용과 책임 협약의 효과(제조업 2012년, 달러 기준)

국가	값
필리핀	2.1
멕시코	6.4
폴란드	8.3
타이완	9.5
브라질	11.2
그리스	19.4
한국	20.7
싱가포르	24.2
스페인	26.8
영국	31.2
이탈리아	34.2
일본	35.3
미국	35.7
프랑스 (협약 이후)	38.2
네덜란드	39.6
프랑스 (협약 이전)	39.8
핀란드	42.6
독일	45.8
덴마크	48.5
스웨덴	49.8
스위스	57.8

※ 출처: Alternatve economique: 김상배 2014.

는 경기 회복의 조짐을 위태롭게 만들 수 있기 때문에 피해야 했으며, 대통령 지
지율에 대한 영향을 고려해서도 새로운 정책은 사회적 대화를 통해 합의를 유
도하여 반발을 최소화하는 방법이어야만 했다.

2. 노동개혁법 도입 과정과 사회적 대화

노동개혁법 도입 과정을 시간의 흐름에 따라 다음처럼 3단계로 살펴보기로 한
다. 각 단계마다 제도 정치 영역(정부, 의회, 정당), 사회적 대화 영역(노사정), 시

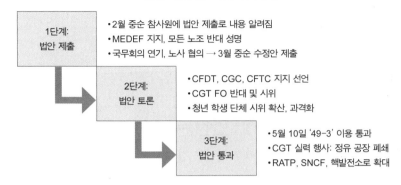

그림 3. 노동개혁법 도입의 3단계 구분

1단계: 법안 제출	• 2월 중순 참사원에 법안 제출로 내용 알려짐 • MEDEF 지지, 모든 노조 반대 성명 • 국무회의 연기, 노사 협의 → 3월 중순 수정안 제출
2단계: 법안 토론	• CFDT, CGC, CFTC 지지 선언 • CGT FO 반대 및 시위 • 청년 학생 단체 시위 확산, 과격화
3단계: 법안 통과	• 5월 10일 '49-3' 이용 통과 • CGT 실력 행사: 정유 공장 폐쇄 • RATP, SNCF, 핵발전소로 확대

민사회 영역(시위, 사회운동)으로 구분해 각각의 행위 주체들의 활동을 정리한다. 정부가 제도 정치 영역과 사회적 대화 영역에 공동으로 개입하고 노조가 사회적 대화 영역과 시민사회 영역에 공동으로 개입함으로써 각 영역들은 서로 영향을 미치면서 교류, 침투, 대립한다.

1단계 — 법안 내용의 공개(2월 17일)~법안 국회 제출(3월 24일)

	정부와 의회, 정당	노조와 사회적 대화	시민단체와 사회운동
1단계: 정부법안 제출 (2월 17일 ~3월 24일)	• 2월 17일 노동부, 노동개혁법 예비 법안 국사원 제출. 내용 언론에 알려짐. • 2월 24일 사회당 내 오브리, 콩방디 의원, 사회주의 청년운동 법안 내용 비판. • 2월 29일 사회당 내 반대파, 정부 49.3조 사용 시 정부 불신임안 제출 발표. • 정부, 노사 협의 위해 국무회의를 3월 24일로 연기, 개정안 제시. • 3월 24일 정부, 국무회의 이후 법안 의회에 제출.	• 2월 18일 모든 노조 연맹, 법안의 사용자 편향성을 이유로 반대. MEDEF 환영 입장. • 3월 14일 정부, '부당해고 보상금 최고치 제한' 및 '50명 미만 사업장에서 협약 없이 노동 시간 변경 시행' 폐지 내용 수정 법안 노사에 제시. • 수정법안에 대해 CFDT, CFTC, CFE-CGC '다수' 노조 찬성 표명. CGT, FO, 법안 폐기 요구. • 노·정 대화 유지. • 노사정에 모두 대표성 원리 작동.	• 2월 18일 법안 철회 인터넷 청원 운동 전개, 18일 하루 7만 3000여 명 서명, 3월 4일 100만 명 돌파. • 3월 3일 67퍼센트가 노동개혁법에 반대함(Odoxa 조사). • 3월 9일 전체 노조 시위, 전국 45만 명 (경찰 추산 22.4만 명) 참여.

2016년 노동개혁법 도입은 2015년 10월부터 예고됐다. 2015년 10월 19일에 네 번째로 열린 사회대토론회에서 올랑드 대통령은 "프랑스는 전진이 필요하고, 개혁이 필요하다. 현상 유지는 더는 가능하지 않다. 대안은 개혁이 아니면 단절이다"며 노동개혁법 도입을 예고했다.[13] 그런데 여기에서 주로 제기된 의제는 실업률 제고를 위한 노동자의 직업훈련권을 보장하는 개인활동계좌의 도입에 관한 것이었다. 그런데 2016년 2월초 엘리제궁에서 열린 노동개혁법 관련 부처장 모임에서 에마뉘엘 마크롱 경제부 장관은 경영상 해고 규정과 노동법원 해고 보상금 상한치 규정을 명시하자고 주장했고, 엘 코므리 노동부 장관은 여기에 반대하는 대립이 있었다. 그 자리에서는 올랑드 대통령과 발스 총리도 반대했지만 일주일 뒤 경제부 장관의 입장이 관철됐다.[14]

2016년 2월 17일, 정부가 예비 법안을 국사원에 제출하면서 그 내용이 언론에 알려졌다. 코므리 노동부 장관은 경제 전문 일간지 《레 제코Les échos》를 만나서 한 인터뷰에서 "기업의 경쟁력을 개선하고, 고용을 보호하고 증진하며, 노동의 불안전성을 줄이고, 노동자의 권리를 개선할 목적을 지닌다"고 노동개혁법의 입법 목적을 밝히면서 "어떤 노동권의 후퇴도 없다"고 단언했다.[15]

하지만 이러한 단언이 무색하게 예비 법안 내용이 공개된 직후 정부와 사회당 내부 인사, 노조, 시민사회단체에서 반대 목소리가 쏟아진다. 2월 24일에 사회당의 마르틴 오브리 의원과 사회당 지지 청년 단체인 사회주의청년운동이 법안의 내용을 문제 삼고 나섰으며, 2월 29일에는 사회당 내부의 반대 의원들이 정부가 하원에서 '헌법 49-3항'을 사용하면 정부 불신임안으로 맞설 것이라 발표한다.[16] 예비 법안을 공개한 다음날인 2월 18일 인터넷에서는 법안 철회 청원 운동이 전개됐다. 하루 평균 7만 3000여 명이 서명하여 보름 만에 100만 명을 돌파한다. 3월 3일에 발표된 한 여론 조사에서는 응답자 중 67퍼센트가 노동개혁법에 반대했다.[17]

한편 사용자 단체인 MEDEF와 CGPME는 환영 입장을 개진한다. MEDEF

표 3. 노동개혁법의 주요 내용 변화

	종전	예비 법안 (2월 17일)	수정 법안 (3월 24일)	시행 법안 (8월 8일)
노동 시간	최고 44시간 12주	최고 44시간 16주	최고 46시간 12주	수정안 통과
기업 협약의 우선 적용	예외적 인정	노동 시간 영역에서 일반화	원안 유지	원안 통과
해고 보상금	최저치 규정	최저치 규정 삭제, 최고치 도입.	원안 폐지	원안 폐지
경영상 해고	경영상 위기 증명에 대해 노동법원 재량이 큼	경영상 위기 규정 구체화, 법원 재량 줄임	경제적 위기 규정을 구체화하되, 남용 방지 규정 도입	수정 법안 통과
종업원 인준 투표		지지율 30~50퍼센트 노조 서명 시, 인준 투표 제안	원안 폐지	원안 재도입

회장 피에르 가타즈$^{Pierre\ Gattaz}$는 텔레비전 인터뷰에서 "정부의 계획안은 좋은 방향으로 진행되고 있다"고 판단했다.[18] 또한 EU 집행위원장 장-클로드 융커는 예비 법안은 "해야 할 것 중 최소한의 것이다"고 입장을 밝혔다.[19]

모든 전국 노조 연맹들은 법안이 사용자 편향성을 지녔다고 반대 입장을 표명한다. 2016년 2월 23일, 모든 대표 노조를 포함한 10개 노조[20]는 "단체권은 고용의 적이 아니다"는 성명서를 내면서, 해고 남용 때 노동법원 보상금 상한치 규정과 사용자의 일방적 권한을 확대하는 조치를 철회하라고 주장했다. 그런데 노조 연맹들 사이에는 입장 차이가 있었다. 개혁 성향의 CFDT, CFTC, CFE-CGC는 법안의 수정을 요구한 반면, 급진 성향의 CGT, FO는 법안 자체의 철회를 요구했다. 3월 9일 벌어진 시위에는 전국 50만 명(경찰 추산 22만 4000명)이 참여했다. 높은 반대 여론에 부딪히자, 정부는 국무회의를 연기하고 노사 협의를 진행했다. 3월 14일 정부는 '부당해고 보상금 최고치 규정'과 '50명 미만 사업장에서 무협약 노동 시간 변경 가능'이라는 내용을 폐지하는 방안을 중심으로 한 수정 법안을 노사에 제안한다. **표 3**은 예비 법안의 주요 수정 내용과 그 결과를 보여준다.

결국 사회적 내결 국면을 피하려 한 정부는 다수 노조의 지지를 확보하기 위해 노사 협의를 거쳐 논쟁의 핵심이 된 부분 중 '노동 시간에 한해 기업 협약 우선 적용'을 제외하고는 대부분을 폐지 혹은 보완한 수정안을 의회에 제출한다.

2단계 — 첫 번째 국회에서 시작(3월 29일)~첫 번째 49-3항 이용(5월 10일)

	정부와 의회, 정당	노조와 사회적 대화	시민단체와 사회운동
2단계: 국회 논의. 정부의 49-3항 이용 (3월 24일 ~5월 11일)	•3월 29일 수정 법안 의회 상임위 제출, 상임위 노사 의견 청취. •5월 10일 49-3항 이용 국회 통과(1차 독해). •5월 11일 국회, 공화당, 민주독립연합, 좌파전선 등이 제안한 정부 불신임안 부결. 사회당 반대파 불참.	•3월 중순 노조 분열됨. •노정 대화 유지되지만 실질적 논의는 진행되지 않음. •기업 협약의 우선 적용이 주요 갈등으로 등장.	•3월 31일 CGT와 FO 등 7개 노조 집회에 전국 120만 명(경찰 추산 39만) 참여. •4월 9일 집회 경찰 추산 12만 명. •4월 9일 '뉘드부(Nuit debout)' 운동, 시위 급진·장기화 조짐.[21]

2단계는 정부가 의회에 수정 법안을 제출하고, 결국에는 49-3항을 사용하여 국회에서 통과시킨 국면이다. 수정 법안에 대해 CFDT, CFTC, CFE-CGC 등 '다수'를 구성하는 개혁 성향 노조들은 찬성 입장을 표명한 반면, CGT와 FO는 법안 자체의 폐지를 계속 주장하며 3월 31일 제2차 시위를 제안한다.[22] 수정 법안이 노조 '다수'의 지지를 획득하자 정부는 3월 29일 수정 법안을 상임위에 제출하고, 상임위는 노사를 불러 의견을 듣는다.[23] 하지만 다수 대표 노조의 지지에도 불구하고 다수 여론은 여전히 노동개혁법에 부정적이었다. CGT와 FO를 포함한 일부 노조가 개최한 3월 31일 시위에는 전국적으로 120만 명(경찰 추산 39만 명)이 참여하여 최고조에 이른다. '다수' 노조들의 지지를 얻은 정부가 노동개혁법을 계속 추진할 뜻을 밝히자 '뉘드부Nuit debout'라는 철야 시민운동이 제안되는 등 시위는 급진적이고 장기화되는 경향을 보인다.[24]

한편 수정 법안이 제출되고 나서 사회적 갈등의 초점은 협약의 위계를 언급하는 '제2조'에 집중된다. 제2조에는 기존의 산별 협약을 중심으로 규율되던 프랑스 노사 관계를 노동 시간이라는 주제에 한해서 기업에 더욱 많은 자율성을 주기 위해 기업 협약을 중심으로 규율하려는 내용을 담고 있었다. 당시에는 예외적 경우를 제외하고 산별 협약보다 노동자에게 불리하게 기업 협약을 맺을 수 없었다. 하지만 예비 법안은 노동 시간에 관련된 주제에 한해 기업 협약이 산별 협약보다 우선한다는 일반화된 원칙을 지니고 있었다. 이 원칙은 현행 노동 시간 관련법에 대한 대체 규정을 언급하는 제2조에서 '기업이나 사업장 협약에 따라, 이 규정이 부재할 때 산별 협약에 따라'라는 조건으로 표현되며, 산별 협약을 2차적인 것으로 특징짓는다.

　반대자들은 '규범 간 위계에 대한 전복'이라고 비판했다. 특히 '나락으로의 경쟁race to the bottom'이 심화될 수 있다며 염려했다. 그동안 산별 협약을 통해 조율되던 연장 시간 임금을 포함한 노동 조건이 기업 협약에 따라 정해지게 되면서 값싼 임금이나 열악한 노동 조건이 해당 산업 내 기업 경쟁력의 수단이 되는 사회적 덤핑social dumping을 막을 수 없게 된다는 것이다. 정부는 2월에 사회적 덤핑을 막기 위한 방안으로 노조와 사용자 단체 대표들이 모이는 노사교섭·해석위원회commission paritaire permanente de négociation et d'interprétation를 설치하고 '기업 단체협약 결산'을 통해 불공정 경쟁을 야기할 수 있는 요인을 감시하게 했다. 하지만 반대 노조들의 염려는 해결되지 않았다. 브뤼노 르 루 사회당 원내대표는 사후 의견 제시가 아니라 기업 협약에 서명하기 이전에 산업위원회에서 검토 후 의견을 밝히게 하는 '사전 의견 제시'를 '제2조'에 대한 수정안으로 제시하기도 하는 등 당내 의견도 분분했다.[25]

　결국 5월 10일에 발스 총리는 예비 법안에 대해 '헌법 49-3항'을 이용하여 의회 토론 없이 의회를 통과시킨다. 좌우 정당의 의원들이 모두 반발한다. 5월 12일 국회에서 공화당, 민주독립연합, 좌파전선이 정부 불신임안을 제출하지만 사회당 반대파가 불참하면서 246표(과반 288표)로 부결된다. 그리하여 논의는 상원으로 향했다. 그렇지만 우파가 다수인 상원에서는 새로운 난관이 기다리고 있었다.

3단계 — 상원 논의 시작(6월 1일)~법안 공포(8월 8일)

	정부와 의회, 정당	노조와 사회적 대화	시민단체와 사회운동
3단계: 상원의 논의와 법 시행. (5월 11일 ~8월 8일)	• 6월 1일부터 상원 상임위 논의 시작. 13일 본회의 상정. • 상원, 수정안 통해 예전에 삭제됐던 보상금 최고치, 기업 협약 종업원 인준 투표 규정 재도입함. • 6월 15일 정부, 집회 및 시위 금지 가능성 발표. • 6월 28일 상원, 법안 투표(1차 독해). 상하원 합동위원회. • 7월 5일 국회, 49-3항 이용 통과(추가 독해). • 7월 19일 상원, 투표(추가 독해). • 7월 21일 국회, 49-3항 이용 최종 승인(최종 검토). • 8월 8일 공포.	• 불신임안 부결 후 CGT의 적극적인 운동 선언. • 5월 20일 CGT, 정유소 폐쇄 운동 전개 시작. • 6월 17일 엘 코므리 장관 마르티네즈 CGT 사무총장과 회동. • 대표성 원리 작동 안 함. • 노정 대화는 유지.	• 시위 과격 양상 보임. • 6월 14일 시위 130만 명(경찰 추산 12.5만 명). 파리 네케르 병원 파손. • 6월 23일 28일 각 20만 명(경찰 추산 7만, 6.4만)

3단계는 사회적 갈등과 정부의 위기가 최고조에 달하는 단계이다. 정부가 노동개혁법의 신속한 효과를 내기 위해 의원들과 노조를 상대로 대화하기보다는 헌법 49-3항을 동원하여 의회에서 노동개혁법을 신속하게 통과시키려 하자, 의회 내부에서는 사회당 내 반대파와 야권의 비판이 집중되고 의회 외부에서는 반대 노조와 사회운동의 저항이 격해진다. 5월 10일 정부가 국회에서 49-3항을 이용하여 법안을 통과시키자 CGT는 즉각 반발한다. 5월 20일부터 CGT는 전국적으로 정유소 폐쇄 운동과 핵발전소 정지 운동을 전개하면서 힘겨루기에 나섰다. 5월 18일 SNCF의 CGT와 SUD 지부는 6월 11일까지 부분 파업을 지속한다고 예고했다. 실제 정지되거나 폐쇄된 곳이 불러일으키는 문제보다도 노조

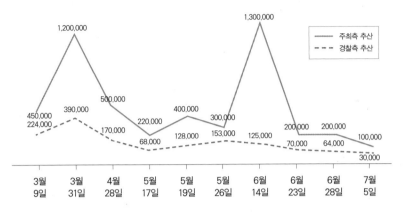
그림 4. 노동개혁법 반대 시위 참여자 수

의 운동 자체가 소비자들의 행태에 영향을 미치면서 석유 파동을 전국적으로 발생시켰다. 또한 시위도 과격해지는 양상을 보인다. 주최 측 추산 140만 명이 결집한 6월 14일 시위에서는 일부 집단이 파리 네케르 어린이병원을 파손하기도 해 사회적 논란을 일으켰다. 전반적으로 노동개혁법 반대 시위 참여자 수의 변화를 살펴보면 **그림 4**와 같다.[26] 3월 9일부터 시작된 노동개혁법 반대 시위는 2016년 9월 15일 14번째 시위 이후 FO가 앞으로는 법적 대응을 중심으로 하겠다고 밝히면서 잠정적으로 마감된다.[27]

하지만 이러한 상황에서도 '투쟁과 교섭의 병행'이라는 프랑스 노사 관계의 특징은 사라지지 않았다. 심지어 CGT의 급진적 투쟁이 지속되던 6월 17일 아침에도 노동부에서 코므리 장관과 마르티네즈 사무총장이 만났다. 비록 대화 결과는 마르티네즈 사무총장이 언급한 대로 '각각의 대립을 다시 한 번 확인'하는 데 그쳤지만, 코므리 장관은 "건설적인 의견을 교환했고, 기업 협약의 우위성에 대해서도 논쟁했다. CGT가 오늘 제안한 내용에 대해 유의 깊게 살펴보겠다"고 전했다.[28]

한편 정부의 신속한 입법 활동에 제동을 거는 또 다른 난관이 기다리고 있었는데, 바로 우파가 다수를 점하고 있던 상원에서 진행된 논의이다. 전체 의석 348석 중 우파인 공화당과 중도(우파)인 민주독립연합[UDI]이 각각 144석과 42석으로 과반수를 차지하고 있었다. 6월 1일부터 진행된 상원 상임위 논의에서는 수정안을 내어 '청년 보장[garantie jeune]의 보편화' 정책처럼 정부의 일부 정책을 폐지하기도 하고, 노조의 반발로 2월 달에 정부가 이미 삭제한 노동법원의 보상금 최대치 규정이나 다국적 기업이 프랑스 외적인 원인으로 프랑스 사업장 수준에서 경영상 해고를 가능하게 하는 규정 등을 다시 도입하기도 했다.[29] 상원의원들은 여기에서 그치지 않고 더 나아가 기업 협약이 부재할 때 노조가 아닌 사용자가 직접 노동자에게 인준 투표를 제안할 수 있는 방안 등 친기업적이라고 비판받은 또 다른 새로운 조항을 도입하기도 했다.

결국 노동개혁법을 신속하게 처리하려 한 정부의 의도와 달리 상원의 반발로 국회와 상원, 상하원 합동위원회를 왕복하면서 이후 국회에서 49-3항을 2번이나 더 사용하고 나서야 7월 21일에 최종적으로 법을 통과시킬 수 있었다. 법은 헌법재판소의 판결을 거쳐 8월 8일이 되어서야 공포된다.

3. 노동개혁법의 성과와 영향에 관한 전망

기약 없는 성과와 올랑드의 재선 출마 포기 선언

2016년 8월 18일, 프랑스 통계청은 2016년 2/4분기 실업률이 9.9퍼센트로 2012년 이후 처음으로 10퍼센트 아래로 내려갔다고 발표했다.[30] 실업률 상승 곡선이 아래로 방향을 틀기 시작했지만, 속도는 더디고 가시화되지 못했다. 더욱이 10월 중순에 발표된 통계에 따르면 성장률은 지난 2/4분기에 마이너스를 기록했으며, 3/4, 4/4분기에 각각 0.2퍼센트, 0.4퍼센트 상승할 것이라고 예상됐다. 구매력 역시 3/4분기에는 0.6퍼센트 상승하겠지만, 4/4분기에는 다시 −0.1퍼센트로 떨어질 것으로 내다봤다(Pizarro et Saint-Cricq 2016).

결국 정부는 만족스러운 효과를 얻지 못했다. 사회적 대화를 통해 노조 다수의 지지를 얻고 이 지지를 바탕으로 신속하게 의회를 통과해 2016년 내에 성과를 보이겠다는 정부의 계획은 지연될 수밖에 없었다.

'다수' 노조의 지지를 얻었지만 다수 여론의 지지를 얻지는 못했다.[31] '49-3항'의 빈번한 사용은 입법 과정 초반의 사회적 대화를 통해 획득한 법안 내용의 정당성도 상실하게 하고 사회당 내에서도 논란을 가중시켰으며, 결국 상원에서 우파 의원들이 수정안을 제출하면서 신속함의 혜택 역시 얻지 못했다.

특히 사회당 정부는 '프랑스가 더 나아지고 있다'는 모습을 국내외에 실감하게 할 계기로 6월 10일~7월 10일까지 프랑스 전역에서 열린 '유로 2016'을 염두에 뒀다고 한다.[32] 그래서 이 기간 동안에는 계획을 그르칠 수 있는 '사회 관계의 대결 국면'을 경계해왔다. 하지만 이 기간에 상원의 한발 더 나아간 개혁에 맞서 노조의 노동개혁법 반대 운동이 정점에 다다랐으며(6월 14일 140만 명 결집), 프랑스 철도의 CGT와 SUD 노조는 부분 파업을 전개하기도 했다. 테러 위협이 있는 '유로 2016' 기간에는 '집회 및 시위를 금지할 수 있다'는 정부의 발표에 대해, FO의 장-클로드 마이이 사무총장은 "그렇다면 우리는 (시민들의 집회·시위권을 위협할 수 있는) '유로 2016'을 금지한다"고 맞서는 등 대립은 극에 다다르고 말았다.[33]

노동개혁법 도입 이후 모든 노사 단체가 정부를 비판했다. 반대 대열의 선두에 선 CGT나 FO는 말할 것도 없고, 수정 법안 이후 정부를 지지하던 CFDT도 정부의 대응 방식을 문제삼았다. 로랑 베르제 CFDT 사무총장은 "예비 법안에는 '대화'를 권장한다고 적혀 있지만, 정부는 노동개혁법안을 가지고 사회를 극도로 흥분시켰다. 이제는 MEDEF도 CGT만큼이나 격렬히 반대하고 있다"고 한탄했다.

한편 사용자 단체도 노동개혁법에 불만을 제기했다. MEDEF 사회보장위원회 위원장인 클로드 당딜Claude Tendil은 "3월부터 일관성을 잃어버린 법안을 접했다. 기업은 노동시장을 근본적으로 개혁할 수 있는 기회를 놓쳐버려 실망했다. 이 개혁은 진정으로 실업률 곡선을 뒤집고 지속 가능하기를 원했다면 반드시 필요한 것이었다"[34]고 아쉬워했다. 특히 중소기업의 비판은 거셌다. 노동개혁법에 대해서는 대기업과 중소기업 사이에 입장 차이가 있었다.

중소기업을 대표하는 CGPME는 노동개혁법 공포에 즈음하여 이 법의 부정적 요소와 긍정적 요소를 구분하는 성명을 발표했다(CGPME 2016). 먼저 노동개혁법의 중소기업 특별 조항은 환영했다. 제63항에서 확장 적용된 산별 협약에 50인 미만 기업에 대한 특별 조항을 도입할 수 있게 한 점, 그리고 제67항에서 경영상 해고 개념의 구체화에서 '주문량 또는 매출액의 상당한 감소' 해당 여부에 관한 판단 기준을 기업 규모에 따라 달리 정한 부분(2장 참조)에 대해 긍정적이라 지적했다(CGPME 2016, 14~15).

하지만 많은 내용에서 중소기업의 상황을 악화시킬 것이라고 부정적인 입장을 제시했다. 대표적으로 첫째, 노동 시간에 한해 규범의 위계 변경 즉, 법, 산별 협약, 기업 협약의 위계에서 기업 협약, 부재 시 산별 협약, 보충 규정 순으로 재규정한 것에 대해, 중소기업과 대기업 간 경쟁을 왜곡하는 '변질 효과'를 가져올 수 있다고 염려했다(CGPME 2016, 2). 특히 연장 노동 시간 임금 할증률의 경우 다수의 50인 미만 사업장의 경우 노조나 교섭위임대표가 부재한 경우가 많아, 별도 협약이 없을 때 적용받는 보충 규정에 따라 처음 8시간은 25퍼센트, 이후 연장 시간은 50퍼센트 추가 할증률을 부담해야 할 가능성이 높다. 반면 일반적으로 산별 협약에서는 모든 연장 시간에 대해 일괄적으로 25퍼센트로 규정된 경우가 많고, 노조를 만족시킬 다른 보상이 존재하는 대기업에서는 이것보다 낮은 할증률에 합의할 수 있다는 것이다. 결과적으로 다수의 중소기업은 대기업보다 높은 연장 노동 시간 임금 할증률을 부담할 수 있어 시장 경쟁의 결정적인 왜곡을 가져올 수 있다고 염려했다.

더욱이 노동개혁법에서 기업 협약의 유효성 기준이 '50퍼센트 이상의 반대'가 없어야 한다는 규정에서 '50퍼센트 이상의 찬성'이 있어야 한다는 규정으로 엄격해지면서(제21조), 기업 협약의 성사가 더욱 어려워졌다는 점이다. 그리하여 30퍼센트 이상~50퍼센트 미만의 노조 찬성 때 기업 협약의 성사를 유도하기 위한 조항인 '종업원 인준 투표 제도'를, 중소기업의 경우 노조의 발의뿐만 아니라 사용자 발의로도 진행될 수 있게 해달라는 요구를 우회적으로 제기하기도 했다(CGPME 2016, 3). 비록 산별 수준에 경쟁의 왜곡을 감시하는 노사교섭·해석위원회를 두기는 했지만 '왜곡'에 관련된 개념적 추상성, 실행 과정의 비신속성 때문에 실효성이 의심된다고 지적하기도 했다.

또한 프랜차이즈 형태의 사업 구조에서 상호권 판매 기업과 상호권 이용 기업을 포함하여 300인 이상[35]의 노동자를 고용하고 있는 프랜차이즈 사업 구조에서는 노동개혁법 제64조에 따라 노동 조직과 노동 조건에 대한 사회적 대화기구, 즉 일종의 노사협의회를 두고 연 2회 이상의 모임을 가져야 한다. 프랜차이즈를 통한 매장이 지난 10년간 5배 증가했고, 프랑스는 유럽의 주요 프랜차이즈 판매 기업이 소재한 곳이기도 하다. 이러한 조항에 대해서도 독립된 사업체가 연결되어 있으며 사회경제적 통일성을 구성하지 않고 있는 프랜차이즈 사업 구조에 대한 몰이해에서 제기된 것이라는 비판을 제기했고, 더욱이 흔히 영세 중소기업 형태로 운영되는 상호권 이용 기업들은 이러한 기구를 운영하는 데 들어가는 비용 때문에 판매 기업과 이용 기업이든 부담만 더욱 가중될 것이라고 비판했다(CGPME 2016, 8).

결국 2016년 12월 1일 올랑드 대통령은 2017년 차기 대선에 출마하지 않겠다고 선언한다. 2016년 노동개혁법은 적어도 정치적으로는 실패했다고 할 수 있다. 또한 노동개혁법 때문에 사회당 정부가 2012년 6월 사회대토론회를 시작으로 화려하게 출발시킨 사회적 대화의 시도 역시 의미가 퇴색하고 말았다.

노동 개혁에 따른 사회적 대화의 전망

기업 협약과 산별 협약 간의 위계 변화

2016년 11월 19일, 노동 시간에 관한 적용 시행령이 다른 시행령보다 앞서 공포됐다. 엘 코므리 노동부 장관은 "기업 내 행위자들이 교섭을 시작할 수 있게 하는 모든 도구를 갖추게 하기 위해 서둘렀다"고 밝혔다.[36] 새로운 조치는 2017년 1월 1일부터 시행되지만 기업 내 교섭은 즉시 진행됐다.

노동 시간에 한해 법이나 산별 협약의 내용을 거슬러 기업 협약을 맺을 수 있다는 내용은 이미 2004년법과 2008년법에도 일부 존재했지만, 이번 노동개혁법에서는 노동법의 '근로시간' 장을 새롭게 3분 규율 체계로 재작성하면서 기업 협약의 우위성이 체계화됐다.

그 결과 이전에 산별 협약이 노동 시간에 관련하여 기업에 부과하던 '장애물'을 극복할 수 있게 됐다. 가장 많이 언급되는 사례는 연장 노동 임금 할증률에 관한 부분이다. 법에서는 25퍼센트의 할증률을 정해놓고 있지만, 교섭을 통해 10퍼센트까지 낮출 수 있게 되어 있다. 하지만 대부분의 산업에서는 노동자에게 가장 유리한 수준에서 최저치를 정해놓고 있다. 이제부터는 상황이 달라질 것이다. 기업 교섭을 통해 10퍼센트까지 낮출 수 있고 기업 협약이 없을 때 보충 규정에 따라 25퍼센트 할증률이 적용된다. 그러므로 사용자는 기업 교섭에 적극적으로 나서야 할 동기를 갖게 될 것이다. 이러한 조항은 탈의 시간, 이동 시간, 대기 시간, 야간 노동 시간 등에도 적용될 것으로 내다볼 수 있다.[37]

하지만 사용자가 교섭에 나설 동기가 높아졌다고 해서 협약이 쉽게 체결되는 것은 아니다. 노동 시간에 관한 협약이 유효하려면 이제부터는 노조 측 서명 기준이 30퍼센트 이상에서 50퍼센트 이상으로 높아졌기 때문이다.[38] 하지만 동시에 50퍼센트로 높아진 협약의 유효성 조건 자체가 '사회적 대화의 차단 요소'가 되는 것을 방지하기 위해 새로운 조항이 추가됐다. 바로 50퍼센트를 충족시키지 못한 협약에 서명한 비중률 30퍼센트 이상의 노조가 종업원 인준 투표를 제안할 수 있도록 한 조치이다. 이 조치를 통해 비록 50퍼센트의 지지율을 획득한 노조가 서명하지 않았더라도 절반이 넘는 종업원의 지지를 획득할 수 있다면 노조가 협약의 성사를 위해 나설 수 있는 길이 마련됐다. 한편 이러한 조치는 노조가 없는 곳에서는 사용될 수 없기 때문에 노조가 없는 많은 중소기업 사용자들은 이 조치의 적용이 한계적일 것이라 내다봤다(CGPME 2016, 3).

산별 임무와 역할 증대

'위계의 변경'에 대한 대가로 산업별 임무와 역할이 어느 정도 확대되고 강화된 부분도 있다. 특히 산별은 산별 적용 대상 기업들 사이의 경쟁을 규율하는 임무를 부여받았다(2장 참조). 이른바 사회적 덤핑, 즉 경쟁력 강화를 위해 임금과 노동 조건을 부당하게 악화시키는 행위를 감시하는 역할로서, 노동 시간에 관련하여 기업 협약의 우위를 규정한 결과로 발생할 수 있는 기업들 사이의 불공정 경쟁에 대한 감시의 강화라고 볼 수 있다.

이것을 위해 각 산업에는 노사교섭·해석위원회를 설치한다(L2231-9). 이 위원회는 세 가지 임무를 담당한다. 첫째, 기업 지원과 정부 기관에 대해 산별을 대표한다. 둘째, 노동 조건과 고용 감시자의 역할을 담당한다. 셋째, 기업 협약, 노동 조건과 기업 간 경쟁에 대한 협약의 영향을 포함한 L2231-5-1에서 명시한 전국 교섭 활동 통계를 위한 활동보고서를 작성한다. 또한 법원의 요구에 따라 단체협약 해석에 대한 의견을 제시할 수 있다. L2232-10에서 규정한 단체교섭 동수관측소observatoire paritaire de la négociation collective의 역할을 담당할 수 있다. 위원회는 1년에 적어도 3회 이상 모임을 갖는다.

한편 노동개혁법이 산별에 미칠 또 다른 영향은 산별 병합 절차에 따른 산업 수의 조정 전망이다. 프랑스의 산별 구조는 19세기부터 단체협약을 통해 형성되어온 결과물이다. 가장 먼저 제기되는 문제는 산업의 수이다. 프랑스의 산업은 700여 개가 넘지만, 실제 5만 명 이상의 노동자를 포함하는 산업은 57개에 그치고, 그 밖의 450개는 5000명 미만의 노동자를 포괄하고 있다(Poisson 2009). 그리하여 통합과 조정을 통해 산업 수를 감소시키는 작업이 필요하다는 주장이 지속적으로 제기되었다.

이번 산별 협약 관련 개정 내용은 이전에 노동부 장관에 따라 적용 범위 외 효력 확장을 통해 단체협약이 적용되던 산업에 대해 노동부 장관이 병합 절차를 개시할 수 있게 했다(L.2261-32조). 기존의 적용 범위 외 효력 확장 제도 역시 존속한다(L.2261-32조). 구체적으로 대상 규모가 적은 산업, 교섭 활동이 취약한 산업, 지역적 적용 범위가 좁은 산업, 대표 사용자 단체 가입이 5퍼센트 미만인 산업, 노사교섭·해석위원회 설치나 회합이 없는 산업에 대해 병합 절차를 개시할 수 있다. 이러한 내용은 실제 교섭이 진행되거나 운영되는 산업에 변화를 가져오기보다는 앞서 문제점이 지적되어온 이른바 '유령 산별arlésienne'에 대한 부분으로 한정될 것으로 보인다.

사회적 협의와 대표성 개혁

노동개혁법 도입 때 불거진 CGT와 FO의 반발은 법 내용에 대한 반대와 동시에 2014년 1월 책임협약 제정 때부터 쌓여온 좌파 정부의 노동정책에 대한 실망이 한꺼번에 폭발한 것이다.

사회적 협의 과정은 2008년 대표성 개혁 내용에 따라 재규정된 2013년의 노조 대표성 결과에 따라 진행되었다. 2014년 책임협약을 맺을 때에도 정부는 개혁 성향 노조인 CFDT, CFTC, CFE-CGC의 지지를 획득한 뒤 다수 협약이라는 '정당성'을 확보하고, 이것을 내세워 '소수'의 다른 노조와 대중의 반대를 잠재웠다. 결국 사회적 대화란 '50퍼센트 이상의 노조 지지 확보하기'로 등치됐다. 더욱이 사회적 의견을 정치에 최대한 반영하는 사회적 민주주의는 '다수'를 근거로 하는 '소수'에 대한 강요라는 왜곡된 모습으로 나타나기도 했다.

CGT와 FO의 저항은 대표성 규정에 따라 한번 결정된 다수 협약에 대해 소수가 문제를 제기할 수 없다는 구조가 정착되는 것에 대해 문제를 제기한 시도로 볼 수 있다. '다수(노조)가 노동자의 목소리를 대변하지 않는다면 어떻게 해야 하느냐'고 묻던, 정유소 폐쇄에 동참한 노동자의 외침은 모순적 상황을 응변한다. 이번 노동개혁법 입법 과정에서 나타난 상황은 비록 '소수'의 노조라 할지라도 다수 대중들의 지지가 있다면 '다수' 노조의 결정에 문제를 제기할 수 있다는 사실을 보여주었다.

결국 2008년 교섭의 원리로 제시한 노조 대표성의 원리가 사회적 대화 일반으로 확대 적용될 수 있지만, 이러한 확장은 규범적 확장이 아니라 도덕적 확장의 성격을 띤다. 그렇기 때문에 이 확장은 여론적 정당성의 우위를 점하고 있을 때 비로소 효과를 인정받을 수 있을 것이다.

2008년 노조 대표성 규정을 개혁한 뒤 어느 정도 안정될 것이라고 전망되던 프랑스의 사회적 협의는 정부 주도의 제도화가 일방적으로 진행되지 않고 항상 시민사회의 저항을 동반하는 형태를 띤다는 프랑스적 개혁의 특징을 다시 한 번 확인해주었다. 이번 사회적 대화의 제도화 과정 역시 정부의 개혁을 통한 일방적인 제도화에 그치는 것이 아니라, 소수 노조들의 저항과 정부와 시민사회의 긴장 관계 속에서 자리잡는 모습을 볼 수 있다.[39]

4. 소결

2016년 한 해 동안 프랑스를 뜨겁게 달군 노동개혁법 도입의 배경으로, 첫째, 2017년 대선을 앞두고 집권당인 사회당이 떨어진 지지도를 만회할 전략이 필요했다는 정치적 요인, 둘째, 더욱 유연한 노동시장을 권장하는 유럽연합의 권고에 영향을 받았다는 국제적 요인, 셋째, 실업 문제 개선과 프랑스 기업의 경쟁력 증진을 위한 방안이라는 경제적 또는 정책적 요인을 들 수 있다.

그렇기 때문에 노동개혁법의 도입은 단지 의회뿐만 아니라 정치권 전반, 경제 주체, 노사 관계, 시민사회에서 논란과 대립을 가져왔다. 집권당인 사회당 정부는 2008년 노조의 대표성 개혁에서 정한 대로, 그리고 2013~2014년 CGT와 FO의 반대를 무릅쓰고 법안을 통과시켰듯이, 이번에도 '다수'를 구성하는 세 노조의 지지를 통해 노동개혁법을 통과시키려 했다. 결국 사회적 주체들 사이의 협의를 통해 노동개혁법을 바르게 도입하여 성과를 거두려 한 사회당 정부의 의도와 달리, 의회, 노사 관계, 시민사회의 반대에 부딪치며 법안 도입이 늦어졌을 뿐만 아니라 헌법 49-3항을 반복적으로 사용하면서 이전에 사회적 대화를 통해 형성되어온 성과 역시 퇴색되고 말았다.

거시적으로 보면 프랑스의 사회적 대화는 정부가 노동 관련 개혁 때 사회적 협의를 선행하게 한 2007년 1월 사회적 대화의 현대화 법안 이후 지속적으로 진전되고 있다. 하지만 노동개혁법을 둘러싼 갈등은 사회적 대화에 대한 좀더 깊은 성찰을 제기한다. 사회적 대화란 특정 주체의 의도와 목적을 위해 일방적으로 상대나 반대 세력을 굴복시키는 행위나 과정이 아니라, 관련 주체들과 여론을 포용하여 실질적인 다수를 형성하는 과정이라는 점을 일깨워준다. 단지 '형식적 다수'를 충족했다고 해서 이것이 '실질적 다수'를 형성했다고 볼 수 없다는 것이다. '형식적 다수'에 집착했다면 사회적 대화는 필요 없었다. 왜냐하면 이 조건은 이미 집권당이 제도상 '법적 다수'를 점하고 있는 의회 과정을 통해 충족된 것으로 볼 수 있기 때문이다. 결국 사회적 대화는 '형식적 다수'가 아니라 이해관계자와 여론을 포함한 실제적 다수, 사회적 다수를 형성해가는 과정이다. 그렇게 보면 사회적 대화의 제도화 역시 정부의 일방적인 입법 과정을 통해 만들어지는 것이 아니라, 동시에 산업과 시민사회 안팎의 긴장 관계 속에서, 다양한 이해관계자들의 끊임없는 참여 과정 속에서 더욱 탄탄해질 수 있다고 말할 수 있다.

노동개혁법 개정 과정에서 나타난 프랑스의 사회적 대화의 특징과 시사점은 다음같이 정리할 수 있다.

첫째, 정부가 노동 개혁을 진행하는 과정에서 사회적 대화라는 방법을 유지하고 있다는 점이다. 최근 유럽에서는 이탈리아, 아일랜드, 스페인의 사례에서 보듯이 노동 개혁 과정에서 사회 협약 정치가 실종되는 경향이 나타난다. 주요 원인으로 경제 위기 등 외부적 요인보다는 노조 정당성의 약화라는 내부적 요인이 크다고 지적된 바 있다(Culpepper and Regan 2014). 하지만 프랑스의 경우는 정부가 개혁의 방법으로 사회적 대화를 유지하는 경향을 보이는데, 이것은 정부가 노동 관련 법을 개정하려 할 때 사회적 대화의 선행하는 것이 의무이고, 낮은 노조 조직률에도 불구하고 노조가 노동자들의 대표성을 반영하는 제도를 지니고 있으며, 여전히 노조가 대규모 동원 능력을 지니고 있기 때문이라 할 수 있다(손영우 2015). 물론 이번 노동개혁법의 경우 사회적 대화를 위한 정부의 노력이 의회에서 헌법 49-3항 조치를 반복해 사용하면서 많이 퇴색된 것도 사실이다. 하지만 이번에도 정부는 입법 초기에 노조와 청년들이 반발하자 국무회의를 미루고 협의를 진행하여 수정 법안을 제출하면서 최소한 '다수'를 차지하는 노조들의 지지를 획득하기 위해 노력했다. 동시에 많은 주체들이 이번 사회당 정부의 노동개혁법 도입 당시 더욱 많은 사회적 대화의 필요성을 지적했다는 점 역시 이후에도 사회적 대화가 소멸된 일부 유럽 국가들과 달리 프랑스에서 사회적 대화가 지속될 전망이라고 예견할 수 있게 했다.

둘째, 노동 개혁의 내용과 폭이 상대적으로 제한적이었다는 점을 들 수 있다. 2008년 이후 지속된 유럽의 경제 위기와 침체는 다수 유럽 국가에서 노동시장 개혁을 가져왔다. 하지만 개혁의 내용과 수위는 그 나라의 경제 상황과 노사의 역관계에 따라 독특한 특징을 나타낸다. 이탈리아나 스페인에서 협의를 통하지 않는 직접적인 임금 조정이나 노동 계약 자체를 개정하는 등 보편적이고 대폭적인 개혁을 단행했다. 반면 프랑스에서는 특정 대상을 상대로 한 맞춤형 지원

정책 신설이나 기업 지원, 노동 시간과 연장 노동의 조정 제도 변경 같이 상대적으로 소규모인 개혁이 진행되고 있다. 이러한 차이는 프랑스가 비교 대상국보다 경제 위기의 영향 정도가 적다는 점, 노동 개혁에 대한 반대 여론이 높다는 점, 좌파인 사회당 정부가 집권하고 있는 점에 연관되어 보인다.

셋째, 정부의 제도 개혁과 사회운동의 조절이라는 특징을 들 수 있다. 오늘날 정치는 전문화 과정 속에서 자칫하면 확대될 수 있는 시민사회와의 괴리를 극복하기 위해 다양한 이해관계자들을 포함하는 협치를 추구하기도 한다. 그리하여 협치의 일환으로 사회적 대화의 제도화가 진행된다. 그런데 프랑스의 노동개혁법 도입 과정은 사회적 제도화가 진행된다고 해서 시민사회의 영역 자체가 정부의 제도화 영역으로 모두 포함되는 것은 아니라는 점을 보여준다. 즉 사회적 대화가 제도화되고 안정화된다고 해도 시민사회의 여러 주체들이 제도권 내부에 참여하여 진행하는 영역과 별도로 제도 밖에서 제도 자체를 조절하는 시민사회 본연의 영역이 존재할 수 있다는 것을 나타낸다. 이러한 측면에서 개혁법 반대에 앞장선 CGT와 FO가 협의 테이블과 시위 현장에서 보여준 다중적 모습은 매우 인상적이다. 그렇게 보면 제도화는 정부의 주도뿐만 아니라 이렇게 다중적인 시민사회의 작용으로 공고화된다는 것을 의미한다. 실제로 노동개혁법 개정 과정에서 '다수' 노조가 지지한 정부 정책에 대해 여론의 높은 지지를 바탕으로 CGT와 FO가 전개한 저항은 다수 협약이 '형식적 정당성'을 획득하더라도 이것이 곧바로 사회적, 정치적 정당성을 보증하는 것은 아니라는 점을 확인해주었다. 또한 제도화의 진전이 반드시 갈등의 완화 수단으로 작용하는 것은 아니며 제도화의 진전과 갈등의 지속이 공존할 수 있는 상황을 보여주는 흥미로운 사례라 하겠다.

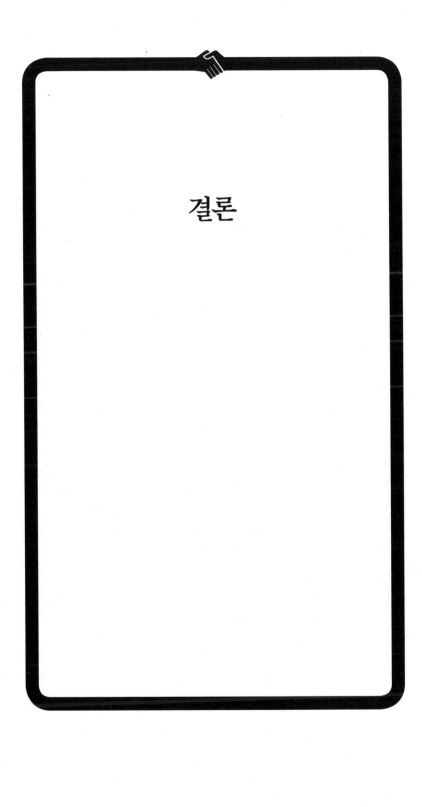

결론

우리는 모두 3부에 걸쳐 프랑스의 사회적 대화의 역사, 제도, 현재에 관해 살펴봤다. 프랑스의 사회적 대화의 역사는 프랑스 혁명에 따른 개인주의적이고 자유주의적인 원리를 토대로 한다. 혁명의 주도 세력은 봉건적인 구체제 노동 관계를 일소하고 개인들의 주권이 집단 때문에 왜곡되지 않고 직접 실현되도록 하기 위해 개인과 국가를 매개하는 단체들의 활동을 전면 금지하는 르 샤플리에 법을 제정했다.

이 '결사와 집회에 관한 법률'은 1791년부터 1884년까지 약 1세기를 존속하며 19세기 프랑스의 노사 관계가 형성되는 데 중대한 영향을 미쳤다. 이 법은 초기 프랑스 노사 관계를 집단적이고 공동체주의적이기보다는 개인주의적이고 자유주의적인 토대 위에 올려놓았다. 다른 한편 공화주의 세력까지 포함해 정치권에서 주도한 노동 결사에 대한 억압은 프랑스 노조 운동이 정치권에서 독립돼 거리를 유지하면서 억압에 맞서 급진적인 성향을 갖게 만들었다. 결국 개인주의적이고 자유주의적인 기반 위에 정치적 견해와 종교적 견해들이 공존하는 급진적 노동운동이 주도하는 복수 노조들이 형성된다.

이런 기반 위에서 정부는 집단적 노사관계 제도를 점진적으로 만들어간다. 19세기 프랑스에서는 단체행동권(1864년)이 노조 결성의 자유(1884년)보다 먼저 허용됐다. 이 점은 노사관계의 제도화에 영향을 미쳤다. 먼저 단체행동권의 결과가 노조를 중심으로 적용되지 않고 사용자를 기준으로 삼아 그 사용자를 상대로 계약을 맺고 있는 노동자에게 적용됐다. 그리고 단체행동권이 결사에 기초한 노조의 권리가 아니라 노동자 개인의 권리로 자리잡는다. 이런 현실은 단체협약 확대 적용 제도와 파업권에 영향을 미치게 된다.

20세기 프랑스에서 정부는 두 차례에 걸친 세계대전을 통해 경제 영역에서도 전면에 등장한다. 정부는 파편화되고 조직되지 않은 노사관계를 안정시키기 위해 단체교섭 제도를 발전시킨다. 먼저 단체교섭을 산업 수준에서 제도화하고, 여기에 참여할 수 있는 노조에 대표성을 부여하는 복수 노조 제도를 한편으로 하고, 다른 한편으로는 단체교섭의 결과인 단체협약을 단체교섭이 없는 대상에게도 확대 적용하는 제도를 도입한다. 그 결과 정부가 주도해 보장하는 다원적 노동 체계가 만들어진다. 그리하여 프랑스 노동조합은 개인적이고 자유주의적인 기반 위에서 파편적이고 급진적이라는 특징을 지닌다. 노조가입률도 1936년에 39퍼센트라는 역사적인 기록을 제외하면 항상 30퍼센트 미만이었으며, 1990년대 이후에는 10퍼센트 안팎을 유지하고 있다(DARES 2016).

2차 대전 이후 제5공화국 정부는 노동 억압적이기보다는 제도적으로 다원주의를 보장하는 포용성을 지녔다. 정부가 노사 한쪽을 일방적으로 지지하고 지원하기보다는 중립을 추구하는 경향이 강했다. 전쟁 시기 노조의 헌신적인 반파시즘 투쟁은 종전 이후 정부로 하여금 경제와 사회를 복구하는 과정에 중요한 주체로 노조를 선택하게 했다. 비록 급진적 세력이 주도한 노조운동이 사회적 협의에 부정적이거나 수동적이던 원인으로 1990년대까지 국가 수준의 사회적 대화는 더디었지만, 20세기 중반부터 이미 CESE나 각종 정부 자문 기구에 노사 단체의 참여가 높은 수준에서 보장됐으며, 노사가 중심이 돼 실업 보장 기구, 퇴직연금 제도, 건강보험 기구 같은 사회보장 제도를 주도적으로 운영했다.

1990년대 후반 이후 프랑스의 사회적 대화는 크게 변화하기 시작한다. 지난 20년간의 프랑스에서 사회적 대화의 변화는 그 이전인 전후 50년간의 변동 폭과 범위에 맞먹을 만큼 급격하고 중대했다. 이것은 산업 수준 중심의 교섭을 기업 차원과 국가 차원의 두 측면으로 확대하는 과정이었다.

먼저 2000년을 전후로 도입된 35시간 노동제는 제도 도입의 효과를 고용으로 이어지게 하기 위해서 협약을 거쳐 노동시간 단축의 직접적 결과로 고용을 창출할 때 정부가 새로운 고용에 임금을 지원하는 방법으로 진행됐다(손영우 2012b). 기업 수준에서 잦아진 교섭은 기존의 협약 제도의 정통성을 높일 것을 요구받았고, 다수 협약과 대표성 제도의 개선으로 이어졌다. 그렇다고 해서 기업 차원의 사회적 대화 제도가 없지는 않았다. 1945년 2월부터 기업 내 노사협의회가 만들어졌고, 1968년부터 사업장의 노조 지부가 허용돼 기업 수준의 교섭을 위한 제도가 정비돼 있었다. 다만 노사 관계에 대한 산업 협약 중심의 규율이라는 관례로 기업 교섭의 중요성이 강조되지 않았고, 낮은 노조가입률 탓에 대부분의 사업장에 노조가 없었기 때문이라고 볼 수 있다. 결국 중소 규모의 무노조 사업장에서 사회적 대화를 활성화하기 위해 한편으로는 무노조 사업장에서 종업원 대표나 산별 노조 위임 노동자가 교섭을 진행할 가능성을 지속적으로 확대했고, 다른 한편으로는 노사대표 기구가 없는 10인 미만 소기업 노동자들의 의지를 모으기 위한 별도의 직업선거를 전국적으로 실시했다.

한편 국가적 차원에서는 국가 주도의 법률 제정을 통한 노동 개혁 방식에서 '노사 협의를 통한 입법'(이른바 '교섭된 법loi négociée')이라는 관례를 만들어갔다. 1997년 10월에 정부가 주최해 열린 '사회대토론회'에서 사회당 정부가 35시간 노동시간 제도를 입법을 통해 도입하겠다고 선언하자 사용자 단체인 CNPF는 사회적 대화에서 탈퇴한 뒤 1999년 11월에 MEDEF로 개편하고, 이제 국가가 노사 관계를 주도하지 말고 먼저 노사를 중심으로 협의하자고 요구하는 노사

관계 재건 운동을 펼쳤다(Woll 2006). 뒤이어 등장한 우파 정부가 추진한 2002년 퇴직연금 제도 개정, 2005년 청년고용제[CPE] 도입 시도가 노조와 시민단체의 완강한 반대에 부딪쳐 무산되면서 사회적 대화 없이 개혁이 불가능하다는 인식이 정치권에 확산된다. 이 과정에서 좌우를 막론한 정치 세력, 노사 단체와 시민단체 사이에 사회 개혁 과정에서 사회적 대화가 필요하다는 공감대가 널리 형성된다. 이런 흐름에 따라 2006년 10월 자크 시라크 대통령은 선언했다. "이제부터 노동법에 관한 모든 입법 계획안은 사회적 파트너들하고 협의를 거친 뒤 의회에 제출될 것이다."[1] 곧이어 2007년 1월 프랑스 노동법 제1조에 '정부가 진행 중인 집단적 또는 개인적 노동 관계, 고용, 직업 훈련에 관한 모든 개정 계획은 노사 단체와 사전에 협의한다'고 명시됐다.

이런 프랑스의 사회적 대화가 지닌 특징을 모델로 유형화해 다른 나라들에 비교하면 세 가지로 정리할 수 있다.

첫째, 정부가 주도하는 다원적 이익 대표 체계다. 노사 관계에 관련해 국가 수준에서 거시적 관점으로 주요 국가의 특징을 살펴보면, 전통적으로 미국이나 영국처럼 국가의 개입이 상대적으로 약한 상태에서 노사가 주도해 만들어질 수도 있고, 프랑스처럼 노사가 파편적이거나 적대적인 상황에서 국가의 중재나 정치권의 제도화를 통해 노사 관계가 형성될 수도 있다. 그리고 제도의 성격이 북유럽이나 독일, 미국[2]처럼 제도나 관행에 따라 특정 노사 단체에 독점적인 대표 지위가 부여되는 경우가 있고, 프랑스나 영국[3]처럼 다원적인 경우도 있으며, 1987년 이전의 한국이나 남미처럼 억압적인 경우도 있다. 그렇게 해서 각국의 이익 대표 체계를 주도 세력에 따라 '정부 주도'와 '민간(노사) 주도'로 구분할 수 있다. '정부 주도'란 노사 관계의 규율을 정부가 법률과 제도를 입법함으로써 주도하는 형태를 의미하는 반면, '민간 주도'란 노사가 공권력의 개입 없이 자율적인 교섭을 통해 노사 관계를 규율하는 것을 의미한다. 또한 다른 한편으로 노사 관계 제도의 특성에 따라 '다원적', '독점적', '억압적'으로 구분할 수 있

표 1. 이익 대표 체계의 추상화 유형

	다원적	독점적	억압적
정부 주도	프랑스, 스페인	북유럽, 독일	한국, 대만, 남미
민간 주도	영국	미국	남아프리카공화국

다. '다원적'이란 다양한 이념과 세력들이 여러 단체를 결성해 대화에 참여하는 구조를 의미하고, '독점적'이란 압도적으로 주도적이거나 단일한 노사 단체가 제도를 구성하는 것을 의미한다면, '억압적'이란 노사 양쪽의 활동 또는 한쪽의 활동이 정부나 다른 세력 때문에 제약을 받거나 탄압받는 경우를 말한다.

프랑스의 노사 관계는 정부 주도의 다원적 이익 대표 체계로 규정할 수 있다. 이 체계가 갖는 특징은 세 가지다. 먼저 노사 관계가 주로 정부 입법을 통해 규율돼왔다. 그렇지만 20세기에는 협의가 부재하거나 실패하면서 정부 입법이 진행됐다면, 21세기에는 협의 제도가 보완되면서 사회적 협의를 통한 입법이라는 과정을 통해 진행되는 특징을 지닌다. 이런 점은 주로 국가의 개입 없이 노사 협의를 통해 노사 관계가 규율되는 나라들하고 구분된다. 다음으로 노사 단체 가입을 종용하거나 가로막은 제도가 최소화됐다. 경제 주체들은 단체에 가입할 자유와 동시에 가입하지 않을 자유를 동시에 누린다. 그 결과 노조가입률이 낮다. 이런 점은 노조 가입에 우호적인 제도를 두고 있는 북유럽 국가들에 비교된다. 마지막으로 프랑스의 노사 관계는 국가적 차원의 협의에 모든 노동자들의 의지가 반영되는 대표성 제도를 지니고 있다. 낮은 노조가입률 탓에 사회적 대화의 정통성이 의심받았는데, 이런 문제를 모든 노동자들이 참여하는 직업 투표의 결과에 따라 정상 단체에게 대표성을 부여하는 제도로 극복하고 있다. 이런 제도는 다원적 이익 대표 체계를 지니고 있고 노조 가입 종용 제도가 없는 프랑스와 스페인 같은 국가에서 나타난다.

둘째, 프랑스의 사회적 대화는 민주적 입법 과정의 일부다. 프랑스에서 사회적 대화는 정부가 노조와 시민단체의 반대에 부딪칠 때나 까다로운 의회 입법을 우회하기 위해 사용하는 기술적 수단이라기보다는, 그것 자체가 사회적 통합과 정치의 정통성을 높여주는 민주주의적 과정이자 정치의 목적이라 할 수 있다. 프랑스 노동법 제1조는 노동 관련 입법에 대해 사회적 협의를 의무화하고 있다. 사회적 대화를 민주적 입법 과정의 일부로 명문화하는 사례는 매우 프랑스적인 특징이다. 이런 사례는 영토 대표를 기본으로 하는 현대 민주주의의 대표 제도와 입법 과정에 공식적으로 제도화해 직업 대표와 직능 대표를 참여시키는 하나의 독특한 유형을 보여준다.

셋째, 프랑스의 사회적 대화는 제도에 쉽게 순응하지 않는 노동조합 운동을 기반으로 한다. 프랑스 노동조합의 교섭이나 협의 과정에서 대표성은 노동자의 노조 가입률이 아니라 전체 노동자들의 투표 결과로 부여된다. 노조의 권한이나 노조에 대한 공적 지원은 직업선거 득표 결과에 따라 좌우된다. 이런 특징은 노조가 조합원들의 직접적인 이해와 목소리를 통해 운영되기보다는 정당처럼 유권자들의 여론에 더욱 민감해지는 효과를 제공한다. 노동자가 노동운동의 주체가 아니라 대상으로 전락한다는 '노사 관계의 의회화parlementarisation'라는 비판이 제기되기도 하지만(Mouriaux 1998), 동시에 노조가 조합원만의 이익이 아니라 노동자 대중 전반의 이익과 여론을 대변하는 특성을 지니게 만들기도 한다.

그런데 이런 대표성 제도가 적어도 지금까지는 노조의 체제 내적 순응성 강화로 이어지는 것은 아니다. 정치에서 공직자 선거의 결과가 의회의 모든 결정을 보장하지 않듯, 직업선거 결과가 모든 협의나 교섭의 결과를 보장하지는 않는다. 결정의 시기에 여론의 중요성이 제기된다. 노동계의 제도적 다수 세력이 노동을 충분히 대변하지 못한다면, 비록 소수 세력이라도 제도 외적 영역에서 비제도적인 방식으로 등장할 수 있다. 2016년 노동법 개정 과정에서 보인 CGT와 FO가 주도한 사회운동은 다수 노조의 동의가 반드시 안정적인 협약으로 이어지는 않을 수도 있다는 점을 보여줬다.

이런 프랑스 유형을 상대적 관점에서 한국 상황에 비춰 살피면 세 가지 시사점을 도출할 수 있다.

첫째, 사회적 대화의 발전에서 주체들의 의지와 협의가 갖는 중요성이다. 프랑스의 사례를 통해 사회적 대화의 발전에는 외부 환경의 변화도 중요하지만, 일차적으로 노사에 더해 정부의 지속적인 노력이 필수라는 것을 알 수 있다. 환경의 변화에도 일관된 정부의 사회적 대화를 향한 노력은 1990년대 중반까지 유럽에서 가장 갈등적인 노사 관계를 보여온 프랑스에서 상당히 안정적인 사회적 대화를 추진할 수 있는 동력으로 작용했다. 만약 정부가 사회적 대화를 발전시킬 의지가 높다면 프랑스의 사례가 매우 좋은 본보기가 될 수 있다. 1997년 좌파 정부의 노동시간 단축, 2002년과 2005년 우파 정부의 퇴직연금 제도와 새로운 고용 계약 제도의 도입이 어려움을 겪으면서 노사 단체는 정부의 일방성을 비판한다. 이 과정에서 좌우를 막론하고 프랑스 정부는 이전의 '협의 없는 정부 주도'에서 '협의를 통한 정부 주도'로 일대 전환을 꾀하면 사회적 대화의 제도화에 나선다.

오늘날 한국에서도 사회적 대화의 필요성에 대한 관심이 높아지고 있다. 지난 김대중 정부에서 현 정부에 이르기까지 좌우를 막론하고 협의를 시도하거나 사회적 대화의 중요성을 지적하고 있다. 이런 상황에서 정부가 임기를 넘어서는 계획을 세워 노사를 상대로 한 합의를 통해 꾸준히 진행해야 한다는 점을 프랑스 사례는 보여준다. 프랑스에서 노사 단체 대표성의 제도화는 10년이 넘는 기간에 걸쳐 진행됐다. 이런 과정은 사회적 대화가 단순한 제도 개선이나 한 정부의 단기적인 대증 요법 수준을 넘어서 주체, 제도, 관행 등 여러 영역에 걸쳐서, 그리고 기업, 산별, 국가 등 여러 수준에서 사회적인 관심과 노사 주체들의 참여를 통한 장기적 계획에 근거해 꾸준히 노력할 때 효과가 나타난다는 사실을 알려준다.

둘째, 노사 단체의 대표성을 증대시켜야 한다. 한국에서 국가 수준의 사회적 대화를 진행하는 데 가장 큰 걸림돌은 노사 단체의 취약한 대표성이다. 왜냐하면 첫째, 한국의 노조는 법과 제도의 원리상 노동자 일반을 대표하는 것이 아니라 노조원만을 대표해서 교섭에 참여하기 때문이다. 둘째, 노조가입률이 10퍼센트 안팎으로 매우 낮기 때문이다. 셋째, 노조가 대기업, 남성, 공공 부문, 정규직을 중심으로 조직돼 사회적 약자의 이해와 요구를 보장하는 데 매우 취약하기 때문이다. 프랑스의 대표성 개혁 사례는 한국처럼 10퍼센트 안팎의 낮은 노조조직률과 그 결과인 노사 단체의 낮은 대표성을 극복하는 데 좋은 선례가 될 수 있다.

셋째, 노동시장의 양극화를 완화하기 위한 단체협약 적용 확대 제도가 필요하다. 2013년에 발표된 자료에 따르면 프랑스의 단체협약 적용률은 98퍼센트로 유럽에서 가장 높은 수준을 보인다(Fulton 2013). 낮은 노조가입률에도 높은 단체협약 적용률을 보이고 있는 프랑스의 사례는 현재 정규직/비정규직, 직접 고용/파견 고용 등으로 양극화가 심화된 한국 사회에 많은 시사점을 제공한다. 현재 임금 인상을 포함한 단체협약의 내용이 '정규직/비정규직'이라는 문턱을 넘지 못하는 경우가 많아서 이런 문제를 보완할 수 있는 방안을 찾으려는 우리에게 좋은 사례가 될 수 있다. 특히 무엇보다 프랑스의 산별 협약 중심 단체협약 효력 확장 제도는 한국에서도 이런 제도를 정비하려면 그전에 산별 교섭이 먼저 실행돼야 한다는 장기적 방향을 제시해준다.

프랑스의 사회적 대화는 여전히 진화 중이다. 자유주의와 개인주의라는 프랑스 혁명의 전통을 토대로 만들어진 '정부 주도의 다원적 이익 대표 체계'는 하나의 새로운 사회적 대화의 모델을 만들어가고 있다. 물론 프랑스의 사회적 대화 모델은 완전무결한 모델이 결코 아니며, 약점도 있고 과제도 많다. 또한 프랑스라는 대단히 독특한 역사적이고 제도적인 환경 속에서 상당히 오랜 기간에 걸쳐 만들어져 온 것이라서 다른 사회에 적용하기에도 만만치 않다. 그렇지만 코포라티즘적 전통이 부족한 국가에서 정부와 사회적 주체들이 어떻게 사회적 대화를 일구어갈 수 있는지를 보여주는 매우 훌륭한 사례다. 특히 과거 한국의 노사 관계를 정부가 주도한 억압적 체계로 파악하고 대안적 방향을 정부와 민간이 함께 구성하는 다원적 이익 대표 체계로 전망한다면, 프랑스의 사회적 대화 사례는 한국의 노사 관계 제도를 사회적 대화에 더욱 적합한 방식으로 유도하기 위한 중요한 길잡이가 될 것이다.

프랑스의 사회적 대화 관련 연표(1791년 이후)[1]

프랑스의 사회적 대화 또는 노동 관계의 역사는 6단계로 구분할 수 있다.

1. 1791~1841년 — 결사권 비인정 시기
2. 노동법의 시초 — 19세기 하반기~1차 대전
3. 전간기 — 집단 관계 조직, 새로운 권리(1919년, 1936년)
4. 1950년 법과 사회적 대화의 설립에서 오루 보고서까지(1981년)
5. 오루 법(1982)에서 피용 법(2004년 5월 4일)
6. 2007년 이후 사회적 대화의 현대화와 노조 대표성

1. 1791~1841년 — 결사권 비인정 시기

1791년 3월 2일, 17일 달라르드 법 제정. 공제조합 설립 금지.
1791년 6월 14일 르 샤플리에 법 제정. 모든 직업 단체 설립 금지.
1791년 9월 민간 단체의 정치 활동 금지.
1803년 4월 12일 공장과 작업장 내 노동 규제법. 12월 1일 노동자수첩 도입. 노동자들의 정확한 상황을 경찰과 고용주에게 알려주는 일종의 여권. 이 수첩을 소지하지 않고 여행하는 모든 노동자는 부랑자로 취급해 처벌받음. 1890년에 폐지됨.
1804년 3월 21일 민법 제1781조 임금 관련 분쟁 때 법원에서는 고용주의 진술이 노동자의 진술에 우선함. 이 조항은 1866년에 폐지됨.
1806년 3월 18일 노동 분쟁 해결을 위한 노동법원 창설. 일반 노동자는 허용되지 않음. 리옹에서 처음 설립.
1810년 2월 나폴레옹 1세 형법 시행. 20인 이상의 모든 단체에 대한 정부 승인 제도. 노동 중단 또는 임금 조정을 위한 모든 노동자들의 단결은 엄격하게 탄압.
1831년 리옹 견직물 공장 직공 쟁의. 생산자들이 노사 간 합의된 최소 요금의 적용을 거부하고 주문을 취소해 많은 실업자가 발생하자 견직물 직공들의 거대한 파업과 소요로 이어짐. 정부의 진압으로 많은 사람이 죽고 다침.
1834년 4월 10일 결사법 입안. 20인 이하의 지부로 나뉜 단체에 대해서도 정부의 승인제 도입.

2. 노동법의 시초 — 19세기 하반기~1차 대전

1841년 3월 22일 비에르메(Louise-René Villermé)의 영향 아래 8세 이하 아동의 노동 금지, 8~12세에 일 8시간, 12~16세 일 12시간 노동으로 제한, 13세 미민에게 야간 노동(서녁 9시~새벽 5시) 금지, 노인 노동은 2시간을 3시간으로 간주.
1848년 2월 파리에서 대규모 시위. 결사의 자유, 보통선거권, 노동권 요구. 노동자 수만 명이 노동부 설립 요구.
1849년 5월 15일 노동자 사용자 단결금지법. 11월 27일, 파업 금지 확인.

1850년 루이 블랑의 '노동단체(Organisation du travail)' 설립.

1853년 6월 1일 노동법원법. 집단별 투표 제도 도입, 유권자 규정(경력, 나이), 정부 통제하의 지방재판소(juridiction échevinale)의 지위, 정부가 위원장과 부위원장 임명.

1864년 5월 25일 공모죄가 폐지되고 실질적인 파업권 인정. 올리비에 법.

1868년 6월 6일 모임에 관한 법(loi sur les réunions) 시행. 7월 생명보험과 산업재해 보험 기관 설립. 8월 노동자 진술과 고용주 진술 동등성 확인.

1871년 파리 코뮌.

1872년 4월 24일 프랑스 노동 조건에 관한 의회 조사 실시.

1874년 근로감독관 제도 도입. 사회법 준수 여부 감독. 12세 미만 아동에 대한 노동금지법 시행.

1884년 3월 21일 노동조합 합법화. 발덱-루소 법. 묵인되던 노동자 사용자 직업 단체의 합법화. 6월 27일, 산업재해 보험법 채택.

1890년 5월 1일 최초 노동절. 노동자수첩 폐지.

1891년 11월 29일 최초 단체협약인 '아라스 협약(Convention d'Arras)' 체결. 파업 이후 탄광 노조와 파드칼레 탄광 회사 간의 협약.

1892년 2월 7~8일 노조 노동자 대표들, 생테티엔에 모여 국가와 지자체에서 독립된 '노동거래소 연합' 창설. 연합은 실업과 산재 구호 제공, 파업 중 노동자 연대 조직, 새로운 노조와 협동조합 창설, 직업 또는 일반 정보 제공, 도서관 기능 담당. 11월 2일 법을 통해 여성과 아동의 노동을 규제·제한. 근로감독관 기구 조직. 최초로 노동자 안전과 위생에 관한 보호 장치 도입.

1892년 12월 27일 노사 간 단체 쟁의에 관련해 선택할 수 있는 화해와 중재에 관한 법. 집단 갈등에 대한 평화적 해결 과정 도입 시도.

1893년 2월 12일 툴루즈에서 노동거래소 연합 대의원대회. 6월 12일 작업장 내 안전과 위생에 관한 법 시행.

1894년 3월 10일 산업시설표준법(loi sur les normes des installations industrielles).

1895년 9월 23~28일 리모즈 대회에서 CGT 설립. 전국노동거래소연합, 전국 지역 노조, 지역 연합 등 기성 단체들이 가입.

1898년 4월 9일 사용자 책임 원칙 을 부여한 산업재해법 제정.

1899년 9월 1일 노동고등위원회(Conseil supérieur du travail) 창설.

1900년 3월 30일 여성노동과 아동노동에 관한 법. 9월 30일, 일 노동 시간을 11시간으로 줄이는 미예랑(Millerand) 법 시행.

1901년 금속탄광산업연합 창설. 금속산별의 사용자 단체.

1903년 7월 11일 사업장 내 안전과 위생 법. 사용자의 수용 거부. 작업장 내 노동자를 해고하고, 가내 노동으로 재고용. 1904년 80만 명이 가내 노동자(90퍼센트가 여성)로 이동.

1905년 미성년자 일 노동 시간 8시간으로 규제. SFIO 창설.

1906년 3월 10일 쿠리에르(Courrière) 탄광 사고(1200명 사망). 7월 13일 주당 24시간 의무 휴식 입안(7월 3일 가결). 10월 8~14일 CGT 대의원대회, 노조의 정치적 독립을 주장하는 '아미앵 헌장' 채택. 10월 25일 클레망소 정부에서 노동부 설립, 르네 비비아니(René Viviani)가 최초의 노동·사회보장부 장관 임명.

1907년 3월 17일 노동법원 재조직법. 조정위원은 사용자 쪽뿐 아니라 노동자 쪽에서도 선출. 동수 기능 명시. 절차 간소화와 신속화를 통해 대중적 기관으로 자리잡게 됨. 7월 3일 기혼 여성의 자신 임금 사용권 인정법.

1909년 11월 27일 임신여성 고용보장법. 12월 7일 임금지급 정기주기 보장법(기능직 매달 15일, 일반직 매달)

1910년 12월 28일 노동법 제정에 관한 법.

3. 전간기 — 집단 관계 조직, 새로운 권리(1919년, 1936년)

1917년 사회주의자인 군수부 장관 알베르 토마(Albert Thomas), 파업 방지를 위해 군수품 공장 내 작업장 대표제

도입. 전쟁 기간 동안 지속됨.

1919년 3월 19일 프랑스생산총연맹(Confédération générale de la production française, CGPF) 창설. 21개 산업연맹 결집. 그 뒤 사용자 조직화가 확대. 3월 25일, '단체협약에 관한 법'. 법으로 노동 계약에 대한 단체협약 우위 인정. 4월 일 노동 시간 8시간, 주 노동 시간 48시간으로 고정. 전후 베르사유 조약의 일부인 ILO 창설. 11월 1일, CFTC 설립. 19세기 말의 '기독 철도노동자와 노동자 조합연맹'이 모태. 계급투쟁 거부.

1920년 국제적색노조 설립.

1920년 3월 12일 법을 통해 노조 연맹에도 법적 성격을 부여.

1921~1922년 CGT의 분열과 CGTU 설립.

1924년 9월 25일 공무원 노조 허용(에두아르 에리오 회람)

1936년 경제 위기(1930년)와 파시즘의 위협(1934년)이 PCF와 SFIO의 연합을 가져옴. 이 연합은 노조에도 영향을 미쳐 3월 2~5일 툴루즈 대회에서 CGT-CGTU가 통합. 5월 3일, 하원 선거에서 인민전선(레옹 블룸) 승리, CGT의 급격한 성장과 파업은 마티뇽 협약을 가져옴. 주 40시간 노동, 유급 휴가, 사회보장, 단체교섭, 고충처리위원제. 6월 24일, '단체노동협약 수정과 보충법' 도입, 대표성 최초 언급, 책임협약 조항, 확장 제도 도입. 12월 31일, 화해와 중재에 관한 법. 상공업 분야에서 파업이나 직장 폐쇄 이전에 화해와 중재 절차를 도입.

1939년 CGT에서 공산주의자 축출.

1940~1943년(비시 정부) 1940년 6월 22일, 페탱은 휴전 조약에 서명. 페탱 정부에 전 CGT 사무총장인 르네 브랭(René Belin)이 산업생산·노동부 장관을 역임. 8월 16일, 정부가 노조연맹 금지법 발표. 11월 9일, 브랭이 CGPF, CGT, CFTC 해산 시행명 서명. 11월 15일, 비시 정부 반대 노조 시위('12인의 시위', CGT 9명, CFTC 3명). 노조 독립, 노조 운동의 사회경제적 역할 수행, 복수노조주의, 반유대주의 반대 주장. 1943년 4월 17일, 페뢰 협약(Accords du Perreux). 독립 점령에 대한 투쟁, CGT의 재통합.

1944년 7월 27일 '비시 노동헌장'을 폐지하는 알제 법령. CGPF를 제외한 1939년 당시의 모든 조합이 복구. 비시 정부 때 만들어진 농민조합 해산. 10월 12일, 농업총연맹(CGA) 설립, 1945년 농업 분야 단일 창구로 대표성 인정. 1947년에 설립된 청년농민전국연합(CNJA)도 1954년 이곳에 가입. 10월 15일 간부총연맹(CGC) 창립, 1946년 3월 파업 뒤 여름에 대표성 인정받음.

1945년 2월 22일 노사협의회에 관한 법, 100인 이상 사업장에서 매달 노동 조건에 대한 자문권과 회계감독권을 지님. 500명 이상 사업장에서는 경영위원회 참여 의무화. 5월 28일, 알렉상드르 파로디(Alexandre Parodi) 노동사회보장부 장관 공람, 노조 대표성 기준 발표(역사, 조합원, 조합비, 자주성, 애국심, 사회적 법안 준수 정도).

1946년 헌법 서문에 노조권과 파업권 명시. 5월 16일, 1945년 2월 22일의 법령에 따른 기업위원회 설치 의무를 50인 이상 기업으로 확대. 6월 12일, CNPF 창설. 10월 11일, 노동 의료 서비스에 관한 법률 제정(노동 의료의 보편화, 사용자 운영 책임, 기업위원회 감독). 10월 19일, 공공 부문 지위에 관한 법. 공무원의 노동권 인정(군인, 외교관, 경찰은 제외), 동수 협의 기관 설치. 12월 23일 교섭, 교섭 내용, 적용 대상, 단체협약 구성을 국가의 통제하에 둠, 협약 체결 중 발생한 갈등에 대해 국가가 노사를 대체해 해당 산업의 노동 조건을 법령으로 규정할 수 있음, 효과는 제한적임(12개의 협약만이 이 법을 통해 제정).

1948년 4월 12~13일, CGT의 공산당 지배를 비판한 일부가 CGT-FO로 분리.

4. 1950년 법과 사회적 대화의 설립에서 오루 보고서까지(1981년)

1950년 공무원에게도 파업권 인정. 2월 11일, '단체협약과 노동쟁의 해결절차에 관한 법' 임금과 노동 조건에 대한 자유로운 협약 허용. 최초로 사업장 협약 인정(상공업 분야), 대표성 법 규정 등장, 최저임금제(SMIG) 도입

1956년 3월 27일 3주 유급 휴가법 시행.

1957년 7월 26일 노동쟁의 규제법. 화해가 우선적 의무 단계로 규정. 중재(médiation) 절차의 일반화.

1958년 모든 노동자에 대한 실업보장보험 최초로 설립.

1964년 CFTC가 탈종교화를 선언해 CFDT로 전환. 소수파가 CFTC 이름으로 분리.

1966년 CGT-CFDT 공동 활동. 3월 31일 5개 전국 연맹의 대표성 인정. 이 연맹에 가입한 산별 연맹이나 사업장 지부도 대표성을 인정받음.

1968년 총파업과 5월 25~2/일의 '그르넬 교섭'(퐁피두 정부, SMIG 25퍼센트 실질임금 10퍼센트 인상, 노동 시간 단축, 기업 노조 지부 설치안 마련하기로 함). 12월 27일, 기업 내 노조 지부에 관한 법(loi sur la section syndicale d'entreprise). 노조대표위원 도입.

1969년 9월 16일 '새로운 사회(Nouvelle société)'에 관한 샤방-델마(Jacques Chaban-Delmas) 선언. 새로운 노사정 의 상시적 협의틀 마련.

1970년 CFDT 자주관리운동 선언. 7월 9일, 직업교육에 관한 전국특별협약. 개인적 교육 휴가권 인정, 기업위원회 가 관리.

1971년 '단체협약과 중재절차에 관한 조치 변경법', 노동자의 단체협약권에서 단체교섭권 변경, 산별 협약 범위 내에서 기업과 사업장 수준의 교섭 인정. 협약의 목적을 사회보장으로 확대. 협약 확대 제도 도입과 확장 제도의 용이화. 7월 16일, 1970년 7월 9일 직업교육에 관한 전국 협약의 법제화.

1973년 7월 18일 노동계약 일방 해지법. 해고 통지와 절차 존중. 유럽노조연맹(CES) 설립. 12월 27일, 법으로 전국 근로조건증진소(ANACT) 건립.

1981년 9월 노동부 장관 장 오루, '노동자의 권리' 보고서 제출.

5. 오루 법(1982년)에서 피용 법(2004년 5월 4일)

1982년 1월 13일 국무회의 주 39시간 근로, 5주 유급 휴가 법령 의결. 3월 25일, 국무회의 퇴직 연령 60세로 낮춤. '오루 법들' 도입. 8월 4일 기업 내 노동자의 자유에 관한 법. 10월 28일 노동자대표기구 발전에 관한 법, 11월 13일 '단체교섭과 쟁의 해결에 관한 법'. 협약 확대 절차, 교섭 의무화와 정기화. 법과 규칙에 관련된 예외적 협약에 대한 틀 마련. 미서명 노조의 반대권 인정. 12월 23일 위생·안전·노동조건협의회에 관한 법.

1989년 3월 21일 기업 현대화에 관한 전국 특별협약, 노동시간에 관한 협약. SUD-PTT 창설.

1991년 12월 31일 산재 예방에 관한 법.

1992년 1947년에 CGT와 FO 사이의 자율을 선언한 세력이 UNSA를 창설.

1995년 10월 31일 사회적 협의 증진을 위한 전국 특별협약. 노조 없는 기업에서 선출노동위원(기업위원회, 고충처리위원)이나 수임 노동자를 통해 교섭 가능성 인정. 고용에 관한 전국 특별협약, 산별에서 매 3년마다 노동 시간 교섭 의무화.

1996년 11월 12일 '기업과 그룹에서 노동자 자문과 정보 제공에 관한 법', 1995년 10월 31일에 전국 특별협약의 법제화.

1998년 6월 13일 노동 시간 단축 진로와 증진법(오브리 I법), 주35시간 노동제 도입, 20인 이상 기업은 2000년 1월 1일, 20인 미만은 2002년 1월 1일까지 기업과 산별 교섭을 통해 도입, 노동 시간을 10퍼센트 줄이고 6퍼센트 이상 추가 고용하면 정부 지원(1인당 평균 9000프랑).

1998년 10월 27일 CNPF, MEDEF로 개칭.

2000년 1월 18일 MEDEF, '노사관계 재건' 계획 제시, 국가 개입에 대한 반대, 사회변화를 위한 다양한 사회 영역(실업, 건강, 교육 등)의 노사 협의 제안. 1월 19일, 교섭을 통한 노동시간 단축법(오브리 II법). 6월, MEDEF와 CFDT와 CFTC 간에 실업보험 협약 체결, 실업수당 삭감 폐지와 사회 편입 과정, 3번 거부 이후 의무적인 일자리 수용, 노동부 장관과 총리는 승인을 거부.

2001년 7월 16일 교섭 재개를 위한 교섭 방식과 경로에 대한 특별 협약.

2002년 1월 17일 직장보건 서비스에 관한 법

2003년 1월 3일 '경제적 해고를 위한 교섭에 대한 법'. 9월 30일, 직업교육에 관한 전국 특별협약

2004년 5월 4일 사회적 대화와 평생 직업교육에 관한 법, 2001년 7월 16일 협약과 2003년 9월 30일 협약을 법제화(사회적 대화란 노사정 대표들 간의 정보 교환, 자문, 교섭 등 모든 종류를 포함).

2005년 9월 1일 프랑스환경·위생·안전기구(AFSSE)의 확장 법령. 12월 12일 단체교섭전국위원회에서 빌팽 총리 연설, 사회적 대화와 단체교섭에 대한 신념 발표.

2006년 4월 21일 도미니크-장 셰르티에(Dominique-Jean Chertier), 〈사회적 대화의 현대화를 위하여〉 보고서 제출. 5월 3일, 라파엘 아다-르벨(Raphaël Hadas-Lebel), 〈효과적이고 정당한 사회적 대화를 위하여: 직업단의 재정과 대표성〉 보고서 제출. 11월 29일, 경제사회위원회 의견 발표, 〈사회적 대화의 공고화(Paul Aurelli et Jean Gautier)〉.

6. 2007년 이후 사회적 대화의 현대화와 노조 대표성

2007년 1월 31일 사회적 대화 현대화법, 노동 관계, 고용, 직업교육 관련 정부 개혁 때 사회적 협의 의무화.

2007년 6월 18일 정부, 대표성과 중소기업 내 교섭과 협약 인정 규칙에 대한 교섭 제기. 12월 26일, 논의에 조합 단체 재정과 노동 시간에 추가.

2008년 1월 24일 교섭과 대표성 논의 시작. 4월 9일, 대표성, 사회적 대화 발전, 조합 재정에 관한 공동 입장 체결 (MEDEF, CGPME-CGT, CFDT). 6월 2일, 공무원 사회적 대화 혁신에 관한 협약 체결, '베르시 협약(Accords de Bercy)'(8개 노조 중 CGT, CFDT, FSU, UNSA, Solidaires, CGC 등 6개 노조). 8월 20일, 사회적 대화 혁신과 노동 시간 개혁법, 2008년 4월 9일, 공동 입장 법제화. 대표성 기준에 직업선거 득표 추가, 협약 인정(30퍼센트 이상 서명, 50퍼센트 이상 반대 부재), 조합 계좌 투명성. 11월 14일, '사회대화고등위원회' 설치령, 2009년 3월 5일 설치. 대표성 기준에 따른 직업선거 관리. 2009년 1월 1일부터 관리해 그 결과를 2013년에 발표.

2010년 7월 5일 공공 부문 사회적 대화 혁신법, 베르시 협약의 법제화, 대표성 조항, 협약 인정 조건, 교섭 대상에 임금을 제외한 모든 주제를 포함. 10월 15일, 2008년 8월 20일 법 추가 조항, 소기업(11인 미만) 직업선거를 4년마다 광역도 수준에서 실시하기로 함. 선거 일시 조정을 위해 노사분쟁조정위원 임기 한시적 연장.

2012년 1월 30일 새로운 공무원의 사회적 대화 자문 기관인 공직통합위원회(Conseil commun de la fonction publique) 설치령 공표.

2012년 7월 제1차 사회대토론회 진행. 노사정 논의 절차를 확립하고, 그 뒤 노동 관련 개혁의 일정과 방법을 정함.

2012년 10월 26일 미래고용 창출법

2013년 1월 11일 경쟁력과 고용 안정화에 대한 전산업 협약(ANI sur la compétitivité et la sécurisation de l'emploi) 타결. 사용자 단체 MEDEF, UPA, CGPME와 노조 CFE-CGC, CFDT, CFTC 서명, 노조 FO, CGT 서명 거부. 6월 14일, 관련 법 시행.

2013년 3월 1일 세대계약(contrat de génération) 창출법

2013년 6월 14일 고용 안전에 관한 법률 제정. 정리해고 때 단체교섭을 통해 고용 보호 계획 작성과 고용 유지 협약 제도.

2013년 6월 19일 직장 내 삶의 질 개선과 직업 평등 정책에 대한 전산업 협약 타결.

2014년 3월 5일 직업훈련, 고용, 사회민주주의에 관한 법 시행. 사용자 단체와 노조 재정 투명성 증진.

2014년 12월 19일 프뤼돔므 위원 임명에 관한 법 개정. 직선제 선거를 대표성에 근거한 임명으로 대체함.

2015년 8월 7일 성장과 경제 활동, 경제적 기회 균등을 위한 법(일명 마크롱 법) 제정. 일요일 노동 확대와 정리해고 규제 완화.

2016년 1월 '노동법의 기본 원칙'에 관한 바데테르 보고서 제출. 프랑스 헌법, 노동법제, 판례, 국제 노동 규범에 따라 노동법의 입법, 해석, 적용의 기초가 되는 기본 원칙 61개항을 제시함.

2016년 7월 21일 '노동과 사회적 대화의 현대화와 직업 경로 보장에 관한 법', 일명 노동개혁법 또는 엘-코므리 법 제정.

2017년 8월 31일 '단체교섭 강화에 관한 오르도낭스' 발표. 4개 노조가 반대하지 않기로 성명. 해고 남용에 따른 보상금 수준, 중소기업의 교섭 강화, 노동자대표기구 통합.

르 샤플리에 법(1791년 6월 14일 법)

제1조

동일한 지위나 직업을 지닌 시민들이 행하는 모든 종류의 동업조합의 폐지는 프랑스 헌법의 기본적 기초 중 하나이 므로, 어떤 형태나 이유든 동업조합을 복구하는 것을 금지한다.

제2조

동일한 신분 또는 직업에 있는 시민, 기업가, 상점 운영자, 노동자, 모든 기술을 지닌 직공은 자기들끼리 모일 때, 대 표, 사무장, 관리자를 둘 수 없고, 자기들이 간주하는 공동 이익에 대한 규정을 만들고, 모의·규칙을 두거나, 기록할 수 없다.

제3조

모든 행정 기관이나 지방 기관은 신분이나 직업의 명칭 부여를 위해 청원이나 서명을 수용하거나, 이것에 대한 답변 을 하는 것을 금지한다. 이런 방식으로 취한 결정은 무효 선언이 강제되며, 재발이나 집행 여부에 대해 세심한 감독 이 따른다.

제4조

만약 헌법과 자유의 원칙에 반하여 동일한 직업, 기술, 직종에 소속된 시민들이 특정 가격에 합의하기 위해 자기들의 산업이나 작업의 도움을 받도록 모의하거나 협정을 체결한다면, 이런 모의와 협정은 서명이 있건 없건 간에 비헌법 적이고 자유와 인권선언을 위배한 것이며, 따라서 효력 상실이 선언된다. 행정 기관과 지방 기구는 이렇게 발표할 의 무를 지닌다. 한편 이런 모의나 협정을 양산하거나 작성하거나 대표한 작성자, 책임자, 발기인은 경찰법원에 소환되 어 지방검사의 조사를 통해, 각각 500리브르의 벌금, 1년 간 시민권 박탈과 모든 초급선거회[2]의 출입 정지에 처한다.

제5조

모든 행정 기관과 지방 기관은 그 구성원이 자기 개인 명의로 답변하거나, 해당 모의나 협약을 선동하거나 서명한 기업가, 노동자, 직공이 어떠한 공공 작업에서라도 자기들의 작업으로 인정하도록 하거나, 이런 시도를 용인하거나 묵인하는 것이 금지된다. 만약 이런 경우가 자발적인 행위가 아닐 경우, 자기의 의사를 철회하거나 부인하기 위해 경 찰법원 서기과에 출석한다.

제6조

만약 해당 모의 또는 소환장, 부착된 공시, 회람장이 기업가, 장인, 노동자, 그 장소에 노동하러 온 일용직 외국인에 대해 또는 낮은 임금에 만족하는 자들에 대해 어떤 위협을 담고 있다면, 증서 또는 문서의 모든 작성자, 발기인, 서명 자에게 각각 1000리브르의 벌금과 3개월의 징역에 처한다.

제7조

작업장과 산업에 헌법이 부여한 자유를 추구하는 노동자에 대항하여 위협이나 폭력을 사용하는 자는 공공의 안녕 을 어지럽히는 범죄로 취급되며, 법의 엄격함에 따라 처벌받는다.

제8조

모든 이에게 주어지고, 모든 종류의 합의 조건하에서도 산업이나 노동의 자유로운 행사를 가로막거나, 같은 방식으로 주어진 경찰의 행위나 판결의 시행을 가로막거나, 제반 기업의 공매와 경매를 제지하는 장인, 노동자, 직공, 일용직으로 구성된 모임이나 그 자들에 의해 충동된 모든 모임은 반란 모임으로 간주되고, 공권력을 위임받은 자들은 내려진 법적 결정에 따라 이 자들을 해산하고, 관련 모임의 책임자, 발기인, 저자, 그리고 모든 완력이나 폭력 행사자에 대해 법에 따라 엄중 처벌한다.

Loi Le Chapelier du 14 juin 1791

Art. 1.

L'anéantissement de toutes espèces de corporations des citoyens du même état ou profession étant une des bases fondamentales de la constitution française, il est défendu de les rétablir de fait, sous quelque prétexte et quelque forme que ce soit.

Art. 2.

Les citoyens d'un même état ou profession, les entrepreneurs, ceux qui ont boutique ouverte, les ouvriers et compagnons d'un art quelconque ne pourront, lorsqu'ils se trouveront ensemble, se nommer ni président, ni secrétaires, ni syndics, tenir des registres, prendre des arrêtés ou délibérations, former des règlements sur leurs prétendus intérêts communs.

Art. 3.

Il est interdit à tous les corps administratifs ou municipaux de recevoir aucune adresse ou pétition pour la dénomination d'un état ou profession, d'y faire aucune réponse; et il leur est enjoint de déclarer nulles les délibérations qui pourraient être prises de cette manière, et de veiller soigneusement à ce qu'il ne leur soit donné aucune suite ni exécution.

Art. 4.

Si, contre les principes de la liberté et de la constitution, des citoyens attachés aux mêmes professions, arts et métiers, prenaient des délibérations, ou faisaient entre eux des conventions tendant à n'accorder qu'à un prix déterminé le secours de leur industrie ou de leurs travaux, lesdites délibérations et conventions, accompagnées ou non du serment, sont déclarées inconstitutionnelles, attentatoires à la liberté et à la déclaration des droits de l'homme, et de nul effet; les corps administratifs et municipaux seront tenus de les déclarer telles. Les auteurs, chefs et instigateurs, qui les auront provoquées, rédigées ou présidées, seront cités devant le tribunal de police, à la requête du procureur de la commune, condamnés chacun en cinq cent livres d'amende, et suspendus pendant un an de l'exercice de tous droits de citoyen actif, et de l'entrée dans toutes les assemblées primaires.

Art. 5.

Il est défendu à tous corps administratifs et municipaux, à peine par leurs membres d'en répondre en leur propre nom, d'employer, admettre ou souffrir qu'on admette aux ouvrages de leurs professions dans aucuns travaux publics, ceux des entrepreneurs, ouvriers et compagnons qui provoqueraient ou signeraient lesdites délibérations ou conventions, si ce n'est dans les le cas où, de leur propre mouvement, ils se seraient présentés au greffe du tribunal de police pour se rétracter ou désavouer.

Art. 6.

Si lesdites délibérations ou convocations, affiches apposées, lettres circulaires, contenaient quelques menaces contre les entrepreneurs, artisans, ouvriers ou journaliers étrangers qui viendraient travailler dans le lieu, ou contre ceux qui se contenteraient d'un salaire inférieur, tous auteurs, instigateurs et signataires des actes ou écrits, seront punis d'une amende de mille livres chacun et de trois mois de prison.

Art. 7.

Ceux qui useraient de menaces ou de violences contre les ouvriers usant de la liberté accordée par les lois constitutionnelles au travail et à l'industrie, seront poursuivis par la voie criminelle et punis suivant la rigueur des lois, comme perturbateurs du repos public.

Art. 8.

Tous attroupements composés d'artisans, ouvriers, compagnons, journaliers, ou excités par eux contre le libre exercice de l'industrie et du travail appartenant à toutes sortes de personnes, et sous toute espèce de conditions convenues de gré à gré, ou contre l'action de la police et l'exécution des jugements rendus en cette matière, ainsi que contre les enchères et adjudications publiques de diverses entreprises, seront tenus pour attroupements séditieux, et, comme tels, ils seront dissipés par les dépositaires de la force publique, sur les réquisitions légales qui leur en seront faites, et punis selon tout la rigueur des lois sur les auteurs, instigateurs et chefs desdits attroupement, et sur tous ceux qui auront commis des voies de fait et des actes de violence.

발덱-루소 법(1884년 3월 21일)

직업조합 설립에 관한 (1884년 3월 21일) 법

상원과 하원에서 도입한 다음 같은 내용의 법을 대통령은 공포한다.

제1조
1791년 6월 14일, 27일 법과 형법 제416조를 폐지한다.[3]
형법 제291조, 제292조, 제293조, 제294조, 그리고 1834년 4월 18일 법은 직업 조합에 적용되지 않는다.[4]

제2조
동일 직업, 유사 직종, 특정 생산업으로 연결된 직업에 종사하는 자들은 20인 이상이라도 직업조합이나 직업결사를 정부의 허가 없이 자유로이 설립할 수 있다.

제3조
직업조합의 목적은 경제, 산업, 상업, 농업 분야의 이익을 절대적으로 추구하고 수호하는 것이다.

제4조
모든 직업조합 설립자는 운영과 책임을 담당하는 자들의 이름과 규약을 제출해야 한다.
제출은 조합이 설립되는 지역의 시청과 파리 센느 경시청에서 진행한다.
지도부의 교체와 규약의 변화가 있을 때마다 갱신하여 제출한다.
시장이나 센느 도지사는 검찰에 규약에 대한 의견을 제시할 수 있다.
직업조합에서 운영이나 관리를 담당하는 모든 직업조합 성원은 프랑스 국적과 시민권을 지녀야 한다.

제5조
본 법의 규정에 따라 적법하게 구성된 직업 조합은 경제, 산업, 상업, 농업의 이익 추구와 수호를 위해 자유롭게 서로 협의할 수 있다.
이 조합들의 연합은 제4조의 둘째 단락을 준수하여 참여하는 조합의 이름을 알려야 한다.
이 조합들의 연합은 부동산을 소유하거나 소송을 제기할 수 없다.

제6조
사용자 직업조합이나 노동자 직업조합은 소송을 제기할 권한을 갖는다.
조합은 조합비에서 나온 금액을 사용할 수 있다.
그러나 회합, 노서관, 직업교육 과정에 필요한 것 이외의 다른 부동산을 확보할 수 없다.
조합은 본 법의 다른 조항들을 준수한다면, 별도의 허가 없이 회원들 간의 특별한 상호부조와 퇴직연금 기금을 설립할 수 있다.
조합은 구인과 구직 소개소를 자유롭게 설립하고 운영할 수 있다.

조합은 직업 분야에 관한 모든 문제와 분쟁에 대해 상담할 수 있다.

논쟁의 여지가 있는 경우 조합의 입장은 당사자들에게 제공되고, 당사자는 이것에 대해 연락을 취하거나 사본을 만들 수 있다.

제7조

직업조합의 모든 구성원은 반대 조항이 있더라도 언제나 가입을 철회할 수 있지만, 노조에 당해 연도의 조합비를 청구하기 위해 노조의 권한을 침해할 수 없다.

조합에서 탈퇴한 모든 자는 분담금을 납부한 상호부조협회와 노령연금의 성원이 될 권리를 유지한다.

제8조

제6조 규정에 반하여 재산을 취득할 경우 검찰 또는 이해관계자는 취득 또는 기부의 무효를 요구할 수 있다. 유상 취득할 경우에는 부동산은 매매되고 대금은 단체 구좌로 입금된다. 기부의 경우에는 재산은 소유자 또는 상속자, 권리 승계자에게 반환된다.

제9조

본 법 제2조, 제3조, 제4조, 제5조, 제6조를 침해할 경우에는 조합의 운영자 또는 관리자가 소추되며, 16프랑에서 100프랑의 벌금에 처해질 수 있다. 또한 법원은 검찰의 요청에 따라 조합 해산과 제6조 규정을 위반하여 진행된 부동산 취득의 무효를 선언할 수 있다.

운영자나 관리자의 지위, 이름, 규약에 관한 거짓 신고가 있을 경우에 벌금은 500프랑까지 늘어날 수 있다.

제10조

본 법은 알제리에 적용된다.

마르티니크, 과달루페, 레위니옹의 식민지에도 적용된다.

그러나 이민자의 이름으로 고용되거나 외국인 노동자는 조합에 가입할 수 없다.

본 법은 상원과 하원이 심의하고 채택했으며, 국가의 법으로 집행된다.

1884년 3월 21일 파리에서.
쥘 그레비 서명.

내무부 장관,
발덱-루소 서명.

LOI RELATIVE A LA CRÉATION DES SYNDICATS PROFESSIONNELS(du 21 mars 1884)

Le Sénat et la Chambre des Députés ont adopté,
Le Président de la République promulgue la loi dont la teneur suit:

Art. 1.

Sont abrogés la loi des 14, 27 juin 1791 et l'article 416 du Code pénal.

Les articles 291, 292, 293, 294 du Code pénal et la loi du 18 avril 1834 ne sont pas applicables aux syndicats professionnels.

Art. 2.

Les syndicats ou associations professionnelles, même de plus de vingt personnes exerçant la même profession, des métiers similaires, ou des professions connexes concourant à l'établissement de produits déterminés, pourront se constituer librement sans l'autorisation du Gouvernement.

Art. 3.

Les syndicats professionnels ont exclusivement pour objet l'étude et la défense des intérêts économiques, industriels, commerciaux et agricoles.

Art. 4.

Les fondateurs de tout syndicat professionnel devront déposer les statuts et les noms de ceux qui, à un titre quelconque, seront chargés de l'administration ou de la direction.

Ce dépôt aura lieu à la mairie de la localité où le syndicat est établi, et à Paris à la préfecture de la Seine.

Ce dépôt sera renouvelé à chaque changement de la direction ou des statuts.

Communication des statuts devra être donnée par le maire ou par le préfet de la Seine au procureur de la République.

Les membres de tout syndicat professionnel chargés de l'administration ou de la direction de ce syndicat devront être Français et jouir de leur droits civils.

Art. 5.

Les syndicats professionnels régulièrement constitués d'après les prescriptions de la présente loi pourront librement se concerter pour l'étude et la défense de leurs intérêts économiques, industriels, commerciaux et agricoles.

Ces unions devront faire connaître, conformément au deuxième paragraphe de l'article 4, les noms des syndicats qui les composent.

Elles ne peuvent posséder aucun immeuble ni ester en justice.

Art. 6.

Les syndicats professionnels de patrons ou d'ouvriers auront le droit d'ester en justice.

Ils pourront employer les sommes provenant des cotisations.

Toutefois ils ne pourront acquérir d'autres immeubles que ceux qui sont nécessaires à leurs réunions, à leurs bibliothèques et à des cours d'instruction professionnelle.

Ils pourront, sans autorisation, mais en se conformant aux autres dispositions de la loi, constituer entre leurs membres des caisses spéciales de secours mutuels et de retraites.

Ils pourront librement créer et administrer des offices de renseignements pour les offres et les demandes de travail.

Ils pourront être consultés sur tous les différends et toutes les questions se rattachant à leur spécialité.

Dans les affaires contentieuses, les avis du syndicat seront tenus à la disposition des parties, qui pourront en prendre communication et copie.

Art. 7.

Tout membre d'un syndicat professionnel peut se retirer à tout instant de l'association, nonobstant toute clause contraire, mais sans préjudice du droit pour le syndicat de réclamer la cotisation de l'année courante.

Toute personne qui se retire d'un syndicat conserve le droit d'être membre des sociétés de secours mutuels et de pensions de retraite pour la vieillesse à l'actif desquelles elle a contribué par des cotisations ou versements de fonds.

Art. 8.

Lorsque les biens auront été acquis contrairement aux dispositions de l'article 6, la nullité de l'acquisition ou de la libéralité pourra être demandée par le procureur de la République ou par les intéressés. Dans le cas d'acquisition à titre onéreux, les immeubles seront vendus et le prix en sera déposé à la caisse de l'association. Dans le cas de libéralité, les biens feront retour aux disposants ou à leurs héritiers ou ayants cause.

Art. 9.

Les infractions aux dispositions des articles 2, 3, 4, 5 et 6 de la présente loi seront poursuivies contre les directeurs ou administrateurs des syndicats et punies d'une amende de 16 à 200 francs. Les tribunaux pourront en outre, à la diligence du procureur de la République, prononcer la dissolution du syndicat et la nullité des acquisitions d'immeubles faites en violation des dispositions de l'article 6.

Au cas de fausse déclaration relative aux statuts et aux noms et qualités des administrateurs ou directeurs, l'amende pourra être portée à 500 francs.

Art. 10.

La présente loi est applicable à l'Algérie.

Elle est également applicable aux colonies de la Martinique, de la Guadeloupe et de la Réunion.

Toutefois les travailleurs étrangers et engagés sous le nom d'immigrants ne pourront faire partie des syndicats.

La présente loi délibérée et adoptée par le Sénat et la Chambre des députés, sera exécutée comme loi de l'Etat.

Fait à Paris, le 21 mars 1884.
Signé : Jules GREVY.

Le Ministre de l'intérieur,
Signé : WALDECK-ROUSSEAU.

아미앵 헌장(제9차 CGT 대표자대회, 1906년 10월 8~13일)

아미앵 전국대회는 CGT 규약 제2조를 여기에 확인한다. CGT는 모든 정치적 당파를 떠나서, 임금 노동자와 자본가 계급을 소멸시키기 위해 수행해야 할 투쟁을 자각한 모든 노동자를 조직한다.

본 대회에서 이 선언은 자본가 계급이 노동자 계급에게 자행하는 온갖 형태의 물질적, 정신적 착취와 압박에 대항하여, 또한 노동자가 경제적 영역에서 저항하는 계급투쟁의 승인이라 인식한다. 대회는 이런 이론적 주장을 다음 같은 점에서 명시한다.

노동조합 운동은 일상의 요구에 있어 노동자와 보조를 맞추고, 노동 시간 단축, 임금 인상 같은 당면한 문제를 개선함으로써 노동자의 복지를 증대하기 위해 노력한다.

하지만 이런 사업은 노동조합 운동이 지닌 임무의 일면에 지나지 않는다. 노동조합 운동은 자본주의적 사적 소유의 철폐를 통해서만 실현할 수 있을 완전한 해방을 준비한다. 노동조합 운동은 행동 수단으로서 총파업을 제시하며, 또한 오늘날 저항 집단인 노조가, 장래에는 사회 재조직의 기초이자 생산과 분배의 집단이 될 것이다.

대회는 이런 일상적인 동시에 미래적인 이중의 과업이, 노동자 계급을 억누르고, 그리하여 정치적 의견과 철학적 의견이나 경향에 관계없이 모든 노동자들이 노동조합이라는 기본 집단에 소속할 의무를 부여하는 임금 노동자의 처지에서 발생하게 될 것이라고 선언한다.

결론적으로 개인에 관해서, 대회는 조합원이 조합 집단 외부에서 자신의 철학적, 정치적 관념에 따른 어떠한 형태의 투쟁에도 참가할 완전한 자유를 보유하는 대신, 조합원이 외부에서 표명하는 의견을 조합 내부에 가지고 들어오지 말 것을 주장한다.

각 조직에 관해서, 대회는 노동조합 운동이 최대한의 효과를 달성하기 위하여, 경제 투쟁은 사용자에 대하여 직접 행사되어야 하며, 연맹은 노조의 연합으로서 정당과 정파에 간여하지 않지만, 외부 또는 측면에서 언제나 사회적 변혁을 수행할 수 있다는 것을 결정한다.

Le Congrès confédéral d'Amiens confirme l'article 2, constitutif de la CGT. La CGT groupe, en dehors de toute école politique, tous les travailleurs conscients de la lutte à mener pour la disparition du salariat et du patronat······:

Le Congrès considère que cette déclaration est une reconnaissance de la lutte de classe qui oppose, sur le terrain économique, les travailleurs en révolte contre toutes les formes d'exploitation et d'oppression, tant matérielles que morales, mises en oeuvre par la classe capitaliste contre la classe ouvrière;

Le Congrès précise, par les points suivants, cette affirmation théorique: Dans l'oeuvre revendicatrice quotidienne, le syndicalisme poursuit la coordination des efforts ouvriers, l'accroissement du mieux-être des travailleurs par la réalisation d'améliorations immédiates, telles que la diminution des heures de travail, l'augmentation des salaires, etc.;

Mais cette besogne n'est qu'un côté de l'oeuvre du syndicalisme; il prépare l'émancipation intégrale, qui ne peut se réaliser que par l'expropriation capitaliste; il préconise comme moyen d'action la grève générale et il considère que le syndicat, aujourd'hui groupement de résistance, sera dans l'avenir le groupement de production et de répartition, base de réorganisation sociale;

Le Congrès déclare que cette double besogne, quotidienne et d'avenir, découle de la situation des salariés qui pèse sur la classe ouvrière et qui fait de tous les travailleurs, quelles que soient leurs opinions ou leurs tendances politiques ou philosophiques, un devoir d'appartenir au groupement essentiel qu'est le syndicat;

Comme conséquence, en ce qui concerne les individus, le congrès affirme l'entière liberté pour le syndiqué, de participer, en dehors du groupement corporatif, à telles formes de lutte correspondant à sa conception philosophique ou politique, se bornant à lui demander, en réciprocité, de ne pas introduire dans le syndicat les opinions qu'il professe au dehors;

En ce qui concerne les organisations, le Congrès décide qu'afin que le syndicalisme atteigne son maximum d'effet, l'action économique doit s'exercer directement contre le patronat, les organisations confédérées n'ayant pas, en tant que groupements syndicaux, à se préoccuper des partis et des sectes qui, en dehors et à côté, peuvent poursuivre en toute liberté, la transformation sociale.

344

논문 출처

1부 3장

손영우. 2013. 〈프랑스에서는 왜 단체협약적용률이 높은가?〉. 《국제지역연구》 17(4). 35~68쪽.

2부 1장

손영우. 2011. 〈프랑스의 전임자와 근로시간 면제제도 운영: 프랑스철도공사와 르노 사례를 중심으로〉. 이성희 외, 《복수노조 및 전임자 실태와 정책과제》. 한국노동연구원. 278~317쪽.

3부 1장

손영우. 2015. 〈프랑스 사회적 대화 구조의 변화: 노조대표성 개혁과 사회대토론회〉. 《한국정치학회보》 49(1). 23~48쪽.

3부 2장

손영우. 2017. 〈프랑스 노동개혁법과 사회적 대화〉. 《프랑스 노동법 개정 과정에 대한 분석과 시사점》. 한국노동연구원.

약어표

AGIRC Caisse de retraite complémentaire des salariés cadres(간부직원보충퇴직금고)

ANPE Agence nationale pour l'emploi(국립고용청)

Assédic Association pour l'emploi dans l'industrie et le commerce(지방상공업고용협회)

CE Comité d'entreprise(노사협의회, 기업위원회)

CESE Conseil économique, social et environnemental(경제사회환경위원회)

CFDT Confédération française démocratique du travail(프랑스민주노동연맹)

CFTC Confédération française des travailleurs chrétiens(프랑스기독노동자연맹)

CGC-CFE Confédération générale des cadre-confédération française de l'encadrement(프랑스관리간부직총연맹)

CGPF Confédération générale du patronat français(프랑스사용자총연맹)

CGPME Confédération générale des petites et moyennes entreprises(중소기업총연합)

CGT Confédération générale du travail(노동총연맹)

CGT-FO Confédération générale du travail-Force ouvrière(노동자의 힘)

CGTU Confédération générale du travail unitaire(통합노동총연맹)

CHSCT Comité d'hygiène, de sécurité et des conditions de travail(위생·안전·노동조건협의회)

CNT Confédération nationale du travail(전국노동연맹)

CT Comité technique(전문협의회)

DP Délégués du personnel(종업원대표, 고충처리위원)

ERDF Électricité réseau distribution france(프랑스배전)

FEN Fédération de l'éducation nationale(공교육산별연맹)

FGAAC Fédération générale autonome des agents de conduite(자율기관사총연맹)

FSU Fédération syndicale unitaire(통합노조연맹)

MEDEF Mouvement des entreprises de france(프랑스기업운동)

PCF Parti communiste français(프랑스공산당)

PS Parti socialiste(사회당)

SFIC Section française de l'Internationale communiste(국제공산주의 프랑스 지부)

SFIO Section française de l'Internationale ouvrière(국제노동자동맹 프랑스 지부)

SUD Solidaires Unitaires Démocratiques(통합민주연대)

UIMM Union des industries métallurgiques et minières(금속탄광산업연합)

UNÉDIC Union nationale interprofessionnelle pour l'emploi dans l'industrie et le commerce(전국상공업고용조합)

UNSA Union nationale des syndicats autonomes(자율노조연합)

참고 문헌

강명세. 2006. 〈사회협약의 이론들〉. 《세계화와 탈산업화 시대의 노동과 복지의 정치》. 한울. 139~180.

_____. 2007. 〈자본주의발전모델의 비교연구: 노사정을 중심으로〉. 《아세아연구》 50(1). 233~267.

강선희. 2010. 〈단체협약 규범적 효력의 법적 근거〉. 《고려법학》 제57호. 343~389.

고용노동부. 2010. 《사업(사업장) 단위 복수노조 업무매뉴얼》. 고용노동부.

고제규. 2016. 〈유럽의 노동법원을 가다〉. 스토리펀딩(storyfunding.daum.net/episode4002)(2016년 2월 4일 열람).

구춘권·김영순·김인춘·김학노·서명호·진영재·최진우. 2011. 《서유럽의 변화와 탈근대화》. 아카넷.

김동원 외. 2009. 〈한국적 노사관계 모형의 개발을 위한 탐색적 시도〉. 《노동정책연구》 9(2). 125~162.

김동헌. 2010. 〈한국의 실업급여 관대성: 국제비교와 정책적 시사점〉. 《노동정책연구》 10(1). 69~87.

김상배. 2013. 〈프랑스 고용안정화를 둘러싼 노사합의안 도출과 그 내용〉. 《국제노동브리프》 2월호. 88~94.

_____. 2014. 〈프랑스 '책임감 협약'의 내용과 전망〉. 《국제노동브리프》 3월호. 61~69.

김성훈. 2002. 《외국의 기업단위 전임자제도 운영실태와 시사점》. 노사정위원회.

김수진. 2001. 《민주주의와 계급정치: 서유럽 정치와 정치경제의 역사적 전개》. 백산서당.

김유선. 2004. 《노동시장 유연화와 비정규직 고용》. 한국노동사회연구소.

_____. 2007. 〈산별 단체교섭과 단체협약 효력확장〉. 《노동사회》 10월호. 138~158.

김종엽 편. 2009. 《87년 체제론: 민주화 이후 한국사회의 인식과 새 전망》. 창비.

김학노. 2011. 〈서유럽 사회적 협의체제의 변천: 민주적 코포라티즘의 쇠퇴와 부활〉. 구춘권·김영순·김인춘·김학노·서명호·진영재·최진우. 《서유럽의 변화와 탈근대화》. 아카넷. 169~288.

김현일. 1997. 〈19세기 프랑스 노동자들과 노동운동〉. 안병직 외. 《유럽의 산업화와 노동계급》. 까치. 121~208.

김훈·이승욱. 2000. 《노사협의회의 쟁점과 과제》. 한국노동연구원.

노동부. 2005. 《고용보험 10년사》. 노동부.

노명식. 1980. 《프랑스 혁명에서 파리꼼뮨까지, 1789~1871》. 까치.

노용진. 2010. 〈미국의 복수노조〉. 《노동리뷰》 12월호. 32~43.

노중기. 2003. 〈노사정위원회 5년, 평가와 전망〉. 《동향과 전망》 56호. 48~76.

민주노총. 2002. 《김대중 정부 5년평가》. 민주노총.

박단. 1998. 〈1930년대 프랑스 노동조합의 정당에 대한 독립성 문제: 노동총연맹(CGT) 통합과정을 중심으로〉. 《서양사론》 58호. 89~110.

박명준. 2014. 《노동이해대변의 다양화와 새로운 노사관계 형성 과정》. 한국노동연구원.

박제성. 2006. 〈프랑스 단체교섭 제도의 변화〉. 《노동법학》 제22호. 123~157.

_____. 2008. 《무노조 사업장에서의 집단적 근로조건 결정법리》. 한국노동연구원.

_____. 2009. 〈프랑스의 노동조합 전임자〉. 노사관계선진화위원회 워크숍 자료.

_____. 2014. 〈새로운 프랑스 모델: 프랑스식 유연안정성?〉. 《국제노동브리프》 8월호. 32~61.

박지순 외. 2010. 〈우리나라 단체협약 적용률에 관한 실태파악과 외국사례〉. 고용노동부.

배규식. 2011. 〈영국의 복수노조와 단체교섭〉. 《국제노동브리프》 8월호. 14~25.

서울대 프랑스사연구회 편. 1989. 《프랑스 노동운동과 사회주의》. 느티나무.

선학태. 2006. 《사회협약정치의 역동성: 서유럽 정책협의와 갈등조정의 시스템》. 한울.

성재민. 2006. 〈무노조 기업 근로자들의 노조 가입성향 분석〉. 《노동리뷰》 제23호. 한국노동연구원.

손영우. 2004. 〈프랑스의 중앙집권적 국가와 시민사회의 상관성에 관한 연구〉. 《시민사회와 NGO》 제2권 제2호. 255~280.

_____. 2005. 〈이익집단의 정치제도화에 대한 연구 : 프랑스 경제사회위원회를 중심으로〉. 《시민사회와 NGO》, 제3권 2호. 193~221.

_____. 2007. 〈프랑스 경제사회위원회의 사회적 대화 공고화 방안과 노사관계의 변화전망〉. 《국제노동브리프》 5(1). 한국노동연구원. 68~75.

_____. 2008a. 〈프랑스 사회적 대화 관련 논의 흐름과 노사단체의 대표성 개혁의 주요 쟁점〉. 《국제노동브리프》 6(3). 한국노동연구원. 74~82.

_____. 2008b. 〈프랑스 노사단체의 '대표성, 사회적 대화의 발전, 그리고 조합 재정수입에 대한 2008년 4월 9일 공동입장'의 주요 내용과 노동조합의 반응〉. 《국제노동브리프》 6권 5호. 한국노동연구원. 59~68.

_____. 2008c. 〈프랑스 고용서비스제도 개혁안: 고립고용청(ANPE)과 상공업고용조합(Unedic/Assedic)의 통합〉. 《국제노동브리프》 2008년 1월호. 89~96.

_____. 2010. 〈프랑스의 전임자와 근로시간 면제제도 운영 : 프랑스철도공사와 르노 사례를 중심으로〉. 이성희 외. 《복수노조 및 전임자 실태와 정책과제》. 한국노동연구원.

_____. 2011a. 〈사회적 협의에서 노동조합의 영향력 측정에 관한 연구 : 역동적이고 관계적인 접근의 도입〉. 《비교민주주의연구》. 제7권 1호. 65~93.

_____. 2011b. 〈프랑스 '공무원의 사회적 대화 혁신 관련 법'과 공무원 선거의 판도〉. 《국제노동브리프》 9(11).

_____. 2011c. 〈프랑스 복수노조제도의 특징과 시사점〉. 《진보평론》 통권47호. 189~213.

_____. 2012a. 〈프랑스 사회당 정부의 '사회대토론회'의 내용과 의미〉. 《국제노동브리프》 11월호 29~42.

_____. 2012b. 〈세계화시대, 정부의 정책적 자율성과 노동조합운동: 프랑스의 노동시간단축 정책도입사례〉. 《국제지역연구》 제16권 4호. 23~52.

_____. 2013. 〈프랑스에서는 왜 단체협약적용률이 높은가?〉. 《국제지역연구》 제17권 제4호. 35~68.

_____. 2015. 〈프랑스 사회적 대화 구조의 변화: 노조대표성 개혁과 사회대토론회〉. 《한국정치학회보》 49집 1호. 23~48.

신동규. 2013. 〈사회보장제도, 그르넬 협상, 그리고 1968년 5월~6월 총파업 — 노동총연맹의 총파업 전략〉. 《역사와담론》 68호. 333~367.

심창학. 1998. 〈프랑스적 조합주의: 제2차 세계대전 직후의 공무원 사회보장제도 개혁과정을 중심으로〉. 《연세사회과학연구》 제4호. 147~169.

안병직 외. 1997. 《유럽의 산업화와 노동계급》. 서울. 까치.

안재흥. 2005. 〈생산레짐과 정책레짐의 연계, 복지개혁의 정치, 그리고 노사정 관계의 변화: 스웨덴, 덴마크, 네덜란드, 오스트리아 비교〉. 《국제정치논총》 45(4). 331~356.

_____. 2012. 〈정치대표체계와 기능대표체계 연계 제도의 동학: 실증적 분석, 스웨덴과 덴마크 비교사례연구〉. 《한국정치학회보》 46(2). 215~240.

오광호. 1989. 〈생디깔리즘의 성격〉. 서울대 프랑스사 연구회 편. 《프랑스 노동운동과 사회주의》. 느티나무.

유길상. 1994. 《주요국의 고용보험 관리운영기구》. 한국노동연구원.

유길상 외. 1998. 《실업자 사회안전망의 국제비교》. 한국노동연구원.

윤진호. 2010. 〈미국의 복수노조제도 하의 노동조합 간 갈등과 협력: 보건의료산업을 중심으로〉. 경제노동연구회 발표문.

은수미. 2006. 《사회적 대화의 전제 조건 분석: 상호관계와 사회적 의제 형성을 중심으로》. 한국노동연구원.

이상우·장영철. 2007. 〈영국 노사관계의 변화: 주요 개념을 중심으로〉. 《노동정책연구》 7(2). 197~226.

이상이. 2010. 《역동적 복지국가의 논리와 전략》. 밈.

이성희 외. 2011. 《복수노조 및 전임자 실태와 정책과제》. 한국노동연구원.

이승욱 외. 2007. 〈공무원노사관계 정책·제도 국제비교 연구〉. 서울: 노동부.

이용재. 2000. 〈직능이냐, 산업이냐: 프랑스 건축노동자들의 노조 정체성 연구 1907~1914〉. 《서양사론》 제67호.

이장원·조준모·이승욱. 2005. 《한국의 파업구조와 특징에 관한 연구》. 한국노동연구원.

이정원. 2008. 〈프랑스 사회민주주의 혁신 및 근로시간 개정에 관한 법률(1)〉. 《국제노동브리프》 6(9). 62~68.

이호근. 2003. 〈유럽형 트라이파티즘(tripartism)의 시사점: 유럽노사관계유형 및 유럽조합주의(Corporatism)의 변화
와 발전〉. '한국 노사관계의 새로운 모색과 유럽모델의 함의' 토론회 발표문.

임상훈 외. 2005. 《한국형 노사관계 모델(I)》. 한국노동연구원.

임상훈. 2006. 《한국형 노사관계 모델(II): 유럽과 비교한 한국 노사관계 분석과 지향》. 한국노동연구원.

_____. 2008. 〈유연하고 조정된 교섭과 한국에서의 가능성: 이론 검토 및 선진국 비교연구를 중심으로〉. 《노동정책
연구》 8(2). 115~147.

장선화. 2014. 〈사회협약의 정치: 세계화시대 경제위기와 집권 정당의 위기극복 전략(핀란드, 벨기에, 스페인, 아일랜
드)〉. 《한국정당학회보》 제13권 2호. 63~99.

장하준 외. 2012. 《무엇을 선택할 것인가》. 부키.

정병기. 2004. 〈서유럽 코포라티즘의 성격과 전환: 통치전략성과 정치체제성〉. 《한국정치학회보》 38(5). 323~343.

_____. 2014. 〈프랑스 코포라티즘: 동시적 교환과 제한된 일반적 교환의 사회협약 정치〉. 《지중해지역연구》 제16권
3호. 1~24.

정병기·도묘연. 2015. 《코포라티즘 정치》. 아카넷.

조성재 외. 2009. 《산별교섭의 이론과 실제》. 한국노동연구원.

조용만. 1999. 〈복수노조하의 단체교섭 — 프랑스의 기업별 단체교섭제도와 노동조합의 대표성 개념을 중심으로〉.
《노동법연구》 8호. 120~153.

_____. 2001. 〈프랑스 공무원의 노동기본권〉. 《노동법학》 13호. 135~154.

_____. 2003. 〈프랑스의 노동법원제도에 관한 고찰〉. 《일반법학》 8권. 116~134.

_____. 2006. 〈프랑스 공무원 노사갈등과 한국적 함의〉. 서울행정학회·한국행정연구원 2006년 동계학술대회 발표
논문집.

조용만·박지순. 2006. 〈노사관계 변화에 따른 단체협약 효력확장제도 연구〉. 고용노동부.

조임영. 2014. 〈프랑스에서의 파업권의 보장과 그 한계〉. 《국제노동브리프》 4월호. 31~48쪽.

조준모·진숙경. 2010. 〈복수노조시대의 노사관계전망〉. 《노동리뷰》 12월호. 5~21.

최영기. 2011. 〈사회적 타협을 통한 국가고용전략의 수립은 유효한가?〉. 《한국노사관계연구》 21(3). 1~32.

최장집. 1997. 《한국의 노동운동과 국가》. 열음사.

_____. 2002. 《민주화 이후의 민주주의》. 후마니타스.

프랑스 경제사회환경위원회(www.cese.fr).

프랑스 교육부 사이트(www.education.gouv.fr).

프랑스 노동법원 사이트(www.prudhommes.gouv.fr).

한국노동연구원. 2005. 《교섭창구 단일화에 관한 논의》. 노동법·법경제 포럼.

한국노총 정책본부. 2004 〈노사정위원회 개편방안〉.

Adam, Gérard. 1983. *Le Pouvoir syndical*. Paris: Dunod.

Andolfatto, Dominique. 1992. *L'univers des élections professionnelles*. Paris: Les editions ouvrières.

_____. 1999. "Le plus faible taux de syndicalisation des pays industrialisés." *L'état de la France
1999-2000*. La Découverte.

Andolfatto, Dominique et Dominique Labbé. 2000. *Sociologie des syndicats*. Paris: La Découverte.

_____. 2006. "La syndicalisation à la CGT de 1906 à 1945". 〈hal00759056〉.

Andrews, David. 1994. "Capital Mobility and State Autonomy: Toward a Structural theory of International
Monetary Autonomy." *International Studies Quarterly* 38. 193~218.

Antonetti, Guy. 2002. *Louis-Philippe*. Paris, Librairie Arthème Fayard,

Association Française des Banques. 2007. *Convetion collective de la Banque accords professionnels*. Revue Banque Edition.

Aurelli, Paul et Jean Gautier. 2006. "Consolider le dialogue social." Avis et rapports du Conseil économique et social. 4 décembre 2006.

Baccaro, Lucio. 2003. "What is Alive and What is Dead in the Theory of Corporatism." *British Journal of Industrial Relations* 41(4). 683~706.

_____. 2016. 〈유럽의 노동시장 조정: 사회적 협의의 종말인가?〉. 《국제노동브리프》 1월호. 한국노동연구원. 3~17.

Badinter, Robert. 2016. "Rapport au premier ministre, comité chargé de définir les principes essentiels du droit du travail." janvier 2016.

Baguenard, Jacques. 1997. *Le Sénat*, 2e edit, Paris: PUF

Baptiste, Giraud. 2006. "Au-delà du déclin: difficultés, rationalisation et réinvention du recours à la grève dans les stratégies confédérales des syndicats." *Revue française de science politique* vol. 56, n° 6. 943~968.

Bardout, J. C. 2001. *L'histoire étonnante de la loi 1901*. Lyon: Edition Juris service.

Bartolone et Winock. 2015. "Refaire la démocratie" Rapport n°3100 de Groupe de travail sur l'avenir des instituions. Assemblée nationale.

Berger, Suzanne. 1981. "Regime and interest representation: the French traditional middle classes." Suzanne D. Berger(ed.), *Organizing interests in western Europe: Pluralism, corporatism, and the transformation of politics*. Cambridge Univ. Press.

Bérille, Luc et Jean-François Pilliard. 2016. "Le développement de la culture du dialogue social en France." *Les Avis du CESE*. Mai 2016.

Beurier, Jean-Pierre. 1982. "Le Rôle du Conseil écomonique et social." *Revue de Droit Public*. 1627~1674.

Bloch, Marc. 1937. *Seigneurie française et manoir anglais*. 이기영 옮김, 《서양의 장원제: 프랑스와 영국의 장원제에 대한 비교사적 고찰》, 까치, 2002.

Bockerman, Petri and Roope Uusitalo. 2006. "Erosion of the ghent system and union membership decline." *British Journal of Industrial Relations* 44(2). 283~303.

Bocquillon, Fabrice. 2001. "Que reste-t-il du ⟨principe de faveur⟩." *Droit Social* n. 3. 255~262.

Bodineau, Pierre. 1994. *Les conseils économiques et sociaux*(QSJ). Paris: PUF.

Bonnafous-Boucher et Rendtorff. 2013. *La théorie des parties prenantes*. Paris: La Découverte.

Bonnet, Jacques et Philippe Nasse. 1997. *Rapport sur l'état des finances publiques*. Rapport remis au Premier ministre. 21 juillet 1997. La documentation française.

Bothereau, Robert. 1973. "Le syndicalisme dans la tourmente 1940~1945." *Bulletin Force Ouvrière information* n° 173.

Branciard, Michel. 1986. *La CFDT*. PUF.

Brécy, Robert. 1963. *Le mouvement syndical en France: 1871-1921*. Mouton Co.

Bridgford, Jeff. 1990. "Franch trade unions: Crisis in the 1980s." *Industrial Relation Journal* vol. 21., no. 1.

Brugidou et Labbé. 2000. *Le discours syndical fançais contemporain: CFDT, CGT, FO en 1996-1998*. Centre de Recherche sur le Politique, l'Administration, la Ville et le Territoire.

Cahuc, Pierre et André Zylberberg. 2005. *Le chômage, fatalité ou nécessité?* Flammarion.

Cahuc, Pierre et Francis Kramarz. 2005. *De la précarité à la mobilité: vers une sécurité sociale professtionnelle*. Rapport aux ministres de l'Economie, des Finances et de l'Industrie et de l'Emploi, du Travail et de la Cohésion sociale. Paris: La documentation française.

Cameron, David R. 1984. "Social Democracy, Corporatism, Labour Quiescence and the Representation of Economic Interest in Advanced Capitalist Society." John H. Goldthorpe(ed.), *Order and Conflict in Contemporary*

Capitalism. Oxford: Clarendon Press.

Caron, Jean-Claude. 1980. "La Société des Amis du Peuple." *Romantisme* n°28-29. Mille huit cent trente. 169~179.

Cazettes, Jean-Luc. 2002. *Qu'est-ce que la CFE-CGC*. Paris: l'Archipel.

CES. 2002. "Directory of Economic and Social councils and Similar Institution." 2002 December

CFDT. 1998. "Réduction du temps de travail, Article 1: négocier." *CFDT Magazine* n° 239. juillet.

CGPME. 2016. "Les principaux élements "négatifs" et "positifs" (commentes) de la loi relative au travail, à la modernisation du dialogue social et à la sécurisation des parcours professionnels." 5 août 2016.

CGT. "Se syndiquer." http://www.cgt-fapt74.fr/se-syndiquer(2013년 10월 1일 열람).

Chérioux, Jean. 2004. "Dialogue social et mesures diverses." Rapport de Sénat n° 179. 2004.1.28. http://www.senat.fr/rap/l03-179-2/l03-179-2_mono.html(2013년 10월 1일 열람).

Chertier, Dominique-Jean. 2006. "Pour une modernisation du dialogue social." Rapport au Premier Ministre. 31 mars 2006.

_____. 2009. "Pour une réforme du conseil économique social et environnemental." Rapport au président de la République. Paris: La documentation Française.

Clavel, Geoffroy. 2014. "Mi-mandat de Hollande: le bilan et la fin du quinquennat vus par les Français." *Le HuffPost* 2014. 11. 6.

_____. 2014. "Elections prud'homales: coûteuses et frappées par l'abstention, elles vont disparaître." huffingtonpost.fr. 2014년 11월 20일. http://www.huffingtonpost.fr/2014/11/20/elections-prudhomales-couteuses-abstention-disparaitre_n_6185784.html(2017년 3월 10일 열람).

Cles du social. 2011. "Regards sur les organisations patronales françaises." www.clesdusocial.com.

Combault, Philippe. 1999. "La couverture conventionnelle à la fin 1997." *Premières informations et premières synthèses*. n° 29.2. DARES.

_____. 2006. "La couverture conventionnelle a fortement progressé entre 1997 et 2004." *Premières informations et premières synthèses*. n° 46.2. DARES.

Combrexelle, Jean-Denis. 2013. "Rapport sur la réforme de la représentativité patronale." Octobre 2013. Direction général du travail.

_____. 2015. "La négociation collective, le travail et l'emploi." Rapport au Premier ministre. Septembre 2015. France stratégie.

Commissariat général du Plan. 1997. *Chômage : le cas français*. Rapport au Premier ministre. La documentation Française.

Culpepper, Pepper and Aidan Regan. 2014. "Why don't governments need trade unions anymore? The death of social pacts in Ireland and Italy." *Socio-Economic Review* 12(4). 723~745.

Daniel, Christine Carole Tuchszirer. 1999. *L'État face aux chômeurs : L'indemnisation du chômage de 1884 à nos jours*. Paris: Flammarion.

Daniel, Christine. 2000. "L'indemnisation du chômage depuis 1974 : d'une logique d'intégration à une logique de segmentation." *Revue Française des Affaires Sociales*. n°3-4, 29~46.

DARES(Direction de l'animation de la recherche, des études et des statistiques). 2008. "Les élections aux comités d'entreprise en 2005~2006." *Premières informations*. 2008 octobre, n°40.3.

DARES(Maria Teresa Pignoni). 2016. "La syndicalisation en France: Des salariés deux fois plus syndiqués dans la fonction publique." *DARES analyses* n°025. mai 2016.

Darling, Alistair. 1997. "A Political Perspective." Gavin Kelly, Dominic Kelly and Andrew Gamble(eds.), *Stakeholder capitalism*. Macmillan. 장현준 옮김, 《참여자본주의》, 미래M&B, 2003.

Dawkins, Cedric. 2010. "Beyond Wages and Working Conditions: A Conceptualization of Labor Union Social Responsibility." *Journal of Business Ethics* 95(1). 129~143.

De La Rivière, Mercier 1767. *L'ordre naturel et essentiel des sociétés politiques*. éditions Daire.

De Saintignon, Pierre et al. 2004. "Etude d'administration comparée sur le financement des syndicats." Rapport de l'Inspection générale des affaires sociales.

Despax, Michel. 1971. "La réforme du droit des conventions collectives de travail par la loi 71.561 du 13 juillet 1971." Droit Social. n° 9-10(sep-oct 1971). 530~543.

_____. 1989. *Négociation, conventions et accord collectifs*. Paris: Dalloz.

Dicey, Albert Venn 1963. *Law and Public Opinion in England*. London: Macmillan.

Dolléans, Edouard et Gérard Dehove. 1953. *Histoire du travail en France*. tome I. Paris: Domat-Montchrestien.

Donzelot, Jacques. 1994. *L'invention du social: Essai sur le déclin des passions politiques*. Paris: Editions du Seuil. 주형일 옮김, 《사회보장의 발명: 정치적 열정의 쇠퇴에 대한 시론》, 동문선, 2005,

Duby, Georges. 1991. *Histoire de la France. t.2*. Paris: Larousse. 김현일 옮김, 《프랑스 문명사》 하, 까치, 1995.

Dufresne, Anne et Nicole Maggi-Germain. 2012. "L'extension des conventions et accords collectifs de travail en France: Entre interventionnisme étatique et liberté conventionnelle."

Duguit, Léon. 1928. *Traité de droit constitutionnel*, tome II, 3e edit., Paris: Editions de Boccarrd.

Durkheim, Emile. 1950. *Leçons de sociologie, physique des moeurs et du droit*. Paris: PUF. 권기돈 옮김, 《직업윤리와 시민도덕》, 새물결, 1998.

Duverger, Maurice. 1986. *Bréviaire de la cohabitation*. PUF.

Efrahem. 1833. "De l'Association des ouvriers de tous les corps d'état." gallica.bnf.fr/ark:/12148/bpt6k5542313k(2017년 8월 1일 열람).

Elbow, M. H. 1966. *French Corporative Theory, 1789-1948*. New York: Octagon.

Emirbayer, Mustafa. 1997. "Manifesto for a Relational Sociology." *The American Journal of Sociology* 103(2). 281~317.

Estrade, M.A., D. Meda, R. Orain. 2001. "L'impact de la réduction du temps de travail sur les modes de vie." DARES. *Premières Synthèses*. n° 21-1.

Fajertag, Giuseppe and Philippe Pochet(eds.). 1997. *Social pacts in Europe*. Institut syndical européen.

Fournier, Jacques. 2002. *Livre blanc sur le dialogue social dans la fonction publique*. La documentation française.

Fournier, Pierre. 2000. "Evolution des textes convernant les conventions collectives, le salaire minimum et les conflits collectifs". *Cahiers du Chatefp* n.2~3. 15~24.

Frajerman, Laurent. 2004. "Salariés, fonctionnaires, enseignants, ou professeurs et instituteurs? Identités collectives et choix revendicatifs du courant 《unitaire》 de la FEN, 1945~1960." J. Girault(dir.), *Les enseignants dans la société française au XXeme siècle*. Publications de la Sorbonne. 81~96.

Frayssinet, Jean. 1996. *Le conseil économique et social*. Paris: La documentation française

Freeman, E. 1984. *Strategic Management: A Stakeholder Approach*. New York: Pitman.

Fulton, L. 2013. *La représentation des travailleurs en Europe*. Labour Research Department et ETUI.

Garrett, Geoffrey. 1998. *Partisan Politics in the Global Economy*. Cambridge University Press.

Gazier, Albert. 1950. "Le retour aux conventions collective." *Revue économique* vol. 1. n° 2. 157~167.

Geay, Bertrand. 1997. *Le syndicalisme enseignant*. La Découverte.

Glassner, V. and Keune, M. J. 2010. "Collective bargaining responses to the economic crisis in Europe." *ETUI Policy Brief European Economic and Employment Policy* 1.

Glassner, Vera. 2012. "Chapter 2 Transnational collective bargaining in national systems of industrial relations." Isabelle Schömann, Romuald Jagodzinski, Guido Boni, Stefan Clauwaert, Vera Glassner and Teun Jaspers, *Transnational collective bargaining at company level: A new component of European industrial relations?* ETUI.

Goetschy, J. P. Rozenblatt. 1992. "France: The Industrial Relations System at a Turning Point?" Anthony Ferner, Richard Hyman(eds.), *Industrial Relations in the New Europe*. Blackwell.

Gramsci, Antonio. 1971. *Selections from the Prison Notebooks of Antonio Gramsci*. New York: International Publishers.

Grignon. 183x. *Réflexions d'un ouvrier tailleur sur la misère des ouvriers en général*. Lyon. Imprimerie J. Perret. (gallica. bnf.fr/ark:/12148/bpt6k55422686(2017년 8월 27일 열람).

Groux, Guy (dir.). 2001. *L'action publique négociée: Approches à partir des «35 heures» - France – Europe*. L'Harmattan.

Groux, Guy. 1983. "Les couches moyennes, l'Etat et le corporatisme en France." *Revue française de sociologie* 24(2). 301~315.

Guy Caire. 1984. "The Franch Left and Labour Relations Policies." *Economic and Industrial Democracy* 5. 131~145.

Haby, René. 1998. "La situation financière de la France au milieu de 1997." *La vie publique en France ; avril 1997-juillet 1998*. La documentation française.

Hadas-Lebel, Raphaël. 2006. *Pour un dialogue social efficace et légitime: représentativité et financement des organisations professionnelles et syndicales*. Rapport au Premier ministre, Paris: La documentation Française.

Hamann and Kelly. 2011. *Parties, Elections, and Policy Reforms in Western Europe: Voting for social pacts*. Routeledge.

Haut conseil du dialogue social. 2013. "Présentation de la mesure d'audience syndicale au niveau national et interprofesstionnel." 2013. 03. 29.

Hayter, Stoevska. 2011. *Social Dialogue Indicators : International Statistical Inquiry 2008-2009*. ILO Technical Brief.

HCDS(Haut conseil du dialogue social). 2013. "Présentation de la mesure d'audience syndicale au niveau national et interprofesstionnel." 2013. 03. 29.

Hetzel, Anne-Marie. 1993. "Quand les dictionnaires parlent du syndicat." *Mots* 36. 102~116.

Higele, Jean-Pascal. 2007. "Représentativité syndicale et accord interprofessionnels nationaux: les enjeux d'une réforme." *Droit social*, mars.

Hollande. 2012. "Discours de M. le Président de la République au Conseil économique, social et environnemental." 2012년 6월 12일. http://www.elysee.fr/declarations/article/discours-de-m-le-president-de-la-republique-au-conseil-economique-social-et-environnemental(2015년 1월 2일 검색).

Husson, François. 1903. *Artisans français, Les charpentiers: Etude historique*. Paris: Marchal Billard.

Hyman, Richard. 1997. "The Future of Employee Representation." *British Journal of Industrial Relations* 35(3). 309~336.

Le Monde. 2006. "Les prud'hommes de Longjumeau jugent le CNE contraire au droit international." *Le Monde*. 2006년 4월 28일. http://www.lemonde.fr/societe/article/2006/04/28/les-prud-hommes-de-longjumeau-jugent-le-cne-contraire-au-droit-international_766736_3224.html(2017년 3월 1일 검색).

Leroux, J. 1833. "Aux ouvriers typographes. De la Nécessité de fonder une association ayant pour but de rendre les ouvriers propriétaires des instruments de travail." gallica.bnf.fr/ark:/12148/bpt6k56539018(2017년 8월 27일 검색).

ILO. 1998. *The Social impact of the Asian financial crisis*. ILO.

_____. 2008. *Global wage report 2008-2009, Minimum wages and collective bargaining : Towards policy coherence*. ILO.

Jaffé, Grâce-M. 1924. *Le mouvement ouvrier à Paris pendant la Révolution Française*. PUF.

Jauneau, Yves. 2012. "Portrait statistique des principales conventions collectives de branche en 2009." *Dares Analyses*, n° 017. DARES.

Jones, Erik. 2003. "Liberalized capital markets, State autonomy, and European monetary union." *European Journal of Political Research* 42. 197~222.

Justice, Dwight. 2003. "Corporate social responsibility: Challenge and opportunities for trade unionists." ILO, *Corporate social responsibility: Myth or reality?* ILO Labour Education n°130.

Katzenstein, Peter. 1985. *Small States in World Markets : Industrial Policy in Europe*. Cornell University Press.

Keller, John T. S. 1981. "Corporatism and official union hegemony: the case of French agricltural syndicalism." Suzanne D. Berger(ed.), *Organizing interests in western Europe: Pluralism, corporatism, and the transformation of politics.* Cambridge Univ. Press.

La grande conférence sociale. 2012. "Feuille de route sociale." http://travail-emploi.gouv.fr/IMG/pdf/feuille_de_route_sociale.pdf(2015년 1월 2일 검색).

Laubadère, André de. 1966. *Traité élémentaire de droit administratif*, t. III, Paris, L.G.D.J..

Le Monde. 2013a. "Flexibilité: le pari de la CFDT et du patronat." *Le Monde.* 2013. 01. 13.

_____. 2013b. "Quand un accord social fait la loi," *Le Monde.* 2013. 02. 09.

_____. 2016. "Dix chiffres pour résumer le feuilleton de la loi travail." *Le Monde.* 2016. 09. 15.(www.lemonde.fr/les-decodeurs/article/2016/07/21/dix-chiffres-pour-resumer-le-feuilleton-de-la-loi-travail_4972567_4355770.html?xtmc=manifestation_contre_loi_travail xtcr=44) (2016년 12월 3일 검색).

Lee, W-D. and Lee, B-H. 1999. "The Industrial Relations System in Korea." KOILAF, *Labour Relations in Korea.* 153~197.

Lefebvre, Georges. 1951. *La révolution française.* Paris: PUF. 민석홍 옮김, 《프랑스혁명》, 을유문화사, 2000.

Lehmbruch, Gerhard. 1977. "Liberal corporatism and party government." *Comparative Political Studies* 10.

_____. 1984. "Concertation and the Structure of Corporatist Networks." John H. Goldthorpe(ed.), *Order and Conflict in Contemporary Capitalism.* Oxford: Clarendon Press.

Leroux, Jules. 1833. *Aux ouvriers typographes. De la Nécessité de fonder une association ayant pour but de rendre les ouvriers propriétaires des instruments de travail.* Paris. imprimerie de L.-E. Herhan. 15.

Letty, Eric. 2008. "Les Conseils économique et sociaux." *Les Monographies de Contribuables Associés* n°17.

Lévesque, Christian et Gregor Murray. 2003. "Le pouvoir syndical dans l'économie mondiale: clés de lecture pour un renouveau." *Revue de l'IRES* 41. 1~28.

Lukes, Steven. 1977. *Power: A radical View.* Macmillan.

Maggi-Germain, Nicole. 2012. "Fonctions et usages de la représentativité patronale." *Travail et Emploi* n°131. 23~45.

Marimbert, Jean. 2004. *Le rapprochement des services de l'emploi*, Rapport au Ministre des affaires sociales, du travail et de la solidarité. Paris: La documentation française. Janvier 2004.

Martin, Jean-Maurice. 1983. *Le CNPF.* PUF.

Martinet, Laurent. 2014. "Le bilan économique de François Hollande est-il si nul?" *L'Express.* 2014. 11. 4.

Marx, Karl. 1867. *Le Capital.* Livre 1. Paris: Garnier Flammarion. 김수행 옮김, 《자본론》 I. 비봉출판사.

Masson, Jean-Louis. 2013. "Proposition de loi constitutionnelle supprimant le Conseil économique, social et environnemental." N°824. Enregistré à la Présidence du Sénat le 26 août 2013.

Mayeur, Jean-Marie. 1984. *La vie politique sous la Troisième République(1870-1940).* Paris: Editions du Seuil.

Mazeaud, Antoine. 2006. *Droit du travail.* Paris: Montchrestien.

Mendès France, Pierre. 1966. *La République moderne.* Coll. Idées.

_____. 1987. *Pour une République moderne 1955-1962, Oeuvres complètes* vol. 4. Paris: Gallimard.

Mercier, Louis-Sébastien. 1789. *Tableau de Paris.* 이영림 외 옮김, 《파리의 풍경 IV》, 서울대학교출판문화원, 2014.

Michel, Henry. 1896. *L'Idée de l'Etat: essai critique sur l'histoire des théories sociales et politiques en France depuis la Révoution.* Paris, Hachette.

Ministère de l'emploi et de la solidarité. 1999. *La réduction du temps de travail: les enseignements des accords[été 1998-été 1999].* La documentation Française.

Ministère de l'éducation nationale. 2011. *L'éducation nationale en chiffres 2011.* www.education.gouv.fr.

_____. 2017. *L'éducation nationale en chiffres 2017.* www.education.gouv.fr.

Ministère du budget, des comptes publics, de la fonction publique et de la réforme de l'Etat. 2009. *Rapport annuel sur l'état de la fonction publique : Politiques et pratiques 2008-2009*, vol. 2. La documentation française.

Ministère du budget, des comptes publics, de la fonction publique et de la réforme de l'Etat. 2010. La négociation dans la fonction publique.

Ministre du travail. 2012. "D'une grande conférence sociale à l'autre...: une année de réformes par le dialogue."

_____. 2013. "La mesure de la représentativité syndicale." http://travail-emploi.gouv.fr/IMG/pdf/ DP.pdf(2015년 1월 2일 검색).

MTEFD(Ministre du travail, de l'emploi, de la Formation profesionnelle et du Dialogue social). 2017. "Résultats de la mesure de l'audience pour la représentativité syndicale." Communiqué de presse. Direction générale du travail.

Monfalcon, Jean-Baptiste. 1834. *Histoire des insurrections de Lyon, en 1831 et en 1834*. Louis Perrin.

Morawski, Jean. 2004. "1950: des conventions collectives." *L'Humanité*. 2004. 7. 29. http://www.humanite.fr/ node/341202(2013년 11월 26일 검색).

Mouriaux, René. 1982. *La CGT*. Paris: Editions du Seuil.

_____. 1986. *Le syndicalisme face à la crise*. Paris: La Découverte.

_____. 1992. *Le syndicalisme en France*. Paris: PUF.

_____. 1996. *Le syndicalisme enseignant en France*. Paris: PUF.

_____. 1998. *Crise du syndicalisme français*. Paris: Montchrestien.

_____. 2006. "Le syndicalisme français: Combien de divisions?" *Mouvements*, n° 043. 71~75.

Neros, Bernard. 2013. "Portrait statistique des principales conventions collectives de branche en 2010." *Dares Analyses*, n° 032. DARES.

Odoxa-L'Express. 2016. "Baromètre Odoxa: Hollande et Valls en chute libre." *L'Express*, 2016.04.26.(www.lexpress. fr/actualite/politique/sondage-hollande-et-valls-en-chute-libre_1786278.html)(2016년 12월 3일 검색).

OECD. 1994. *Employment Outlook 1994*. OECD.

_____. 2000. *Pushing Ahead with Reform in Korea*. OECD.

_____. 2016a. "Petite reprise après grande crise: Perspectives 2016-2017 pour l'économie mondiale." *Perspectives économiques de l'OFCE*. 12 avril 2016.

_____. 2016b. "France: des marges de croissance - Perspectives 2016~2017 pour l'économie française." *Perspectives économiques de l'OFCE*. avril 2016.

Pararas, Pierre. 1991. "Le retour du coporatisme en France: La crise du mandat représentatif." *Revue internationale de droit comparé* 43(2). 427~439.

Pelissier, Jean, Alain Supiot et Antoine Jeammaud. 2002. *Droit du travail*. 21e édition. Dalloz.

Perreux, Gabriel. 1831. *Au temps des sociétés secrètes. La propagande républicaine au début de la Monarchie de Juillet (1830-1835)*. Paris. Hachette.

Perrot, Michelle. 1974. *Les ouvriers en grève 1871-1890*. Mouton.

Poisson, Jean-Frédéric. 2009. *Rapport sur la négociation collective et les branches professionnelles*. Rapport au Premier ministre. La documentation française.

Prélot, M et J. Boulouis. 1990. *Institutions Politiques et Droit Constitutionnel*. 11e édit., Paris: Dalloz.

Prost, A. 1964. *La CGT à l'époque du front populaire*. Pairs: Armand Colin.

Rabourdin, Eugénie. 2002. *La fonction publique française en Europe*. Fondation Robert Schuman.

Ray, Jean-Emmanuel. 1997. *Droit du travail, droit vivant*. Editions Liaisons.

Refait, Michel. 1997. *Le secteur public en France*. PUF.

Regini, Marino. 2003. "Tripartite concertation and varieties of capitalism." *European Journal of Industrial Relation* 9(3). 251~263.

Renault. 2009. *Bilan social - Renault s.a.s.*

_____. 2009. *Rapport Annuel 2009: Vers la mobilité durable accessible à tous*. Groupe Renault.

_____. 2010. *Atlas Renault*. Édition mars 2010.

Reynaud, Jean-Daniel. 1975. *Les syndicats en France*, Tome I. Paris: Edition du Seuil.

_____. 1978. "Nature et rôle de la convention collective dans la France actuelle." *Revue française de sociologie*, vol. 19, n. 2. 171~194.

Rhodes, M. 2001. "The Political Economy of Social Pacts: Competitive Corporatism and European Welfare Reform." *The New Politics of the Welfare State*. Oxford: Oxford University Press.

Richard, Jacky et Alexandre Pascal. 2010. "Pour le renforcement de la légitimité de l'institution prud'homale: Quelle forme de désignation des conseillers prud'hommes?" Rapport au ministre du travail, de la solidarité et de la fonction publique. avril 2010. La documentation française.

Rivero, Jean. 1951. "La convention collective et le droit public français." *Revue économique*, vol. 2, n. 1. 15~24.

Robert, André. 1995. *Le syndicalisme des enseignants*. Documentation Française/CNDP.

Robinson, Ian. 1994. "NAFTA, Social Unionism, and Labour Movement Power in Canada and the United States." *Relations industrielles* 49(4). 657~695.

Rocard, Michel. 1996. *Les Moyens d'en sortir*. Editions du Seuil.

Rodrik, Dani. 2000. "How Far Will International Economic Integration Go?" *Journal of Economic Perspectives* 14(1), 177~186.

Rosanvallon, Pierre. 1998. *Le peuple introuvable*. Editions Gallimard.

_____. 1999. *La question syndicale*. Hachette.

_____. 2004. *Le modèle politique français: La société civile contre le jacobinisme de 1789 à nos jours*. Seuil.

Rousseau, Jean-Jacques. 1762. *Du contrat social ou Principes du droit politique*. 방곤 옮김, 《사회계약론》, 신원문화사, 2006.

Rude, Fernand. 1980. "Lyon en 1930. Aux origines du syndicalisme et du socialisme." *Romantisme*, n°28-29. 213~238.

Saint-Simon, Claude-Henri. 1869[1820]. "L'organisateur." *Oeuvres de Saint-Simon*, vol. 4. Paris: Edition anthropos.

Schattschneider, E. E. 1960. *The Semisovereign People: A Realist's View of Democracy in America*. New York. Harcourt School. 현재호·박수형 옮김, 《절반의 인민주권》, 후마니타스, 2008.

Schmitter, Philippe. 1974. "Still the century of corporatism?" *Review of Politics* 36: 1. 85~131.

_____. 1982. "Reflections on where the theory of corporatism has gone and where the praxis of neo-corporatism may be going." G. Lehmbruch and P. Schmitter, *Patterns of Corporatist Policy-making*, London: Sage. 259~290.

Schreiner, G. 1994. "Beyond Corporatism: Towards New Forms of Public Policy Formulation in South Africa." *Transformation* 23. 1~22.

Schulten, Thorsten. 2005. *Changes in National Collective Bargaining system since 1990*. EIRO.

Scruggs, Lyle and Peter Lange. 2002. "Where Have All the Members Gone?: Globalization, Institutions, and Union Density." *The Journal of Politics* 64(1). 126~153.

Secrétariat général du gouvernement. 1995. "Constitution française du 4 octobre 1958." *documents d'études*. Paris: La documentation Français.

Sée, Henri. 1951. *Histoire économique de la France*, t. II. Paris: A. Collin.

Segrestin. 1990. "Recent Changes in France." Baglioni Crouch(eds.), *European Industrial Relations: The Challenge of Flexibility*. Sage.

Sellier Silvestre. 1986. "Unions Policies in the Economic Crisis in France." Richard Edwards, Paolo Garonna, and Franz Tödtling(eds.), *Unions in Crisis and Beyond: Perspectives from Six Countries*. Greenwood Press.

Sellier, François. 1984. *La confrontation sociale en France: 1936-1981*. PUF.

Sieyès, E-J. 1794. "Discours à la Convention nationale." *Oeuvres de Sieyès*, Tome III. Paris: EDHIS.

Slomp, Hans. 1990. *Labor Relations in A History of Issues and Developments*. N.Y.: Greenwood Press.

_____. 1996. *Between bargaining and politics : an introduction to European labor relations*. Westport: Praeger.

Smith, Rand W. 1984. "Dynamics of Plural Unionism in France: The CGT, CFDT and Industrial Conflict." *British Journal of Industrial Relations*, 22(1). 15~33.

SNCF. 2009. "Statut des relations collectives entre la SNCF et son personnel." Direction des Ressources Humaines de la SNCF.

_____. 2001. "Conditions de fonctionnement des institutions de représnetation du personnel." Direction des Ressources Humaines de la SNCF.

Soboul, Albert. 1989. *Dictionnaire historique de la Révolution Française*. Paris: PUF.

Sondage Elabe. 2016. "Popularité. Hollande et Valls perdent encore du terrain." *Ouest France*. 2016년 3월 26일. http://www.ouest-france.fr/politique/francois-hollande/popularite-hollande-et-valls-perdent-encore-du-terrain-4123155.

Soreau, Edmond. 1931. "La loi Le Chapelier." *Annales historiques de la Révolution française*, t. VIII. 287~314.

Soubiran-Paillet, Francine. 1993. "Comportements des autorités répressives à l'égard des corps professionnels de 1791 à 1830." *Déviance et société*, 17(1). 1~17.

_____. 1999. *L'invention du syndicat(1791-1884): Initéraire d'une catégorie juridique*. L.G.D.J.

Soula, Leila. 2009. "La Charte d'Amiens: mythe et réalités..." http://quefaire.lautre.net/que-faire/que-faire-lcr-no07-janvier-mars/article/la-charte-d-amiens-mythe-et#nb1(2018년 1월 22일 열람).

Soulard, Christophe. 2006. *Syndicats*. Paris: Ellebore.

Streeck, Wolfgang. 1993. "The Rise and Decline of Neocorporatism." Lloyd Ulman, Barry Eichengreen, and William T. Dickens(eds.), *Labor and an integrated Europe*. Washington, D.C: The Brookings institution.

Supiot, Alain. 2004. *Le droit du travail*. Paris: PUF. 박제성 옮김, 《프랑스 노동법》, 오래, 2011.

Swank, Duane. 2002. *Global Capital, Political Institutions, and Policy Change in Developed Welfare States*. Cambridge Univ. Press.

Szarka, Joseph. 2000. "Environnmental policy and neo-corporatism in France." *Environmental Politics* 9(3). 89~108.

Teague, Paul. 2011. 〈아일랜드의 경제위기〉. 《국제노동브리프》 6월호. 5~12.

Teyssié, Bernard. 2002. *Droit du travail: Relations collectives* (3e éd.). Litec.

Thompson, E. P. 1963. *The making of the english working class*. London: Victor Gollancz Limited. 나종일 외 옮김, 《영국 노동계급의 형성》, 창작과비평사, 2000.

TNS-Sofres. 2008. "Les Français et les syndicats." http://www.tns-sofres.com/etudes/corporate/260608_syndicats.pdf. 23 juin.

Tocqueville, A. de. 1981a. *De la démocratie en Amérique I*. Paris: GF-Flammarion.

_____. 1981b. *De la démocratie en Amérique II*. Paris: GF-Flammarion.

_____. 1988. *L'ancien régime et la révolution*. Paris: GF-Flammarion.

Tocqueville, Alexis de. 1856. *L'Ancien Régime et la Révolution*. 이용재 옮김, 《앙시앵 레짐과 프랑스혁명》. 지식을 만드는 지식, 2013.

Traxler, Franz Martin Behrens. 2002. "Collective bargaing coverage and extension procedures." European industrial relations observatory on-line. http://www.eurofound.europa.eu/eiro/2002/12/study/tn0212102s.htm.

Traxler, Franz. 1994. "Chapter 5. Collective bargaining: Levels and coverage." OECD, *Employment Outlook*. July 1994. 167~208.

_____. 1996. "Collective bargaining and industrial change: a case of disorganisation? A comparative analysis of 18 OECD countries." *European Sociological Review* 12(3). 271~287.

_____. 1998. "Collective bargaining in the OECD: developments, preconditions and effects." *European Journal of Industrial Relations* 4(2). 207~226.

_____. 2003. "Bargaining (De)centralization, Macroeconomic Performance and Control over the Employment Relationship." *British Journal of Industrial Relations* 41. 1~27.

_____. 2004. "The Metamorphoses of Corporatism: From Classical to Lean Patterns." *European Journal of political Research* 43. 571~598.

Turpin, Dominique. 1985. "La réformette du Conseil économique et social." *Revue de Droit Public.* 15~35.

Vakaloulis, Michel. 1998. "Mouvement social et analyse politique." Claude Leneveu et Michel Vakaloulis(eds.), *Faire mouvement: Novembre-décembre 1995.* PUF.

Verdier, Jean-Maurice. 1983. "Le *pouvoir* syndical dans l'entreprise." *Pouvoir* 26. 55~67.

Vergunst, Noël. 2010. *The Institutional Dynamics of Consensus and Conflict: Consensus Democracy, Corporatism and Socio-economic Policy-making and Performance in Twenty Developed Democracies(1965-1998).* Saarbrücken: Lambert Academic Publishing.

Waarden, Frans van. 2003. "Renegotiating the welfare state through corporatist concertation: an introduction." Frans van Waarden and Gerhard Lehmbruch(eds.), *Renegotiation the Wel fare State: Flexible adjustment through corpratist concertation.* Routledge.

Willemez, Laurent. 2012. "Les prud'hommes et la fabrique du droit du travail: Contribution à un sociologie de l'activité judiciaire." *Sociologie du travail* 54(1). 112~134.

Woll, Cornelia. 2006. "La réforme du MEDEF: Chronique des difficultés de l'action collective patronale." *Revue français de science politique* 56(2). 255~279.

주

서론

1 〈새정부 바람직한 사회적 대화기구 모델은〉, 《매일노동뉴스》 2013년 1월 25일(http://www.labortoday.co.kr/
news/articleView.html?idxno=116252)(2013년 1월 26일 검색).

2 http://www.ilo.org/ifpdial/areas-of-work/social-dialogue/lang--fr/index.htm(2017년 4월 16일 검색).

3 에스핑-안데르센은 초기에 세 가지를 구분했고, 학자들마다 범주에 국가를 규정하는 데 있어 연구 대상의 시기
에 따라 약간씩 차이를 보이기도 한다.

4 노사 관계에서 다원주의(pluralism)란 노동자들의(또는 사용자들의) 이해관계가 모두 동일하지 않다는 것을 인
정하는 개념으로, 노조 가입과 비가입, 복수 노조의 허용과 제도화, 복수 노조 중 노동자의 선택권 등이 여기에
해당한다. 다원주의에 대당하는 개념은 일원주의(unitarism)로, 이것들의 이해가 큰 범주에서 유사하다고 간주한
다(Lane 1989).

5 역사적으로 프랑스에서 노조 조직률이 낮은 원인으로는 다양한 주장이 제기된다. 예를 들어 세에는 산업화 초
기에 수도인 파리를 제외하고 도시 집중화 현상이 없었다는 점을 원인으로 제기한다. 즉 산업에서 직업 노조는
하나의 도시적 현상인데, 빈약한 도시화는 빈약한 노조 조직률로 이어진다는 것이다(Sellier 1984, 17~21).

6 사용자 단체 역시 프랑스에서는 기업의 크기와 성격에 따라 3개의 대표적 전국 연맹으로 분화되어 있다.

7 프랑스 노동법에 명시된, 협약 내용이 (특히 산별 중심의 교섭에서) 노조 미가입 노동자, 협약 반대 노조 노동자
를 포함하여 모든 노동자에게 적용된다는 만인효(*erga omnes*)의 원리와 전국, 산별, 기업 교섭이라는 피라미드에
서 각각의 협약이 노동자에게 유리한 내용을 우선하여 적용한다는 '유리 조항 우선 원칙(principe de faveur)'은
이러한 높은 협약 확대 적용률을 가져오는 또 다른 배경이라 할 수 있다.

1부. 비코포라티즘적 다원적 이익 대표 체계의 형성

1장. 혁명 의회는 왜 결사의 자유를 박탈했나 — 프랑스 혁명이 프랑스의 산업 관계에 미친 영향

1 변호사이자 1789년 혁명 당시 제3신분 대표로 삼부회 의원으로 선출되어 제헌 의회의 의장이 됐다. 자코뱅 클럽
의 전신인 브르통 클럽(Club breton)의 창시자 중 한 명이었다. 이후 반혁명 혐의로 체포되어 1794년 4월 22일 단
두대에서 처형됐다.

2 자코뱅(Jacobin)이란 과거 성도미니크회 수도사에게 부여되던 이름 중 하나다. 이 이름은 프랑스 혁명 당시 유사
한 이념을 지닌 사람들이 파리의 자코뱅 수도원(Couvent des Jacobins)에서 모였기 때문에 부쳐졌으며, 이 사람들
은 자코뱅 클럽이라 불렸다. 클럽의 공식 명칭은 제헌동지회(Société des amis de la Constitution)로, 초대 의장은
르 샤플리에이며, 대표적 인물에는 뒤포르(Duport)와 로베스피에르(Robespierre)가 있다.

3 한편 그 당시 '결사(association)'에 대해 반대만 있었던 것은 아니었다. 가령 베쇼(Béchaux)는 영국의 사례를 들면
서 긍정적인 입장을 표명했으며, 애덤 스미스도 결사에 대해 긍정한 것은 아니었지만 완전히 금지할 수는 없다고

평가한 바 있다(Soubiran-Paillet 1993, 1).

4 당시 자유방임, 자유 경쟁은 산업 부르주아의 이익과 결부되어 적용된다. 가령 노동자수첩 제도에서 보듯이 노동력이 자유로운 통행은 여전히 제한적이었으며, 국가 간 무역에서 기업가나 지주층의 요구로 자유무역보다는 보호무역이 중심이었다(노명식 1980, 187).

5 하지만 1791년 헌법에서는 "헌법은 시민들이 경찰법을 따라 무기를 소지하지 않고 평화적으로 결사할 권리를 자연권과 시민권으로 보장한다"고 명시하여 결사권을 인정하기도 한다.

6 인권선언에서는 아직 경제적 자유와 권리에 대한 구체적인 언급이 없다. 구체제에서 이미 경제적 자유를 존중하고 있었으며, 또한 도시의 길드가 가진 특권에 대해서는 혁명 세력(부르주아) 사이의 의견이 분분했기 때문이라 할 수 있다(cf. Lefebvre 1951; Duby 1991).

7 *Archives Parlementaires*, première série, t. IX, séance du 30 octobre 1789, 611.

8 주세처럼 도시로 들어오는 데 부가되는 세금을 의미한다.

9 Jean Favier. "Juré et jurande," Encyclopediæ Universalis. http://www.universalis.fr/encyclopedie/jures-et-jurandes/(2017년 2월 2일 검색).

10 뒤르켐은 시민 도덕은 한편으로 직업 윤리에 기초하는데, 이러한 직업 윤리는 직업 집단만이 그 규칙 체계를 만들어낼 수 있다고 생각하여 시민사회에서 직업 단체의 중요성을 설파한다(Durkheim 1950, 69).

11 뒤르켐은 동업조합이 로마 시대에는 개별적, 가족적, 사회 외적이라면 중세에 들어서서는 공식적, 직업적, 사회 내적으로 변한다고 구별한다(Durkheim 1950, 88~91).

12 'décret'는 오늘날 대통령이나 총리령을 의미하지만, 프랑스 혁명 당시에는 의회에서 결정했지만 왕의 재가가 필요한 법령을 지칭하는 의미였다. 피에르 달라르드(Pierre Gilbert Leroy d'Allarde·1752~1809)는 삼부회의 귀족 대표 의원이자 재정과 경제 전문가였다.

13 *Archives Parlementaires*, première série, t. XXIII, séance du 15 février 1891, 198.

14 *Archives Parlementaires*, première série, t. XXIII, séance du 2 mars 1891, 626.

15 말발굽을 보호하기 위해 말 발바닥에 못으로 고정시키는 유(U)자형 쇳조각.

16 *Archives Parlementaires*, permière série, tome XXVII, 210-212.

17 당시 의회에서 오른쪽에는 우파가 앉고 왼쪽에는 좌파가 각각 나뉘어 앉았기 때문에, '오른쪽'과 '왼쪽'이라는 언급을 통해 이념적 성향을 유추할 수 있다.

18 Jean-François Gautier de Biauzat. 변호사, 제헌의회 제3신분 대표 의원. 당시 자코뱅 클럽 성원.

19 Pierre-Victor Malouet. 혁명기 우파 의원. 넥케르의 지원에 힘입어 혁명 전 삼부회 제3신분 대표 의원을 지내고, 의회 의원이 됨.

20 *Archives Parlementaires*, première série, t. XXXI, 29 septembre 1791, 624.

21 *Archives Parlementaires*, première série, t. XXV, séance du 9-18 mai 1791, 678.

22 프랑스 혁명 당시 '협회(société)'와 '결사(association)'는 동의어로 사용된다(Soubiran-Paillet 1993, 6).

23 소로(Edmond Soreau)는 "탄생하고 있던 자본주의가 모든 결사를 금지하는 데까지 가는 (노동자가 사용자와 발가벗고 마주보는) 완전한 자유와, 태생에 의한 귀족제를 재산에 의한 귀족제로 바꾸는 완전한 평등을 필요"로 했으며, 당시의 상인, 산업가, 금융가가 동업조합, 특권 등 구제도를 개선하는 것이 아니라 완전히 제거할 것을 원했다는 것을 지적하고 있다(Soreau 1931, 287~288).

24 1849년 10월 2일에 열린 의회 회기(형법 제414조에 대한 논의)에서 르 샤플리에 법의 제4조는 노동자나 사용자 구분 없이 단결을 금지한 법이라고 언급하고 있다(Soubiran-Paillet 1993, 3).

25 이 법의 명칭은 'An Act to prevent Unlawful Combinations of Workmen'이며, 1800년에 추가로 보충된다. 1824년에 폐지되면서 노조 결성이 묵인된다. 그 뒤 영국에서는 1834년 전국노조연합이 결성됐으며 1871년 세계 최초로 '노동조합법'이 제정된다.

26 1793년 9월 29일 제정. 이 법은 1793년 5월 4일 'loi du Maximum'이라는 명칭으로 곡물 가격을 규제하기 위해 제정됐고, 이후 9월 29일 개정을 통해 임금과 함께 다양한 생필품 가격을 포함하게 된다.

27 *Archives parlementaires*, première série, t. XXXVIII, 12 janvier 1794, 263.

28 1814~1815년 동안 제국과 왕정복고가 두 차례에 걸쳐 엎치락뒤치락한다. 1814년 4월 보나파르트가 왕위를 포기하고 1815년 3월 다시 돌아올 때까지 왕정복고 기간이 있다. 1815년 3월에 보나파르트가 다시 돌아와 제국을 세우지만 그해 7월에 실패하여 다시 왕정이 복고된다.

29 제12조에는 '어떤 자도 그때까지 고용하고 있던 자가 교부하고, 자기의 의무 이행 증명이라는 내용을 갖는 수첩을 소지하지 않는 노동자를 고용할 수 없다'고 되어 있다. 이것을 위반할 경우 종전의 고용주에게 손해 배상을 지불해야 하다.

30 노동자수첩의 첫 페이지에는 시, 읍, 리의 관인이 찍히며, 소지자의 성명, 나이, 생년월일, 출생지, 서명, 직업, 고용주의 이름이 기재된다(제2조). 모든 고용주는 노동자가 퇴직할 때 그 노동자의 노동자수첩에 노동자 의무 이행 여부, 퇴직일 등을 기재해야 한다(제3조). 노동자는 새 고용주에게 노동자수첩에 채용일을 기재하게 하고, 요구가 있을 때는 고용주에게 수첩을 맡겨야 한다(제4조).

31 *Archives parlementaires*, 2e série, t. 4, 550.

32 소설 《레미제라블》은 이 당시 노동자들의 상황(1815~1832년)을 잘 보여준다. 장발장이 마들렌으로 개명하며 공장주가 되어 팡틴느를 만나는 때는 1823년이다.

33 E. Dolléans et G. Dehove, op. cit., t. I, 156~157. 물론 현재 같으면 봉급을 담보로 제3의 기관을 이용하는 방식, 가령 은행 대출이나 신용카드를 사용할 수 있었겠지만, 당시는 은행업이 오늘날처럼 보편적이지도 못했고 앞에서 본 것처럼 노동자의 신분 역시 현재와 달랐다.

34 *Archives Parlementaires*, première série, tome XXVII, 210~212.

35 《법의 정신》(제3편 제29장)의 〈구빈원에 관하여(des hôpitaux)〉에서 몽테스키외는 "길거리에서 헐벗고 있는 사람에게 약간의 적선을 한다고 결코 국가의 의무를 다한 것이 아니다. 국가는 모든 시민에 대해 생활을 보장하고, 음식, 의류, 그리고 건강을 해치지 않는 생활양식을 제공해야 한다"며 국가의 의무를 명확히 하고 있다.

36 콩도르세는 사회적 불평등을 사회보험과 의무교육제를 통해 점차 감소시켜야 한다고 주장한다(Condorcet, *Esquisse d'un tableau des progrès de l'esprit humain*, Xe époque).

37 보고서 내용은 André de Laubadère, *Traité élémentaire de droit administratif*, t. III, Paris, L.G.D.J., 1966, 338에서 인용했다.

2장. 프랑스 노사 단체의 탄생과 노사 체계의 형성

1 직공들이 견직을 위한 씨줄과 날줄의 길을 놓기 위해 갈대 줄기(canne)를 사용했는데, 여기에서 갈대 줄기를 사용하는 사람이라는 의미로 'canut'라는 말이 만들어졌다.

2 이곳은 1851년에 보부르 거리(Rue Beaubourg)로 흡수된다.

3 작업장을 운영하는 장인들을 통제하기가 원활하지 않자, 장인들을 배제한 채 이전보다 큰 작업장을 운영하게 되면서 직접 직공들을 고용하게 된다. 이것이 수공업 장인 매뉴팩처(manufacture)가 출현하게 된 배경이다. 매뉴팩처는 기계 출현과 함께 기계제 공장, 즉 마시노팩처(machinofacture)로 발전한다. 마르크스는 《자본론》 제1권 14장 〈분업과 매뉴팩처〉에서 이러한 구분을 하면서, 공장은 기계의 발전보다 우선적으로 생산 조직의 변화에 따라 출현했다고 주장한다.

4 1789~1871년 사이에 존재한 군인.

5 "Qu'est-ce qui a provoqué la révolte des Canuts?" http://www.futura-sciences.com/sciences/questions-reponses/epoque-contemporaine-quest-ce-provoque-revolte-canuts-5504/.

6 구체제의 적폐라는 점을 강조하기 위해 상인들은 이 사람들을 동업조합의 '장인'으로 규정했다.

7 https://www.histoire-image.org/etudes/revolte-canuts.

8 프뤼돔므 위원회에 대해서는 이 책 제2부 제3장 〈노사 분쟁과 노동법원〉을 참조.

9 7월 왕정 시기(Monarchie de Juillet, 1830~1848)에 중요하게 활동한 자코뱅 성향의 공화주의 단체. 1830년에 결성됐다가 1832년 6월 다른 공화주의 단체인 인민의 벗이 봉기에 실패한 뒤 소멸하자 뒤이어 발전한다. 20인 이하

로 규정되던 결사에 대한 형법 규정 때문에 3000여 명의 성원이 170여 개 지부로 나뉘어 조직돼 있었다(Antonetti 2002, 718).

10 루이 블랑(Louis Blanc)을 위원장으로 해 현재 상원 건물인 룩셈부르크 궁을 본부로 삼아 설치된 노동 기구.

11 당시 이 문제에 관련된 의회 내 논쟁 과정에서 대해서는 Soubiran-Paillet 1999, 62~70을 참조.

12 1865년에 국제노동자협회(International Working Men's Association)의 프랑스 지부가 설립된다. 이른바 '인터내셔널'이라 불린 이 단체에 속한 노동자들은 주로 대도시 수공업 노동자였지만 영향력은 적지 않았다.

13 명칭은 'Loi du 25 mai 1864 sur les coalitions.' 변호사이자 중도 우파 성향의 공화주의 의원인 에밀 올리비에(Émile Ollivier)가 발의한 법안이다.

14 현행 프랑스 노동법에서 여전히 파업은 노조(집단)의 권리가 아니라 노동자(개인)의 권리다. 즉 노조만이 파업을 진행할 수 있다는 한국의 법률과 달리, 일반적으로 파업은 개인이 주도한다고 간주한다. 그리하여 파업의 책임은 노조가 아니라 노동자 개인에게 있다. 다만 공공 부문의 경우 파업의 주체를 노동조합으로 한정했다. 프랑스의 파업권에 대해서는 조임영(2014)를 참조.

15 프랑스에서 파업이 노동자의 권리로 정식으로 인정받는 계기는 1946년 헌법이다. 그 뒤 1950년 2월 11일법을 통해 "노동자에게 중대한 실수가 없는 한 파업을 이유로 노동 계약을 해지할 수 없다"고 규정한다(Pélissier et al. 2002, 1219).

16 발덱 루소(Pierre Waldeck-Rosseau·1846~1904)는 당시 내무부 장관이다. 이후 1899~1902년에 총리(Président du Conseil des ministres français)를 역임한다. 법률 명칭은 'loi relative à la création des syndicats professionnels du 21 mars 1884'이다.

17 'syndicat'의 어원에 대해서는 그리스어의 '함께'를 의미하는 'sun'과 '소송' 혹은 '재판'을 의미하는 'dike'라는 주장도 있다.

18 dictionnaire Larousse(www.larousse.fr/encyclopedie/divers/syndicalisme/95340); "difinition de syndicalisme" Centre national de ressources textuelles et lexicales(www.cnrtl.fr/definition/syndicalisme)(2017년 8월 18일 검색).

19 이것에 비교하여 영어 'trade-unionism' 역시 노동조합 운동을 뜻하는 말이지만, 프랑스에서는 이중적으로 경제 실리적 노동조합 운동을 뜻하는 말로 사용되기도 한다(Reynaud 1975, 63).

20 1884년부터 노조가 허용됐다고 하지만 노동운동에 대한 탄압이 사라진 것은 아니었다. 권력의 성격에 따라 달라졌다. 특히 1907년부터 내무부 장관 조르주 클레망소(Georges Clemenceau)의 강화된 탄압 정책 때문에 1908년 8월에 그리퓌엘 등 모든 중앙위원회 성원이 구금되기도 했다(Mouriaux 1982, 42).

21 쥘 게드(Jules Guesde·1845~1922)는 프랑스의 대표적인 마르크스주의자이다. 정당의 지도를 받는 노동조합 운동을 핵심 조직 노선으로 했다. 1880년 카를 마르크스와 마르크스의 사위인 폴 라파르그와 함께 프랑스노동당(POF) 강령을 작성하기도 했다.

22 '노동거래소'로 번역되기도 한다. 하지만 매매가 진행되는 공공 행정 기관이기보다는 지방정부가 노동자와 노조에 장소를 제공하고 노동자와 노조가 중심이 되어 운영되는 공간이었다.

23 당시 게드주의자들이 정당 활동을 강조하면서 게드주의자와 나머지 분파들이 대립했다. 게드주의자들은 같은 해인 1895년 전국 노조 연맹과 별도로 트루아(Troyes)에서 자기 세력들만의 대회를 연다. 트루아 대회는 300여개의 노조가 모이고 리모주 대회는 1662개의 노조가 모였다(오광호 1989, 294).

24 프랑스에서 여성에게 투표권이 주어진 계기는 1944년 4월 21일법이다.

25 CGT 노조대표자대회는 1923년까지 1노조 1표 원칙을 지니고 있다가 이후 비례대표에 의한 대의원 제도를 도입한다(Mouriaux 1982, 23).

26 자율기관사총연맹(Fédération générale autonome des agents de conduite)의 약자.

27 소련의 사주, 공산당의 지령 등의 국제적, 정치적 상황을 앞세워 국내 노동조합 운동 내부의 상황을 간과하거나 무시하는 분석 또한 경계할 필요가 있다.

28 당원 수는 SFIC가 12만 명으로 SFIO의 4만 명보다 3배나 많았다.

29 모나트는 CSR 활동을 주도했지만, 1921년의 분리에도 불구하고 CGT에 잔존한다. 자기가 속한 노조의 다수가 CGT에 머물렀기 때문이다. 그 뒤 1930년대 CGTU-CGT 통합 때 내부에서 기여한다(Mouriaux 1982, 64).

30 다수와 소수의 관계를 보면, 1919년 리옹 대회에서는 다수 77.6퍼센트 대 소수 15.3퍼센트의 대립이 1921년 릴 대회에서는 다수 53.1퍼센트 대 소수 43.9퍼센트로 소수파의 세력이 지속적으로 성장했다(Mouriaux 1982, 60).

31 명칭과 관련하여 애초에 소수파는 CGT에 '혁명적(Révolutionnaire)'이라는 수사를 붙여 CGTR로 명명하려 했지만, 1921년 말 노조가 분열의 책임을 놓고 다툴 때 새로운 연맹이 분열을 거부하는 의지를 분명히 하고자 형용사 '통합의(Unitaire)'를 채택해 CGTU가 됐다(Mouriaux 1982, 65). 'unitaire'라는 형용사는 그 뒤에도 프랑스 노조들의 명칭에 잔영을 남긴다.

32 대표적 사례가 1934년 2월 12일 시위다. 각자 다른 장소에서 출발한 CGT와 CGTU 시위대가 만난 파리 나시옹 광장에서 시위대는 편을 떠나 "행동 통일(Unité d'action)! 행동 통일!"을 외치며 통합의 요구를 높였다(Mouriaux 1982, 70).

33 선거 결과는 376명의 당선 의원 중 사회당 147명, 공산당 72명, 급진당과 기타 좌파 157명이었다. 레옹 블룸은 CGT에 장관을 제안했지만, 노조는 이 제안을 거절하고 40시간 노동제를 포함한 4대 요구를 역제안했다. 그러면서 전국적인 파업의 물결이 높아진다.

34 이렇게 전쟁을 앞두고 또다시 연맹파와 구통합파 사이의 대립이 사실상 분리까지 치달도록 또다시 고조됐지만, 이후 1941년 말 소련과 미국의 반파시즘 공조가 형성되고 연맹파도 저항 운동에 참여하게 되면서 연맹파와 구통합파는 다시 연합하게 된다. 1942년 9월 구통합파의 브누아 프라숑은 사람을 보내 레옹 주오와 연락하면서 결국 1939년 이전의 CGT를 다시 재건하기로 합의한다(Mouriaux 1982, 86).

35 노조 내 적폐청산위원회인 Cappocci-Jayat 위원회는 300명의 노조 활동가를 친독 혐의로 징계한다.

36 몰로토프(Viatcheslav Molotov)는 소련의 외무부 장관이었다. 화염병의 다른 이름 몰로토프 칵테일의 주인공이기도 하다.

37 미국노동총연맹(AFL-CIO)에서 CGT 소수파를 겨냥한 지원금이 이체됐다고 CGT가 확인했으며, 그때 유럽과 아프리카에서 공산주의 확산 반대 활동에 영향을 미친 미국노동총연맹의 어빙 브라운(Irving Brown)은 이후 CIA 요원이었음이 밝혀진다(*Le Monde* 9, 11, 12 mai 1967; Mouriaux 1982, 95). 무리오는 당시 이 지원금의 출처가 CIA인지에 대해서는 논의가 필요하다고 이야기한다(Mouriaux 1982, 95).

38 Jean-Jacques Becker. "1947: de la grève à l'émeute". *Le Monde* du dimanche. 13 juillet 1980. 15(Mouriaux 1982, 94 재인용).

39 선언문의 제목은 '프랑스 노조 운동의 원칙(Principes du syndicalisme français)'이었다. 여기에는 CGT 9명(공산주의 계열 5명,비공산주의 4명)과 CFTC의 Juels Zornheld Gaston Tessier, Maurice Bouladoux가 참여했다.

40 Mouvement républicain populaire. 1944년 11월 기독교민주당 성향의 알자스-로렌 지방 출신 정치인들이 중심이 되어 설립한 정당.

41 물론 간부·관리직 노조는 프랑스만의 특수성은 아니다. 독일(ULA-Deutscher Führungskräfteverband), 영국(MPA-Managerial and Professional Staff Association) 등 다수의 유럽 국가에는 간부·관리직 노조가 존재하며, 유럽 차원에서는 CEC European Managers로, 전세계 차원에서는 CIC International Confederation of Managers로 조직되어 있다.

42 가령 1932년 가족수당 가입 의무화는 사용자들의 개별적 주도로 진행됐다. 흔히 온정주의(paternalisme)라는 비판을 받는다.

43 2016년 7월에 중소기업연맹(Confédération des petites et moyennes entreprises, CPME)로 개칭한다.

3장. 프랑스는 왜 단체협약 적용률이 높은가

1 이 부분은 〈프랑스에서는 왜 단체협약적용률이 높은가?〉, 《국제지역연구》, 제17권 제4호의 내용을 단행본 출판의 취지에 맞게 소폭 수정한 것이다.

2 취업규칙이나 노동 계약에 대해 단체협약이 갖는 규범적 효력의 법적 근거에 대해서는 각 나라마다 혹은 각 나라 안에서도 다양한 견해들이 대립되기도 한다. 이 문제는 강선희 2010을 참조.

3 이 그림은 2005년 김유선의 책이 출판되기 이전부터 여러 발표문에서 사용됐으며, 많은 자료에서 인용됐다.

4 원문은 'Estimates based on the assumption that about 20% of workers in bargaining units are not union members'임.

5 다만 한쪽에서는 노동자 300명 이상 기업에서는 과반수가 적용을 받고 있으며, 10~100명 규모 기업에서는 5퍼센트 미만이며, 10인 미만의 기업에서는 노조 가입이나 단체협약 적용이 거의 존재하지 않는다고 밝히기도 한다 (Lee and Lee 1999). 또한 다른 OECD 문헌에서는 협약 적용률에 대한 행정 통계나 구체적인 조사가 없고 단지 단체 계약(collective contract)이 적용되는 노동자의 몫을 추정할 수 있을 뿐이라고 지적하며, 일본이나 미국과 유사하게 노조 조직률보다 낮아 보인다고 추정할 뿐이다(OECD 2000, 53). 한편 단체협약의 직접 적용률은 약 12 퍼센트로 볼 수 있지만, 취업규칙을 통한 간접 적용 관계를 반영하면 30퍼센트에 이를 것이라 추정하는 경우도 있다(박지순 외 2010). 이렇게 정확한 협약 적용률에 대한 통계가 부재한 원인은 현재 한국에서 협약이 체결되면 협약문만을 고용노동부에 보고할 뿐 협약 적용에 대한 정확한 집계 절차나 통계가 없는 상황에 기인한다.

6 이탈리아의 경우 30퍼센트대의 노조 조직률에도 불구하고 80퍼센트 수준의 높은 협약 적용률을 보이는 이유를 사업장 교섭에서 노동자 측 교섭 당사자가 노조가 아닌 고충처리위원 기관으로 설정되어 있어 단체협약이 조합원 여부에 상관없이 모든 종업원에게 적용되는 제도에서 찾고 있다. 각국의 협약 적용 확장 제도에 관련해서는 조용만·박지순(2006)을 참조.

7 하지만 이러한 적용이 '정규직/비정규직'이라는 구분 앞에서는 그 확장을 멈추는 경우가 많다.

8 가령 프랑스나 스페인의 경우 지역 단위 효력 확장은 주로 직업의 성격상 하나의 특정 산별에 가입하기가 모호한 직업이나, 산별 협약이 아직 만들어지지 않은 신종 직업에 대해 보충하는 성격을 갖는다(Poisson 2009, 101).

9 현재 프랑스의 구체적인 경제 활동 분야별 협약 적용 실태는 5장에서 다룬다.

10 일반적으로 '그르넬 협약'이라 칭하기도 하지만, 엄밀한 의미에서 협약이라는 명칭은 논란의 여지가 있다. 왜냐하면 최저임금 35퍼센트 인상, 실질임금 10퍼센트 인상, 기업 내 노조 지부 설립 등 교섭 내용에 대해 노조들이 반대하며 파업을 지속하여 협약을 맺지 못했기 때문이다. 다만 논의 내용을 정부가 차후에 입법화함으로써 그 내용이 실현된다. 당시 노조의 반대에 대해서는 신동규(2013)을 참조.

11 스페인의 단체협약 적용에 관련해서는 조용만·박지순 2006, 103~109를 참조.

12 한국에서 일반적으로 '확장'과 '확대'라는 단어는 혼용해서 사용된다. 다만 이 글에서는 '협약 범위 내 확장'과 '협약 범위 외 확대'를 구분하기 위해서 이 단어를 구분해서 사용하기로 한다. 또한 일반적으로 프랑스에서는 사업장이나 기업 수준에서는 사용자가 협약 체결에 서명했다면 조합원 여부를 불문하고 모든 노동자에게 적용되기 때문에 사업장 단위의 효력 확장 제도는 별도로 두지 않고 있다.

13 즉 최소 5년 이상 협약이 공백 상태라면 노사 단체의 부재나 해태의 경우로 보고 확대 절차에 따른다(L.2261-18).

14 효력 확장·확대는 노사 각 진영에서 2인 이상의 반대가 없을 때 노동부 장관이 효력 확장·확대를 결정할 수 있지만, 반대가 있더라도 그 이유를 명시하며 확장·확대를 결정할 수 있다(L.2261-27). 결국 효력 확장·확대에 관련해서는 제도적으로 정부(노동부 장관)의 의사가 노사 단체의 의사보다 우월하다고 볼 수 있다.

15 *JORF(Journal officiel de la République française)*, 28 mars 1919, 3181~3183.

16 특히 전쟁 중 정부의 개입은 여러 방면으로 확대됐고, 계약의 자유를 고수하던 노사는 전쟁이 가져온 경제적 어려움 때문에 정부 개입에 대해 더욱 수용적인 태도를 갖게 되면서 1919년예법 도입에 우호적인 환경이 조성됐다고 볼 수 있다.

17 물론 이 결정으로 '산별이냐 직능이냐'는 논의가 정리되지는 않았다. 이러한 대립은 주창자들의 이념적 성향과 결부되면서 또 다른 대립으로 성장하고 전화하지만, 적어도 노조 조직 수준에서 큰 전환점이 된 것은 분명했다.

18 통합 당시 9000여 명이던 연맹 조합원은 불과 3년 후인 1910년 상반기에 8만 7000여 명으로 무려 10배 이상 증가했다(J. Nicolet, "Notre Fédération", *Travailleur du Bâtiment*, N. 5bis, 1907[이용재 2000, 126에서 재인용]).

19 최초의 기업 협약은 1955년 르노자동차 협약으로 알려져 있다.

20 법의 정식 명칭은 'loi n°71-561 du 13 juillet 1971 Modifiant certaines dispositions du chapitre IV-bis du titre II du livre I du code du travail relatives aux conventions collectives de travail, ainsi que certaines dispositions du titre II de la loi 50205 du 11-02-1950 relatives à la procédure de médiation'이다.

21 2004년 5월 4일법은 유리 조항 우선 원칙은 상위 협약에서 명시한 경우에만 그 하위 협약에 적용된다고 이 원칙의 적용 범위를 규율했다(L.2252-1).

22 당시 르 샤플리에 법(1791년 6월 14일법) 제2조에 따르면, "동일한 신분 혹은 직업에 있는 시민, 기업가, 상점 운영자, 노동자, 모든 기술을 지닌 직공은 자기들끼리 모였을 때 대표, 사무장, 관리자를 둘 수 없고, 자기들이 간주하는 공동 이익을 위해 규정을 두거나, 표결 또는 결산할 수 없으며, 기록할 수 없다"고 규정하고 있다.

23 당시는 임금보다는 노무 요금이라 불렸다(Fournier 2000, 15).

24 그렇다고 사용자단체가 없었던 것은 아니다. 르 샤플리에 법은 이후 치안 정책과 연계되면서 주로 노동 단체를 겨냥하여 적용된다. 1925년 리옹섬유생산자모임, 1840년 금속사용자위원회(Comité des intérêts métallurgique) 등이 존재했지만, 정부의 요구에 따라 전국적인 사용자 단체인 CNPF가 결성된 것은 1945년이고, 중소기업총연합(CGPME)이 결성된 것은 1944년이었다.

25 가령 법이 시행되고 10년이 지난 1893년에도 파리 노동회관(Bourse du Travail de Paris)에는 270개의 노조 중 150개만이 등록했다(Brécy 1963, 5).

26 이 당시 노조의 지위와 관련하여 노조에 단체협약 체결 독점권이 주어진 것은 1950년 2월 11일법으로, 그 이전에는 심지어 노동자 집단에 의해 체결된 단체협약에 대해 체결 이후 결성된 노조는 해당 단체협약에 대한 소송권이 없다는 판결도 나올 만큼 노조가 아닌 다른 단체라도 권한을 지녔으면 법은 유사하게 취급했다.

27 *JORF*, 26 juin 1936, p. 6698-6699.

28 확장 가능한 일반 협약의 의무 사항에 대해서는 표 2를 참조.

29 프랑스의 단체협약 적용률 통계 대상에서 농업 분야 노동자는 제외되는데, 규모는 30만 명으로 추산된다.

30 산별(branche)의 범위는 노사 협의를 통해 결정되며, 정부가 이 내용을 확인한다(Dufresne et Maggi-Germain 2012, 7).

31 이것은 해당 산별에서 가장 범위가 넓은 협약으로, 해당 산별의 기본 협약을 의미한다.

32 보험이나 호텔-레스토랑 부문에서 과거에는 전국 일반 산별협약이 없이 지역 일반 산업협약으로 분산되어 있었지만 현재는 전국 일반 산별협약을 체결하는 것에서 보듯이, 점차 전국 일반 산별협약을 체결하는 경향을 보인다고 할 수 있다.

33 IDCC와 CRIS 목록은 www.travail.gouv.fr/IDCC에서 찾아볼 수 있다.

34 이 개념은 지금도 그 원리의 법적 수위(헌법적 권리인가 법적 개념인가 등)와 분쟁 해결 원리로서 구체적인 적용과 관련하여 많은 법적 논쟁을 불러일으키고 있다(Bocquillon 2001). 하지만 이러한 원리가 실제 협약을 적용하는 데에서 노사에 하나의 중요한 원리로 작동한 것은 분명하다.

35 이 연구는 단체협약 제도의 역사적 발전 과정을 살펴보는 과정에서 당시 노동시장의 상황 변화와의 관계를 다루지 못한 아쉬움을 지니고 있다. 하지만 이러한 한계 때문에 설명이 부족할 수는 있지만 제도를 중심으로 살펴본 연구 결과에 영향을 미치지는 않는다.

4장. 노사 단체의 대표성 제도와 복수 노조 제도

1 이때 '과반수'는 출석(혹은 투표) 인원의 과반수가 아니라 재적 조합원의 과반수이다(1993. 10.,노사 68140; 2001. 05. 21, 협력 68107-240).

2 이 장 1, 2, 5절의 내용은 《진보평론》 제47호에 실린 〈프랑스 복수노조제도의 특징과 시사점〉의 198~201쪽과 205~211쪽의 내용을 수정하고 보완한 것이다.

3 프랑스에서 한 자리의 낮은 노조 조직률을 가지면서도 90퍼센트 이상의 협약 확대율을 보이는 까닭은 바로 이러한 제도에 깊이 연관된다. 구체적인 내용은 이 책 제3장에 서술했다.

4 실업보험 제도와 사회보장 제도, 보충적 퇴직 제도, 직업훈련 재정 마련 기관의 운영에 참여하며, 노조 대표 교육을 위한 지역 단체와 국가의 재정 보조를 받을 수 있는 권한을 갖는다. 기업 차원에서는 노조대표위원을 임명할 수 있는 권한을 가지며, 노사 기구 선출직 선거 1차 투표에 후보를 우선 출마시킬 수 있는 권한을 갖고 있다.

5   이것은 노조의 '제도화(institutionnalisation)'로 지적된다(Adam 1983, 178). 즉 노조가 조합원에 기반을 두지 않고, 특히 재정 면에서 조합원의 회비로 운영되는 것이 아니라, 국가 혹은 기업 외부의 지원을 통해 관료 중심으로 활동하게 됨에 따라 노조가 조합원의 이해와 요구에서 분리되는 경향을 나타낸다.

6   '기업위원회'라고 번역되기도 한다. 처음에는 상시 노동자 100명 이상의 기업에서 의무로 실시되다가 1946년 5월부터 50인 이상의 기업으로 확대됐다.

7   고충처리위원제는 10명 이상의 기업에서 설치가 의무다.

8   1920년 12월 투르(Tours) 대의원대회에서 SFIO가 국제공산주의연맹에 가입하기로 결정하면서 다수 세력이 국제공산주의프랑스지부(Section française de l'internationale communiste, SFIC)로 전환하자, 소수는 탈퇴하여 SFIO를 고수하면서 공산주의자와 사회주의자가 분리된다. 정치적 분리는 CGT와 CGTU의 노조 분리를 초래하여 재통합하는 1936년까지 분열한다.

9   1945년 총선 이후 공산당, 사회당과 함께 임시 정부를 구성한 중도, 기독민주 성향의 정당. 1945년부터 51년간 피에르 신부(Abbé Pierre)가 이 당의 하원의원을 지냈다.

10 프랑스의 파업권에 대해서는 조임영(2014)를 참조.

11 노동법(Code de travail). 현행 기준은 2008년 8월 20일법에 의한 것이다.

12 Cass.soc., 29 février 2012, n°11-13. 748.

13 Cass.soc., 8 juillet 2009, n°08-60. 599.

14 한국의 노사협의회에 해당하는 기업과 사업장 내부 협의·자문 기관으로, 예전에 별도로 노사협의회(CE)와 고충처리위원(DP), CHSCT가 2018년 1월 1일부터 통합되어 경제사회협의회(comité économique et social)로 운영됐다. 구체적인 내용은 제2부 제1장을 참조.

15 다만 범주별 노조(가령 CGC)는 동일 범주를 대상으로 획득되는 결과를 바탕으로 지지도를 측정한다. 또한 두 개 이상 노조의 공동 후보일 경우에 득표율 분배는 후보 명단 제출 때 관련 노조들이 명시한 것을 기준으로 하되, 구체적인 명시가 없을 때에는 참여 노조들에 획득한 득표율을 동등하게 분배한다.

16 특히 연간 수입이 23만 유로(약 3억 4500만 원) 이상인 노조는 회계사의 증명 이후 이 내용을 발표해야 한다.

17 Rapport annuel 2002 de la Cour de cassation.

18 공무원 부문에서 노조 대표성의 측정은 민간 부문과 다르다. 1996년 이전에는 5개의 전 산업 수준의 대표 노조와 교원 분야의 거대 노조인 FEN이 대표성을 인정받아 반박 불가한 추정 원리로 인정받았다. 이후 1996년 알랭 쥐페 정부는 공무원 전문협의회(Comité technique) 노동자대표 선거에서 3퍼센트 이상을 획득한 노조에 대표성을 부여하는 정책을 제시하여 FEN이 전화된 FSU, 그리고 UNSA, Solidaires가 각각 대표성을 인정받아 현재 8개의 대표 노조가 존재한다(공무원 분야에 대한 구체적인 내용은 이승욱 외(2007)의 프랑스 편 참조). 이것에 비교하여 공무원 분야에서 공무원 노조는 교섭권은 가지지만 협약 체결권은 없다. 교섭 때 노사 간의 합의는 협약으로서 법적 효력은 지니지 않지만, 정부는 합의 내용을 토대로 입법 등 수단을 통해 그 내용을 시행하게 된다. 이때 합의는 대표 노조 비중률 50퍼센트 이상을 획득한 노조(들)의 서명으로 성립한다.

19 다만 2013년 이전에는 전 산업 교섭에서 '다수'는 지지율의 합이 아닌 노조 수(즉 3개 이상의 대표 노조)를 의미했다. 또한 2017년 1월 1일 이래로 기업이나 사업장에서 노동 시간, 휴식, 휴가에 관련된 단체협약은 50퍼센트의 지지가 필요한 절대 다수 합의 사안이다. 만약 50퍼센트 지지를 충족시키지 못하고 30퍼센트 이상의 지지를 획득했을 때 지지 노조는 협약 유효성 인정을 위한 종업원 투표를 요구할 수 있다.

20 다만 2019년 8월 21일까지 노동 시간, 휴식, 휴가 이외의 의제에 한해 전 산업·산업 원칙을 적용함.

21 2009년 이후 노동법원 위원 선출 선거는 폐지됨. 이 책 제2부 제3장 〈노사 분쟁과 노동법원〉을 참조.

22 '자주성'으로 번역되기도 한다.

23 1979년 5월 25일 치과의사연합의 제기에 대해 국사원 결정(CE, Fédération des chirurgiens dentiste, 25 mai 1979, n° 09687).

24 CGPME·MEDEF·UPA, "Representativité patronale, Position commune de la CGPME, du MEDEF et de l'UPA", 2013년 6월 13일.

25 "Un accord est trouvé sur la représnetativité patronale," *La tribune*, 2016년 5월 2일.

26 그리하여 거부권에서는 노동자의 수가 기준이 됐다. 콩브르셀 보고서에서는 가입 기업들의 매출액 규모도 고려해야 한다고 주장했지만, 이것은 수용되지 않았다.

27 http://medefparis.fr/nos-actions/vous-aider.

28 가령 1997년에는 79퍼센트, 2002년에는 73.4퍼센트, 2008년에는 68.5퍼센트의 불참률을 기록했다.

29 전국독립소기업인연합(Coordination Nationale Des Indépendants).

30 한국도 유사하게 '공정 대표 의무'(노동법 제29조의 4)라고 해서 "교섭 대표 노조와 사용자는 교섭 창구 단일화 절차에 참여한 노조 또는 그 조합원 간에 합리적 이유 없이 차별할 수 없다"는 규정을 두고 있지만, 이것이 사용자의 부당한 개입을 대상으로 한다는 구체적인 명시는 찾아볼 수 없다.

31 이 원칙이 협약 간의 갈등 때에만 적용되는 원칙인가 아니면 교섭 자체를 규제하는 원칙인가에 대한 논란이 있다(Mazeaud 2006, 226).

32 위임 제도는 기업 내 노동자 대표가 존재하지 않는 경우 해당 산별의 대표적 노조가 해당 기업 노동자에게 교섭 권한을 위임할 수 있게 한 제도이다. '위임 제도'에 대한 구체적인 설명은 박제성(2008)을 참조.

33 〈'김쌍수식 무한경쟁' 한전 내부서 반기 들었다〉, 〈노동부의 석연찮은 제2노조 설립 불허〉, 《한겨레》, 2011년 1월 26일.

2부. 사회적 대화 제도의 발전 — 입법, 행정, 교섭, 자문, 지역

1장. 노동이사, 노사 협의 기구, 노조 전임자

1 고용 안전에 관한 2013년 6월 14일 법률(loi n° 2013-504 du 14 juin 2013 relative à la sécurisation de l'emploi).

2 이영수·손영우·김상철 2017, 69~71을 수정 인용함.

3 https://www.legifrance.gouv.fr/affichTexte.do?cidTexte=JORFTEXT000000320196. 그 시행령은 '공공 부문의 민주화에 관한 법률 시행을 위한 1983년 12월 26일 시행령(Décret n°83-1160 du 26 décembre 1983 portant application de la loi 675 du 26 juillet 1983 relative à la démocratisation du secteur public)'이다.

4 시행령은 'RATP 공공부문 민주화법에 관한 법률 시행을 위한 1984년 4월 13일 시행령(Décret n°84-276 du 13 avril 1984 relatif à l'application de la loi de démocratisation du secteur public à la Régie autonome des transports parisiens)'이다.

5 전임 대표가 사퇴하거나 임기가 종료하면 임시 이사회가 소집되어 새로운 대표를 추천하고, 이 사람에 대해 상하원의 해당 상임위원회에서 투표를 통해 결정하면 경제·교통부 장관령으로 임명하게 된다(RATP 2016, 40).

6 http://www.ratp.fr/fr/ratp/r_6150/structure-et-gouvernance.

7 Décret n°84-276 du 13 avril 1984 relatif à l'application de la loi de démocratisation du secteur public à la Régie autonome des transports parisiens.

8 2013년 처음 의무제가 시행될 당시에는 규모 5000명의 프랑스 기업, 1만 명의 다국적 기업이던 것이 2015년 8월 7일 렙사멘(Rebsamen) 법에 따라 수정됐다.

9 이 내용은 이성희·김정한·조성재·손영우·권현지 2011, 281~283의 내용을 토대로 작성됐다. 프랑스철도공사와 프랑스 르노사의 구체적인 노사 협의 기구 운영과 타임오프 제도에 대해서도 앞의 책에 실린 〈외국의 근로시간 면제제도〉 부분을 참조할 수 있다.

10 이 밖에 산별 노조나 전국 노조 연맹에서 법률, 통계 등의 전문 업무와 안내, 출판, 인쇄, 경호, 각종 행정 업무를 위해 노조와 계약 관계가 있는 노동자가 있을 수 있지만, 이 사람들을 노조 전임자라고 부르지 않는다. 또한 전임자에는 기업 임금 지급 전임자와 노조 임금 지급 전임자로 구분할 수 있다. 여기선 편의상 전자를 '유급', 후자를 '무급'으로 지칭한다. 이 글에서는 별도로 '무급'이라 칭하지 않는 한 모두 기업에서 월급을 받는 유급 전임자를 의미한다.

11 프랑스에서 교섭은 '일반협약(convention)'이나 '특별협약(accord)'를 통해 진행된다. 일반협약은 노동법을 근거로 해당 산별의 특성에 따른 노사 간 단체 관계의 총체를 규정한 것이라면, 특별협약은 부분적이고 특정한 사안에 대한 노사 간의 동의 사항을 나타낸다.

12 Décret n°82-447 du 28 mai 1982 relatif à l'exercice du droit syndical dans la fonction publique. 이 시행령은 상공업 성격을 지니지 않는 행정부나 정부 기관에 종사하는 자의 노조권 실행 조건을 규정한 것이다(제1조).

13 민간 기업의 '노사협의회'에 해당하는 '기술동수위원회'의 위원 선거에서 노조의 득표율에 따라 분배한다.

14 민간 기업의 중앙노사협의회에 해당하는 중앙공무원협의회라고 할 수 있다. 공무원 대표와 행정부 대표의 동수로 구성되는 이곳은 공직 신분 변화에 관련한 모든 법과 시행령에 대한 검토와 의견 제출의 권한을 가지고 있다.

15 여기에서 피고용인 수는 중앙 정부 부처 혹은 외부 기관, 그리고 부처의 통제하에 있는 공공 기관에서 일하는 공무원과 비공무원의 수를 모두 포함한다.

16 수당과 관련하여 2005년 12월 27일 장관 보고에 따르면, 수당의 명목이 사전에 계약된(forfaitaire) 성격의 것이나 해당 공무원의 지위나 직업 능력에 종속된 것일 때는 유지하지만, 직무 활동의 행사에 연관된 수당은 지급하지 않는다(동 회람 Cir.).

17 "Statut des relations collectives entre la SNCF et son personnel," 2009년 4월 24일 수정판. 프랑스철도공사와 철도산별에는 계약 관계 전반을 규정한 일반협약이 없다. 과거 협정 마련을 위한 교섭을 진행하고 기업 측에서는 내용을 제안한 바 있지만, 노조에서 서명하지 않은 결과이다. 다만 공기업의 경우 일반협약과 특별협약은 노사 간의 협상 타결뿐만 아니라 별도로 관련 정부 부처의 승인이 필수인데, 기업이 제안한 내용을 교통부와 공직부에서 승인한 기업 방침(directive)이 일반협약과 유사한 용도로 사용되고 있다. 기업 인사 담당자에 따르면, 노조는 일반협약을 갖기보다는 시기별마다 특정한 내용에 대한 특별협약의 축적을 통해 자기의 권리를 확대하려 한다. 1982년에 최초로 만들어진 기업 방침이 10번째의 수정을 거쳐 현재에 이르고 있다.

18 노사협의회가 전국적으로 27개로 나뉜 사업장 단위로 만들어져 있다. 사업장은 프랑스의 가장 넓은 행정 구역 단위인 광역도마다 1개씩 존재하여 23개에, 범주별로 15개의 중앙 기구를 묶어서 3개, 마지막으로 화물 부문 1개를 추가하여 27개의 사업장이 만들어진다.

19 프랑스철도공사 종사자는 두 그룹으로 구분된다. 그것은 공무원과 유사한 지위를 지닌 상용 노동자(personnel à statut)와 민간 기업 노동자와 유사한 지위를 지닌 계약 노동자(personnel contractuel)로, 각각 별도의 계약 방침을 가지고 있다. 상용 노동자가 약 15만 명이고 계약 노동자는 약 7000명으로, 상용 노동자가 대다수를 차지하고 있다. 이 글에서는 대다수를 차지하고 있는 상용 노동자에 대한 방침을 중심으로 서술한다.

20 인사부 담당자에 의하면 노조 대표성을 재규정한 2008년 법 이후 일부 노조가 대표성을 잃어버리면서, 전임자 수가 173명에서 159명으로 약간 축소됐다고 한다. 이렇게 노조마다 보유할 수 있는 전임자 수를 규정하는 법칙이 있기 때문에 유급 전임자 배분을 둘러싼 노노 갈등은 없다고 한다.

21 인사부 담당자에 따르면, 이러한 최소 근속 연수에 대한 규정은 없지만 노조에서 알아서 너무 젊은 사람보다는 업무 전반을 파악하고 수행을 원활히 할 수 있는 경력자를 선임한다고 한다.

22 예를 들면 노조 전임 활동 이전에 기관사로서 주말에 근무하면서 주말 근로수당을 받은 사람은 노조 전임 활동 중 주말에 근무하지 않는다고 해도 이 수당을 계속 제공받는다고 인사부 담당자는 말한다. 이러한 보상 제도는 2002년에 마련된 것으로, 수당이 통상 임금의 10퍼센트 정도까지 될 수 있는 상황에서 수당이 보전되지 않으면 노조 전임자를 찾기 어렵다고 주장하여 마련됐다고 한다.

23 시위 참가 중 사고를 당하더라도 그것이 노조 활동 중 일부라면 산업 재해로 판단한다. 물론 이 판단은 산재보험위원회에서 내린다.

24 그렇다면 유급 전임자로는 전국 노조에 파견할 수 없느냐는 의문을 품을 수 있는데, CGT 노조 담당자에 따르면 당시 CGT 전국중앙노조 사무총장인 베르나르 티보(Bernard Thibault)는 CGT에 배정된 프랑스철도공사의 유급 전임자 중 1명으로 전국 노조에 파견되어 있다고 한다. 즉 위의 전국 단체 파견 규정은 추가 규정인 셈이다.

25 이 연구는 르노그룹 내 삼성(한국), 닥시아(루마니아) 혹은 다른 자회사를 제외한 프랑스 르노(Renault s.a.s.)만을 대상으로 한다.

26 'Accord du 23 juin 2000 sur la représentation du personnel et la concertation sociale chez Renault' 이후 교섭을

통해 일부 조항이 변경됐을 수 있지만, 모든 확인이 어려운 이유로 본 협약을 토대로 작성했다. 다만 면담을 통해 알려진 부분은 표시와 함께 추가했다.

27 르노는 600명, 프랑스철도는 575명의 완전 전임 활동가가 존재한다는 설도 있었지만, 인터뷰 담당자들은 이런 소문을 일축했다. 르노 CGT 담당자는 "르노의 모든 전임자와 노동자 기구 대표들을 합치면 위의 수에 이른다"면서 이 수치를 혼동한 것이 아니냐고 되물었다.

28 또한 2000년 6월 23일 협약은 산별 노조의 활동에 기여하기 위한 목적으로 1999년 직업선거에서 유효표의 5퍼센트 이상을 획득한 대표적 금속산별에 각각 2001년부터 3년간 매년 60만 프랑(약 1억 4000만 원)을 보조한다는 협약을 맺기도 했다(Accord 23 juin 2000, annexe 2). "이러한 기업의 재정 지원으로 노조의 독립성이 훼손될 수 있지 않은가"라는 질문에 대해, 르노 노조 측은 "만약 기업이 한 노조에 배타적으로 재정을 지원한다면 노조 독립성을 훼손할 수 있겠지만, 전체 대표 노조에 합당한 기준으로 재정을 지원한다면 독립성이 훼손되지 않는다"고 답했다.

29 현재 르노에서 기업 차원의 대표 노조는 CGT, CFDT, CFE-CGC, FO, CFTC 등 5개이다.

30 인사부 담당자와 CGT 노조 간부에 따르면, 공기업이거나 최근 민영화된 파리교통공사(RATP), 프랑스항공(Air France), 프랑스전기(EDF), 프랑스가스(GDF), 프랑스우편(La Poste)과 공무원의 전임자 규모는 이것과 유사하다고 한다.

31 노동자 인원수에 대한 규정은 L1111-2,3에 따라, 종일 근무 무기 계약직을 1인으로 규정하고, 계약직, 임시직, 파견 노동자, 파트타임 노동자는 노동 시간에 비례하여 규정한다. 예를 들면 3개월 기간제 계약 노동자 2명, 2달 임시 노동자, 2달의 파견 노동자가 있다면, 6+2+4/12=1인이다. 다만 육아휴직 등에 따른 계약 중단이나 부재에 대체하는 인력과 견습생은 인원 계산에서 제외한다. 이 계산은 사업장 단위로 하고, 여러 사업장을 가진 기업은 그중 한 사업장의 인원이 기준을 초과할 때 위원을 두어야 한다. 하지만 판례에 따르면 하나의 사업장에서 노사협의회나 고충처리위원 선거를 위한 최소 기준을 넘지 못할 때 노사협의회나 고충처리위원에 의해 옹호될 권리를 보장하기 위해 그 사업장을 인원수가 가장 많은 다른 사업장과 병합할 수 있다(Cass. Soc. n°88-60478 du 28/02/89). 여기에서 상시 노동자의 수는 지난 3년 간 중 지속적으로 혹은 단절적으로 12달 동안 50인 이상이었으면 50인 이상으로 간주한다(L2143-3 §3). 이하 규모 관련 인원은 모두 상시 노동자를 의미한다.

32 50인 미만의 사업장의 경우, 대표 노조들은 고충처리위원을 그 임기 동안 노조대표위원으로 임명할 수 있다. 이 때 별도 협약이 없다면, 노조대표위원 활동을 위한 추가 전임 시간은 없다. 다만 고충처리위원 활동을 위해 제공된 전임 시간을 노조대표위원 활동을 위해 사용할 수 있다(L2143-6).

33 직업선거(élection professionnelle)란 노사협의회 대표위원 선거를 의미하며, 이 선거가 없는 기업(50인 미만의 기업의 경우)에서는 고충처리위원 선거가 이것을 대신한다. 참고로 산별과 전국 수준의 대표성을 획득하기 위해서는 직업선거에서 8퍼센트 이상의 득표를 하여야 한다.

34 이 근속 연수는 신생 사업장의 경우 단축될 수 있다.

35 법으로 정한 최소 인원 규정으로 산별 혹은 기업별로 노사협약을 통해 적정한 수와 전임 시간을 정하고 있다. 각 기업에서 어떻게 차이가 나는지는 뒤에서 살펴보도록 한다. 인원은 노조별 선임 가능 인원으로, 가령 5개 대표노조가 있는 50인 규모 사업자에서는 5명의 노조 대표가 존재할 수 있고 전체 전임 시간은 50시간이 된다.

36 직업선거는 노동자의 지위에 따라 생산직(ouvriers), 사무직(employés), 간부직(cadres)의 3가지 범주로 나뉘어 진행된다.

37 기업 특성에 따라 다양한 노사 기구가 존재하지만, 이 글에서는 법령으로 규정한 3가지 주요 노사 기구를 중심으로 살펴본다.

38 ordonnance n°2017-1386 du 22 septembre 2017 relative à la nouvelle organisation du dialogue social et économique dans l'entreprise et favorisant l'exercice et la valorisation des responsabilités syndicales.

39 comité d'entreprise(CE). '기업위원회'로 번역하기도 한다.

40 CE, DP, CHSCT에 관한 노동법 조항은 2017년 8월 이전의 노동법 조항이다.

41 30인 이상 사업장에서 설치가 의무인 한국의 노사협의회는 노사 각각 3인에서 10인의 위원 규모를 가진 노사 동수로 구성되는 것(근참법 제6조 제1항)에 반해, 프랑스의 경우는 노동자 대표들과 사용자 혹은 사용자가 지명한

자로 구성되는 것이 일반적이다. 또한 선출 방법 역시 한국에서는 노동자 과반수로 조직된 노동조합이 있는 경우에는 노사협의회의 노동자위원을 노조의 대표자와 그 노조가 위촉한 자(근참법 제6조 제2항 하단)로, 없는 경우에는 노동자가 노동자위원을 선출하도록 하고 있다(같은 항 상단). 노동사위원들의 선임 시간에 관련하여 근참법 제9조 제3항은 "노동자위원의 노사협의회 출석에 소요되는 시간은 이를 근로한 것으로 본다"는 규정만을 두고, 동법 시행령 제9조 제3항에서 "고충처리위원의 협의 및 고충처리에 소요되는 시간에 대하여는 이를 근로한 것으로 본다"고 규정하고 있을 뿐, 위원들의 활동에 관한 전임 시간 규정은 찾아볼 수 없다. 즉 근로 시간 면제의 범위는 노동자위원에게는 노사협의회 '출석에 소요되는 시간', 그리고 고충처리위원에게는 '협의 및 고충처리에 소요되는 시간'만으로 규정하고 있다. 즉 노동자들과의 만남, 일상적 활동, 회의 준비를 위한 전임 시간은 규정되어 있지 않다(구체적인 내용은 김훈·이승욱, 《노사협의회의 쟁점과 과제》, 한국노동연구원, 2000 참조).

42 시행령에서는 정위원의 전임 시간을 언급하고 있지만, 산별 협약으로 가면 정·부위원에게 모두 전임 시간을 보장하는 경우가 있다.

43 이러한 운영비는 협약에 따라 정해지며, EDF나 SNCF는 이 비율이 높은 것으로 유명하다.

44 '고충처리위원'으로 번역하기도 한다.

45 이때 정위원에게 주어진 전임 시간이 부위원으로 제공하는 식의 전임 시간을 공유할 수 없다(Cass. Soc., n°°95-45453 du 10/12/96).

46 고충처리위원의 임기는 2년에서 4년으로, 2005년 8월 2일법(loi n° 2005-882 du 2 août 2005 en faveur des petites et moyennes entreprises)에 의해 조정됐다.

47 Droit d'alerte. 고충처리위원은 기업 내 개인 권한, 건강, 자유를 침해하는 부당한 사례나 시도가 존재한다는 사실을 알았을 때 지체 없이 사용자에게 알리며, 사용자는 이 문제에 대한 조사를 진행하여야 한다. 사용자가 부재하거나 사실에 대한 의견이 분분할 경우에 해당 노동자 또는 DP는 이 사건을 노동법원에 소송할 수 있다.

48 한국의 산업안전보건위원회에 해당한다.

49 전문 자문위원으로 노동 전문 의사(médecin du travail), 안전·노동 조건 책임자 혹은 담당자 등이 참여한다.

2장. 경제사회환경위원회와 협치

1 이 장은 손영우, 〈이익집단의 정치제도화에 대한 연구: 프랑스의 경제사회위원회를 중심으로〉, 《시민사회와 NGO》 제3권 제2호, 2005의 후속 연구로, 기본적인 논의는 앞의 논문에 근거하고 있지만 2008년에 기구가 개편되어서 내용을 증보했다.

2 경제사회환경위원회에 관한 조직법(Loi organique n°2010-704 du 28 juin 2010 relative au Conseil économique, social et environnemental)(이하 조직법) 제1조.

3 1936년이나 1946~1951년까지 기업 차원의 사회적 갈등을 중재할 수 있는 권리를 갖기도 했지만 실제로 이러한 권한이 실행된 적은 없고(Frayssinet 1996, 15; 17), 1919, 1936, 1946, 1950, 1971, 1982년에 있은 단체협약들은 경제사회환경위원회와 별도로 진행된 노사정 간의 협상을 통해 체결됐다.

4 프랑스 혁명 시대 국민 주권의 개념에 대해서는, A. Soboul, *Dictionnaire historique de la Révolution Française*, Paris: PUF, 1989; 최갑수, 〈근대 시민혁명과 민주주의〉, 《민주주의와 인권》 제3권 2호, 전남대학교 5·18연구소, 2003 참조.

5 당시 삼부회의 대표인 르 샤플리에는 법안을 제출하면서, 첫째, 직업 집단은 해체된 동업조합들을 재건하려는 시도로 해석돼야 하고, 둘째, 노동자들의 결사를 정당화하는 상호부조 역시 국가를 대체해 간다는 논리를 지니고 있으며, 셋째, 노동자들의 결사는 각기 다른 노동에 상응하는 다른 가격을 정할 수 있는 개인 간의 자유로운 계약을 훼손한다(Bardout 2001, 81)며 이것을 거부했다.

6 프랑스에서는 국가 권력의 성격에 대한 대표적 논쟁으로 '공공 서비스(service public)'를 강조하는 뒤귀이 교수의 보르도 학파와 '공공 지배력(puissance publique)'을 우선하는 오리우(Maurice Hauriou) 교수의 툴루즈 학파 간의 대립이 있다.

7 원문에는 비례대표제(représentation proportionelle)로 표기가 되어 있지만, 여기에서 비례대표제의 의미는 현재의 특표 비율에 따른 의석 배분을 일컫는 특정 선거 제도가 아니라 보통선거를 통한 대의제 일반을 지칭한다. 정확하게는 그 당시의 다수 선거제(système majoritaire)를 의미한다(Duguit 1928, 727).

8 Esmein, *Droit constitutionnel*, 8e édit., revue par Nézard ; Duguit, 1927, 755에서 재인용.

9 1891년에 이미 고등노동위원회(conseil supérieur du travail)는 노동조합을 중심으로 하는 이익단체의 입장을 정부에 대변하고 있었고, 로장발롱은 이것에 대해 어느 정도 1789년 혁명 전통의 인민 주권에 의한 보편주의 (univeralisme)와 단절한 것으로 평가한다(Rosanvallon 1998, 333~334).

10 레옹 주오(Léon Jouhaux, 1879-1954)는 무정부적 노동조합주의에 대당하는 대표적인 개혁적 노동조합 운동가이다. 1909년에는 CGT 총비서로 활동했고, 2차 대전 뒤 CGT 재건에 참여했으며, 그 뒤 CGT에서 분리하여 1947년 말에 창설된 FO를 주도했다. 또한 1947~1954년 사이에 경제사회위원회 위원장으로 활동했다.

11 1924년 하원 선거에서 이전 연립 정부를 구성하던 보수당이 '국민블럭(Bloc national)'으로 우파연합을 구성하자, 급진당(le Parti Radical)이 여기에 대당하여 사회당(SFIO)과 구성한 선거 연합.

12 그러나 노조 운동가들만이 이러한 주장을 한 것은 아니었다. 1923년에는 민족주의와 독일의 바이마르 공화국 사례에 고무된 일군의 생산자 그룹과 경제학자들이 알베르 드 묑(Albert de Mun), 라 뚜르 뒤 팽(La Tour du Pin) 같은 사람의 사상에 따라 계급 협력과 투쟁 포기를 주장하면서 새로운 프랑스 경제 체계를 설립하기 위한 삼부회(Comité des Etats Généraux)를 창설하기도 했다. 이후 이 운동은 프랑스 코포라티즘 운동의 한 줄기가 된다(Beurier 1982, 1630). 참고로 1919년 독일의 바이마르 헌법에서는 제국경제위원회(Conseil économique du Reich)를 규정하고 있는데, 제국경제위원회는 의회 같은 결정권을 지니지는 않았지만 발안권을 갖는 등 입법 과정에 직접적인 연관을 가지고 있었다(Duguit 1928, 764).

13 프랑스의 법률 체계는 한국의 그것과 동일하지는 않지만, 이 글에서는 유사 정도에 따라 법(loi), 긴급 명령 (ordonnance), 시행령 혹은 칙령(décret), 시행 세칙(arrêté)으로 번역했다.

14 에두아르 에리오(Edouard Herriot)는 1924년 좌파연합이 총선에 승리해 세워진 정부의 총리를 지냈다.

15 이후 1958년 경제사회위원회는 행정부에 대해서만 책임을 지고 있다가, 2008년 이후 경제사회환경위원회로 개편되면서 의회 자문까지 역할이 다시 확대됐다.

16 예를 들면 실업자, 빈민, 외국인 노동자처럼 조직을 형성하기 어렵거나, 조직을 갖고 있더라도 정치적 선택에서 벗어나 있는 경우 참여를 보장받지 못했다.

17 실제적인 노동자 대표의 수는 농업 노동자 5명과 전문가 15명 중 의례적으로 CFTC로 배당되던 3명을 합쳐서 53명으로, 엄밀히 말해서는 16명 증가했다.

18 경제사회환경위원회를 처음으로 규정한 1958년 10월 4일 헌법에는 제10장 제69, 70, 71조 세 조항에 의해 설치가 규정됐지만, 1993년 '정부 인사의 형사적 책임'에 대한 내용이 제10장으로 신설되면서 현재 경제사회환경위원회에 관한 장은 제11장으로 옮겨졌다.

19 이 글에서는 한국 헌법 조항 수준에 의거해 헌법 기관별 분류로 쓰이는 'titre'를 '장'으로, 내용 규정 분류로 쓰이는 'article'을 '조'로 각각 번역했다.

20 1962년 8월 8일 알제리 해방에 따라 이전에 알제리와 사하라 지방을 대표하던 20명을 삭제하기도 했다. 또한 1982년 시행령에 기반해 지역경제사회환경위원회(conseils économiques, sociaux et environnementaux régionaux, CESER)도 운영되고 있다.

21 loi organique n° 2010-704 du 28 juin 2010 relative au Conseil économique, social et environnemental.

22 위원의 임금은 보통 의회 의원의 3분의 1(1838.23유로, 2015년)에 해당한다. 하지만 그 밖의 업무에 따라 보상이 따르는데, 전체 회의 작업에 참여에 따른 보상과 분과 부문 참여에 따른 보상이 있다. 이 보상은 전체 임금의 수준을 초과할 수 없다(Frayssinet 1996, 69). 그리하여 총합 2015년에 위원이 받는 임금은 월 세전 3786.76유로다 (2016년 10월 14일 검색. http://www.journaldunet.com/economie/magazine/1059791-le-salaire-des-politiques-et-des-elus/1059812-conseiller-economique-et-social).

23 2010년 7월 31일 이전에는 최소 25세 이상이던 것이 변경되었다.

24 Décret n° 84-558 du 4 juillet 1984 fixant les conditions de désignation des membres du Conseil économique, social et environnemental(본문 내 '시행령').

25 경제사회환경위원회에서 가장 중요한 위치를 차지하고, 직업 단체 중 가장 많은 대표를 갖는 임금 노동자 범주는 노동조합의 전국 기구로 인정받은 노조 연맹이 위촉한 대표자로 구성된다. 나수의 난체에서 그 단체를 대표하기 위해 위원으로 전국적 지도자를 위촉하지만, 특히 '노동 단체에서는 유명하지 않은 인물을 위원으로 위촉하는 경우'(Frayssinet 1996, 59)가 많다.

26 이런 노동조합 간의 배분 비율은 사회보장 제도에 가입되어 있는 노동자들의 직접선거로 구성되는 사회보장기금 관리 선거(1983)의 1983년 득표율에 의해 배분됐고, 교원 노조에 배분되어 있던 4석은 1999년 국사원이 FSU를 전국을 대표하는 노조로 인정하고 이전의 FEN이 UNSA에 통합됨에 따라 시행령 변경(décret n°99-458 du 3 juin 1999)을 통해 각각 1석과 3석으로 나눴다. 또한 농업 노동자 단체는 국사원의 시행령에 따라 현재 대표성이 상대적으로 가장 높은 농업노동자총연맹(FGSOA)에서 인선하고 있다.

27 총리에 의해 선임. 각 부문의 전문가 임용을 원칙으로 하지만 다른 선거 탈락자를 배려 차원에서 임용하는 따위의 정치적 임용도 존재했다. 전문위원은 항상 집단의 이름보다는 개인의 이름으로 의견을 제시하며, 또한 전문위원의 입장은 관보에 게재되지 않는다(Frayssinet 1996, 65).

28 유럽 다른 나라의 구성에 대해서는 아일랜드는 www.nesc.ie, 스페인은 www.ces.es를 참조하고, 그 밖의 사례는 CES 2002를 참조했다.

29 경제사회환경위원회의 구성에 관련하여 엇갈린 평가가 있다. 한편으로는 10개 해당 범주로 구성됨에 따라 위원회의 구성이 '잡탕'이라는 비판이다. 즉 위원회가 너무 난잡하게 구성되어 있어 신속하고 힘 있는 결정을 하기가 어렵다는 말이다. 반면 아직도 권력에서 먼 소외된 집단은 대변되고 있지 않다는 대립되는 평가가 있다. 즉 경제사회환경위원회가 이미 사회적 권력을 지닌 직업 집단에만 대표권을 제공할 뿐, 사회에서 소외되는 외국인 노동자, 빈민 등 힘이 약한 집단에는 아직도 포용적이지 못하다는 비판도 있다(Frayssinet 1996, 1996).

30 정부가 선출 권한이 있는 위원은 ① 연대 경제 1명, ② 단체 활동 7명, ③ 본토 외부 경제사회 활동 11명, ④ 학생·청년 4명, ⑤ 경제, 사회, 과학, 문화, 환경 관련 전문가 40명으로, 모두 63명이라 할 수 있다. 그러나 전문가 40명은 정부가 임의로 임명하는 반면에 나머지 23명은 관련 단체 추천을 거친다.

31 드골의 상원 개혁 시도는 갑작스러운 것이 아니었다. 이미 1946년 베이유(Bayeux)에서 한 유명한 연설에서 드골은 "상원은 지역 생활을 특별히 대변하는 기구이면서 다른 한편으로 경제, 가족, 지식 단체를 대변하여야 한다"(Baguenard 1997, 15~16)고 상원에 대한 개혁 의지를 내보였다.

32 이런 정치 기획은 1969년 개헌의 실패로 역사의 뒤안길로 사라진 것은 아니다. 2007년 사회당 내 주요 대선 경쟁자 중 한 명인 자크 랑(Jacques Lang) 의원은 "경제사회환경위원회를 상원과 혼합하여 순수하게 자문의 역할을 하는 기구로 개혁"(*Nouvel Observateur* 2005년 9월 29일)하자는 의회 개혁안을 제시하여 이러한 경향을 이어가고 있다. 물론 이 견해는 상원의 권한을 제한하는 데 초점을 맞춘 것으로 의회 개혁을 통해 경제사회위원회에 의회에 준하는 권력을 주자는 의견은 아니지만, 상원과 경제사회위원회가 합쳐지면서 상대적으로 지금의 경제사회위원회를 더욱 영향력 있는 기관으로 만들려는 정책이라고 볼 수도 있다. 2015년 하원 산하 제도미래연구특위(groupe de travail sur l'avenir des institutions)에서 제출한 보고서("Refaire la démocratie")에서도 유사한 방식으로 상원과 경제사회환경위원회의 통합을 제안하는 등 이러한 주장은 사회당 한쪽에서 지속적으로 제기된다.

33 '20여 개의 의견 보고서를 위해 2013년 한 해에 약 3750만 유로(약 500억 원)의 예산 교부금을 사용한다'며 CESE의 낮은 효율성을 이유로 마린 르펜(Marine Le Pen), 장 루이 마송(Jean Louis Masson) 등 극우 세력과 극우에 우호적인 일부 우파 의원은 CESE의 폐지를 주장하기도 한다(Masson 2013).

34 경제사회환경위원회의 정부 위탁 활동은 의무적(obligatoire) 활동과 선택적(facultative) 활동으로 구성된다. 그리하여 법안에 따라 규정된 경제적 입법안뿐만 아니라 정부가 임의적으로 경제사회환경위원회에 의견(avis)과 연구(étude)를 요구할 수도 있다(시행령 제2조).

35 경제사회환경위원회 조직법에 따르면, 매년 총리는 경제사회환경위원회의 의견에 대한 결과를 발표하여야 한다고 규정하여 정부와 경제사회환경위원회 간의 소통을 의무화하고 있다.

36 1984년 개정 시행령 제1조에 따르면, 9개 분과는 사회문제 분과, 노동 분과, 국토개발과 지역경제 분과, 생활환경 분과, 재정 분과, 대외관계 분과, 기술연구와 생산활동 분과, 식품농업 분과, 일반경제문제 분과로 구성된다.

37 분과는 효율적인 운영을 위해 정부가 인선하는 그 분야의 전문가인 분과 성원(membres de section)을 최대 8명까지 둘 수 있다(시행령 제4조).

38 현재 경제사회환경위원회 그룹은 18개로 농업 그룹, 장인 그룹, 사회단체 그룹, CFTC, CGC, CGT, CFDT, FO, 동업조합 그룹, 본토 외부 관련 그룹, 사기업 그룹, 공기업 그룹, 교원노조 그룹, 상호조합 그룹, 전문가 그룹, 자유전문직 그룹, 가족단체 그룹, 해외거주·저축·주거 그룹으로 구성되어 있고, 1959년 이후 그룹의 수와 구성은 안정적으로 진행되고 있다(Frayssinet 1996, 97).

39 본회의는 중앙 본부는 필요에 따라 정규 회의 이외에 다른 회의를 상정할 수 있고, 정부의 요구에 따라 특별히 열릴 수도 있다.

40 Décret n° 2011-112 du 27 janvier 2011 relatif à la composition et au renouvellement des conseils économiques, sociaux et environnementaux régionaux, art. R4134-1, Annexe XI.

41 광역도지사가 시행령에 따라 임명한다.

42 Conseil d'État, 30 décembre 2009, n° 310284, Union syndicale Solidaires.

43 득표수에서 소수점 아래 수가 존재하는 것은 복수의 노조가 공동으로 명부를 작성한 경우, 그 노조들의 득표가 사전의 공시나 조례에 따라 배분됐기 때문이다.

44 Circulaire interministérielle du 27 juin 2013 relative aux modalités de renouvellement des conseils économiques, sociaux et environnementaux régionaux de 2013.

45 http://www.ceser-iledefrance.fr. Arrêté du 14 octobre 2013 relatif à la composition générique du CESER d'Ile-de-France.

3장. 노사 분쟁과 노동법원

1 프랑스의 노동법원 제도는 이미 조용만(2003)에서 법원 체계와 노동법원 소송 과정 등에 대해 소개된 바 있다.

2 당시 작업장은 일반적으로 공장주, 직공(견습 기간은 끝났지만 독립하지 못한 숙련공), 견습공으로 구성됐다.

3 1979년 당시에는 알자스의 도와 모젤은 제외됐고, 이 지역은 1982년 5월 6일 법에 따라 적용됐다.

4 화해과에 의한 화해 절차가 진행되지 않는 경우라도 재판과의 재판 과정에서 화해 절차가 시도될 수 있지만, 화해 절차를 거치지 않게 되면 강행 법규 위반으로 판결이 무효가 될 수 있다는 것이 판례의 입장이다(조용만 2003, 129).

5 명예판사 선출 선거가 폐지된 이유는 높은 불참률(2008년 노측 74.5퍼센트, 사측 68.5퍼센트)과 많은 비용이다. 〈리샤르 보고서(Rapport Richard)〉에 따르면 선거 비용이 약 9100만 유로로 유권자 한 명당 4.77유로가 사용된다(Richard et Pascal 2010, 18). 이 비용은 2억 유로 정도 소요되는 대선 비용의 절반에 이르며, 유권자당 비용으로 보면 4.73유로가 사용되는 대선에 견줘 고비용이다. 그리하여 이 선거는 노사협의회 위원 선출 선거의 결과에 따른 비례 선출로 대체됐는데, 이런 방식에 대한 비판도 있다. 가령 노사협의회 위원 선출은 기존의 명예판사 선출 선거와 달리 구직 등록자들이 투표권을 갖지 못하는데, 해고 사건을 다루는 경우가 가장 많은 노동법원에서 명예판사를 선출할 때 실업자들이 소외된다는 지적이다.

6 명예판사의 활동이 해고 사유가 될 수 없고, 명예판사의 해고는 해당 행정 허가 절차를 밟아야 한다(L1442-19).

7 다만 변호사 비용, 강제 집행을 행하는 집행리(Huissier de justice) 비용의 절반, 증거 조사 내지 감정 비용 등은 소송 당사자가 부담한다(R1423-53; R1423-54).

4장. 공공복지의 제도화와 사회적 대화 — 실업급여 제도의 운영

1 프랑스 실업 제도의 사회적 동반자적 성격에 대해서는 다음을 참조. http://www.unedic.org/node/300.

2 https://www.arbeitsagentur.de/web/content/FR/Aproposdenous/Structureetorganisation/Autogestion/index.

htm(2016년 7월 27일 검색).

3 Convention tripartite Etat/Unédic/Pôle emploi 2015-2018.

4 Anne Fydoux, 황준욱 감수, 《프랑스 실업보상체계와 노동시장 정책》, 한국노동연구원, 2004, 2 참조.

5 자세한 설명은 Jean Marimbert, *Le rapprochment des services de l'emploi*, Janvier 2004의 "1.4 Le mouvement de territorialisation des politiques de l'emploi"를 참조.

6 PAIO: Permanence d'accueil, d'imformation et d'orentation, AGEFIPH: Association de gestion du fonds pour l'insertion professionnelle des personnes handicapées.

7 Convention du 22 mars 2001 relative aux institutions de l'assurance chômage

8 http://www.unedic.org/node/300(2016년 7월 31일 검색).

9 Ordonnance n° 67-578 du 13 juillet 1967 créant une agence nationale pour l'emploi.

10 JO du 22 nov. 1967, 11366.

11 http://www.ina.fr/video/CAB98002015/histoire-indemnisation-chomage-video.html.

12 급진적 성향을 지닌 CGT의 레지스탕스 운동은 1941년 6월 22일 나치 독일의 소련 공격 전후로 더욱 활성화됐다는 주장이 있다. 또한 이 시기 이후 CGT와 CFTC의 협력 관계도 밀접해졌다. 주로 CGT가 주도하면 CFTC가 협력하는 양상을 보였다. 특히 종전이 가까워진 1944년 8월에 CGT와 CFTC가 전국적으로 진행한 철도 총파업은 점령군과 비시 정권에 대한 폭동적 성격 때문에 노조의 대표적인 레지스탕스 운동으로 주목받았다.

13 "Assurance-chômage: le récit d'André Bergeron." 2004년 5월 6일. http://istravail.com/actualites-etudes-les-etudes-sociales-et-syndicales/10193-assurance-chomage-le-recit-d-andre.html(검색일 2016년 8월 20일).

14 "Assurance-chômage : le récit d'André Bergeron."

15 1958년 실업보험과 실업복지는 분리하여 출발하지만, 한쪽에서는 효율적 운영을 위해서는 통합이 필요하다는 목소리가 지속적으로 제기된다(1967년 〈Ortoli 보고서〉).

16 손영우(2008c), 92~93를 참조, 인용했다.

17 대표적인 보고서로 Jean Marimbert, *Le rapprochement des services de l'emploi*, Rapport au Ministre des affaires sociales, du travail et de la solidarité, Paris: La documentation française, Janvier 2004; Pierre Cahuc et Francis Kramarz, *De la précarité à la mobilité: vers une sécurité sociale professionnelle*, Rapport aux ministres de l'Economie, des Finances et de l'Industrie et de l'Emploi, du Travail et de la Cohésion sociale, Paris: La documentation française, 2005 등이 있다.

18 정부의 위임을 받아 Assedic이 집행하는 연대 제도는 주로 실업보험을 받지 못하는 사람들을 대상으로 한 것으로, 특별연대수당(ASS), 편입수당(AI), 퇴직동등수당(AER) 등이 여기에 해당한다. 자세한 설명은 Anne Eydoux, 앞의 책, IV 참조.

19 이전에는 명목상으로 단기 용역 고용(interim)을 제외한 모든 고용은 ANPE를 통할 것을 의무화했다.

20 ANPE, *Rapport d'activité 2006*, 2006 참고. 이러한 단일 창구는 2006년에만 180개가 개설됐다고 한다(ANPE 2006, 10).

21 1996년 이후 ANPE에서 업무를 '위임'받아 실업자 등록을 해오고 있다.

22 Union de recouvrement des cotisations de sécurité sociale et d'allocations familiales.

23 FSU, "NON à la fusion ANPE-UNEDIC", *Communiqué de presse FSU*, 27 novembre 2007.

5장. 공공 부문의 사회적 대화 구조와 교원 노사 관계

1 이 장의 내용은 손영우, 〈프랑스 교원노사관계와 단체교섭〉, 《교원노조 단체교섭 해외사례 연구》, 서울특별시 교육청, 2011의 내용을 출판의 취지에 맞추어 수정한 것이다.

2 국가 공무원을 규정하는 관계법은 Loi n° 84-16 du 11 janvier 1984, 지방 공무원은 Loi n° 84-53 du 26 janvier 1984, 의료 공무원은 Loi n° 86-33 du 9 janvier 1986이고, 공무원 일반은 Loi n° 83-634 du 13 juillet 1983이다.

프랑스 공무원에 대한 일반적인 설명은 조용만(2006) 참조.

3 Loi du 5 juillet 2010 relative à la rénovation du dialogue social dans la fonction publique. 아래 조항은 이 법의 조항을 지칭한다. 이 법의 구체적인 내용은 손영우 2011b를 참조.

4 이전에 공무원은 교섭에서 주제가 임금 기준에 대한 결정으로 한정되어 있었고, 그 밖의 주제는 공무원의 '노사협의회'라 할 수 있는 전문협의회와 위생·안전·노동조건협의회에서 '교섭'이 아니라 '논의'할 수 있었다.

5 공무원의 임금 교섭은 두 차원으로 진행되는데, 3년마다 전반적인 방향에 대해 교섭을 진행하고, 매년 봄마다 진행 과정과 필요한 적응 방도를 설정하기 위한 교섭을 진행한다(DGAFP(Direction Générale de l'Administration et de la Fonction Publique), "Relevé de conclusions relatif à la rénovation du dialogue social dans la fonction publique," *Point Phare*, 2008).

6 여기에서 자문 기관은 전국 수준에서는 공무원최고회의(conseils supérieurs des fonctions publiques)와 부처, 기관 혹은 지역 차원에서는 전문협의회(comités techniques)를 의미한다.

7 프랑스에서 파업은 일반적으로 개인의 권리지만, 공무원의 경우 파업을 하려면 대표 노조의 사전 예고가 필수다.

8 "Elections professionnelles dans la Fonction publique : vers une poussée réformiste", *Les Echos* 2011. 10. 21.

9 Relevé de conclusions de la réunion de négociation préalable du 3 octobre 2011.

10 하지만 법안을 통해 협약의 유효 조건을 도입함으로써 '협약 자체로 법적 효력을 가질 수 있지 않은가'라는 문제의 여지를 발생시킨다. 가령 FO는 내부 회람 문서에서 이것에 대해 사실상 협약의 법적 효력을 인정한 것으로 보고 있기도 하다(Circulaire UIAFP-FO 2010-07).

11 프랑스 노사 관계에서 대화의 이중 구조에 대해서는 조용만(2006) 참조.

12 2010년 7월 6일법 이전에는 인사관리위원회 선거 결과에 따라 노조에 배분됐다.

13 Loi n° 2010-751 du 5 juillet 2010 relative à la rénovation du dialogue social comportant diverses dispositions relatives à la fonction publique.

14 최근 프랑스의 사회적 대화의 진전에 대해서는 이 책 제3부 제1장을 참조.

15 사립 기관은 종교(가톨릭)적 성격을 띠거나, 대안학교 혹은 지방언어학교가 있으며, 그중 일부 기관의 교원은 공무원 혹은 공공 기관 종사자 신분인 경우도 있다. 지방언어학교는 본토 안의 바스크 혹은 브르타뉴 지방의 언어를 교육하는 학교나 그 밖에 해외 영토의 지방 언어를 보존하려고 운영하는 학교를 의미하며, 대부분 국가 재정으로 운영된다. 지자체는 사립 초등학교에 대한 재정 지원이 금지되어 있으며, 사립 중고등학교에 대해서만 일정 수준의 보조금 지원이 허용된다(교육부 사이트).

16 교육부 사이트(http://www.education.gouv.fr/cid251/les-etablissements-d-enseignement-prive.html).

17 교육부 사이트

18 교사가 되는 다른 경로도 있다. 대학원 석사 학위를 소유하거나 대학원 석사 2년을 등록한 자, 5년 이상의 교육 경력을 소유한 자에게도 교사자격시험을 칠 자격이 주어지며, 이후 실습교사 과정을 통해 교사가 될 수 있다.

19 교육부와 고등교육연구부의 교육 행정 단위로, 일반적으로 한 광역도별로 하나의 교육구를 구성하지만, 대도시를 포함하고 있는 일드프랑스 지역(파리), 론알프스 지역(리옹), 프로방스-알프스-코트다쥐 지역(마르세유)은 각각 3, 2, 2개로 나뉘어, 전체 프랑스 본토는 26개의 아카데미로 나뉘어 있다.

20 1989년 이전에는 1단계 교사를 '엥스티튀퇴르(instituteur)'로 불렸고, 학부 과정(Bac+3)을 마치면 임용시험을 볼 수 있었다. 현재도 1989년 이전에 임용된 교원은 '엥스티튀퇴르' 제도에 남아 있기도 하지만, 이 규모는 점차 줄어들고 있다. 현재는 1, 2단계 교원은 'professeur des écoles' 혹은 'professeur des colléges, professeur des lycées', 3단계 교원은 대학 교원(professeur des universités)으로 세분화된다.

21 초등교사는 직업교육을 통해 교장, 교원교육교사, 교육삼당사, 전문 교사, 장학사, 중·고와 초등 간의 이동(내부 시험을 통해), 해외학교 교사 등이 될 수 있다.

22 이동을 하려면 별도 교육과정을 이수하고 별도 시험(concours interne)을 통과해야 한다.

23 교육 구성과 학교 생활의 책임자로서 교사와 마찬가지로 시험을 통해 임용된다.

24 Education physique et sportive(EPS) ou éducation physique. 프랑스의 교육 체계 중 한 교과목으로 신체의 표현과 훈련을 담당하며, 초등학교부터 고등학교까지 과목 수강이 의무적이다. 이 교육 분야의 교원은 일반 교원과

다른 양성 교육과 임용시험을 거치고, 역사적으로 보건부, 청소년·체육부, 때로는 국방부(1910년)와 공동으로 관리되기도 했다.

25 교육우선지역(Zones d'éducation prioritaires)으로, 빈곤 지역과 중첩되는 학생의 중도 포기율이 높은 지역을 선정하여 교육 혜택을 제공한다.

26 1905년에 혁명적 무정부주의 성향을 지닌 전국교사노조연맹(Fédération nationale des syndicats d'instituteurs)을 들 수 있다.

27 대표적으로 1920년에 출범한 전국교사노조(Syndicat national des instituteurs, SNI)의 모태가 된 교사 친목 단체들을 들 수 있다.

28 교원 노조의 역사에 대해서는 Mouriaux(1996)을 참조.

29 2010년 이전에는 전국인사관리위원회(CAPN) 위원 선거를 의미했다. 국방부 전문협의회 위원은 선출되기도 하지만, 일반적으로 전문협의회 위원은 노조에 의해 지명됐기 때문이다. 하지만 2010년법은 '직업선거'를 전문협의회 위원 선거로 교체했고, 2011년 10월부터 모든 국가 공무원이 전문협의회 위원 선거를 치르게 되어 이 선거의 결과가 노조 대표성을 규정하는 기준이 된다.

30 유치원과 초등학교 교원이 파업할 때 국가는 해당 시청으로 하여금 파업 참가자가 전체 교원의 25퍼센트 이상인 학교에 대해서는 학생들의 등교를 위해 아동 보육자를 고용하여 최소 수용 서비스를 제공하여야 한다. "Loi n° 2008-790 du 20 août 2008 instituant un droit d'accueil pour les élèves des écoles maternelles et élémentaires pendant le temps scolaire" 참조.

31 한국 교원노조법 제8조는 "노동조합과 그 조합원은 파업·태업 기타 업무의 정상적인 운영을 저해하는 일체의 쟁의행위를 하여서는 아니 된다"고 규정해 단체행동권 일체를 부정하고 있다.

32 이 당시 교원 노조의 파업에 관련해서는, Mouriaux 1996, 42~54 참조.

33 2010년 이전에는 국가 공무원 분야에서는 동수전문협의회와 위생·안전위원회(Comité d'hygiène, de sécurité)로 구분되어, 전자가 조직 진로와 노동 조건에 관련된 사항을 논의하고 위생·안전위원회가 위생 안전에 관련된 사항을 논의했다. 그러나 2010년 7월 5일법에 따라 전체 공무원 협의 기구가 통합됐다.

34 전문 분야 교원은 그 분야의 조직과 운영에 관련해 전문협의회와 별도로 교육부 직업자문위원회(Commissions professionnelles consultatives(CPC) du ministère de l'Education nationale)을 두고, 해당 교원의 투표로 위원을 선출한다.

35 참고로 한국의 학교운영위원회는 국·공립의 경우, 심의기구이고, 사립의 경우 자문기구의 성격을 갖는다(초·중등교육법 제31조 제1항).

36 학교위원회와 운영위원회 교사 대표는 교사 선거를 통해 선출된다.

37 2010~2011년도 평균 투표율은 1차 투표는 44퍼센트, 2차 투표는 25퍼센트를 각각 기록한 바 있다(교육부).

3부. 21세기 사회적 대화의 증진 — 새로운 모델로 진입하기?

1장. 사회당 정부의 '사회대토론회'

1 협약의 명칭은 "Accord National Interprofessionnel du 11 Janvier 2013 pour un nouveau modèle économique et social au service de la compétitivité des entreprises et de la sécurisation de l'emploi et des parcours professionnels des salaries"이며, 협약의 내용은 'http://direccte.gouv.fr/IMG/pdf/ANI_securisation_de_l_emploi-2.pdf'에서 확인할 수 있다.

2 법의 명칭은 'Loi n° 2013-504 du 14 juin 2013 relative à la sécurisation de l'emploi'이며, 내용은 'http://www.legifrance.gouv.fr/affichTexte.do?cidTexte=JORFTEXT000027546648'에서 확인할 수 있다.

3 국내 연구에서 강명세는 렘브루흐의 개념을 '사회협약'이라고 칭하며 이해 대표 구조의 코포라티즘과 어느 정도

거리를 두고 있고(강명세 2006, 141), 김학노는 네오코포라티즘의 쇠퇴와 달리 1980년 중반 이후 유럽에서 발생한 노사정 삼자의 논의를 '사회적 협주'라는 개념으로 코포라티즘과 구분하여 사용하고 있다(김학노 2011, 218).

4 이러한 경향은 트랙슬러(Traxler 2004)가 고전적 코포라티즘이 '린 코포라티즘(lean coporatism)'으로 변형된다고 주장하면서, 그 특징으로 과거에는 위계적 질서를 통해 구현됐다면 오늘날은 주로 네트워크를 통해 조율된다고 서술하는 것과도 연관성을 지닌다.

5 'Corporatism'이라는 단어가 바로 19세기 가톨릭 전통을 지닌 노사 단체 간의 'corporation'에서 출현했다(Schmitter 1974). 초기 가톨릭의 원리는 강력한 국가를 방지하기 위한 노사 결합이었지만, 파시즘 아래에서는 국가 강제하의 노사 결합(국가 코포라티즘)으로 변했다(Slomp 1996, 4).

6 그 밖에 1990년대 이후 규모와 범위의 측면에서, 전국적 차원의 거시적 사회적 협의와 함께 혹은 대신에 지역적·중범위·미시적 사회적 협의가 점점 주목받기도 하고, 내용적 측면에서 분배와 수요 지향적 사회적 협의에서 이른바 공급 위주의 '경쟁적 코포라티즘(competitive corporatism)' 모델이 유행하기도 했다(Rhodes 2001; Traxler 2004).

7 사회대토론회는 정부에서 진행했다. 많은 사회 주체들이 모이기 위해 경제사회환경위원회의 회의장을 사용했을 뿐, 경제사회환경위원회 기구의 운영과 직접적 연관은 없다.

8 핵심 주제는 1) 일자리 개발, 청년 고용 우선, 2) 평생 교육 훈련과 능력 개발, 3) 공정하고 효과적인 보상 시스템 보장, 4) 직장 내 삶의 질 향상과 평등 도달, 5) 산업 재건의 조건 충족, 6) 사회보장과 퇴직연금의 미래 보장, 7) 공공 부문 근로자와 함께 공공 부문의 현대화이다.

9 사회대토론회의 구체적인 의제와 논의 방법은 손영우(2012a) 참조.

10 협약의 구체적인 내용은 박제성(2014) 참조.

11 이 협약 때문에 법원의 통제력이 상대적으로 약화됐다고 볼 수도 있지만, 사후 법적 소송은 여전히 가능하다. 즉 노사 간의 합의가 있었다고 하더라도 정리해고의 동기나 방법이 타당하지 않다고 판단될 경우, 근로자는 12개월 내에 법원에 제소할 수 있다. 해고 시행 시일은 관련 노동자의 규모에 따라 달라지는데 10~99인일 경우 허가 이후 2개월 후, 100~249인일 경우 3개월 후, 250인 이상일 경우 4개월 후에 가능하다.

2장. 노동개혁법과 사회적 대화

1 법의 정식 명칭은 '노동시간제도 개혁과 노조 민주주의 혁신에 관한 2008년 8월 20일 법(loi du 20 août 2008 portant rénovation de la démocratie syndicale et réforme du temps de travail)'이다.

2 물론 여론이 올랑드 대통령의 모든 정책에 대해 부정적이지는 않았다. 예를 들면 공무투명성감독원 설치에 대해서는 여론의 60퍼센트가 찬성(반대 22퍼센트)했고, 60세 정년 보장 정책에는 51퍼센트가 찬성(반대 31퍼센트)했으며, 특정 지역의 월세 상승 제한 조항을 둔 뒤플로(Duflot) 법도 50퍼센트가 찬성(반대 31퍼센트)했고, 동성 결혼 합법화 정책도 찬성이 46퍼센트(반대 41퍼센트)로 긍정적 여론이 부정적 여론을 앞섰다(Clavel 2014).

3 "La loi travail a-t-elle été écrite par Bruxelle?" *La Croix*, 2016년 6월 13일.

4 "Comment l'Europe a pesé sur la loi El Khomri", *Mediapart.fr*, 2016년 6월 15일.

5 유럽연합 기능협약 제121조와 제148조에 따르면, 유럽연합위원회는 회원국의 거시 경제적 불균형을 예방하거나 교정하기 위해 회원국에 정책을 권고할 수 있다. 이러한 종류의 권고는 이탈리아, 스페인, 벨기에 등 다른 회원국에도 제기되어 개혁이 진행된 바 있다. 구체적인 내용은 이 책에서 유럽의 노동 개혁을 다룬 부분을 참조.

6 "Recommandation du Conseil du 14 juillet 2015 concernant le programme national de réforme de la France pour 2015 et pourtant avis du Conseil sur le programme de stabilité de la France pour 2015," *Journal officiel de l'Union européenne* - C 272/51, 18.8.2015 FR.

7 "La loi travail a-t-elle été écrite par Bruxelle?" *La Croix*, 2016년 6월 13일.

8 모스코비치(Pierre Moscovici)는 2012년 5월부터 2014년 11월까지 프랑스 애로 정부의 재정경제부 장관이었다.

9 "Italie: l'envers du "Jobs Act" de Matteo Renzi", *Mediapart.fr*, 2016년 3월 16일.

10 그러나 이 변화가 개혁에 따른 영향인지에 대해서는 평가가 나뉘었다. OFCE 보고서에 따르면, 실업률 감소는 활동 인구 감소에 연계된 것이며, 이 상황에서 일자리 법의 시행과 무관하게 미약하나마 성장이 고용을 증가시켰을 가능성이 있다(OFCE 2016a).

11 "La contestation sociale se durcit en Belgique", *La Croix*, 2016년 5월 26일.

12 불황 때 기업의 사회분담금을 절감해주는 대신 사용자에게 경기 회복 뒤 일자리 창출의 책임을 지우는 협약. 김 상배(2014) 참조.

13 "Les conclusions de la quatrième conférence sociale", www.francetvinfo.fr, 2015년 10월 20일(2016년 11월 18일 검색).

14 "Comment l'Europe a pesé sur la loi El Khomri", *Mediapart.fr*, 2016년 6월 15일.

15 "Myriam El Khomri: Il n'y a aucun recul des droits des salariés", *Les Echos*, 2016년 2월 17일.

16 "Les frondeurs n'excluent pas une motion de censure en cas de 49-3", *Challenges*. 2016년 2월 29일.

17 "67% des Français sont opposés à la loi El Khomri", *Le Monde*, 2016년 3월 3일.

18 "Réforme du travail: le projet de loi El Khomri va dans le bon sens pour Pierre Gattaz," www.europe1.fr.(2016년 11월 6일 검색).

19 "Juncker prévient d'un rafraichissement des relations avec le Royaume-Uni en cas de Brexit", *Euractiv*, 2016년 5월 20일.

20 "Le droit collectif n'est pas l'ennemi de l'emploi", 2016년 2월 23일. CFDT, CFE-CGC, CGT, FSU, Union syndicale solidaire, UNSA, UNEF, UNL, FIDL 등 서명함(https://unsaarkea.com/pre-projet-de-loi-el-khomri-declaration-intersyndicale-du-23-fevrier/)(2016년 12월 8일 검색).

21 "La gauche gouvernementale hésitante face à Nuit debout", *Le Monde*, 2016년 4월 9일.

22 찬성 진영은 노조 CFDT, CFTC, CFE-CGC, UNSA와 청년단체 FAGE(학생단체총연합)이며, 반대 진영은 노조 CGT, FO, FSU, Solidaires(SUD)와 학생단체 UNEF(전국대학생연합), FIDL(민주·독립고등학생연합), UNL(전국고등학생연합)이다.

23 예비 법안의 명칭은 '기업과 활동을 위한 새로운 자유와 보호에 목적으로 하는 법률 예비안(projet de loi visant à instituer de nouvelles libertés et de nouvelles protections pour les entreprises et les actifs)'이었다.

24 "La gauche gouvernementale hésitante face à Nuit debout", *Le Monde*, 2016년 4월 9일.

25 "Loi travail: la bataille de l'article 2", *Le Monde*, 2016년 5월 26일.

26 "Loi travail, la CFDT reclame les décrets, FO et la CGT ne désarment pas", *Le Parisien*, 2016년 9월 7일. http://www.leparisien.fr/economie/loi-travail-la-cfdt-reclame-les-decrets-fo-et-la-cgt-ne-desarment-pas-07-09-2016-6100961.php(2016년 11월 22일 검색).

27 "Loi Travail: les manifestants maintiennent la pression sur le gouvernement", www.francetvinfo.fr(2016년 12월 8일 검색).

28 "Loi travail, pas de consensus trouvé entre la CGT et le gouvernement", *Libération*, 2016년 6월 17일 인터넷판. http://www.liberation.fr/france/2016/06/17/loi-travail-pas-de-consensus-trouve-entre-la-cgt-et-le-gouvernement_1460136(2016년 11월 20일 검색).

29 "A quel point le Sénat a-t-il modifié la loi travail?" *Le Monde*, 2016년 6월 7일.

30 Insee, Informations Rapides, n°212, 2016년 8월 18일.

31 6월에 실시된 여론조사들을 보면, 노동개혁법 반대 노조 운동에 대해 '정당하다'는 여론이 6월 6~8일 진행된 조사에서는 59퍼센트로 과반수가 넘었으며, 폭력 시위 논란과 '유로 2016'이 시작된 뒤인 6월 14~17일 진행된 IFOP 조사에서도 60퍼센트를 기록했다. "Le mouvement contre la loi travail soutenu par 60% des Français, selon un sondage", *Le Monde*, 2016년 6월 18일.

32 "La CGT maintient les journées d'action contre la loi trvail les 23 et 28 juin", *Le Monde*, 2016년 6월 15일.

33 "La CGT maintient les journées d'action contre la loi trvail les 23 et 28 juin", *Le Monde*, 2016년 6월 15일.

34 "Quinquennat Hollande: de l'espoir d'un dialogue social renoué au mur de la loi Travail," www.francetvinfo.fr.

2016년 12월 2일(2016년 12월 10일 검색).

35 5월까지는 50인 이상이던 것이 300인 이상으로 완화됐다.

36 "Loi Travail. Feu vert à la négociation d'entreprise", *L'Humanité*, 2016년 11월 22일.

37 "Loi Travail. Feu vert à la négociation d'entreprise", *L'Humanité*, 2016년 11월 22일.

38 50퍼센트 서명이라는 조건은 2019년부터는 노동 시간뿐 아니라 모든 사안에 대한 기업 협약에 일반적으로 적용될 예정이다.

39 2016년 5월 2일, 의회에서 노동개혁법에 대한 논의가 한창 진행되던 때, 사용자 단체들도 중요한 합의에 도달한다. 바로 사용자 단체의 대표성 부여를 위한 기준 중 하나인 지지도 측정 방식에 대한 합의였다. 이번 합의 내용을 바탕으로 노동개혁법 제35조에는 사용자 단체의 대표성 부여를 위한 지지도 측정에 관한 내용이 입안됐다. 관련 내용은 이 책 제1부 제4장 참조.

결론

1 "Discours de M. Jacques Chirac, Président de la République, sur la modernisation du dialogue social", *Palais d'Iéna le*, 10 oct 2006.

2 1954년 AFL과 CIO가 통합해 2000년대 중반 AFL-CIO와 승리를 향한 변화(Change to win Federation, CTW)로 분열하기 이전 시기를 말한다. 특히 복수 노조를 허용하고 있지만 하나의 교섭 단체에서 하나의 교섭 단위만을 인정하는 배타적 교섭 제도를 도입하고 있다는 측면에서 '독점적'으로 구분했다. 미국의 배타적 교섭 제도는 노용진(2010)을 참조했다.

3 영국의 교섭 제도의 다원주의에 관해서는 배규식(2011)과 이상우·장영철(2007)을 참조했다.

부록

1 이 연표는 프랑스 정부 사이트(www.vie-publique.fr)의 "Chronologie: histoire des relations de travail depuis la loi Le Chapelier(1791)"을 참조하여 작성됐다.

2 프랑스 대혁명 시기 재판관(juge de paix)과 'assemblé secondaire'의 유권자를 선출하는 선거모임.

3 르 샤플리에 법과 직업 결사를 금지한다는 형법 조항.

4 21명 이상의 결사는 정부의 승인이 있어야 한다는 형법 조항과 이 조항을 위반할 때의 해산 명령과 처벌 조항.

찾아보기